Grammaticalization Theory:
A Perspective from Chinese Language

语法化理论的汉语视角

彭 睿／著

图书在版编目 (CIP) 数据

语法化理论的汉语视角 / 彭睿著. —北京：北京大学出版社，2020.3
ISBN 978-7-301-31152-3

Ⅰ.①语⋯ Ⅱ.①彭⋯ Ⅲ.①现代汉语 – 语法 – 研究 Ⅳ.① H146

中国版本图书馆 CIP 数据核字 (2020) 第 023080 号

书　　　名	语法化理论的汉语视角 YUFAHUA LILUN DE HANYU SHIJIAO
著作责任者	彭　睿　著
责任编辑	宋思佳
标准书号	ISBN 978-7-301-31152-3
出版发行	北京大学出版社
地　　　址	北京市海淀区成府路 205 号　100871
网　　　址	http://www.pup.cn　新浪微博：@北京大学出版社
电子邮箱	zpup@pup.cn
电　　　话	邮购部 010-62752015　发行部 010-62750672 编辑部 010-62753374
印 刷 者	北京中科印刷有限公司
经 销 者	新华书店
	650 毫米 ×980 毫米　16 开本　23 印张　399 千字 2020 年 3 月第 1 版　2025 年 6 月第 2 次印刷
定　　　价	88.00 元

未经许可，不得以任何方式复制或抄袭本书之部分或全部内容。
版权所有，侵权必究
举报电话：010-62752024　电子邮箱：fd@pup.cn
图书如有印装质量问题，请与出版部联系，电话：010-62756370

前　言

　　过去的几十年里，"语法化"已经成为语言学研究的一个热词，语法化理论的不同流派有了很大发展，语法化研究也逐渐成为汉语语言学的一个重要领域。汉语语法化研究成果十分丰硕，不论是事实的挖掘还是理论的运用，都达到了相当的水准。近年来构式观念的兴起，为传统语法化理论方法注入了新的活力，也提供了新的发展契机。已经有不少汉语学者开始尝试构式观念和语法化方法的结合。扎实的语言事实调查，辅以新方法和新理念的运用，必将使汉语语法化研究更上一个台阶。

　　我对语法化理论方法的兴趣始于 2000 年至 2006 年在斯坦福大学念博士期间。这之前我仅仅听闻过语法化这个概念，并且半懂不懂地接触过几篇英文研究文献。我 2001 年前后有机会修读了 Elizabeth Traugott 教授的语法化理论课程，才开始对这一理论方法有了初步的了解。我对这门课的很多细节已经印象不深了，但仍清楚记得，我分到的课堂报告任务是介绍和评论 Lehmann (1985) 这一文献。这份文献的内容深奥而充满思辨，甚至颠覆了我对历时形态句法研究的认知，我一时难以消化。好些年以后，我才逐渐领略到 Lehmann 的理论主张的魅力，同时也慢慢弄清楚了其局限性的一面。这门理论课对我来说极具挑战性，我却因此感受到了语法化理论的厚重和智慧。之后数年 Traugott 教授的耳提面命和谆谆教诲，进一步激发了我对这一领域的浓厚兴趣。一晃将近二十年过去了，我自己已经在新加坡国立大学为硕博士生们开设了十年的语法化理论课程。当年自己因为理论基础薄弱而在准备 Traugott 教授课堂报告过程中遭遇的种种窘迫难堪，则成为了我拿来和年轻学子们分享的趣闻轶事。修过我的课的学生大概都会有这样的印象,我反复强调理论的重要价值。我不厌其烦地向我的学生们灌输的一个理念是,即使一个人的研究兴趣只是调查挖掘语言事实和描写分析语言材料,理论意识和理论视野都大有益处。

说到"理论"(为简单起见,姑且不做"理论框架""方法"和"规律"等更精细的区隔),请容我不揣浅陋,借这个机会略陈自己的一点拙见。理论,笼统说,就是人们依照既有的知识、认知或经验对自然及社会现象得出的合乎逻辑的推论性总结,既有概括性,也有预测性,关键是可重复和可证伪。一个苹果落地只是单一的个案和一种可视的表象,而传说中牛顿受此启发总结出了著名的万有引力定律。关于理论和事实之间的辩证关系,一个老生常谈的说法是,理论基于事实,并且能够反过来指导事实分析。理论的作用实际上远比这一表述更为丰富。比如,人们常说科学研究离不开理论归纳演绎,没有理论归纳演绎的研究难成体系,也就难言科学;理论能够让研究者拓宽视野,超越具体树木而放眼整个森林;等等。从学术研究的角度来说,理论的作用是让人们对具体现象的认知系统化而且获得预测能力。包括语法化学说在内的语言学理论,不例外地也具有这样的价值。但理论不能被教条化,也不能被神化。众所周知,语言学领域具有广泛影响的理论大都源自西方,而且主要是基于对汉语以外语言的语料和现象的分析和归纳。拿语法化来说,其目前的理论体系主要是建立在对印欧语观察基础上的,不可否认的是,其中很多规律不同程度地对汉语事实具有解释力。比如说,依照环境理论,语法化过程有数个连续阶段,对应于不同环境。这一论断是根据对印欧语的观察而得出的,但应当也适用于汉语。当然,也有一些语言学理论,大概由于整个学科研究视野和层次的局限性,也可能因为研究者语料调查不够深入或者方法上的不得当,不一定十分周延,甚至有较大偏误。很多同行都有这样的经验,即某些流行的语言学理论方法并不完全适合汉语研究,部分规律也不完全能够解释汉语现象,甚至与后者相抵牾。拿语法化标杆理论来说,其中的六个语法化参数基本上只适用于屈折语,对以汉语为代表的孤立语来说就有些水土不服——因其明显的局限性,这一学说已经被新的理论方案代替。再比如,频率理论认为高文本频率会引起语法化项在语音上的紧缩,也不完全符合汉语事实,因为汉语中语法化项可能发生语音紧缩现象,也可能不受影响。这种情况并不能损及理论及理论研究的价值,而是说明理论不是呆板的条条框框:任何理论都有其产生、发展和成熟的过程,也可能为新方法和新思维所淘汰。

每个领域的研究都应该拥有自己的理论方法体系,理论建设是科学研究的重要目标之一;语言研究自然不会例外。然而,理论和理论研究在汉语学界曾经的境遇却是一件颇值得玩味的事。对于理论和理论研究,汉语学界其实是有不同看法的。有欢迎的姿态——过去一个世纪里,语言学理论能够不断地引介到汉语学界,越来越多的学者能够熟练准确地把这些理论方法运用到汉语研究中来,便是明证。也有排斥的声音,体现在对理论的态度和对探讨、运用理论的看法两个方面。语言学理论在汉语学界素来贴有"西方"标签。之所以有这样的标签,是因为如前所述,有重大影响的理论方法大都来自西方。因为一些理论流派方法自身存在这样那样的缺陷,再加上人们在这些理论方法的理解及运用上遭遇过各种困难,"西方理论"的标签又常常被若明若暗地赋予负面色彩。更合理的说法是,虽然西方语言学界在理论建构方面先行了一步,但语言学理论并非本来就是西方专属的;一种理论可能来自西方语言学者在印欧语基础上的推演,但研究者的目标是总结普遍规律。有一个观点,语言学研究的大势是逐渐摆脱人文、走向科学。既然是科学研究,其方法和观念可以有多元性,但研究者求索终极目标却应当是具有一元性特征的普遍规律。牛顿看到的是英国苹果落地,但推导出来的却是跨地域适用的万有引力定律——向科学靠拢的语言学研究又何尝不是如此呢?所以,如果语言及语言演变存在跨语言共性,那么汉语学者在汉语基础上归纳演绎,也可以为这些普遍规律添砖添瓦,甚至做出创造性贡献。

理论探索和运用在汉语学界被一部分人低看不是一天两天的

事了，诸如"空谈虚论""故作高深"和"生搬硬套"之类批评，不时能听到。事实上，多数有影响的理论思潮都是以扎实的跨语言事实为根基、甚至以跨学科的成果为佐证的。随便举一个例子，前面提到的频率理论中的一些规律不仅得到过跨语言的印证，而且获得了心理实验研究成果的支持。因此，个别理论不成熟、不完善，并不能损及理论研究本身的价值。汉语研究中生搬硬套式的理论运用情形或许确实存在，但绝非主流，而是个别现象。我的理解是，这些个别现象应当属于具体操作层面的不得法和偏差，绝不是汉语研究结合理论之举的必然后果，理当被宽厚以待。既然谈到了理论运用问题，不妨再啰唆几句，说说大家感兴趣的"言称希腊"和"言称汉唐"之辩。不论因由、罔顾事理，在研究中动辄引用"西方"理论，即饱受诟病的"言必称希腊"，真正的学者是不屑的；而"言称希腊"本身则是中性的，无所谓对错。不管"称"什么，尊重学术规律、恪守学术规范是关键。我们在前面说过，西方语言学界在理论建构方面先行了一步，那么该怎么对待那些出自西方语言学者之手的学术成果呢？在具体研究中因不知而未引，要上纲上线到学术规范或许有些过头，但归属于功课未做足、视野欠开阔还是说得过去的；知而不引，恐怕就有学术失范问题了。量子力学研究无可避免地要引证爱因斯坦学说、经典力学研究奉牛顿理论为宗，都是对科学研究和学术规范的一种客观尊崇，是纯学术性的。回到语言学，"言称希腊"也好，"言称汉唐"也罢，当由研究课题本身以及相关成果的客观状况来决定。如果汉语语言学有长久理论研究传统而且成就为世所公认的话，别说汉语研究者自己，西方同行"言必称汉唐"也应当是天经地义的事。现阶段"言称希腊"可能更多见，这是目前语言学研究状况（层次、深度、影响力等）的客观反映；但随着时间的推移，包括语言学研究在内的科学研究，"言称汉唐"或许会逐渐变成一个常态。期待这一天的早日来临。一句话，为引用而引用，自不可取，但合理、正确引用则是科学研究的性质和规律所决定的，也是学术规范所要求的。因某种非关学术的避讳而对既有学术成果视而不见，受伤的是学术研究本身。

　　语言学研究健康发展的一个标志,是理念和方法的多元并存、良性互动。汉语语言学研究尽管因借鉴西方理论方法而获得提升,汉语学界却始终没有真正形成全面运用和参与构建理论的传统,主流观念向来是以语言现象调查及语言事实描写为尊。深入的现象调查和扎实的事实描写肯定是语言学大厦的根基,但绝对不是语言学研究的全部。事实描写和理论建构相辅相成、互为表里。无论是倾力于事实描写还是专注于理论归纳演绎,潜心传统路子也好,着眼新方法新思潮也罢,都有其独特价值。任何以单一理念("语料调查为尊"或者"理论建构优先")来统摄学术研究的做法都是先天不足的。有两种情形十分常见。一种情形是把汉语特色和普遍规律对立起来。汉语特色并不见得就完全和其他语言迥异,汉语研究也并非不能与"西方理论"接轨。传统的汉语语言文字学科是小学,现代语言学意义上的汉语研究,正是因借鉴西方语言学理论方法而发展起来的。愚以为过分强调汉语特色,会使汉语研究失去开阔的视野和应有的高度。另一种情形是把理论的探讨、引介和运用跟汉语的传统研究路子(甚至传统文化)对立起来,不时拿后者来制约前者。科学研究必须与时俱进,固守某种观念和研究手段的做法和弘扬传统文化并不是一回事,甚至可能背道而驰。目前汉语学界非常振奋人心的一种呼声,是让语言学从文学中独立出来,成为一级学科——一级学科倘若理论研究薄弱、缺失甚至遭到排挤,那是说不过去的;没有理论体系支撑的语言学研究,也不太可能走得很远。

　　"语法化"是不是可以追溯到汉语传统上的"虚化"理念,可能见仁见智,但现代语言学意义上的语法化研究始于西方,应该没有什么可争论的空间。汉语事实和汉语语言学研究成果缺席了迄今为止大多数影响深远的语言学理论的构建,这一说法也应当没有太大争议。这种缺席是语言学研究的重大损失——构建语言学理论的基石中如果没有汉语等典型孤立语的踪影,那些理论解释能力和预测能力必定会大打折扣。单是从这一角度讲,汉语语言学就不该置身于理论研究之外;致力于理论建构、为普通语言学作贡献,是汉语语言学研究的一种义务和担当。最紧迫的事情是开始思考汉语研究如何参与理论构建。理论构建不外两种方式,要么"另起炉灶",要么"主动融入"。以语法化研究为例,另起炉灶可能又有两种情形。第一种情形是建构一种属于汉语的语法化理论体系,取之于汉语而且用之于汉语,既不关注跨语言现象,也不牵涉跨语言规律。这样的理论体系对汉语语法化研究可能有一定价值。如有汉语同行有志于这种理论的建构,不仅值得尊敬,而且应当得到大家的鼓励。但如果承认语言学研究和其他科学一样具有一元性,那么这样的理论体系有多大意义、能走多远,就有很大的讨论空间。第二种情形是建构以汉语为主要基础的语法化理论,基于汉语事实但具备跨语言解释和预测能力,而又独立于既有的"西方"理论体系。据我所知,单就语法化而言,汉语研究迄今尚无此种类型实践的成功例子。毕竟,一个成熟理论体系的建立不是一朝一夕的事,不太可能因事实描写的大量累积就自然而然地形成。

目前的语法化理论虽有这样那样的问题,但其建构目标是揭示普遍规律,不少成果都被证实是普遍适用的。所以,我个人的看法是,现阶段汉语语法化研究除了继续发掘事实以外,不妨以助推普遍规律的归纳、完善既有理论同时在汉语事实基础上进行创新为目标。就是说,一个更可行的选择是让汉语语法化研究"融入"普遍理论。融入不等于消极迁就和迎合,而是积极包容和贡献,可分三个层次,即"接触""吸收"和"参与"。"接触"是引进和学习既有理论,"吸收"就是用既有理论解释汉语事实。过去一个世纪,汉语语法化研究涉及理论的部分基本上以这两个层次为主。"参与"可以概括为从汉语事实出发,结合跨语言现象,增补甚至修正既有理论,或者归纳普遍适用的新规律和发展新方法。这一层次是目前汉语研究最为薄弱的。对历时形态句法研究来说,汉语是一座十分珍贵的宝藏,汉语研究参与语法化理论建构具有得天独厚的条件。汉语历史悠久,历时语料丰富;各种形态句法演变过程的不同阶段语料保存相对完整,这对语法化理论的价值不言而喻,也是很多其他语言所无法比拟的。举个例子，Bernd Heine教授的"语法化链"和"语法化连续环境"研究都不是在汉语基础上进行的，严格说，依据的主要是共时语料。可以肯定，Heine如能以汉语丰富的历时语料为观察对象，其理论归纳的可靠性及解释和预测能力必将大幅提高。所以说，汉语研究完全应该有主动参与并推动理论建构的雄心和自信。我们的做法应当是一方面从普遍规律看汉语，另一方面又从汉语反观普遍规律——再次强调，"反观"是一种贡献，是积极参与，而不是消极顺从。

这本小书是我过去十年来尝试把汉语语法化研究融入语法化普遍理论的一个总结，涉及的内容既包含基础的课题，也有前沿、热点的东西。语法化理论研究方法迥异、思潮繁多。这本书不追求大而全，而是力图既触及语法化理论的主要脉络，又不拘立场和门派。书中所涉及的理论问题主要包括两个方面：

第一个方面是那些具有广泛影响的宏观课题，包括语法化项的范围和类型、语法化的窄化观和扩展观、语法化连续环境、语法化链等。这些课题在学界迄今仍没有统一的认知，也就有很大的思考和开拓空间。本书所做的首先是简短地梳理各家的观点，厘清那些理论观点的来龙去脉、点评其优劣得失，并尽量通过汉语语料来加以诠释；更关键的，是尽量提出我自己对于相关问题的解决方案。

第二个方面是我对新理论课题的一些独立探讨，例如临界环境和语法化项的关系模式、临界频率在语法化中的作用以及复合型图式性构式的扩展和受限规律等。再具体一点，临界环境和语法化项之间的关系模式是学界之前未曾有人着力论述过的。关于文本频率在语法化中的作用，学者们并没有取得一致看法，关键原因是大家对文本频率和不同语法化环境的互动关系没有形成清楚的认识。我提出的"临界频率"概念可能不是文本频率如何推动语法化这一问题的终极答案，但至少朝着解决问题的方向迈出了关键的一步。历时构式语法理论界到目前为止并没有能够利用印欧语历时语料归纳出一种具有可行性的复合型图式性构式扩展模型，也没有对这种扩展的受限规律进行深入探讨。汉语丰富的历时语料，为图式性构式扩展及受限规律的初步讨论提供了十分可靠的依据，我通过对汉语事实的观察和推演提出了几点不成熟的看法。

以上两方面思考都具有理论创新性质，而且都是建立在扎实的汉语语料分析基础上的。囿于这本书的篇幅，也限于本人的能力和精力，一些重要理论课题，比如学界长期争论的语法化单向性、语法化和词汇化的关系以及语法化和构式化的异同等，都只能暂时搁置起来。毕竟这本书并不以系统的理论介绍为主要目标，而是旨在让汉语事实参与语法化普遍理论建构的实践上迈一小步。除理论问题以外，本书也以较长篇幅讨论语法化研究方法问题，包括普遍理论在汉语语法化研究中的准确运用和汉语语法化的特色等，具体说，就是不同语言和不同范畴语法化的个性特征与普遍规律发生关联的可能性以及方式。之所以长篇幅地谈这个问题，主要是因为学界相关讨论薄弱，而且偏颇明显，个别盛行的观念做法恐有谬传误引之虞。

既然以"参与理论建构"为主旨，这本书的视角就是双重性的，即一方面以语法化理论方法来观照汉语历时形态句法变化，另一方面又以汉语历时形态句法变化的事实来证实或证伪既有理论，从而达到修正、补缺和创新的目的。从理论学习的角度来看，这种双向检视的方法比单向的理论引介更为有效。书的框架，就是我在新加坡国立大学为硕博士生开设的语法化理论课课程大纲。近年来我曾应邀到国内几所知名高校举办语法化理论系列讲座，和师生们分享过本书的部分章节，颇受欢迎。讲座期间我真切地感受到了国内同行及青年学子们对语法化理论学习的热情。特别是青年学子们，他们非常渴望系统深入地了解语法化理论框架以及前沿理论动态，也十分期待能够在自己的研究实践中运用甚至探索语法化理论。因此，这本书读者群的定位是非常清晰的：既可以作为高校历史语言学及功能认知语言学专业教研人员的参考书，也可以当成本科生和硕博士生的语法化理论阅读辅助读物。

这本小书定名为《语法化理论的汉语视角》，我是诚惶诚恐的。一方面，汉语语法化研究参与普遍理论建构还有很长的路要走，这一目标也绝非凭个人的力量能够达成，我目前所做的最多就是蹒跚地迈出了一小步。另一方面，我自知才疏学浅，对理论发展脉络的追踪概括未必全面，在相关理论引介的取舍上想必会有欠妥当的地方，对既有语法化理论的解读和修正以及从汉语角度对规律的总结也都难免有偏误之处。好在我很清楚，这本书充其量只能算是一部抛砖引玉之作，因此心中也就少了很多顾虑。

  对于这本小书的不足，我要恳请读者们予以批评指正，同时衷心感谢他们的体谅和包容。我也十分期待获学术理念相左、研究方法不同的同行们的指教。从差异中学习、在批评中获益，这应是学术人生的一种常态。求同如未果，存异亦珍贵。存异是一种高度，是一种胸襟；不认同未必要待以贬抑。求真、唯实，深化汉语语言学研究，这是大家共同目标，也是汉语学界的最大公约数。

目 录

第一章　语法化理论思潮回溯 ·················· 1
  1.1　引言 ······························ 1
  1.2　语法化的内涵和外延 ·················· 2
  1.3　语法意义和新语法意义的产生机制 ········ 14
  1.4　语法化的主要机制：类推还是重新分析 ······ 16
  1.5　语法化项的类型、性质和特征 ············ 21
  1.6　总结：整合的语法化观 ················ 36

第二章　语法化环境 ······················ 41
  2.1　引言 ······························ 41
  2.2　语法化连续环境理论 ·················· 41
  2.3　关于歧解性环境 ···················· 44
  2.4　语法化环境的层次性及临界环境 ·········· 48
  2.5　临界环境/桥梁环境的必要性和本质特征 ···· 60
  2.6　总结 ···························· 64

第三章　"临界环境—语法化项"关系的几种模式 ········ 66
  3.1　引言 ······························ 66
  3.2　概念和假设 ······················ 66
  3.3　"临界环境—语法化项"关系模式 ········ 71
  3.4　总结 ···························· 85

第四章　语法化的扩展效应 ·················· 86
  4.1　引言 ······························ 86
  4.2　语法化的语义—语用环境扩展 ············ 87
  4.3　语法化同构项扩展的含义 ·············· 90

4.4　同构项变化的方式 …………………………………… 91
　　4.5　同构项变化在语法化中的角色 ……………………… 102
　　4.6　总结 ………………………………………………… 109

第五章　语法化链理论 ………………………………………… 111
　　5.1　引言 ………………………………………………… 111
　　5.2　语法化链及多重语法化链 ………………………… 111
　　5.3　语法化链和语法化连续环境 ……………………… 116
　　5.4　汉语语法化链个案分析 …………………………… 123
　　5.5　总结 ………………………………………………… 142

第六章　语法化过程的重构 …………………………………… 144
　　6.1　引言 ………………………………………………… 144
　　6.2　临界环境对重构语法化过程的作用 ……………… 144
　　6.3　由后现语料推溯历时演变的理论依据 …………… 148
　　6.4　由后现语料推溯历时演变的局限性 ……………… 160
　　6.5　总结 ………………………………………………… 162

第七章　频率和语法化的关系 ………………………………… 163
　　7.1　引言 ………………………………………………… 163
　　7.2　文本频率和语法化的关系 ………………………… 164
　　7.3　"临界频率"理论 …………………………………… 170
　　7.4　关于频率和语法化关系的进一步思考 …………… 182
　　7.5　总结 ………………………………………………… 189

第八章　语法化规律的跨语言性 ……………………………… 190
　　8.1　引言 ………………………………………………… 190
　　8.2　类型学及地域性特征对语法化的制约 …………… 194
　　8.3　地域及类型学特征与东亚及
　　　　 东南亚大陆语言语法化 ……………………………… 198
　　8.4　影响汉语语法化的类型学特征 …………………… 202

8.5　总结 ·· 214

第九章　语法化规律的跨范畴性 ·· 217
   9.1　引言 ·· 217
   9.2　关于非结构语法化的基本假设 ·· 218
   9.3　非结构框架和非结构语串的语义信息 ·································· 220
   9.4　非结构语法化的三个层次 ·· 224
   9.5　关于语法化项意义或者功能的获得的可能性 ······················· 232
   9.6　总结 ·· 238

第十章　图式性构式的历时演变 ·· 241
   10.1　引言 ··· 241
   10.2　图式性构式的形成和实体性构式的语法化 ························ 242
   10.3　图式性构式的扩展 ··· 247
   10.4　汉语隐现句的分类和构式层级 ······································· 256
   10.5　汉语隐现句的历时发展 ·· 269
   10.6　隐现句扩展的规律 ··· 276
   10.7　总结 ··· 283

第十一章　语法化理论的运用：
　　　　　以汉语助词的语法化为例 ··· 285
   11.1　引言 ··· 285
   11.2　"了$_2$"的语法化 ·· 286
   11.3　总结 ··· 300

第十二章　汉语语法化研究与普遍理论的联结 ······························ 302
   12.1　引言 ··· 302
   12.2　汉语语法化研究如何与理论相联结 ·································· 303
   12.3　汉语语法化研究能否做出理论贡献 ·································· 313
   12.4　结语 ··· 316

参考文献 ································· 318
术语索引 ································· 336
人名索引 ································· 342
后　记 ································· 347

图表目录

表 1.1　语法化参数 ································· 8
表 3.1　"极其"和"是"的临界环境比较 ················· 77
表 3.2　三种模式临界性特征的对比 ··················· 83
表 4.1　"把"的同构项变化 ························· 93
表 4.2　"过"的同构项变化 ························· 96
表 4.3　"个"的同构项变化 ························· 98
表 4.4　"得"的同构项变化 ························· 100
表 5.1　-yyéu 的语法化链中四条连线 ················· 120
表 5.2　"是$_{指示}$＞是$_{系}$"和"是$_{系}$＞是$_{焦}$"
　　　　各中心点的特征比较 ······················· 131
表 5.3　"再说＞再说$_1$"语法化链各阶段的特征变化 ······· 136
表 5.4　"再说＞再说$_2$"语法化链各阶段的特征变化 ······· 140
表 7.1　斯瓦西里语（Swahili）词频排名最高的动词和名词
　　　　································· 168
表 7.2　部分"人称代词＋的"和"的＋名词"语串的频次
　　　　································· 168
表 7.3　1—2 世纪部分文献"VP 时"的笼统频率和
　　　　临界频率 ··································· 176
表 7.4　4—6 世纪部分文献"VP 时"的笼统频率和
　　　　临界频率 ··································· 177
表 7.5　汉以前文献中"因＋而"和"因＋以"
　　　　语串的笼统频次 ····························· 179

表 7.6	前 2 世纪—前 1 世纪前后"因＋而"和"因＋以" 语串的笼统频次	180
表 7.7	公元 1—2 世纪"因＋而"和"因＋以" 语串的笼统频次	180
表 7.8	先秦"因＋而"和"因＋以"的临界频率	181
表 7.9	前 2 世纪—前 1 世纪前后"因＋而"和"因＋以" 的临界频率	181
表 7.10	1—2 世纪前后"因＋而"和"因＋以"的临界频率	181
表 7.11	"的＋话"和"的＋事"的频次	186
表 7.12	笼统频率和临界频率(pmc)	188
表 9.1	非结构框架	221
表 9.2	两种语串的自足性比较	223
表 9.3	非结构组块和变项语义信息	228
表 9.4	组块语义信息、框架义和非结构语义功能的比较	229
表 10.1	溯因兼语句的层级举例	259
表 10.2	操控兼语句的层级举例	259
表 10.3	汉语隐现句主要类别的名称、语义解释和简略形式	261
表 10.4	现代汉语隐现句主要类别、次要类别及其 代表性主动词	267
表 10.5	隐现句宏观层次的限制条件	269
表 10.6	LV$_{现隐}$NP 的限制条件	269
表 10.7	各历史时期隐现句主要类别和次要类别数量	275
表 10.8	各主要类别的文本频率统计	276
表 10.9	隐现句的原始限制条件	277
表 10.10	图式性隐现句原始限制条件的放宽	278
表 10.11	LV$_{现隐}$NP 的原始限制条件	279
表 10.12	LV$_{现隐}$NP 原始限制条件的放宽	280
表 10.13	1—6 世纪宏观隐现句的限制条件	280
表 10.14	14—18 世纪宏观隐现句的限制条件	281

表 10.15　1—6 世纪 LV$_{现隐}$NP 的限制条件 ……………… 281
表 10.16　14—18 世纪 LV$_{现隐}$NP 的限制条件 …………… 281

图 5.1　语法化链 ………………………………………… 114
图 5.2　埃维语(Ewe)助动词 *le* 'be at'的多重语法化链
　　　　…………………………………………………… 116
图 5.3　最简语法化链 …………………………………… 118
图 5.4　"再说"演变的语法化链 ………………………… 133
图 6.1　语法化链的共时维度和历时维度的对应 ……… 153
图 7.1　临界频率推动语法化的机制 …………………… 175
图 7.2　时间名词"时"语法化临界频率的两个维度 …… 184
图 10.1　兼语句宏观层级结构 ………………………… 260
图 10.2　现代汉语隐现句构式层级 …………………… 266
图 10.3　前 16 世纪—前 6 世纪隐现句构式层级 ……… 270
图 10.4　1—6 世纪隐现句构式层级 …………………… 272
图 10.5　7—13 世纪隐现句的构式层级 ……………… 273
图 10.6　14—18 世纪隐现句的构式层级 …………… 274

第一章 语法化理论思潮回溯

1.1 引言

  Himmelmann(2004:25—26)指出,"语法化"(grammaticalization 或 grammaticization)这一术语在文献中有广义和狭义两种含义。广义的语法化与历时性、具有方向性的发展演变无必然关联,泛指"成为语法的一部分",也就是以形式为手段来体现或编码语法的差异性。比如作者提到,当我们说在某个语言里"数"及"体"等范畴并没有"语法化",或者"名词"和"动词"两个词类的差异只是微弱地"语法化"的时候,指的都是这个意思(2004:26)。我们通常提及的"语法化"概念是狭义的,意指那种跨越时间而且导致语法性特征增加的单向性演变,汉语处置式标记"把"和"将"的产生以及英语定冠词 *the* 的形成等,都是典型的例子。本书的讨论对象限于狭义语法化(以下简称"语法化")。

  一个公认的事实是,"语法化"这一术语最早见于 Meillet(1958/1912)。然而,对语法化(即语法性单位由词汇性单位演变而来、后者语义上逐渐虚化这一现象)的观察和讨论,可以追溯到 18 世纪和 19 世纪(Traugott,2010:271;关于语法化研究历史的回顾也见 Heine, Claudi, and Hünnemeyer, 1991; Lehmann, 1995/1982; Hopper and Traugott, 2003; Fischer, 2007;等等)。鉴于过去数十年来语法化理论主张的芜杂纷繁,我们拟不对语法化研究的完整历史进行追踪,而是重点介绍那些具有广泛影响的主流理论方法和相关论著,以梳理出语法化最重要的发展脉络。

  在过去的几十年里,关于语法化演变,语法化理论家在很多方面都没有达成一致，其中包括语法化的内涵外延以及语法化研究路子这些根本性的问题。因为学者们的看法很不相同，想用一种或一组标准来衡量和概括所有语法化定义和研究方法，是一件不容易做到的事。一个比较实际的做法，是从不同视角总体地把握学者们长期以来对语法化理论的探索轨迹。具体地，我们将从四个角度来介绍学者们对语法化的不同理解，包括：

i. 语法化的内涵
   a. 语法化是语法化项的形式变化还是功能变化
   b. 语法化是语法化项自身的变化还是其所在环境或复合结构的变化
   c. 语法化是一种以窄化为特征的变化，还是一种以扩展为特征的变化
ii. 语法化项获得语法意义的机制
iii. 语法化实现的机制
iv. 语法化项的类型和范围

关于这四方面问题，学界曾长期争论。我们将通过对重要文献的梳理，来充分了解语法化相关理论方法的变迁。

1.2　语法化的内涵和外延

语法化是一种历时变化，其变化主体是什么，变化的基本特征又是什么呢？这些看似最基本的问题，学者们的认识却很不统一。

1.2.1　语法化是语法化项的形式变化还是功能变化

Meillet(1958/1912：131)认为，语法化是"曾经具有自主性(autonomous)的词项被赋予语法性特征"这样的过程。这是学界公认最早的语法化定义。Kiparsky(2012)谈到，Meillet之后，语法化研究出现了多种功能学派的研究路子。例如，以下两个语法化定义呈相互竞争态势，是这些研究路子的主要代表：

定义一：语法化是"一个结构图式（constructional schema）某一局部的内向依附性（internal dependency）"增强的变化。（Haspelmath，2004）

定义二：语法化是"一个词汇单位或者结构担负起语法功能，或者一个语法单位担负起更具语法性的功能"的变化。（Heine，Claudi，and Hünnemeyer，1991）

根据 Kiparsky(2012：5—6)的归纳，这两个定义着眼的是语法化单向性变化的不同方面。Haspelmath(2004)的定义是"基于形态句法形式的变化，即由词汇性词项到功能词项，由功能词项到附着词，再由附着词到词缀这样的过程，简言之，即内向依附性不断增强的语言单位的形成"。Heine，Claudi，and Hünnemeyer(1991)的定义是"基于形态句法功能的变化，即单向地由低语法性功能到高语法性功能的过程"。Haspelmath(2004)的定义着眼于语法化项的形式变化，而 Heine，Claudi，and Hünnemeyer(1991)的定义的关注点则是语法化项的功能变化，二者的区别十分明显。其实最早的语法化概念，即 Meillet(1958/1912)的定义，就是从功能角度来诠释语法化变化的；Heine，Claudi，and Hünnemeyer(1991)的定义是在此基础上的进一步发展。从功能角度来理解语法化，反映了学者们对这种历时变化最初步的认识，而这一认识直到今天也是居于主流地位的。文献显示，依据功能变化来定义语法化的做法，比从形式变化角度来定义语法化的做法更为普遍。比如，Kuryłowicz(1976/1965)、Traugott(1988)以及 Traugott(2003)等的定义也都是功能角度的，而且都没有对语法化项的形式变化做任何说明。举个例子，Kuryłowicz(1976/1965)给语法化的定义是：

语法化主要是一个语素的范围从词汇性到语法性、或者从低语法性到高语法性的提升过程，例如，由一个派生性构型成分演变为屈折性构型成分。

Traugott(1988)的说法是：

>语法化……指的是词汇性单位随着时间的转移获得语法性以及形态句法形式这种新地位的动态单向性历时过程。

形式变化和功能变化其实都是语法化演变的常见现象。比较普遍的情形是，二者同时发生。我们来举一个汉语的例子。汉语动词"了"演变成完成体标记"了$_1$"的后果有两个，一是独立性的失去，或说内向依附性的增强，二是去范畴化，即由实义性的语言单位变成功能性的语言单位。但是，形式变化和功能变化未必会同时发生——牵涉形式变化的语法化个案，不一定伴随着功能的变化，反之亦然。Kiparsky(2012：17—18)举例说，从后置词(postposition)到附着词或者词缀的演变涉及内向依附性的增强，但不必然涉及语法功能的变化；而一个认知情态(epistemic modal)获得道义意义(deontic meaning)，① 即便是在一定意义上担负了更具语法性的功能，其中也不涉及内向依附性的增强。Kiparsky(2012：19)还举了一个 Meillet 讨论过的例子，罗曼语(Romance)迂回型完成式(periphrastic perfect)在法语中变成简单过去式(simple past)的个案。这一演变既不涉及内向依附性的增强，也不涉及语法性功能的进一步加深。可见，形式变化和功能变化这两个方面不一定会同步进行，也不一定互为彼此的必然后果。作者因此认为，分别以 Haspelmath(2004)和 Heine, Claudi, and Hünnemeyer(1991)为代表的两类定义，聚焦的是语法化演变两种并不真正平行的方面。由此也可以看出，这两类定义都无法涵盖所有语法化个案，也就没有反映语法化的实质。

Heine, Claudi, and Hünnemeyer(1991)的语法化定义提到的第二种情形，即"一个语法单位担负起更具语法性的功能"，很多被认定为语法化但语法化项为功能性单位的个案都无法归纳进

---

① 原文如此(Kiparsky, 2012：6)，疑似作者的笔误。按照 Heine and Kuteva(2002a：116)的总结，众多研究已经证实的演变应该是从道义情态到认知情态，而不是相反。例如英语的主动词 will、must、should 等都是先有道义情态义，然后才产生认知情态的功能。

去。单纯从语法功能的角度看,这些为学者们所认可的语法化现象,其特点是在既有语法功能基础上产生新的语法功能,问题在于,新的功能未必比旧功能"更具语法性"。前面提到的罗曼语(Romance)迂回型完成式到法语简单过去式的演变就是这样的情形。再如,汉语中由表完毕义的助词"过$_1$"到表过去曾经义的"过$_2$"的演变,也是一个形式变化和功能变化脱节的例子。"过$_1$"的内向依附性并没有得到可证实的"进一步增强",但产生了新的功能,而担负这一新功能的"过$_2$"在语法性/功能性上并不比"过$_1$"强(关于这一演变过程的详细讨论请看本书第六章)。汉语中类似的例子还有持续体标记"着"到进行体标记"着"的变化,不论是前者直接来自后者,还是后者直接来源于前者,实际上都没有证据显示"着"这两种用法在语法性/功能性方面哪一个较弱,哪一个较强。

为了避免以上提到的问题,有学者开始采用一种更具包容性的表述方式,即"产生新语法功能"。就我们对文献的了解,这种以"产生新语法功能"代替"既有的语法性/功能性进一步增强"的表述方式,目前只是体现在一部分以功能来界定语法化的定义中。其中最有影响的是 Hopper and Traugott(2003)给语法化的定义,即语法化是这样一种演变过程:

  词汇性单位和复合结构在特定语言环境里承担语法功能,而且,一旦语法化,继续产生新的语法功能。

这里的"继续产生新的语法功能",既涵盖了语法性/功能性进一步增强的情形,也涵盖了只是在既有语法功能基础上增添新功能的情形。本书的余下讨论中将采用 Hopper and Traugott(2003)的这一定义,并且将这两种情形(即"词汇性单位和复合结构在特定语言环境里承担语法功能"以及"功能性单位产生新的语法功能")看作两个典型语法化过程。再拿刚刚举过的汉语例子来说明,由完毕义动词"过"到"过$_1$"的演变和由"过$_1$"到"过$_2$"的演变是两个典型语法化过程,由动词"着"到持续体标记"着"的演变和由持续体标记"着"到进行体标记"着"的演变,也是两个典型语法化过程。

1.2.2 语法化项自身的变化和其所在环境或结构的变化

从研究对象来说，早期语法化研究观察的焦点是语法化项自身的演变。按照 Himmelmann(2004:31)的说法，早期语法化研究认为，语法化就是一个词汇性单位变成一个语法性单位的过程。而且，早期研究考察的，主要是语法化项的语义变化(如变得更具概略性和更抽象)和构词以及音系上的特征(如附着化 cliticization 和溶蚀 erosion 等)。这在 Meillet(1958/1912)、Kuryłowicz(1976/1965)及 Traugott(1988)等的语法化定义中看得很清楚。例如 Kuryłowicz (1976/1965)提到的语法化项是"语素"，而 Traugott(1988)所提到的语法化项则是"词汇性单位"。Himmelmann(2004)把这种语法化研究路子称为"基于成分的语法化观"(the element-based view on grammaticization)。

学者们逐步认识到，讨论语法化演变，以语法化项为组成部分的复合结构应当被纳入考量。例如，Lehmann(1995/1982)对语法化做了如下定义：

> 语法化是一个由词位(lexeme)演变为语法性构形成分(formative)的过程。一系列语义、句法和音系变化在语素及整个复合结构的语法化过程中交互影响。

Himmelmann(2004)指出，发生语法化的不仅仅是语法化项自身，而应该是"处于组合环境中"的语法化项。Lehmann(2002)和 Himmelmann(2004)都指出，词项的语法化域是其所在的结构；词项的语法化实际上是其所在复合结构语法化的附带现象(epiphenomenon)。举个汉语的例子，汉语处置式标记"把"来源于动词"把"。按照早期语法化研究的思路，语法化只是单纯地发生在动词"把"身上。然而，更准确的说法，应该是动词"把"在连动式"把+NP+VP"这个环境里发生了语法化。在文献中，以语法化项为组成部分的复合结构又常常和概念、范围等较为松散的"环境"分得不太清楚。比如 Traugott(2003)、Hopper and Traugott(2003)以及 Brinton and Traugott(2005)等在语法化定义中都明确地强调，语法化发生在特定语言学意义的环境里,而这个环境应当包括了语法化项所在的复合结构。Traugott(2003)、Hopper and Traugott(2003)、Bybee,Perkins,and Pagliuca(1994)、Heine(1997)、Haspelmath(1998)以及 Lehmann(2002)等,都可以归入把语法化项所在复合结构纳入考量这一类。Himmelmann(2004)把这种语法化研究路子称为"基于结构的语法化观"(the construction-based view on grammaticization)。[①]

1.2.3 语法化的窄化和扩展效应

以语法化项为观察对象的各种理论的核心观念,可以概括为语法化项自身各种特征以及语法化项与其他成分关系等在语法化过程中发生"窄化"。这种窄化体现在多个层次和多个方面上。语义上,可能是 Bybee,Perkins,and Pagliuca(1994)所提到的语义缩减(semantic reduction),即语法化项意义的某个组成要素的丢失。形式上的紧缩,不仅包括形态句法层面上的紧缩,如前面提到的内向依附性的增强(含附着化),也包括音系层面上的溶蚀,如文献中常常举到的 be going to > be gonna 这样的例子。语法化过程涉及语法化项及其所在环境两方面变化的这一认知,为语法化研究提供了一个新视角,即"扩展"。Traugott(2010)和 Traugott and Trousdale(2013)也谈到,语法化研究方法上存在着分别以缩减/受限和扩展/增长两种变化为出发点的不同方法。实际上,不论是以缩减/受限为出发点的研究路子,还是以扩展/增长为出发点的路子,都是不全面的,因为语法化必然牵涉语法化项和语法化环境两方面的变化。

1.2.3.1 "窄化"理念回顾

彭睿(2009a,2016)指出,以语法化项为观察对象的各种理论的核心观念,可以概括为语法化项自身各种特征以及语法化项与

---

① 在我们的过往研究中,"基于结构的语法化观"也曾被翻译成"基于环境的语法化观"。这里我们之所以避免使用"构式"这一术语,是因为这些研究所涉的 construction 概念和构式语法里所说的形式-意义组配是完全不同的。

其他成分之间关系等在语法化过程中发生窄化。依据其目的及着眼点的不同，语法化窄化效应在各家理论中的概括和呈现方式不完全一致。如 Givón(1979：208)最早将子句结合纳入语法化范畴，并勾勒出"篇章 ＞ 句法 ＞ 词法 ＞ 形态音位 ＞ 零"这一斜坡。在这个过程中"松散、并列及语用性"的篇章结构逐渐演变成关系紧凑和语法性的句法结构，窄化特征十分明显。Hopper and Traugott(2003：142)将形态化(morphologization)归纳为"具体句法环境中的词汇项 ＞ 附着成分 ＞ 词缀"，这和 Haspelmath(2004)所说的语法化项在形式上的内向依附性增强是一致的。这一过程可以解释为语法化项在形态句法方面的自主性受限，即对其他成分依附程度的加深。词汇项如果出现语音内容的失落，则是另一个层面的窄化。再如 Hopper and Traugott(2003：176－184)把复杂句子结构的形成也看成语法化，并且指出，其路径为"并列句 ＞ 主次关系复合句 ＞ 主从关系复合句"。这明显是一个由复杂到简单、由松散到紧密、以紧缩为特征的窄化过程(2003：211)。应该说，语法化的窄化观和前面提及的从形式角度对语法化的定义之间，有着一定的内在联系。

语法化窄化观中，最具影响力的是 Lehmann(1995/1982)的学说。作者对"势域"(weight)、"内聚"(cohesion)和"变异性"(variability)三类特征共六个语法化参数进行了研究，见表1.1。

表 1.1　语法化参数

	聚合	(paradigmatic)	组合	(syntagmatic)
势域(weight)	聚合势	(integrity)	组合势	(scope)
内聚(cohesion)	聚合度	(paradigmaticity)	组合度	(bondedness)
变异性(variability)	聚合变异性	(paradigmatic variability)	组合变异性	(syntagmatic variability)

Lehmann 指出，语法化程度的加深往往伴随着三类特征在组合和聚合方面的参数的如下变化：

语法化参数的聚合和组合特征
    a. 聚合特征
聚合势(语音形式和语义内容)逐渐损耗;
聚合度(与词形变化表一致的程度)增加,称为聚合化(para-
    digmaticization);
聚合变异性(被聚合内其他成员替换的可能性)失落,称为强
    制化(obligatorification)。
    b. 组合特征
组合势(与之相结合的成分的复杂性)逐渐紧缩(condensation);
组合度(与另一成分融合的程度)增加,称为合并(coalescence);
组合变异性(在构式中所处位置的可变易程度)的失落,称为
    固定化(fixation)。

"聚合势"除外,其他5种参数都涉及语法化项和其他成分(同一聚合内成员或者可构成句法组合的成分)的关系。"聚合化"和"合并"都可理解为减量过程。"聚合化"导致"聚合度"增加,其后果是语法化项内部结构的紧密化。而"合并",即组合度的增加,即是语法化项和其他成分相组合的能力的降低。因此,六种参数都具有减量(也即"窄化")特征。这些窄化特征在一些文献里被称作语法化的"标杆参数"(standard parameters),而 Lehmann(1995/1982)的理论也相应地被称作语法化"标杆理论"(见 Wiemer,2004)。

Lehmann 的语法化标杆参数的普遍意义,遭到了不少学者的质疑。在这里我们只列举两个最典型的例子。比如,Traugott(2010:272)指出,Lehmann 的标杆参数在形态丰富的语言里容易操作,但对形态不丰富的语言(如汉语和当代英语)来说则不一定适用。究其原因,所谓标杆参数是建立在对印欧语的观察基础上的,而且主要是缘起于对形态变化的研究(详见 Traugott and Trousdale,2013:102-105)。与此相应,Bisang(2008d:25-26)也注意到,在 Lehmann 的标杆参数里,只有组合变异性完全适用于东亚及东南亚大陆语言;因为各种原因,其余五个参数都

无法对这些语言的现象进行有效解释。拿聚合势来说，在东亚及东南亚大陆语言里，一个语言单位的语法化不一定伴随其语音形式的损耗。以汉语语法化现象为例，语义内容的逐渐损耗是普遍性的，但语音形式的损耗并不是广泛存在的，只是发生在部分语法化个案里。如由汉语动词"了"($liao$)到助词"了"(le)，很明显地出现了元音弱化；但由动词"把"(ba)到普通话处置标记"把"(ba)，类似情形则没有发生。特别地，Bisang 指出，因为东亚及东南亚大陆语言的类型学特征(详细论述见本书第八章)，另外两个聚合性特征，即聚合度和聚合变异性，也不完全合适。在这些语言里，聚合度只能应用于封闭范畴的产生，但并不能导致"词形变化表"(paradigm)的出现。聚合变异性也不完全适用，因为语法化成项所代表的范畴并不具备强制性。组合方面特征的问题也很清楚。比如，组合度的适应范围很窄，如在标准汉语里只有"了"和"着"等语法标记显示出对动词的依附性，而这在东亚及东南亚大陆语言里并不具有普遍性。

一句话，窄化观并没有能够准确地概括语法化的普遍性特征。这促使学者们对语法化的实质进行了更深入的探讨。

1.2.3.2 "扩展"理念回顾

语法化"扩展"的理念可以追溯到 Bybee(1985)和 Bybee, Perkins, and Pagliuca(1994：5—10)对语法化特征的论述，特别是"泛化"(generalization)的概念。Bybee(1985：168)把泛化定义为使用环境的增宽。例如，在从道义情态到认识情态的历时变化过程中，后者的使用环境比前者宽泛。以英语 $must$ 为例，这个情态词由最早的"必须"义发展出"可能"义。"必须"义的 $must$ 通常只能用于具有"有生性"主语的句子中，而"可能"义的 $must$ 则无此限制，可以出现在任何类型主语的句子中。Bybee, Perkins, and Pagliuca(1994)更进了一步，把语用和语义以及隐喻变化和转喻变化都包括在语法化里，并且把语法化和泛化结合起来；其中泛化的含义也拓宽了，包括用法和意义上的扩展两个层次。作者指出，用法的扩展就是环境的扩展，而意义的泛化就是"虚化"

(bleaching)，即词汇性细节(lexical specificity)的丢失：词汇性语素一般来说意义丰富而具体，所以其所在环境是狭窄的；而作为词汇性语素产物的语法素(gram)，通常会失去具体的意义特征，所剩的语义内容较为宽泛抽象。Hopper and Traugott(2003:101)结合 Kuryłowicz(1976/1965:69)的说法，把泛化定义如下：

> 泛化是这样一个过程：一方面以语言单位多义性增加为特征，另一方面以语素从词汇性到语法性或者从语法性较低到较高这样的范围增加为特征。

两位作者也把泛化分为不同层面，即意义的泛化和功能的泛化。这和 Bybee，Perkins，and Pagliuca(1994)有所不同。对语法化过程来讲，意义泛化指的是语法化项通过发展出多义词(polysemy)来扩展其语义范围；总体上，这一过程类似意义的弱化。举一个汉语的例子来说明，汉语表完成义的动词"了"经过语法化（或者多重语法化）发展出"了$_1$"和"了$_2$"两种用法。从这个意义上看，我们就可以说"了"的意义泛化了。Hopper and Traugott(2003:103)总结道："至关重要的主张应当不是虚化随着泛化而到来，而是走向窄化的意义变化通常不会发生在语法化过程中。"功能的泛化实际上就是一种环境的扩展。语法化过程中的重新分析往往发生在一个非常局部(local)的环境当中；新语法意义的用法一般会通过类推而泛化（即扩展）到新的环境。按照 Traugott(2010:277)的说法，在语法化过程中，词汇意义丢失，剩余下来的是以语法方式强化了的意义(grammatically enriched meaning)，即虚化过程，而虚化必然导致能够与语法化项共现的限制条件的放宽，也即泛化。从历时发展轨迹来看，这种泛化是一种扩展。这在汉语处置标记"把"的例子上看得很清楚。处置标记"把"的宾语类型最早是可持握的物事，后来逐渐扩展到不可持握甚至抽象的物事。从另一个角度看，介词"把"最早用于处置这样的环境，后来逐渐扩展到表致使这样的环境。究其原因，丢失了意义特征的语言单位适应性更强，能摆脱一些搭配上的制约，也因此能够出现在更多的语言环境里，即功能上的扩展。我们注意到，这里因泛化而引起的扩展主要是语法化业已发生后的变化。语法化过程本身未必带来扩展。

语法化的扩展效应，我们将重点介绍 Himmelmann(2004)基于结构的语法化观。

Himmelmann(2004)的主旨是探讨语法化和词汇化(lexicalization)的关系。作者认为，语法化和词汇化的根本对立就在于前者以同构项扩展为特征，而后者则以同构项窄化为特征。作者的最大贡献是进一步深化了语法化扩展的理念，把"环境"和"环境扩展"的内涵拓展为三个层次，具体表述如下(Himmelmann, 2004：33)：

> 基于结构的语法化观
> $(X_n)A_n B \mid K_n \rightarrow (X_{n+x})A_{n+x} b \mid K_{n+x}$
>
> 其中 A 和 B 代表实词性词项，b 代表语法化了的成分，环境变化包括以下三种：
>
> a. 同构项类型(host class)的构成：$A_n \rightarrow A_{n+x}$(如，普通名词→普通名词和专有名词)
>
> b. 句法环境(syntactic context)的变化：$X_n \rightarrow X_{n+x}$(如，核心论元→核心及边缘论元)
>
> c. 语义—语用环境(semantic-pragmatic context)的变化：$K_n \rightarrow K_{n+x}$[如，前指用法(anaphoric use)→前指及次前指用法(associative anaphoric use)]

也就是说，语法化发生于复合结构"$A_n B$"；B＞b 的演变是复合结构"$A_n B$"语法化的结果。语法化扩展观提到的环境以语法化项本身为视点，包括语法项的同构项类型、句法环境和语法化项所在复合构式所处的语义—语用环境。三层次环境扩展具体解释如下(详见 Himmelmann, 2004：32—33)：

> i. 同构项类型扩展(host-class expansion)，即能与语法化项构成组合关系的成分类型的增加。如指示代词(demonstrative)通常不能修饰指称独特事物的名词，但语法化为冠词(article)后，就可以修饰包括专有名词及 sun(太

阳)、*sky*(天空)和 *queen*(女王)等指称独特物事的名词。
ii. 句法环境扩展(syntactic-context expansion)。比如，由于语法化，语法化项所在结构能出现的句法环境从核心论元(主语或宾语)扩展到它不曾出现过的其他句法环境如介词短语中。
iii. 语义—语用环境扩展(semantic-pragmatic context expansion)。这里的环境也是针对语法化项所在结构而言的。这一点也反映在指示代词和冠词的区别上。如"指示代词＋名词"只出现于有上下文或前指成分的环境中，而"冠词＋名词"则不拘于此。

Himmelmann(2004:33)特别指出，三个层次的扩展在语法化过程中同时发生，而语义—语用环境扩展是其中的核心特征。关于这三层次扩展，我们将在第三章和第四章深入讨论。

Himmelmann(2004)从语法化项与其三种环境的共变关系(co-evolution)的角度来定义语法化过程，把环境变化的重要性提升到了空前的高度，理论意义十分重要，也广为学者们所认同(见 Brinton and Traugott，2005；Noël，2007；Traugott，2008a，2010；Trousdale，2012；Traugott and Trousdale，2013；等等)。试比较，Hopper and Traugott(2003)把语法化定义为"词项或结构式在特定语言环境里承担语法功能，并且，一经语法化，继续产生新的语法功能"这样一个过程；然而，Brinton and Traugott(2005:99)给语法化的定义是：

> 语法化是说话者在特定语言环境里用一个复合结构的局部表达语法功能的过程。随着时间的推移，这一过程产生的语法性单位可能通过获得更多语法功能以及扩展其同构项而增强其语法性征。

这一定义与 Hopper and Traugott(2003)的不同之处在于明确加入

了扩展的观念，但这种观念仅限于同构项类型的变化。①

包括 Himmelmann(2004)和 Brinton and Traugott(2005)在内的扩展理念的语法化定义，比起先前窄化观念的语法化定义解释面要宽得多。我们在前面提到了 Traugott(2010：272)的说法，即 Lehmann 的标杆参数在形态丰富的语言里容易操作，但对形态不丰富的语言(如汉语和当代英语)来说则不一定适用。这是类型学上的问题。其实此研究还指出了语法化窄化观在范畴层面上的局限性，即只适用于形态丰富的语言中以形态方式表达的那一部分语法，如"时"(tense)、"体"(aspect)、"情态"(modality)、"格"(case)和"数一致性"(number agreement)等；而对那些不以形态手段表达的部分，如连接词(connective)和语用标记(discourse marker)等，并不一定适用(Traugott，2010：276—277)。语法化扩展观没有这个局限性，解释范围大幅拓宽，解释能力也大幅提升。

1.3　语法意义和新语法意义的产生机制

学界长期以来争论不休的另一个问题是语法化项如何获得语法意义或语法功能。虽然众说纷纭，但实际上其中的关键词不过就是"隐喻"(metaphor)、"转喻"(metonymy)、"会话隐含"(conversational implicature)及"语用推理"(pragmatic inference)等几个。学者们都意识到这几个概念对语法化过程以及语法化项获取语法意义的重要性，但在它们孰重孰轻和相互关系这些方面看法不尽相同。关于语法化项获取语法化意义的机制，学者们的意见大致分为两种，一种是隐喻为主，另一种是转喻优先。前者的代表论著是 Heine, Claudi, and Hünnemeyer(1991)，后者的代表性论著为 Bybee, Perkins, and Pagliuca(1994)和 Hopper and

---

① Traugott and Trousdale(2013：108)还提到了另一层次上的扩展，即"多重语法化"(poly-grammaticalization)现象。相同的历史来源，在不同的语言环境下发展出多种语法功能，这的确是一种语用语义及形态句法环境的拓宽。但这种扩展并不涉及语法化的本质特征。我们所关注的，是相同演变路径(例如，多元语法化中具体某一条演变路径)上语法化项及其所在环境的变化。关于多元语法化的个案，我们将在第五章详细讨论。

Traugott(2003)。以下我们对这几部论著主要观点的介绍，部分地参考了 Bisang(2010)和 Traugott(2010)等的评论。

1.3.1 "隐喻为主"说

Heine，Claudi，and Hünnemeyer(1991)认为语法化项(新)语义功能的获得发生在宏观结构(macrostructure)和微观结构(microstructure)两个层面上。其中宏观结构以隐喻过程为特征，而微观结构以转喻过程为特征。作者认为，宏观结构的隐喻过程是语法化的"中心策略"，其普遍性的映射(mapping)链是由具体到抽象，即：

PERSON > OBJECT > ACTIVITY > SPACE > TIME > QUALITY
 人   物   行为   空间   时间   质地/品质

微观结构的转喻过程就是基于环境的语用推理，是一个"环境引发重新诠释"(context-induced reinterpretations)的过程。经过重新诠释，会话隐含被习用化，成为语法化项语义的一部分。特别地，因为隐喻决定了不同辖域(domain)之间的转变，而转喻主要是作为个别语义域之间的桥梁，所以前者是最基本的。作者讨论了身体部位名词语法化为地点名词以及空间名词语法化为时间名词的变化。其中一个典型例子是 *behind*（后面；在……后面）。跨语言地，表空间的 *behind* 义来自表身体部位的 *behind*（OBJECT > SPACE）；而表时间的 *behind* 又往往来自表空间的 *behind*。

1.3.2 "转喻优先"说

和 Heine，Claudi，and Hünnemeyer(1991)不同的是，Bybee，Perkins, and Pagliuca(1994：25)认为隐喻只是在语法化初期扮演一定角色。在语法化初期，当人们"对比源概念和相关语法性概念"的时候，可能在两者之间建立起一种隐喻关系。作者指出，没有证据表明隐喻是语法化过程中语义变化的主要机制；隐喻只在语法化路径（或说语法性特征连续统）上靠近词汇性的一端起作用。当语法化项越来越抽象时，隐喻就不起作用了。相反，语用推理的作用贯穿语法化的所有阶段。

同样，Traugott and König(1991)和 Hopper and Traugott(2003)等也都认为 Heine，Claudi，and Hünnemeyer(1991)高估了隐喻的作用。关于 Traugott and König(1991)和 Heine，Claudi，and Hünnemeyer(1991)观点上的差异，Traugott(2010：281)的说法是，后者强调"隐喻性(类推性、聚合性)思维"是语法化的动因，而前者引证 Grice(1975)提出的"格莱斯会话原理"(Gricean conversational maxims)，强调概念性转喻(组合)思维是语法化的动因。Hopper and Traugott(2003)主张语法化同时以隐喻和转喻为基础，而且把两者都视为语用过程。作者认为，转喻过程以会话隐含为基础，不仅比隐喻过程重要，而且先于后者发生。以下这段话反映了作者的立场：

> 隐喻无疑在语法化中扮演某种角色。然而，因为长久以来人们认定重新分析而非类推是结构和形态句法层面语法化的主要过程，如果属于类推性质的隐喻过程在语用和语义上起主要作用，将是令人惊讶的。(Hopper and Traugott, 2003：87)

两位作者进一步指出，重新分析和类推分别与转喻和隐喻这两个认知过程相关联；转喻性推理和隐喻性推理在语法化过程中相辅相成，而不是互相排斥(2003：93)。

1.4 语法化的主要机制：类推还是重新分析

在介绍重新分析和类推这两种机制在语法化中扮演的角色之前，我们将特别地对类推这一概念的来龙去脉稍作回顾。

1.4.1 "类推"的来源

"类推"这一概念在语言学中的运用，可以追溯到新语法学派(Neogrammarians)的语音变化研究。新语法学派指出，语音演变规律是没有例外的，而类推对语音变化起着重要作用。这里的类推被定义为这样一个过程：以某些词或形式为标准，对另一些词或语言形式进行改造，以便向这些标准看齐。类推过程实际上就是不遵循语音变化规律的演变现象。Saussure(1986/1922)也讨论了类推，其精神实质和新语法学派是一致的。作者认识到，语音交替具有严格的语法特性；语音变化的一个后果是对词的形式进行改变，从而割断词与词之间可能的语法联系。在作者看来，这种混乱的后果可以用类推的方式来抵消。他主张，类推必须同时具备一个模型(model)和对这一模型的模仿过程。因此，在Saussure(1986/1922)里，类推形式(analogical form)被定义为"以一个或者多个其他形式为模型、按照一定规则构建起来的形式"。和新语法学派一样，Saussure也利用四项比例式来描述类推过程。他所举的一个例子是拉丁语主格形式的 honor(荣幸)。honor 类推过程的四项比例式为：

$$\bar{o}r\bar{a}t\bar{o}rem : \bar{o}r\bar{a}tor = hon\bar{o}rem : x$$
$$x = honor$$

honor 最初的形式是 honōs，宾格形式为 honōsem，后者因为 s 卷舌音化而变成了 honōrem，实际上是造成了词干的双重形式。最终，人们以"ōrātor（演说家）：ōrātōrem（演说家，宾格）"为模型，造出了 honor 这一形式。这个例子说明，语音历时变化所造成的混乱后果，可以用类推的手段来解决，即"honor：honōrem"。值得一提的是，新语法学派只是主张类推具有规则化力量(regularizing force)，而 Saussure 更进了一步，强调类推不仅是一个创新机制，而且也是创新的原因。他也注意到，类推也具有保守的一面，因为它总是利用既有材料来进行创新。

  类推在历时形态句法研究中有着十分重要的地位。Meillet 把类推看成与语法化相区别的过程，因为前者需要一个创新时模仿的模型，而后者不需要。Meillet 时代的类推概念是狭义的，基本上就是继承了新语法学派的传统，即对不规则的形态句法进行规则化的过程，其机制也和前面提到的四项比例式完全一致。这种比例式的局限性是明显的，其最大问题是无法解释为什么特定形式会被选作类推的模型。Meillet 之后，学者们继续探讨类推这一概念，拓宽了其范围。特别地，学界的一个关注焦点是类推作为演变机制和语法化的关系问题。学者们的看法大致可分为两种，一种认为类推是语法化的次要机制，另一种是主张类推是语法化的推动力。主张类推是语法化推动力的学者，其所秉持的理论基础以及具体观点都有较大的差异。

1.4.2 关于类推和重新分析在语法化中的角色

学界长期以来的主流观点是，类推和重新分析是语法化的两种机制。一个广为接受的看法是，重新分析能够创造新的语法结构，是一种隐性过程，也是推动语法化的主要机制；相反，类推只能推广新的规则，是一种显性过程，因而在语法化中的作用是次要的（见 Hopper and Traugott，2003）。具体说，重新分析的后果是组合性变化，即改变语法形式的句法、构词和语义特征，是一种句法结构和语义的重新解释，能够创造出新的规则。因此，重新分析被视为语法化最重要的机制，是类推的前提。类推的后果是聚合性的。严格说来，这种机制只能改变表层形式，并不能改变规则，其最重要功用是导致新规则的推广。重新分析所引起的规则变化通常不会立即清晰地呈现出来。这种变化只有在新规则推广到对比鲜明的情形时，才会被说话人察觉到。例如汉语处置式标记"把"来源于"持，握"义动词"把"，而动词"把"的宾语也通常为指称可持握的实物的名词，如在"左牵羊，右把茅"（《史记·宋微子世家》）句中。"把"的语法化环境为连动句，以"醉把花看益自伤"（白居易《花前有感兼呈崔相公刘郎中》）这样的句子为代表。"把"的重新分析是否发生，往往在"闲常把琴弄"（任华《寄杜拾遗》）这样的句子中并不能清楚显示，因为"把"的宾语仍然指称可持握物。然而，在"图把一春皆占断"（秦韬玉《牡丹》）以及"徒把凉泉掬"（宋之问《温泉庄卧病寄杨七炯》）这两句中，"把"的宾语均指称不可持握之物，与"持，握"义动词"把"的宾语的意义形成了显著的反差，也就十分清晰地揭示出"把"的功能及使用规则的变化。就是说，动词"把"在重新分析为处置标记"把"之后，其搭配对象(即宾语)的类型在扩展。这实际上可以理解为"把"的搭配规则的推广,即由较狭窄的"把＋指称可持握实物的名词"扩展至"把＋名词"。总结起来,学界目前比较一致的看法是,重新分析和类推都是创新,但体现在不同意义上。重新分析是新规则和语法结构的创新。通过对新规则的推广,类推可以让语言单位出现在先前不能出现的环境——对这样的语言单位来说,其用法上实现了创新。

"重新分析创造新规则,类推推广新规则"这样的说法是一般读者所熟悉的主流看法。然而,关于类推在语法化中扮演的角色,学界也有不同声音。以 Kiparsky 和 Fischer 为代表人物,部分学者主张,类推是语法化的主要推动力。但稍作比较,不难发现 Kiparsky 和 Fischer 这两位学者的观点实际上有很大的差别。Kiparsky(1968)把音系学意义上的类推重新定义为规则扩展(rule extension),并且以形式方法证明类推并不是语言变化的一种随意现象。作者在之后的一系列研究中,继续深化这一认识,并且都把类推看成从相对狭窄的辖域到更为宽广的辖域的规则推广(generalization)或语法优化(optimization)。Kiparsky(2012)则指出,Meillet 把类推和语法化截然分开的做法是有问题的。对于传统的类推概念(如四项比例式),那种作为模仿对象的模型是不可或缺的。然而,Kiparsky 认为,这种基于范例(exemplar-based)的类推只不过是类推的一种特别方式。这是因为,范例或者模型并不是类推的前提;类推可以由独立于语言的限制条件来驱动,而这些限制条件是由普遍语法(universal grammar)来决定的。作者列出了类推性变化的如下分类方式:

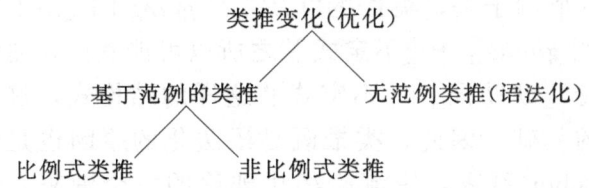

其中无范例(non-exemplar-based)类推变化可以建立起新的范式(pattern),而且是单向性的,完全符合语法化特征。Kiparsky 所

定义的这种新的类推概念，不仅整合了语法化（即无范例类推）和一般性类推（即基于范例的类推），而且为形态及句法的内生创新（endogenous innovation）提供了一种机制。Kiparsky 认为，他的类推变化理论还有其他两个优点。第一，这一理论尽管区分了一般性类推和语法化，但并没有在二者之间划定一个清晰的界限，也就无需对特定变化做非此即彼的归类。在比例式类推和完全创造性的语法化之间存在一些中间情形，这些情形与范例之间的关系不相同，二者对创新的阻遏或者促进的程度也不相同。第二，这一理论预测了包括单向性在内的语法化核心特征。跨语言的研究表明，语法化单向性存在一些反例。在 Kiparsky 看来，语法化单向性是一种无例外的泛化，而那些单向性的例证，也可以解释为基于范例的一般性类推变化。一个典型例子是，由两个或者两个以上的词融合为一个词这种语法化过程，并不需要一个模仿对象（范例或者模型）。但是，相反的过程，即一个词分裂为两个或者两个以上的词，也就是单向性的反例，往往是通过以既存结构式为模型的类推变化。

Fischer 也主张类推是语法化的主要机制，但其理论基础和方法与 Kiparsky 有着明显的区别。Fischer（2007，2008，2010，2013 等）认为类推以相似性为基础，是语法构成和语法变化的最重要原则。这一理论的一个重要主张是，语法化过程的每一步都是独立的，是说话人的类推性思维（analogical thinking）与其所掌握的语法相结合的产物，而且都以形式和功能的相似性为基础，用其他结构或语言符号来对某种结构或者语言符号进行替换（replacement）。比如，Fischer（2008）主张，重新分析应该被看作由类推引起的替换过程。一个例子是，英语的"[BE + going] + [to + 不定式]"重新分析为"[gonna] + [不定式]"之所以可能发生，是因为英语里已经存在着"[助动词] + [不定式]"这样的结构式，这是新结构取代旧结构的基础。因此，类推既是语法化的原因也是语法化的机制。在 Fischer 看来，主流语法化理论的一个缺陷，是过于强调语用—语义因素对演变的作用，而把形式变化看成意义变化的副产品。她主张类推同时涉及形式和意义，它不仅是语言变化和语言学习的原动力,也是语法化的原动力。但 Fischer 也认识到,类推并不是语言演变理论中的预测性原则(predictive principle)。这是因为,类推性思维终究是以个体说话人的经验及创造性为基础的,也只有当类推十分明晰时才会为众多的个体所接受,从而引发演变。

Kiparsky 强调普遍语法对类推的驱动,而 Fischer 的不同之处在于,她认为类推过程的解释,只能从类似结构在说话人的语法共时系统和交际情势范围内所具备的形式和意义中获得。由此可见,"类推驱动语法化"说本身还有很多理论问题需要深入探讨和整合。

1.5 语法化项的类型、性质和特征

发生语法化的语言单位称为"语法化项"。那么,什么样的语言单位可以成为语法化项呢?语法化项的类型和特征问题,理论文献里并没有非常统一的认知。对语法化项的界定和对语法化演变性质的理解有很大的关系。

1.5.1 语法化项的常见类型

语法化经典文献(如 Meillet,1958/1912; Heine, Claudi, and Hünnemeyer, 1991; Lehmann, 1985, 1995/1982; Hopper and Traugott, 2003)所讨论的语法化项,都是实体性(substantive)的。跨语言地看,最常见的语法化项包括如下三类:

i. 实词性成分
如汉语动词"把"(演变为处置标记"把")、"被"(演变为被动标记"被")、"了"(演变为完成体标记"了$_1$"和完整体标记"了$_2$");斯瓦西里语(Swahili)名词 *m-paka* (边界)(演变为时间介词以及连词 *mpaka*);朝鲜语(Korean)动词 *ji-*(落下)(演变为被动后缀 *-ji*)。

ii. 虚词性成分

如汉语完毕义助词"过₁"（演变为表过去曾经义助词"过₂"）和量词"个"（演变为助词"个"）；德语夺格介词（ablative preposition）*von* 'from'（演变为被动结构的施事标记 *von* 'from'）；英语介词 *to*（演变为不定式标记 *to*）等。

iii. 短语

如汉语短语"因此"（演变为连词"因此"）和"不管"（演变为连词"不管"）；古英语 *þa hwile þe* 'that time that'（演变为时间连接词 *hwile* 'while'）。

除以上三类，语法化项也可能是一个句子或从句。如，Heine and Kuteva(2002a：6)举过一个例子，即科伊语（Kxoe）[纳米比亚中部科依桑语（Khoisan）的一个支系]的时间性连词（temporal conjunction）*taátenu*（相当于英语的 *then*），来源于意为 *when it is like that*（那种情形的时候）的从句，即：

(1) ta-   á-   te   nu   xavaná //é
    be：thus-JUNC-PRES-when again   1：M：PL
    kúùn-à-   tè   ...
    go-JUNC-PRES
    'Then we went again…' （然后我们再去……）
    (JUNC = juncture morpheme 连接语素；PRES = present tense 现在时；M = masculine 阳性的；PL = plural 复数)

在这个句子中，整个从句 *ta-á-te-nu* 是一个语法化项。跨语言地看，句子或从句用作语法化项的情形并不常见。就我们的了解，在迄今的汉语语法化研究论著中，尚无句子或从句语法化项演变个案出现。

1.5.2 语法化项的性质和特征

一些语法化论著里讨论了语法化项的性质和特征问题，最有影响的当属 Bybee 等人所提出的"语义泛性"说和 Heine 及其同事所提出的"认知源"说。这两种学说从不同侧面深刻地揭示了语法化项的性质和特征。

1.5.2.1 语法化项的语义泛性

我们在1.2节里面简单介绍了泛化的概念,这里将稍稍谈一下与之相关联的"泛性"问题。目的是引入语法化项的性质和特征问题。Bybee(1985)提出了语义泛性这一概念,认为语义泛性是形成屈折范畴的重要因素。这一概念在 Bybee and Dahl(1989),Bybee,Perkins,and Pagliuca(1994)和 Bybee(2003)里也有所讨论。Bybee(1985:14—16)指出,屈折范畴能够广泛地与词根结合,而且必须强制性地出现在一定句法环境里;所以一个词项越具备语义上的泛性,即越缺少具体意义,就越有可能演变为屈折范畴。Bybee,Perkins,and Pagliuca(1994:4—9)又指出,词项的具体意义限制了它们可能出现的环境。如英语的运动动词 *walk*(走)、*stroll*(闲逛)、*saunter*(闲逛)、*swim*(游泳)、*roll*(滚动)、*slide*(滑动)等的语义泛性都很低,因为它们无一例外地表述的都是具体的运动细节,所以只能与特定的主语搭配。相反,*go*(去)和 *come*(来)的泛性程度较高,可出现环境的范围也相应地较宽,如可以和不同类型的主语搭配。语义泛性和 Bybee 所认知的语法化项应该具备的条件有关。

Hopper and Traugott(2003:100—101)延续了 Bybee 等人的说法,认为发生语法化的词汇项一般为基本词,必须具有语义泛性并且担负普通的篇章功能。作者举例说,语法化为格标记或者标句词(complementizer)的动词一般都是词汇中的上位词(hyperonym),如 *say*(说),*move*(移动),*go*(去)等;语法化为量词的一般是 *creature*(生物)、*plant*(植物)、*mammal*(哺乳动物)、*bush*(灌木)、*dog*(狗)以及 *rose*(玫瑰)等表达笼统概念的名词,而不会是 *spaniel*(猎)、*hybrid tea*(杂交香茶)等指称下位概念的名词。Brinton and Traugott(2005:99)提到,语法化的输入项(即语法化项)可以是"储存于词库中的任何东西,包括词串、结构、词汇性词项和语法性词项"。这一说法等于认为语法化项在形式上没有限制。但作者强调,这些输入项在语义上必须具有泛性。

归纳各家说法,一个跨语言的倾向性就是,词项的语义泛性高低和成为语法化项的可能性大小之间存在正比例关系。

1.5.2.2 语法化项"认知源"说

研究者对语法化项的界定，在一定程度上受到其语法化观的影响。比如，Heine, Claudi, and Hünnemeyer(1991)引用 Werner and Kaplan(1963:403)的说法，指出语法化背后是"把既有手段用于新功能"这样一条具体的认知原则；相应地，语法化是以"解决问题"(problem-solving)为主要目标的过程的产物，其主要功能是"以一事物表述另一事物"这种概念化方式。同时，语法结构的发展是以满足交际需求或者为认知内容提供合适的语言命名(designation)等为目标的(Heine, Claudi, and Hünnemeyer, 1991:150—151)。基于这样的认识，作者进一步指出，语法化的输入项或者源头(即语法化项)通常是有限的几种基本认知结构(cognitive structure)，包括源概念(source concept)和源命题(source proposition)。

源概念多指物件(object)、过程(process)和处所(location)等，也包括一些指示性和疑问性概念。这些源概念都是在功能上具有"象征性和直证性"(symbolic and deictic)的基本要素，一般都被编码成实词性词项。源概念属于最初级的人类经验，通常来源于人的物理状态、行为或者直接环境中；它们为人类了解较为抽象的概念提供具体参照点(Heine, Claudi, and Hünnemeyer, 1991:152)。作者举了以下和身体器官有关的例子：

i. 身体器官因为其相关位置而被用作语法概念的源概念，比如 back(背部)或 buttock(臀部)被用来表达后面空间，breast(乳房)、chest(胸部)、face(脸)、eye(眼睛)或 head(头)表达前面空间，belly(肚子)、stomach(胃)或 heart(心脏)用来表达里面这种空间，head(头)和 anus(肛门)或 foot(脚)分别用来表达上面和下面空间。

ii. 身体器官不仅仅可以用来表达方位，还可以用来表达其他语法概念。比如，因为"手握物件"和"拥有物件"之间的关联，在一些西部非洲语言里，身体器官"手"发展成了领属标记；而"头"作为智力行为中心控制着人类行为，因此"头"可能被当作"原因"或"目的"这些更抽象概念的参照点，语法化为介词（adposition）和/或者原因/结果（cause/finality）的标句词。

iii. 在许多非洲语言里，不同身体器官以及"身体"这一术语也是反身代词的源概念。

作者也举了一些和过程有关的源概念的例子（1991：153）：

i. 一些源概念涉及人类最基本的行为，如"做/制作""拿/握""完成"或"说"，或者涉及位移，如"去""来""离开"或"到达"。

ii. 一些源概念表达姿势或者状态，通常被编码为状态动词（state verb），例如 be/exist（存在）、be at（在）、sit（坐）、stand（站）、lie(down)（躺下）和 stay/live（住）等。

iii. 一些表达愿望的概念，如"要/喜欢"，或者表达义务的概念，如"将要""应该"等，也在部分语言里成为源概念。

作者还指出，源概念是相对于抽象程度更高的概念而言的。比如，身体部位 back（背部）是空间词 back（如 three miles back '三英里之前'）的源概念，而空间词 back 又是时间词 back（如 three years back '三年前'）的源概念（1991：151）。

源命题指的是复合结构，往往是人类经验中最基本的、可以用涉及两个个体的谓语性成分来诠释的状态或过程（Heine, Claudi, and Hünnemeyer, 1991：151—153）。源命题的特征是"以基本的方式来表述物件在何处、从何处或往何处移动、不同物件之间如何关联以及人们做什么"（1991：153）。最常见的命题包括如下几类：

i. "X is at Y"　　（X 在处所 Y）　　　　（处所命题）

ii. "X moves to/from/along Y"
（X 移至或移自处所 Y，或者沿 Y 移动）（位移命题）

iii. "X is part of Y"（X 是 Y 的一部分）（部分—整体命题）

iv. "X does Y"　　（X施行了动作行为 Y）（行为命题）

其中(i)和(iii)是静态或稳定的，而(ii)和(iv)是动态的；(i)和(ii)有空间维度，而(iii)和(iv)则没有。关于这几种源命题，作者提到如下几种情形(1991：153—154)：

i. 每种命题都可能产生不同的语法结构。例如，处所命题可能发展出体或者如同情态的进行时或意图(intentional)标记，很多非洲语言里有这种情形。一个例子是，在埃维语(Ewe)里"X is at Y's place"(X位于Y这个地点)已经获得了"X is about/intends to do Y"(X即将/意图做Y这件事)这样的意义，并且语法化成了起始体(ingressive)或者意图标记。此外，这种命题也可以发展出动词性领属关系(verbal possession)。

ii. 同一个语法范畴可以由完全不同的源命题发展而来。例如，动词性领属既可以由处所命题发展而来，也可以由行为命题发展而来。

关于语法化项的范围，Brinton and Traugott(2005：99)指出，语法化的输入端(input，即我们说的语法化项)可以是任何储存于词汇清单(inventory)里的东西，包括如下类型：

语串：如 *be going to*
复合结构：如 *let us*（演变为劝诱义的 *let's*）
词项：如古英语 *magan*（演变为 *may*）
语法性单位：如介词 *to*（演变为不定式 *to*）

我们的理解，这里的"语串"类似于汉语语法化研究中探讨的"非结构"或者"跨层结构"。[①] Heine 等学者的认知源说和 Brinton and Traugott(2005)的"词库储存项说"所界定的语法化项类型是否完全一致，是一个有意思的问题。这在很大程度上取决于储存于词

[①] 本书将以"非结构"来统称文献中提到的"跨层结构"现象，以便和我们早前的研究相一致。

库的语言单位是不是都能成为 Heine 等人所定义的认知源,或者反过来,认知源是不是都编码为词库里的储存项。我们不打算在这里对这个问题展开论述。同时,语法化项的"语义泛性"以及认知源的基本特征本身有一定的模糊性,所以要清楚区分哪些语言单位能够成为语法化项,或者具备成为认知源的条件,不是一件容易的事。

1.5.3 跨语言的非结构现象

Heine, Claudi, and Hünnemeyer(1991)的认知源说以及 Brinton and Traugott(2005)的词库储存项说,都没能全面概括语法化项的类型。跨语言地看,语法化项的范围并不局限于具备认知源性质或者储存于词库中的词项。比如,我们在前面提到,句子或从句语法化项 *ta-á-te-nu* 是否具有语义泛性或许见仁见智,但不属于词库储存项的事实应该是明确的。

迄今为止,在语法化各主要理论文献中,非结构语法化项都没有引起足够的重视。比如,Brington and Traugott(2005)只是例举了非结构作为语法化项的一种类型,但并没有具体探讨其特征和规律。Heine, Claudi, and Hünnemeyer(1991)没有提及这种情形,Hopper and Traugott(2003)也没有把非结构语串的语法化当作一个研究课题。

非结构虚词两个源构素之间既没有形态句法关系,也没有语义相关性。如汉语连词"以及"和"否则"分别来源于"以"和"及"、"否"和"则"的跨层结合:

(2)a. 老吾老,<u>以及</u>人之老。　　　　　　《孟子·梁惠王上》
　　b. 学则正,<u>否则</u>邪。　　　　　　　　《法言·学行》

(2a)的结构是"[老吾老]$_i$,[以 e$_i$][及[人之老]]","以"和"及"不在同一句法层次上。(2b)中"否则邪"句的结构是"[否][则邪]"。"否"本身含条件义,"邪"表结果,二者之间是篇章而非句法关系。所以"以+及"和"否+则"都不构成语言单位。除了"以及"和"否则",文献中常提到的现代汉语双音节非结构虚词还包括如下

一些:

然而	进而	因而	从而	既而	继而	俄而	而已	而今
而后	而况	而且	至于	关于	终于	及其	极其	也许
或许	除非	莫非	几乎	的话	何必	何曾		

非结构源构素线性毗邻,构成了非结构源构素语串。与之相对的是"结构性源构素语串"(简为"结构性语串"),如"因+此"("因"和"此"构成动宾关系)、"随+时"("随"和"时"也构成动宾关系)等。

根据彭睿(2011a)的介绍,非结构现象是跨语言存在的,既包括实词性的也包括虚词性的。Krug(1998:288—302)和 Bybee(2002:124—129)讨论的欧洲语言及其他语言中存在的跨层紧缩(contraction)现象,都可看成非结构语串。跨层紧缩现象有三个类型:

i. 人称代词+助动词。如英语助动词 am、have、has、will 和 had 往往跨越句法层次,与句子主语结合成组块。并且发生语音上的紧缩,如 I'm、I've、I'll、he's、he'll 和 he'd 等。

ii. 动词+介词。如非洲的南部 Lwo 语族中动词后的介词演变成动词后缀的现象;再如西班牙语 persar en(思考)、acabar de(完成)和 comenzar a(开始)等都来源于动词和介词的结合。

iii. 介词+限定词。如西班牙语的"a(to, at)+el(阳性单数限定词)>al"和"de(of, from)+el>del"等。这种现象在其他欧洲语言如法语、葡萄牙语和德语中也十分普遍。

其中"动词+介词"的跨层结合最为常见,如汉语中的"至于""关于"和"终于"都属这一类。这种模式在英语中的能产性也很高,如 look after(照顾,关照)、deal with(处理,对付)、come across(遇到)和 stand by(支持)等都已经凝固为词。"介词+限定词"的紧缩现象也广受关注。如 Waldmüller(2008:4—55)和 Kabak and Schiering(2006:83—96)分别注意到德语及其几个主要方言中"介词+限定词"的完整形式和紧缩形式在语义和语用上的差异性。Baronian(2006：27-42)介绍了魁北克法语(Quebec French)中的"介词+冠词"的紧缩，主张这种紧缩形式是一种混合性介词(portmanteau preposition)，具有确定性(definiteness)、数和性等特征；而且，魁北克法语中的大多数"介词+冠词"紧缩形式已经存在几个世纪，早已重新分析为一个语言单位，所以不是说话者在线(online)生成的(2006：32)。然而，以上对跨层紧缩现象的讨论都并不以探讨语法化为目的。

学者们也讨论了其他非结构现象，如罗曼语族中普遍存在的复合连词(complex conjunction)。以西班牙语的复合连词为例，其来源是副词或介词与从句标记(subordinator) *que* 的结合，如 *hasta que*（直到）、*sin que*（在没有……的情况下）、*aunque*（虽然）、*porque*（因为）和 *puesto que*（既然）。此外 Brinton(1988：124-5，132)、Hopper(2001)以及 Hopper and Traugott(2003：50)等都提到，在英语"V_1+and+V_2"的并列结构(Hendiadys)中，"V_1+and"有演变成助动词的倾向。如据 Hopper and Traugott(2003：50)，在特定语境中"try and +V_2"已被重新分析为"助动词+V_2"。在 *I'll try and contact her*（我来联络她）一句里，*try and* 已经融合成一个单位，*try* 的形态变化受到了限制，不能由 *tried*、*trying* 和 *tries* 等来代替；同时 *and* 在语音上附着于 *try*，二者之间不能再插入副词，*I'll try hard to contact her*（我会尽力联络她）是合法的，但 **I'll try hard and contact her* 不能接受。我们注意到，作者并没有在讨论 *try and* 语法化的基础上作进一步的理论概括。

非结构语法化项的最显著特点，是其"不自足性"非结构语法化项的源构素之间缺乏形态句法关系和语义相关性，肯定无法成为 Brinton and Traugott(2005)所说的词汇清单储存项。那么，非结构语法化项是不是可以成为 Heine 等人所说的认知源或者基本认知结构呢？彭睿(2011a：323-326)指出，语法化是一个外部条件和内部依据相互作用的语用推理过程，其中外部条件即具备语用推理条件的"临界环境"，而内部依据则是语法化项自身的语义语用特征。非结构组块因其不自足信息而缺乏语用推理的内部依据。结构性组块具有语义上的自足性。例如,副词"随时"的来源是动宾短语"随+时",后者通常分布于连动式"[随时][VP]":

(3) 冬稌夏穑,<u>随时</u>代熟。　　　　　　　　　(张衡《南都赋》)

这个连动式的意义可以概括为"随着时间的推移发生/开展行为 VP 或出现状态 VP",其中"随着时间(的推移)"是"随+时"提供的语义信息。副词"随时"的意义为"在任何时候"。"随着时间(的推移)"可看成由无数时点构成的动态时间轴,而"在任何时候"是无定指的具体时点,二者可构成转喻关系。因为"随+时"已经具备了这种语用推理的内部依据,只要具备合适的条件,这种转喻推理即可发生。相反,非结构在语义上不自足,必须吸收外来语义信息,才能具备语用推理的内部依据(2011a:329—330)。这可以从"以及"的例子看出。"以+及"的分布环境为"(S_i)[以 e_i][及 NP]",其意义可以概括为"某种特征或状态"(即 S_i)和"(特征或状态推广所及的)人或事"。"以+及"组块在吸收了 e_i 和 NP 这两部分语义信息后,就获得了"把特征/状态 S_i 推广到 NP"这一意义。再如,"因而"的来源"因+而"分布于"(S_i)[因 e_i]而[VP]"框架。"因+而"组块在吸收了 e_i 的信息"某种条件"或"某种情势"(即 S_i)以及 VP 的信息"采取行动"之后,也获得了"利用某种条件或顺应某种情势采取行动"这一意义。

彭睿(2011a)所说的语法化内部依据,和 Heine, Claudi, and Hünnemeyer(1991)提到的认知源或者认知结构之间有着密切的关系。Heine 等人所讨论的语法化认知源或认知结构都有完整的语义语用特征。按照彭睿(2011a)的说法,非结构在吸收了外来语义信息之后,才具备语法化的内部依据。从这个意义上讲,非结构不属于 Heine 等人所定义的语法化认知源;即使属于语法化认知源,也是不明晰、不完整的。

1.5.4　图式性语法化项

以上谈到的语法化项都是实体性的。随着历时构式语法的兴起,"图式性构式的语法化"这一话题已经被提起,因此有了"图式性语法化项"(schematic grammaticalizing element)的说法。

1.5.4.1 图式性构式是不是认知源

图式性语法化项的提法,就意味着认同由图式性构式为起点的历时演变具有语法化性质,这是一个十分重要的理论新思路。牵涉图式性构式的演变有两种,一种是构式化(constructionalization),即产生一种新的图式性构式;另一种是构式性变化(constructional change)(详见 Traugott and Trousdale,2013)。后者的一种情形是既存图式性构式的(语义-语用特征)扩展,以汉语溯因兼语句的语义-语用类型扩展过程为代表。彭睿(2012)和 Peng(2013)指出,溯因兼语句的最早语义-语用类型包括"情感类"(形式化为 $V_{情感}NV_2$)和"评鉴类"($V_{评鉴}NV_2$)。汉语从公元5世纪发展至今,逐渐产生的溯因句语义-语用类型包括"欺负类"($V_{欺负}NV_2$)、"殴打类"($V_{殴打}NV_2$)、"祝贺类"($V_{祝贺}NV_2$)、"惩罚类"($V_{惩罚}NV_2$)以及"蒙骗类"($V_{蒙骗}NV_2$)等等。

图式性构式的语义-语用特征扩展到底是什么性质,目前学者们的观点不一致。对这种扩展的性质的理解,在很大程度上取决于学者们对图式性构式(特别是复合型图式性构式)的性质的认定。Rostila(2006:53)指出,图式性层次和语法化程度之间具有正比例关系,完全图式性构式是所有构式中语法化程度最高的。这种说法也就是认定了图式性构式具有语法性/功能性特征。Boye and Harder(2012)认为图式性构式具有一定语法性/功能性特征,但并不具备最典型的语法性/功能性特征。这两项研究都支持这样的观点,即图式性构式的扩展具有语法化特征,因为扩展的结果是图式性程度更高的构式。这一说法如果成立,也就肯定了图式性构式的语法化项身份。

假定图式性构式可以成为语法化项,那么进一步的问题就是这种语法化项是不是具有一般语法化项的语义泛性,以及是不是符合 Heine 等人所说的认知源或者认知结构的特征。图式性和语义泛性之间极易混淆。二者属于不同认知域。一个图式性构式具有其下属成员的共同特点。如图式性溯因兼语句具有其七个语义一语用类型的共同特点，但缺少这些类型的细节特征。我们再来看看前面举的几个有关语义泛性的例子。我们在上文提到，go（去）和come（来）的泛性程度较高，而运动动词walk（走）、stroll（闲逛）、saunter（闲逛）、swim（游泳）、roll（滚动）、slide（滑动）等的语义泛性都很低，因为它们无一例外地表述的都是较为具体的运动细节。go（去）和come（来）具有泛性，但并不是那些泛性程度较低的运动动词的特征的简单概括。因此，图式性并不等同于语义泛性。

我们再来看看图式性构式是不是符合认知源或者认知结构的条件。复合型图式性构式最有可能和源命题发生联系。有三个问题需要澄清：

第一，按照Heine，Claudi，and Hünnemeyer(1991)的说法，源命题往往是人类经验中最基本的、可以用涉及两个个体的谓语性成分来诠释的状态或过程。一个根本问题是，图式性构式是否具有表达这种基本状态或过程的语义内容？以论元构式为例，到底是主动词对整个构式的语义贡献大，还是图式性构式本身的贡献大，学者们对这一问题意见不统一。有的学者（如Hale and Keyser, 1987; Pinker, 1989; Grimshaw, 1990; Levin, 1993; Croft, 2001）认为主动词起着承载整个论元构式的语义信息的作用，而另一些学者，如Langacker(2008)、Goldberg(2006, 2009)等，都认为论元构式自身对其语义解释影响最大。特别地，Langacker(2008: 245)指出，构式性图式"是有意义的，并且能对复杂结构的语义做出关键的贡献"。Goldberg(2006, 2009)也认为，虽然动词和论元构式都能传达一个句子的总体意义，句子的总体意义并不能可靠地由动词的意义以及/或者句法信息来决定(2006: 6—9)，而论元构式作为一个整体对语义信息的贡献是显著的(2009: 105)。归纳起来，就是说图式性构式本身是能够表达意义的，可能表达人类经验中最基本的状态或过程。

第二，从源命题的界定来看，只有那些由动词论元构式，如双及物构式、兼语构式等，才具备"用涉及两个个体的谓语性成分来诠释的状态或过程"这样的条件。其他复合型图式性构式，如汉语的"越……越……""连……也/都……"以及英语的"NP of NP"以及"WAY 构式"等，都因缺乏谓词性成分而不符合源命题的条件。然而，和论元构式一样，这些复合型图式性构式也有一个产生和扩展的过程；如果扩展具有语法化性质，那么这些构式也有语法化的问题。从这个意义上看，源命题说至少在非论元构式这里没有说服力。

第三，撇开非论元构式不说，图式性论元构式是不是都符合源命题的条件呢？Heine，Claudi，and Hünnemeyer(1991：151—153)的说法是，源命题是人类经验中最基本的状态或过程，是"以基本方式来表述物件在何处、从何处或往何处移动，不同物件之间如何关联以及人们做什么"。这样的条件，至少把上面提到的"越……越……""连……也/都……"以及英语里的"NP of NP"以及"WAY 构式"等都排除在外了。这些构式既不是人类经验中最基本的状态，也非其中最基本的过程。而且，所谓"最基本"的说法也是相对的和模糊的。

总结起来，并非所有图式性构式都符合 Heine，Claudi，and Hünnemeyer(1991)所提出的认知源或者认知结构的条件。如果图式性构式可以成为语法化项，那么认知源说就存在问题。

1.5.4.2 图式性构式的演变具备不具备语法化性质

近 20 年来，随着构式语法蓬勃发展，"构式"，即"形式—意义"的匹配，已经成为语言学研究最重要的观念之一，而构式语法也已经成为语言研究的通常性方法(Noël，2007：178)。长期以来，语法化理论关注的都是实体性语言单位(按照构式语法的说法，即"实体性构式")的历时演变。在构式语法不断深入发展的背景下，学界开始把语法化项这一概念扩展到图式性构式。彭睿(2016)指出，传统语法化理论(包括窄化观和扩展观)无法运用于图式性构式，这促使学者们尝试结合语法化理论和构式语法学说来探讨图式性构式语法化这一课题，并由此发展出了"历时构式语法"(diachronic construction grammar)。在历时构式语法研究初期，学者们的关注对象多为复合型图式性构式。事实证明，以传统的语法化理论和构式观念相结合，并不是一件容易做到的事情。根据彭睿(2016)的综述，传统语法化理论和构式观念的结合给学者们带来了两方面的理论困扰：(i)是不是每种构式语法流派都适合于历时研究，以及(ii)图式性构式的历时演变算不算语法化。以下讨论摘自此项研究。

是不是每种构式语法流派都适合于历时研究呢？构式语法有不同流派，其最大共性就是"形式—意义匹配"这一基本观念。历时构式语法研究往往以某一两种构式语法流派作为理论框架。例如，Ziegeler(2004)以Goldberg(1995)的认知构式语法(Cognitive Construction Gramnar)为理论框架，Trausdale(2008a，2008b)以Croft(2001)的激进构式语法(Radical Construction Grammar)为依据。问题在于，构式语法的不同流派不都适合于语法化。例如，Traugott(2010：279)指出，一些构式语法流派，如Goldberg以及Fillmore and Kay的学说，是以解决共时问题为出发点而发展起来的；相反，Croft(2001)的激进构式语法(Radical Construction Grammar)以诠释跨语言的类型学变异和语法化现象为目的，因此对语法化和构式理念的联结来说非常合适。

图式性构式的历时演变算不算语法化？Noël(2007)曾经对有关图式性构式语法化的文献进行了梳理，发现学者们对一些根本性问题没有达成共识。第一个问题是，图式性构式到底有没有发生语法化变化的可能性。对把图式性构式的演变纳入语法化研究的做法，不少学者只是有保留地予以认同。Noël(2007：179—184)列举了Lehmann(2002)、Hopper and Traugott(2003)及Himmelmann(2004)等的立场，指出这些学者的共识是，局部图式性构式的变化可纳入语法化研究的范围。Himmelmann(2004)对复合型完全图式性构式演变的语法化属性持排斥态度。Traugott(2008a，2008b)尝试从语法化的角度解释英语程度修饰语构式(形式化为"NP of NP")的发展，也就是把局部图式性构式历时演变归入了语法化范畴，即"无词汇性来源语法化"(grammaticalization without lexical source)。对另一些学者来说，语法化的研究对象并不限于局部图式性构式。如Trousdale(2008a，2008b)声称语法化方法可以适用于完全图式化的构式。Boye and

Harder(2012:24—25)也认为,图式性构式的历时演变往往导致处从属地位的语用意义(a discursively secondary meaning)逐渐成为新语言表达形式的固有语义特征,因此这一过程可看成"非典型"(non-standard)的语法化案例。

图式性构式的历时演变可分为"形成"(emergence)和"进一步发展"(further evolution)两个阶段(分别称为"阶段 I"和"阶段 II"),分别对应于 Traugott and Trousdale(2013)所说的构式化和构式性变化。因此,第二个问题是,图式性构式历时演变中具体哪一个阶段具有语法化性质。根据 Noël(2007)的归纳,有的学者主张复杂图式性构式的语法化仅发生于阶段 I。如 Tomasello(2003:14)认为,图式性构式的产生,即由"松散的篇章"(discourse sequence)变成"结构严密的句法构式"(tightly organized syntactic construction),是一个语法化过程。Bybee(2003:146)也认为"词语范式的产生"(creation of word patterns)可视为语法化过程。我们注意到,Boye and Harder(2012)的观点与此相似。另一些学者则认为语法化应该发生于阶段 II。如 Croft(2001)就认为语法化发生于现存构式(extant construction)身上。Trousdale(2008a)持类似观点,认为现存图式性构式的进一步演化,即构式图式性程度的提升(promotion of schematicity),具有语法化属性。

按照 Brinton and Traugott(2005)的说法,只要是词库里的储存项,都可能成为语法化的输入端。但语法化输出端(output),即语法化成项,必得是语法性/功能性的。以此为标准,阶段 I 和阶段 II 的语法化性质的认定都会面对一定的理论风险。对此,彭睿(2016:21)的评论是:

> Hopper and Traugott(2003)提到,当一个语言单位承载了编码语法关系的语法性特征,我们就可以说它"语法化"了(2003:4)。这一标准看似简明而易于操作。那就是,图式性构式历时发展的某一阶段是不是可以算作语法化,在很大程度上取决于其输出端的性质。但输出端的性质的认定不是一件容易的事。以复合型图式性构式为例,这种构式相当于

通常所说的句法规则（syntactic rules）（Croft and Cruse, 2004：255）。如果句法规则是语法性/功能性的，那么复合型图式性构式的产生（阶段 I）就是语法性/功能性的获取过程，自然具有语法化属性。这种推论在多大程度上站得住脚，完全取决于"复合型图式性构式具有语法性/功能性"这一前提本身是否成立。复合型图式性构式的进一步发展（阶段 II）实际上是图式性（schematicity）增强的过程（Trousdale, 2008a, 2008b；Peng, 2013；等等）。如果图式性的增强就意味着语法性/功能性的增强，那么阶段 II 也应当具有语法化性质。问题是，图式性与语法性/功能性之间关联，至少现有的文献并没有为我们提供令人信服的理论依据。

一句话，根据现有的理论基础，简单地把图式性构式的历史演变和语法化划等号，不够慎重。

1.6 总结：整合的语法化观

学者们对语法化的认识经历了一个由浅及深和由表及里的过程，这既体现为所研究的语言范围也在扩大，即由印欧语扩展到其他类型的语言，也体现为研究的层次的不断提升。语法化研究层次的提升，具体体现在如下几个方面的更新：

对语法化演变主体的认识（即由语法化项到语法化项所在环境）；

对发生变化的具体特征的理解（即语法化项的功能还是形式）；

对语法化项语法意义或者新语法意义的产生机制的理解（即转喻还是隐喻以及类推还是扩展），这种提升也体现为对语法化项类型的深入思考（最重要的，实体性还是图式性）。

事实上，语法化理论远未臻于完善，这可以从宏观和微观两个层面来看。宏观上，语法化理论必须面对新方法和新视野的冲击。一个典型例子是语法化理论和构式理念的结合。这种结合在过去十年里学者们已经有了尝试，即历时构式语法理论的探索。不论成功与否，这种探索都深化了人们对形态句法历时演变的理解。至于近几年涌现出来的"构式化"理论，更是反映了学者们对理论探索的执着。和传统的语法化研究一样，新的理论方法也存在一个不断完善和成熟的过程。以构式化理论为例，正如彭睿（2016）所指出的，不区隔图式性构式的历时演变和实体性构式的语法化，一方面体现了理论勇气和理论高度，另一方面也需要一种更为谨慎的态度。这是因为跨语言地看，对图式性构式的历时演变的探讨是不充分的，在图式性构式演变和实体性构式演变的基础上总结一种新的理论方法的条件尚未成熟。

总结起来，前人的语法化研究，无论是窄化观还是扩展观，多专注于语法化演变的某一种特征，要么侧重于形式，要么侧重于功能①，要么把语法化项的搭配、形态句法或者语义语用环境中的某一方面看成语法化的关键；其锁定的变化主体要么是语法化项自身，要么是语法化项所在复合结构或者环境。前面提到过彭睿（2009a）的说法，着眼于语法化项，语法化是一个以紧缩和耗损为特征的减量过程，包括语法化项语音和语义内容的失落及其与其他成分关系的受限，即窄化效应；而如果着眼于语法化环境，语法化则是一种增量过程，即扩展效应。一个理想的语法化定义，应该能够同时顾及窄化效应和扩展效应，偏重语法化过程中的任何一方面或几方面都是不全面的。彭睿（2016：18）指出：

> 完整的语法化理论应该整合窄化和扩展两种观念。前面提到，窄化效应多见于印欧语，但其中语义内容损耗是一个例外。语义内容损耗的直接后果是语义泛性的增加，而语义泛性和适应环境的范围之间又存在着一种对应关系。所以，我们的立场是，语法化应当是"语法性特征的获得或增加"、

---

① 有意思的是，目前在历时形态句法研究的理论框架中，既照顾到形式特征又考虑到意义或功能特征的是 Traugott and Traugott（2013）的构式化学说，其一大特色是对构式理念的彻底贯彻，目标是"重新审视并整合先前的语法化和词汇化研究，从构式角度来解释与这些研究有关的问题"（2013：1—2）。

"语义泛性增强"以及"语义语用环境扩展"三种变化交互促进的过程。这一过程及其后果不仅体现了语法化现象的区别性特征，也展示了语法化理论诠释和预测能力的独特性。其他特征，包括语法化窄化观的其余参数以及语法化扩展观的同构项扩展和句法环境扩展，都只是语法化的附带现象，是非本质性的。

彭睿(2016)只是初步提出了"整合的语法化观"的设想，其基本主张是语法化项限于实体性的单位或者语串。除了单向性、渐变性和以语用推理为驱动力量等要素以外，整合的语法化观还应该包括如下基本理论认知：

i. 语法化的最本质特征是语法功能的获得。以语法功能的获得为特征的语法化包括两个典型过程，即"词汇性单位和复合结构在特定语言环境里承担语法功能"和"功能性单位产生新的语法功能"。这两个过程可能是连续的，也可能是离散的。就是说，第一个过程也可能是语法化过程的终结点。

ii. 语法化是一个外部条件和内部依据相互作用的语用推理过程。外部条件即语法化项所在环境所包含的语用推理条件，其特点是能诱发语法化项的歧解，而内部依据则是语法化项自身的语义语用特征。

iii. 语法化同时牵涉语法化项及其所在的环境；换言之，语法化发生在特定环境。语法化的渐变性决定了其赖以发生的环境具有连续性。在语法化的连续环境中，最为关键的是临界环境（或"语用推理环境"），其特征是具有语用推理条件，并伴随不同形式和不同程度的语义语用和形态句法歧解性或模糊性。这种意义上的临界环境是任何语法化过程都必须经过的。临界环境具有"临界性"特征，即诱导语言学习者对语法化项所在框架进行语用推理的各种条件，包括四个主要参项：框架关系的恒定性、语法化项/语法化成项的编码角色、"非语法化项—语法化项"和"非语法化项—非语法化项"两种关联方式对框架关系的作用以及非语法化项对语法化项歧解性的制约。① 根据具体语法化个案的不同，以上四个参项都可能涉及语义语用和形态句法两个层面。在实际语用推理过程中，也可能只是其中的一个或数个特征扮演着关键角色。

iv. 着眼于语法化项，语法化是一个以紧缩和耗损为特征的减量过程，包括语法化项语音和语义内容的失落及其与其它成分关系的受限，即窄化效应。窄化效应中最为本质的是语法化项语义的失落或虚化，通常发生在语法化的第一个典型过程中。

v. 着眼于语法化环境，语法化是一种增量过程，即扩展效应。在同构项、句法环境和语义语用环境三层次扩展中，语义语用环境的扩展是最为本质的。

延续这种整合的思路，以功能为出发点，并且结合 Himmelmann(2004)和 Brinton and Traugott(2005)的部分说法，我们不妨把语法化定义为这样一个过程：

> 语法化是说话者在特定语言环境里用一个语言单位来表达语法性功能的过程。随着时间的推移，这一语言单位语义泛性增加，从而获得一定语法性功能，或者在既有语法功能基础上获得新的语法性功能，并且语义语用环境得到扩展。这一过程通常(但不必然)伴随着语法化项语音材料的溶蚀、内向依附性的增强以及语言单位的搭配成分范围和句法环境的扩展等现象。

这一定义从三个角度定位了语法化变化：

i. 保留之前功能中心类语法化定义的合理内核，即语法化项(新)功能性的获得或者功能性的增强。

ii. 认同语法化扩展观关于语义—语用环境扩展是语法化的根本特征的说法。

iii. 照顾到了语法化窄化观关于语法化项语义内容损耗的观

---

① 语法化环境问题(包括"语用推理环境"的提法)将在第二章予以专题讨论。语法化连续环境理论和"语法化项—临界环境"关系模式都将是讨论的重点。

> 察，同时明确了那些并无普遍意义的现象的非核心地位，例如在形式上内向依附性增强等。

从这个意义上说，以上语法化定义是过去数十年来窄化观和扩展观的结合。我们再拿"把"的例子来说明这个问题。动词"把"语法化为处置标记"把"之后，其原本的"持、握"这样的实义丢失了，同时其语义泛性增强，体现为同构项类型的增加，即其所搭配的名词项的范围由指称可持握的固体性物事的名词，扩展到指称不可持握的固体性或其他物理状态的物事的名词，以及指称抽象概念的名词。语法化了的"把"获得了介词的语法地位。然而，一些窄化效应，如内向依附性的增强和语音材料的损耗，都没有发生在"把"的身上。从这个意义上讲，整合的语法化观，不是折中，更不是任何意义上的妥协，其目的是取各理论方法的合理部分，以便充分反映语法化演变的实质。

第二章 语法化环境

2.1 引言

　　语法化理论家们对语法化所赖以发生的环境的关注有一个从无到有的过程。这很清晰地反映在语法化定义的变化中。早期的语法化定义，如 Meillet(1958/1912)、Kuryłowicz(1976/1965)、Lehmann(1995/1982)、Traugott(1988)、Traugott and König(1991)和 Bybee, Perkins, and Pagliuca(1994)等，都没有提及环境的角色是什么。后来的语法化定义，如 Traugott(2003)、Hopper and Traugott(2003)以及 Brinton and Traugott(2005)等，明确把特定的环境当成语法化的一个条件。目前学界比较一致的看法是，语法化发生于特定环境中，其背后的驱动力量是语用推理。但对于语法化环境的性质和特征以及语法化环境如何影响语法化演变，学者们仍存在许多分歧。

　　本章将回顾语法化理论家有关语法化环境的不同见解，重点讨论两个问题：(i)语法化环境的特征及其对语法化的影响，(ii)语用推理和语法化环境的相互作用。在分析汉语语法化个案的基础上，我们主张歧解性环境的特征是诱发语法化语用推理的最直接因素，而歧解性环境也因此是语法化的必由阶段，可以被用来重构语法化演变过程。

2.2 语法化连续环境理论

　　语法化发生于特定环境；与其渐变性相吻合，语法化赖以发生的环境具有连续性。然而语法化研究通常专注于描写和解释历时演变的起点和终点之间的差异,对其阶段性特征并未给予足够的重视(参 Heine,2002:83)。对于语法化环境的连续性特征,最为系统的讨论当属 Heine(2002)和 Diewald(2002),二者都提到了语法化过程中歧解性环境的重要意义。然而,在一些语法化理论以及构式化理论著作中,如 Traugott(2012a,2012b)和 Traugott and Trousdale(2013),歧解性环境的必要性受到了质疑。

Heine(2002)和 Diewald(2002)这两项独立研究都详细论述了语法化环境的连续特征,并且有着极为相似的看法。如 Heine(2002:84—85)认为,语法化变化的起始阶段之后有三个连续发展阶段,对应三种连续环境,即:

桥梁环境(bridging context)
 a. 目标义开始浮现,且较源义更合理。
 b. 目标义仍然可取消;源义无法排除。
 c. 一个语言形式可与多个桥梁环境相关联。
 d. 可以但不必产生习用性语法意义。

转换环境(switch context)
 a. 这种环境与源义的一些特征相抵牾。
 b. 源义可排除。
 c. 目标义是唯一解释。
 d. 目标义对具体环境有依赖性。

习用化环境(conventionalization)
 目标义因频繁使用而常态化,不再依赖特殊环境。

其中"桥梁环境"这一概念借自 Evans and Wilkins(1998)。Heine(2002:86)指出,从桥梁环境之前的起始阶段(initial stage)到习用化环境,目标义逐渐前景化(forgrounded),而源义逐渐背景化(backgrounded),最终成为唯一可能。桥梁环境是发生语法化的必要但非充分条件。语法化环境的连续性特征,在 Diewald(2002)中也得到了证实。Diewald(2002:104—114)通过对德语情态动词(modal)的观察,归纳出如下三种语法化连续环境:

非典型环境(untypical context)

目标义以会话蕴含的形式初现端倪。

临界环境(critical context)

具有结构及语义上的歧义，诱发包括目标义在内的数种解释。

孤立环境(isolating context)

目标义独立于源义，不再只是基于语用的会话蕴含。

这两个模式有三个重要区别，概括如下：

i. Heine(2002)依据的主要是共时语料，而 Diewald(2002)则涉及了历时语言变化。
ii. Heine(2002)的模式侧重的是语法化项的语义变化及其与特定环境的密切关系，而 Diewald(2002)的模式更强调形态、结构等方面特征以及语法化项旧义和新义之间的对立(Diewald, 2002: 117)。
iii. Heine(2002)和 Diewald(2002)的几种环境并不完全对应。比如，Heine(2002)的桥梁环境的一部分该应划入 Diewald(2002)的非典型环境中，另一部分则应划入其中的临界环境中(Diewald, 2002: 117)。

桥梁环境或者临界环境的共同特点是明确的，即目标义因"致引推理"(invited inferences，见如 Traugott and König, 1991)或者"环境诱发的重新诠释"(context-induced reinterpretation，见如 Heine, Claudi, and Hünnemeyer, 1991)而得以产生。借用 Traugott(2012a)和 Traugott and Trousdale(2013)的说法，这种环境是语法化的肇始环境(onset context)。语法化的肇始环境，顾名思义，就是语法化项裂变产生新义或目标义的环境。然而，目标义的产生，实际要等到后一阶段，即转换环境(Heine, 2002)或者孤立环境(Diewald, 2002)，才能被最终确认。

不论是在 Heine(2002)的模式里还是在 Diewald(2002)的模式里，都存在一个同时具有源义和目标义两种理解方式的第二阶段，分别对应桥梁环境和临界环境。① 这种源义和目标义并存阶段的提出并不是两位学者的首创。有关语义变化的文献早就提到，在从源义到目标义的变化过程中，存在一个多义(polysemy)的过渡阶段(transitional phase)，这个阶段同时具有源义和目标义两种解读方式(见 Wilkins，1981，1996；Sweetser，1990；Evans and Wilkins，2000 等)。按照 Evans and Wilkins(2000：549)的说法，这种观念几乎成了一个"标准假定"(standard assumption)。这个过渡阶段之前通常还存在另一个阶段，其特点是目标义通常只是因环境里具有语义语用推理条件而略显端倪，并没有真正变成一个独立的意义(2000：549—550)。作者把这两个阶段合起来称为桥梁环境。我们注意到，Evans and Wilkins(1998，2000)所讨论的桥梁环境和 Heine(2002)体系里的桥梁环境的范围是一致的，但涵盖了 Diewald(2002)体系里非典型环境的一部分和临界环境的全部。本章关注的重点不是桥梁环境和临界环境的这种差异性，而是这种具有语义语用歧解性的环境对语法化到底有什么样的意义。

2.3 关于歧解性环境

关于源义和目标义并存阶段的特征及其对语法化的意义，学者们有着不同理解。以下我们将对 Traugott(2012a)和 Traugott and Trousdale(2013)的有关论述进行简单回顾。

2.3.1 关于语法化的肇始环境

Traugott(2012a：222—230)对有关语法化肇始环境的研究进行了综述和比较。以下是我们对此项研究主要内容的一个归纳和

---

① 学者们讨论过结构的多重可能性对重新分析的重要性，认为结构具有多重理解方式是重新分析得以发生的必要条件(见 Timberlake，1977；Lightfoot，1979；Harris and Campbell，1995；等等)。这一观念和 Diewald(2002)及 Heine(2002)等研究的理论目标不同，但它们所观察到以及所依据的语言现象是高度一致的。桥梁环境或临界环境正是语法化重新分析所发生的阶段。这充分体现了重新分析和语法化歧解性环境之间的内在关联。

述评。

根据其概念化方式的不同，文献中所讨论过的语法化肇始环境可以归纳为四种类型：

第一类：主要是结构和分布上的（König and Vezzosi，2004；Hilpert，2008）；

第二类：在结构和分布环境上增加了在这些环境中产生的语义隐含或致引推理（Traugott and König，1991；Traugott and Dasher，2002）；

第三类：纯粹语用环境（桥梁环境）（Heine，2002；Eckardt，2006；Hansen，2008）；

第四类：具有语义、语用、结构三重模糊性的环境（临界环境）（Diewald，2002）；

前两种概念化方式强调语法化项自身的变化；而在后两种方式里，语法化项及其所在环境都可能发生变化。其中第一类环境并没有明确指出语法化变化赖以发生的特征和条件。致引推理理论的一个基本假设是，听者从言者的会话隐含中推理出新的意义来，而这些新义可能习用化为一般性隐含义，最终语义化成为语法化项的一种意义特征（Traugott，2012a：224）。关于致引推理对语法化的作用，Traugott 指出，致引推理通常被看作语法化发端的必要但非充分条件；这种推理之所以具有必要性，是因为言者之意和听者解读之间的交互影响为新义的产生敞开了大门；而这种推理之所以不具有充分性，是因为它可能导致的变化不必然发生（2012a：224）。在一定程度上，致引推理和语用歧解性是分不开的；语用歧解性为致引推理提供了必要条件。

Traugott（2012a：227）指出，在过去几十年里，"桥梁"（bridging）及桥梁环境这两个概念都发生了变化。桥梁现象最早是指一种听话人介入话语的"共时行为"（Clark，1975；Clark and Haviland，1977）。Evans and Wilkins（2000）的桥梁环境和这个概念有很明显的不同。其中一个重要区别是，在桥梁环境理论里，桥梁是一种语言学意义上的环境，而不是说话人的介入行为。桥梁环境这一概念的主要功用是解释语义和语义变化。按照两位作者的说法，在这一特殊环境里,说话者和听话者双方都没有察觉到他们给同一个语言单位赋予了不同的意义,因为说话者和听话者对语句的诠释方式在功能上互相等同(functionally equivalent)(Evans and Wilkins,2000:550)。Enfield(2005:318)把桥梁环境定义为一种话语环境,在这个环境里,某种可以从句义里推理出来的意义恰好为真,因而不能从该环境中被排除出去。Evans and Wilkins(2000)以及 Enfield(2005)对桥梁环境的定义,明显地从 Sweetser 关于语用、语义歧解性以及 Traugott 等人关于致引推理的理论中吸收了一些思想,但其注意力从形式—意义配对的语言单位本身的变化转移到了语言单位所在的环境的变化。就是说,并不是某个语言单位的意义可以推理出新义,而是该语言单位所在环境为推理出新义提供了可能性。Heine(2002)所提出的语法化桥梁环境模式,正是以 Evans 和 Wilkins 这两位学者更早版本的相关理论为基础的。Heine 和 Enfield 两位都主张桥梁环境和结构上的变化无关,而主要牵涉的是语用意义上的变化。这些学者对桥梁环境中目标义和源义凸显程度的看法不一致。比如,按 Heine(2002)的说法,在这一环境里目标义相较源义更为突出;而 Hansen(2008)则认为目标义直到下一阶段才得以凸显,因为推理义因尚未语义化,不能被当作一个真正语义在实际语言中应用。

对 Diewald(2002)来说,临界环境不仅仅涉及语义或语用两方面,其特征是语义和结构的模糊性。Diewald(2006)讨论了德语情态助词的语法化环境;Diewald and Ferraresi(2008)则详细讨论了德语情态分词(modal particle)*eben* 的语法化过程中的三个连续环境。二者都证实了临界环境以及临界性实例的存在。Traugott(2012a:244)的评论是,涵盖了语用和结构因素的临界环境模型要比桥梁环境模式更适合于语法化。

2.3.2 歧解性环境的意义

语法化歧解性阶段(桥梁环境或临界环境)的存在有无必然性和必要性,是学者们关注的一个焦点。Traugott(2012a)讨论了晚期中古英语及早期现代英语的 *be going to*,同时分析了英语假性分裂句(pseudo-clefts)的发展,其目的是检测和语法化歧解性阶段有关的几个问题(详见 Traugott,2012a:231),我们最关注其中的两个问题:

  i. 有没有证据表明语法化是由桥梁环境(主要是语义/语用环境)或者临界环境(具有形态句法、语用和语义三方面特征)诱发的?
  ii. 对语法化来说,桥梁环境或临界环境是不是不可或缺的?

Traugott(2012a)发现,*be going to* 的个案支持歧解性阶段为语法化变化的必要前导(precursor)这一说法,而 ALL-和 WH-假性分裂句的个案则不支持这一主张。作者特别提到了一种可能性,即人们或许认为 ALL-和 WH-假性分裂句的产生并非语法化过程,然后引用 Traugott(2008a)的结论,指出假性分裂句的产生过程是一种"无词汇性来源的语法化"(grammaticalization without lexical source)。Traugott and Trousdale(2013)也提到了 5 世纪英语中 *like* 演变成情态助词 *be like to* 'action narrowly averted'以及英语"WAY 构式"的产生,指出这两种变化发生之前都没有一个具有歧解性的环境(2013:199)。Traugott(2012a:243)得出了若干结论,其中和本章内容最为相关的包括如下几点:

  i. 语用推理对语法化十分关键,但桥梁环境语义语用特征过窄,因而不足以致引这种变化,应该纳入临界环境所包含的结构转移(structural shift)。
  ii. 没有证据显示语法化前的临界环境必然有多种理解方式。
  iii. 没有证据显示一定存在一个含桥梁环境或者临界环境而且必然早于新用法的第二阶段。
  iv. 对具体语法化个案来说,弄清"原发环境"(contexts of origin)的范围比专注于某一特别环境更重要。

我们的理解是,第二点(ii)和第三点(iii)合起来实际上是一个更深层次的问题,即语法化是不是必然存在一个歧解性的前提;如果是,这种歧解性前提是不是因语义域不同而凸显程度有异。

Traugott(2012a)的态度很明确,歧解性环境并不一定存在于所有语法化变化之前。关于第四点(iv),作者指出,因为歧解性(特别是语用歧解性)主要是环境的一种功能,需要关注的一个问题,就是研究者到底应该考量多大范围的环境,才能弄清歧解性是不是真起作用以及怎样起作用;如果要理解微观变化(micro-changes),我们不仅要考察调查对象最直接的结构环境,而且要调查上下文语境(co-text)(2012a:245)。与此相呼应,Traugott and Trousdale(2013:196)对环境做了如下界定:

> 我们所说的"环境"指的是上下文语境,广义地解释为语言学意义上的语境,包括句法、词法、音系、语义、语用推理、语体模式(书面语/口语),以及间或更宽的篇章及社会语言学意义上的环境。

明显,作者对环境的定义是宽松、多层面的。[①]

2.4 语法化环境的层次性及临界环境

上节提到,在 Traugott(2012a)和 Traugott and Trousdale(2013)看来,首先,对语法化环境的考察不应该局限于语法化项最直接的结构环境,而且应包括上下文语境,以及句法、词法、音系、语义、语用推理、语体模式以及篇章和社会语言学意义上的环境;其次,具有歧解性的临界环境或者桥梁环境并不是语法化的必由阶段。本节将围绕这两个问题展开讨论。我们所理解的歧解性环境,结合了桥梁环境模式和临界环境模式。从跨度上看,我们所说的歧解性环境相当于 Heine(2002)(以及 Wilkins,

---

① Traugott 自己对环境范围的理解也有一个由窄到宽的过程。比如,Hopper and Traugott(2003:2—3)提到,*be going to/be gonna* 的语法化发生于非常窄小的环境里,即表目的的方向结构(purposive directional construction),而且其中只有非限定性的补足语,例如 *I am going to marry Bill*(即 *I am leaving /travelling in order to marry Bill*);这种变化不会发生于有表地点的介词短语出现的情形(原文为 locative adverb,即地点副词),如 *I am going to London* 或者 *I am going to London to marry Bill*。这种理解和 Himmelmann(2004:31)所说的组合环境(syntagmatic context)是一致的。

1981,1996;Sweetser,1990;Heine,1997;Evans and Wilkins,2000;等等)所提到的桥梁环境(包括目标义开始以会话蕴含的形式出现以及与源义共存这两个阶段);从特征上看,则和 Diewald(2002)所讨论的临界环境相似,涵盖了语义、语用和结构三个方面。我们的基本看法是,语法化环境具有层次性,各个层次在语法化中发挥的作用是不相同的。

2.4.1 语法化环境的层次性

语用推理是语法化背后的重要推手,这是目前学界的共识。因此,对语法化来说,最重要的环境就是具有语用推理条件的环境。那么和语用推理有直接关联的环境范围有多大呢?举个例子,汉语动词"把"语法化为处置式标记"把",这一过程到底牵涉哪些环境因素呢?

Traugott and Trousdale(2013)所定义的语法化环境是广义性质的,牵涉面很宽泛。为准确了解这些环境的不同层面对语法化的意义,有必要对它们进行重新梳理并予以分门别类。我们的理解是,语体模式、篇章和社会语言学意义上的环境等,即使对语用推理有影响,也是十分间接的。句法、词法、语义和语用推理等,都属于语言学习者[①]内化了的有关某种语言的知识;它们和特定语法化变化的关联是不具体的,对特定的语用推理过程的影响也是不清晰、不确定的。研究表明,因为汉语(以及其他孤立语)的类型学特征,对汉语(以及其他孤立语)的语法化来说,音系的影响是微小的(见 Bybee,Perkins,and Pagliuca,1994;Bisang,1996,2004,2008a,2008b;Ansaldo and Lim,2004;等等)。这至少说明音系对语法化的影响不具备跨语言的意义。

Peng(2016)在讨论图式性构式的扩展时指出,这种演变过程涉及"早前知识"(prior knowledge),即语言学习者对一种语言的

[①] 这里的"语言学习者"包括所有年龄阶段的人。在社会语言学及语言习得研究领域,越来越多的学者认识到,说话人终身都在发展语言能力和创新,不仅仅是在其儿童时期(见 Bybee and Slobin,1982;Milroy,1992;Labov,1994;Ravid,1995;等等)。

整体认知。该研究主张，早前知识包括 Gerristsen and Stein(1992:7)所说的"语言系统里在特定共时状态下固有的或者从中生发的"特征或条件，以及语言学习者对特定构式的认知，即"构式性早前知识"(constructional prior knowledge)(详见本书第七章)。这一理念可以借用到语法化环境问题上来。一方面，Traugott and Trousdale(2013)所提到的直接结构以外的环境，包括语体模式、篇章和社会语言学意义上的环境，以及句法、词法、语义、语义推理和音系等，一同构成了语言学习者对特定语言的整体认知。换言之，这种整体认知与其说是影响语法化的"环境"，不如说是在特定语言里和语法化(或语用推理)相关联的综合背景知识。另一方面，对一个实体性的语法化项来说，相关的构式性早前知识相当于其所在直接结构环境的语义语用及形态句法特征。上下文语境，如果指的是时间、空间、情景、对象、话语前提等，都属非语言性因素，可能成为语用推理的重要判断依据。按照 Peng(2016)的说法，一个复合型图式性构式的语义-语用特征，是一个由整合的特征集(an integrated feature set)组成的限制条件，包括两个方面：(i)该构式每个构成部分的范围和语义语用特征，以汉语隐现句(L+V+NP)为例，即"地点"(L)、"主动词"(V)和"名词性短语"(NP)；(ii)不同构成部分相互之间的语义语用上的关联(详见第七章)。该研究并没有谈及形态句法方面特征，它们可用同样方法整合成一个特征集，也包括两个方面：(i)该构式每个构成部分的形态句法特征；(ii)不同构成部分相互之间的形态句法上的关联。这两种特征集实际上也都适用于实体性语法化项的直接结构环境(即其所在构式)，但我们在此不展开讨论。

在一些语法化个案里，上下文语境对语用推理的影响没有必然性。我们不妨以"把"为例来看看语法化广义环境的各层面如何影响语用推理。通常的说法是，"把"的语法化发生于连动式"[把+NP][VP]"这一特定环境，这说的是直接结构环境。更具体说，这一连动式必须满足一个语义条件，那就是 NP 同时是动词"把"和 VP 的论元。比较：

第二章 语法化环境

(1) a. 武王<u>把</u>钺讨纣。 (《论衡·齐世》)
  b. 醉<u>把花看</u>益自伤。

      （白居易《花前有感兼呈崔相公刘郎中》）

满足这一条件的只有(1b)句的下划线部分。简单说，以"把花看"为代表的实例都同时具备"(某人)手握物件 NP"和"(某人)对 NP 施以其他行为"这两个语义语用特征，而这两个特征就能够直接引发"处置物件 NP"这一推理；随后"把"就会变成这一语义关系的表征，即处置式标记。这个推理过程是显性的，既牵涉语言使用上的问题，如"［把＋NP］［VP］"实例出现的频率，也包括一些隐性的东西，如汉语的语序、句法等方面的特征规律。这个过程背后无疑也有语义推理的普遍性规则等问题，理论上也无法排除诸如音系、语体模式、篇章和社会语言学意义上的环境等的作用。这些方面除了普遍规律和原则以外，大都可以归纳为和"把"相关的早前知识。我们的研究显示，至少在"把"的个案中，这些方面的作用并不是很突出，或者说，是不确定的，因为由动词"把"到处置标记"把"，最直接的条件就是"手握物件 NP"和"对 NP 施以其他行为"这两个语义语用特征之间的碰撞。

从"把"的个案我们可以总结出关于语法化环境的一般性特征。如果以上提到的各个方面都是语法化的"环境"，那么这种环境可以粗略地分为三个层次：

 i. 语言学习者对特定语言的整体认知
 ii. 上下文语境
 iii. 语法化项的直接结构环境

三个层次对语用推理及语法化的影响方式是不同的。语言学习者对特定语言的整体认知，属于内化和静态的共同背景知识，是特定语言里所有语用推理和语法化的共同假定。这种整体认知是语用推理中的价值判断的前提和基础，同时也为这种判断设定了限制条件。语言整体认知往往因为学习者的个体差异而不同，所以语言学习者在语用推理中对它们的运用方式都是隐性和不确定的。又因为语言整体认知本身是抽象的，它们对语用推理的影响也是不具体的。上下文语境可看作语用推理的促进因素,具有即时性和个别性,对语用推理的作用相对来说更为直接,能为语用推理提供较为具体的参照条件,能够支持或者指导语用推理的发生。但这种环境对语用推理的影响并不是整齐划一的。换言之,不同语用推理个案对上下文语境的依赖程度不等。语法化项的直接结构环境所具有的语义语用及形态句法特征集,可能成为语用推理的直接诱发条件(这两种特征集诱发语用推理的几种常见方式,将在第三章详细讨论)。总之,语言整体认知对语用推理的影响是隐性和不确定的,而上下文语境对语用推理的影响则具有非必然性;语用推理是实质性地由语法化项的直接结构环境诱发的。我们的主张是,驱动语法化的语用推理是通过这三层次环境交互作用而实现的。作为语法化驱动力量的语用推理的逻辑基础是逆向推理(abductive reasoning)。① 三层次环境交互作用的机制,和语法化的这种逻辑基础是高度吻合的,表述如下:

---

① 逆向推理过程,简单概括,就是看到一个结果(result),联想到某种规律(law),然后推论出一个个案(case)。其中的规律既可以是广为认知的某种普遍规律原则,也可以是一种常识性的东西。和归纳(induction)及演绎(deduction)不同,逆向推理即使前提正确,结论也未必正确,因为和观察结果相对照的,往往是错误的规律。一个经典例子是:苏格拉底死了(结果),而人都是要死的(规律),所以人们可能判断苏格拉底是一个人(个案)(Andersen, 1973: 775;也参 Hopper and Traugott, 2003: 43);苏格拉底完全可能是人以外的其他生命体。Andersen 以及众多其他语言学家都认为逆向推理是包括语言在内的文化形态(pattern)发展的关键。我们的观察是,逆向推理在不同具体语法化个案中的体现程度不一样,有的明显,有的则不容易梳理出其中的理据和脉络。例如,处置标记"把"的产生所涉及的逆向推理可以简单概括如下:
(a)语言学习者观察到了"[把+NP][VP]"的实例(结果);
(b)手握某物并对该物施以其他行为(即 VP),是处置事物的常见方式;
(c)语言学习者依据(b)认定"[把+NP][VP]"表达的是"处置"意义。
这一框架高频率使用的后果,是"把"逐渐被理解为处置意义的表征。本章后面要讨论的"极其"语法化过程,其中的逆向推理中很重要的一环,就是语言学习者对"[极][其 NP]"的解读:
(a)语言学习者观察到了"极+其 NP"实例(结果);
(b)因为汉语的特点,某些出现在这一框架中的 NP 可以理解为动词或形容词(规律);
(c)语言学习者依据(b)把可理解为动词或形容词的 NP 解读为句子核心(个案)。
这种解读导致"极"失去核心动词地位,进而与"其"组成一个单位。然而,其他语法化个案,如"从而"及"了₁"等的产生过程,牵涉的逆向推理过程要复杂得多,甚至极难厘清。所以说,对语法化来说,逆向推理不容易操作。

语言学习者以语法化项直接结构环境的特征为观察结果（result），从语言整体认知和上下文环境提供的条件中获取既有规律（law），然后推理出个案（case），即语法化项源义以外的不同功能语义。

接下来我们将通过几个汉语个案来讨论以上假设。因为语言整体认知对语用推理的影响的隐性和不确定性，以及上下文语境对语用推理的影响的非必然性，我们将把重点放在语法化的直接结构环境上。语法化的直接结构环境，不能狭义理解为以语法化项为部分或成分的最小句法单位，比如一个单句或者短语。我们会看到，语法化个案的具体情形不同，所依赖的直接结构环境的范围大小不同，语义语用和形态句法特征集的具体方面也有异。

2.4.2 几个汉语个案

以下我们将讨论四个汉语非结构性实体语法化项的个案，包括副词"极其"、连词"因而""以及"和"再说"（即"再说$_2$"）。我们暂且用 Diewald(2002) 的"临界环境"这一术语，来指称语法化过程中的歧解性环境。

"极其"语法化的临界环境

根据彭睿(2011a)的讨论，非结构语串"极+其"的分布环境为"［极］［其 NP］"这一框架（或半图式性构式），如在(2a)和(2b)两个例子里：

(2) a. 通其变，遂成天下之文；极其数，遂定天下之象。

（《周易·系辞上》）

b. 帝以舅氏故，不极其刑。（《后汉书·樊宏阴识列传》）

"［极］［其 NP］"的意义可以解释为"把某人/物的特征 NP 扩大到极点"。"扩大"行为是一个动态过程。如果把其施力程度看成一种刻度表，那么这个框架义表述的就是该刻度表的最高点，是把施力程度最大化。副词"极其"的功能恰恰是表"最高程度"，与这一框架义之间的潜在语用推理关系很明显：如果把静态刻度的"最高程度"看作动态的最大化施力的结果,那么二者具有转喻关系(如果着眼于"极其"语义特征和"极+其"语串语义信息之间的相似性,二者就具有隐喻关系)。但是这种语用推理的实现需要有适宜的环境。副词"极其"的分布环境是"极其+VP"或"极其+AP",所以这要求"[极][其 NP]"中的 NP 具有被解读为 VP 或 AP 的可能性。以(2a)为例,动词"极"的宾语是"其数",其中的"数"不可能解读为 VP 或 AP,所以"[极][其数]"也不可能重新分析为"极其+数"。"极+其"语串语法化的临界环境以(3)的为代表:

(3) 臣子入朝,自然极其恭敬,也自和。

(《朱子语类·论语·学而篇》)

"极其恭敬"的临界性特征主要体现为"恭敬"既可作名词理解,也可作动词理解。"极其恭敬"的意义为"把恭敬这种态度扩大到极点",名词"恭敬"指称一种静止的状态。如果把"恭敬"理解为动词核心,描写一种动态的行为,那么"极其恭敬"的意思就是"最大程度地实施恭敬这一行为"。这就为"极+其"语串转喻为表最高程度义的副词创造了条件。

"因而"语法化的临界环境

按照彭睿(2011a)的说法,"因+而"的分布环境是"S_i,因 e_i + 而 VP",其意义是"利用某种条件或顺应某种情势(S)采取行动(VP)"。以下是几个"因+而"语串的例子(4c 转引自董秀芳,2011:268):[①]

(4) a. 主有所憎,臣因而毁之。 (《韩非子·奸劫弑臣》)
b. 仪遂使楚。至,怀王不见,因而囚张仪,欲杀之。

(《史记·楚世家》)
c. 其先周仲山甫,封于樊,因而氏焉。

(《后汉书·樊宏传》)

[①] 转引的中文例句文献出处原则上均依照转引著述原来格式标明。

连词"因而"的功能是连接因和果,所以在能够语用推理出这一功能的环境里,必须同时具有可以推理成"因"(某种条件或情势)和可以推理成"果"(VP)的语言单位。这种情形似乎较为普遍,例如(4)的三句都满足了这样的条件。以(4c)为例,"封于樊"和"氏焉"之间原本是条件和结果的关系,"封于樊,因而氏焉"的本义是"受封于'樊'地,利用这一条件择'樊'为姓氏"。"条件一结果"关系语用推理为"原因一结果"关系十分普遍,所以该句也可以理解为"受封于'樊'地,所以择'樊'为姓氏"。这样,"因+而"语串就被解读为表结果的连词。"因+而"语串获得了框架义"利用某条件或顺应某情势采取行动"之后,已经具备了转喻为这种表结果连词的内部依据。

"以及"语法化的临界环境

我们再来回顾非结构语串"以+及"语法化为连词"以及"的过程。这一非结构语串的分布环境以例(5)为例:

(5)今恩足以及禽兽,而功不至于百姓者,独何与?

(《孟子·梁惠王上》)

(5)中的划线部分并不具备产生并列连词"以及"的临界性特征,而更大的范围,即全句,也没有这样的条件。这是因为,在"今恩足以及禽兽"句中,被推广至"禽兽"的特征/状态是"恩",但"恩"的来源(即产生"恩"的人或事物)这种信息未予提及,也就是缺少可能和"禽兽"并列相关的另一个事物(由名词短语充任)。在这种句子里,虽然"以+及"具备转喻为连词"以及"的内部依据,但这个语用推理因没有适宜的条件而无从启动。"以+及"语串的临界环境以下例为代表(转引自田范芬,2004:54):

(6)a. 夫国人恶公子纠之母,以及公子纠。

(《吕氏春秋·慎大览·不广》)

b. 老吾老,以及人之老。　　　(《孟子·梁惠王上》)

(6a)和(6b)高度相似,都可以进一步形式化为"$[V\ NP_1]_i$,以e_i+

及 NP_2",牵涉两个单句,其意义可概括为"把 NP_1 所关涉的状态或过程 V 推及 NP_2"。从这个意义上看,NP_1 是与 NP_2 并列相关的另一名词短语。既然 NP_1 所关涉的状态或过程 V 被推及 NP_2,V 自然也为 NP_2 所关涉。这是进一步语用推理的一个重要前提。NP_1 是行为 V 涉及的对象,所以 NP_2 也可能被视为 V 所涉及的对象。这样,NP_1 和 NP_2 就被看作并列的名词短语,作为一个整体成为 V 涉及的对象,这是进一步语用推理的语义语用基础。同时,两者都可能被理解为 V 的宾语。从表层形式上看,NP_1 和 NP_2 一前一后,分别紧邻"以+及"语串,这是进一步语用推理的形态句法基础。把 NP_1 和 NP_2 都看作 V 的宾语,就意味着把"以+及"原来的分布环境"V NP_1,以+及 NP_2"重新分析为"V+[NP_1 以及 NP_2]"。这样,"以+及"语串必得被解读为 NP_1 和 NP_2 之间的连接词(参田范芬,2004)。这种推理的发生是以相关实例的高频率为前提的。

这样的语用推理过程在(6a)中体现得很清楚。(6a)句原意为国人讨厌公子纠的母亲,并且把这种厌恶态度推广到了公子纠身上。"公子纠"因获厌恶态度的对待而具有了与"公子纠之母"相同的地位,而它在句子中的位置也不妨碍它被理解为"恶"的宾语,这样"公子纠"和"公子纠之母"就形成了并列关系。在这种情况下,"以+及"就必须被看作"公子纠"和"公子纠之母"之间的连接词。"以+及"语串在被赋予了"把特征/状态 S_i 推广到 NP"的框架义之后,转喻为并列连词"以及"是水到渠成的事。

"再说$_2$"语法化的临界环境

连词"再说$_2$"的功能是强调其后所言内容,如在以下例子里:

(7)a. 这个事我还没有考虑。再说我也不想考虑。

(《宋氏家族全传》)

b. 山里人祖祖辈辈喝窖水,我喝几天有啥?再说,我一人喝矿泉水,大伙该咋想? (《报刊精选》1994 年)

"再说$_2$"的来源是表示"现在(我们)来谈谈别的事"这一意义的动词

短语"再说",其功能是转移情节或开启新话题,在 12 世纪以后的白话小说和话本里十分常见(见罗耀华、牛利,2009;胡斌彬、俞理明,2010;魏慧萍,2010),如以下两句:

(8) a. 今日再说一个官人,也只为酒后一时戏言,断送了堂堂七尺之躯,连累二三个人,枉屈害了性命。

(《醒世恒言》卷三十三)

b. 如今再说一个富家,安分守己,并不惹事生非。

(《古今小说》卷三十六)

关于连词"再说$_2$"的语法化过程,我们将在第四章详细讨论,这里只简单讨论"再说$_2$"语法化的临界环境。"再说$_2$"的语法化应该发生在具有诠释/推理条件的语义语用环境当中,如(9):

(9) 怎么是难得者兄弟?<u>且说</u>人生在世,至亲的莫如爹娘,爹娘养下我来时节,极早已是壮年了,况且爹娘怎守得我同去?也只好半世相处。<u>再说</u>至爱的莫如夫妇,白头相守,极是长久的了。然未做亲以前,你张我李,各门各户,也空着幼年一段。只有兄弟们,生于一家,从幼相随到老。有事共商,有难共救,真像手足一般,何等情谊!

(《喻世明言》卷十)

和非结构"以及"一样,"再说$_2$"的语法化涉及了跨越单句的临界环境。这里的语用推理过程非常直观:为了论证"兄弟情谊可贵"这一论点,说话者用了两个论据,分别由"且说"和"再说"引领。第一个论据讲述父母和子女关系的局限,第二个论据讲述夫妻相处的缺陷。对听话人来说,后出现的论据往往是补充说明性质的,也容易被赋予强化论点的功用。其结果是,"再说"开始具有了"强化论述"这一语用意义。

2.4.3 个案的启示

我们不妨在以上四个个案的基础上来重新理解临界环境的作用。前面介绍过,Traugott and Trousdale(2013)主张语法化环境应该包括上下文语境,包括句法、词法、音系、语义、语用推理、模式(mode)(书面语/口语),以及间或更宽的篇章及社会语言学意义上的环境。上下文语境的诸多要素,在考察分析语法化临界环境的时候具有参照和指导意义,但具体某个要素在语法化过程中是否会牵涉到以及牵涉的方式,并不具有强制性。根据语法化个案的不同,即使是临界环境也不一定需要涉及语义、语用、语音、结构等所有方面。除此以外,结合这四个个案和其他语法化演变过程,我们还观察到如下两个事实:

第一,临界环境所涉的范围因个案而不同。如"极其"的语法化临界环境所涉及的直接结构环境较窄,限于其所在最小句法单位,即"[极][其 NP]"框架。汉语处置标记"把"和被动标记"被"的语法化临界环境也是如此,分别是"[把 NP][VP]"框架和"[被 NP][VP]"框架。"因而"语法化的直接结构环境相对较宽。非结构"因+而"所在最小句法单位是"因+而+VP",但其语法化临界环境是以"S_i,因 e_i+而 VP"为基础的。类似地,非结构"以+及"所在最小句法单位是"以+及 NP",但其语用推理牵涉的范围是"[V NP_1]$_i$,以 e_i+及 NP_2"。"再说$_2$"的语法化临界环境所涉直接结构范围最大,如(9)所示,包括了一个语段,由若干单、复句构成。类似的情形在连词"否则"的语法化过程中也能看到。

第二,不论其所依赖的直接结构环境的大小,每个语法化临界环境都有一个引发歧解或者导致语用推理的最关键因素。"极其"的语法化临界环境中最关键的因素就是"[极][其 NP]"中 NP 具有被解读为 VP 或 AP 的可能性。"以及"的情形稍微复杂一些,其语法化临界环境可形式化为"[V NP_1]$_i$,以 e_i+及 NP_2",这一环境的语义和结构特点,足以引发 NP_1 和 NP_2 同属 V 的涉及对象(宾语)的推理。再如"因而",其分布环境为"(S_i)+因 e_i+而+VP",其中"因"的后面承前省略了 S_i;"因"有"因袭,承继"的含义。在这样的环境中,因为 S_i 从语义上讲是 VP 所代表的行为或状态发生或者出现的条件,由"条件—结果"到"原因—结果"的推理极其普遍,而"因"的意义也与此相宜。所以,从"因+而"语串到表因果的连词"因而"之间的关键因素是 S_i 和 VP 之间的语义联系。对"再说$_2$"的语法化来说,最关键的因素,是动词"再+说"所引领的论据之前有另一个论据,由"且说"引领。

我们再来看看前面提到的语法化三层次环境是如何互动而最终促成语法化语用推理的发生的。以"以及"为例,"[V NP$_1$]$_i$,以 e_i + 及 NP$_2$"这种环境所具有的语用推理条件包括三个方面:

i. NP$_1$ 是与 NP$_2$ 并列相关的另一名词短语;
ii. NP$_1$ 是行为 V 涉及的对象,所以 NP$_2$ 也可能被视为 V 所涉及的对象。NP$_1$ 和 NP$_2$ 因此可被看作并列的名词短语,作为一个整体成为 V 涉及的对象;
iii. NP$_1$ 和 NP$_2$ 一前一后,分别紧邻"以+及"语串,这是进一步语用推理的形态句法基础。

语言学习者把这几个条件和他们对汉语的整体认知结合起来,然后再以逆向推理的方式得出"以+及"的新义。其中对语言学习者来说,有关汉语的一个非常重要的背景知识就是,并列相关的名词通常可以以一个并列连词(如"及"和"暨")来作为标记,而且这样的规律早已有之。语料显示,早在上古汉语文献中"及"和"暨"就已经是并列连词了,如下例两句(均转引自《古代汉语词典》):

(10)a. 六月食郁及薁,七月亨葵及菽。

《诗经·豳风·七月》

b. 帝曰:咨!汝羲暨和。

《尚书·尧典》

也就是说,"NP$_1$+并列连词+NP$_2$"这样的常识,应该在连词"以及"产生之前就已经是语言学习者对汉语内化了的认知的一部分。因此,简短描述,语言学习者首先观察到条件(i)(ii)和(iii)(结果),联想到汉语中业已存在的并列相关的名词短语由连词"及"或者"暨"等连接的规则(规律),然后推论"[V NP$_1$]$_i$,以 e_i + 及 NP$_2$"框架中的"以+及"部分作为一个整体应当在 NP$_1$ 和 NP$_2$ 之间起连接的作用(个案)。"以+及"的这种新义,一开始只是不稳定的会话蕴含,随着"[V NP$_1$]$_i$,以 e_i + 及 NP$_2$"框架实例的增多而变成"以+及"语义的一部分。

语法化临界环境和语法化项之间的相互影响是有规律可循的，我们将在第三章里详细讨论。

2.5 临界环境/桥梁环境的必要性和本质特征

语法化以语用推理为驱动力，因此，临界环境/桥梁环境如果具有语用推理条件，就应该是语法化的必经阶段。

2.5.1 临界环境的必然性和必要性的再检视

2.4节里讨论的几个汉语例子，对回答有关语法化变化前的歧解性环境的问题，有怎样的启发性呢？歧解性环境的"必然性"取决于其普遍性程度。这种环境如果普遍性存在，就具有必然性；如果只是出现在部分语法化变化过程中，那最多就只是一种倾向性。因为缺少跨语言的全面调查，要从其出现的比例来回答这两个问题，依目前的研究状况，是不现实的。我们只能从已有的调查入手，看看这种歧解性环境到底应该如何定性。必要性和必然性可能互相关联——后者蕴含前者，前者也预示后者。但是，必要性也可能只是就具体个案而言的，就是说，歧解性对一些个案是必要的，而对另一些个案来说则未必如此。从这个意义上讲，歧解性环境的必要性也可以独立于必然性。

探讨这一话题，如下几种情形必须纳入考量：

i. 歧解性环境的跨语言性和跨范畴性

从目前的文献看，语法化变化前的歧解性环境现象是跨语言、跨范畴存在的。一方面，歧解性环境在一些语言的语法化现象中（如汉语、德语、英语、非洲!Xun语和朝鲜语等）都有发现。另一方面，在已经证实的经历歧解性环境的语法化变化中，语法化项并不局限于特定的功能范畴和形式类型。以汉语为例，临界环境不仅存在于普通语法化项的演变中，如"过$_1$"和"过$_2$"（彭睿，2009b），"再说$_1$"和"再说$_2$"（Peng，2014），而且还存在于非结构式的演变中，如"以及"和"因而"（彭睿，2011a）等。这种歧解性环境既然跨语言而且跨范畴地存在，就无法看成一种偶然现象。此外，我们的考察也显示，没有任何迹象表明歧解性环境限于特定的语义语用域，或为特定语义语用域所排斥，说明语法化歧解性环境即使不是一种必然的规律，至少也有着显著的广泛性。

ii. 关于歧解性环境必要性的反例

学者们对语法化过程中歧解性环境所具价值的质疑，在很大程度上来自一些语法化个案中这一环境的缺失。这些个案既包括实体性构式的演变，也包括图式性构式的演变。其中的图式性构式包括Traugott(2012a)提到的ALL-和WH-假性分裂句，以及Traugott and Trousdale(2013)提到的英语"WAY构式"。这些图式性构式的历时演变，都没有经历这种歧解性环境。但是，如果复合型图式性构式形成过程不具有语法化性质，那么这两项研究所提到的这几个例子都不构成对歧解性环境的挑战。即使复合型图式性构式形成过程具有语法化性质，我们也必须认识到，图式性构式的历时形成和（功能性）实体性构式的历时形成可能存在差异性，而这种差异性在迄今的理论探讨中并没有引起足够高的重视。彭睿(2016:24)指出，"图式性构式的演变，特别是复合型图式性构式的演变，在诸多方面不同于实体性构式演变；前者绝不可简单看作后者的一种图式化的体现"。如第十章将谈到，图式性构式的形成和实体性构式的语法化的一个重要区别就是，前者并不存在一个直接结构环境。但是，至少在汉语溯因兼语句的个案中，歧解性阶段不仅存在，而且是这种兼语句形成的关键(Peng, 2013；也见第十章的介绍)。总之，以图式性构式来作为语法化歧解性环境必要性的反例，不论是从理论上看还是从实证上看，都有可商榷的空间。

iii. "歧解性环境缺乏"的一种可能解释

Traugott(2012a)和Traugott and Trousdale(2013)提到的没有经历过歧解性环境的情形中，实体性个案并不多。Traugott(2012a)提到的一个例子是 *like* 演变成情态助词 *BE like to* 的过程中缺乏歧解性环境。我们不打算在这里详谈 *like* 的个案，而是把注意力放在类似个案可能存在的普遍性规律是什么。要解释类似的情形，如下两个方面不能不引起我们的注意：

首先，如果歧解性环境的存在具有必然性，那么这种环境的实例就应该保存于历时语料中。然而，事实上，歧解性环境实例，如同语法化项的其他历时发展阶段，并不都能在书面语料中得到完好保存（见彭睿，2009b 关于语法化链的共时维度和历时维度的对应的讨论；也参本书第六章的相关内容）。一种推论是，所谓没有歧解性环境，很大可能是指在传世书面语料中临界环境实例没有出现。因此，我们很难因为在一些语法化个案中没有发现临界环境实例，就轻易否定这些个案中这一特殊阶段的存在，更不宜进一步主张歧解性环境对语法化演变来说没有必然性和必要性。因其特殊性，临界环境实例应该不会非常高频率地出现。在历史语料中未能保存的歧解性环境，有可能在后现语料中（见第六章的解释）找到其对应实例。如彭睿（2009b）在讨论汉语助词"过$_1$"和"过$_2$"的语法化时指出，因为历时语料的匮缺，两者演变过程中的不同历时阶段在历时语料中无法反映出来，但在南宋这一共时平面里却体现得十分丰富。就是说，后现语料，如功能词或语法标记的不同用法或变体，只要能够有理据地推理出其与历时语料的关系，就应该可以为历时演变分析所用，包括对是否存在歧解性环境的判断。总之，从现有的理论视角和研究现状来看，似乎无法轻易否定临界环境存在的必然性。我们将在第六章详细讨论这一问题。

其次，英语情态助词 *BE like to* 的语法化过程这样的个案如果的确没有经过歧解性环境，那么我们有必要进一步思考包括类似的个案所占比例高低、其共同特征和歧解性环境的替代环境是什么等这样的问题。拿缺乏歧解性环境的个案所占比例来说，如果事实证明这类个案数量不在少数，那的确就有必要重新检视目前语法化理论中关于重新分析为语法化主要机制的说法，以及 Heine(2002) 和 Diewald(2002) 等有关歧解性环境在语法化中扮演的关键角色的论述。这种情形下的一种可能的理论后果是，必须承认重新分析不是语法化的唯一主要机制。相反，如果研究表明 *BE like to* 这样的例子数量极少，而且并不存在跨语言、跨范畴的规律性，那么就可以把这些个案视为"反例"——反例往往在数量上不占优势,也就不减损歧解性环境在语法化过程中的理论意义。目前学者们的主流看法是,语用推理是语法化的驱动力。歧解性环境,包括 Diewald(2002)提到的临界环境和 Heine(2002)提到的桥梁环境的共同特点就是具有语用推理条件。所谓替代环境,指的是没有歧解性但具备语用推理条件的环境。此种环境,至少在我们考察的范围内尚未发现。相比讨论此种环境,我们更感兴趣的是重新思考临界环境及桥梁环境的本质特征。

2.5.2 临界环境/桥梁环境的本质特征

临界环境/桥梁环境的作用既然是致引语用推理从而使语法化项产生目标义,或许就不必以模糊性或者歧解性为本质特征。这种环境的本质特征应该是具有语用推理条件——模糊性或者歧解性只是语用推理条件的伴随现象(或者后果)。一般地,语法化过程都应该经历具备语用推理条件的环境,这种环境既然能够使语法化项产生目标义,就可能具有不同的语义语用和形态句法解读方式,也就是歧解性。然而,这样的环境所体现出的歧解性特征的显著程度,可能因个案的不同而有异。就是说,对有的语法化个案来说,这种环境的模糊性或歧解性较为明显,而对其他一些个案来说,这种环境的模糊性或歧解性特征并不清晰。所以,如果我们把具有语用推理条件看成临界环境或者桥梁环境的区别性特征,就可以避免理论上的纠结。这种意义上的临界环境或者桥梁环境是任何语法化过程都必须经过的。因此,更准确地说,临界环境或者桥梁环境或许宜称为"语用推理环境",这在理论上更有解释力,实践上也更为可行。

语用推理环境:

> 语法化连续环境中具有语用推理条件的一环,通常伴随不同类型和不同程度的语义语用和形态句法歧解性,是语法化项产生目标义的阶段。

就是说,和 Heine(2002)、Diewald(2002)以及更早的 Wilkins(1981,1996)、Sweetser(1990)和 Evans and Wilkins(2000)等相

一致，我们基本认同语法化过程必然经过一个具有歧解性的阶段，但这种歧解性可能明显，也可能不明显。总体上，不同个案的歧解性程度形成一个连续统，由一端的强歧解性过渡到另一端的弱歧解性。这样的处理方式具有较强预测性，对 BE like to 的产生这种"缺乏"歧解性环境的语法化个案的解释也是适用的——其语用推理环境处于弱歧解性一端。

"语用推理环境"这一提法的理论意义，尚有待进一步研究。探讨这个问题，必须以跨语言及跨范畴的个案调查为基础。这将是我们的另一个研究课题。本书的余下讨论，将继续假定语法化过程存在一个歧解性环境；而且，我们讨论的歧解性环境和Diewald(2002)的临界环境比较接近，即包括语义－语用和结构等几方面特征，所以我们也会继续用"临界环境"这一术语来指称这种具有歧解性的环境。

2.6 总结

本章简单介绍了 Heine(2002)和 Diewald(2002)所提出的语法化连续环境理论，以及 Traugott(2012a)和 Trousdale and Traugott(2013)对这一理论的质疑及主张，然后围绕语法化临界环境/桥梁环境对语法化的影响以及临界环境/桥梁环境的本质特征这两个问题来展开讨论。我们对语法化连续环境理论的价值持肯定态度。Traugott(2012a)和 Trousdale and Traugott(2013)主张，语法化环境不局限于语法化项最直接的结构环境，而且应包括上下文语境，如句法、词法、音系、语义、语用推理、语体模式以及篇章和社会语言学意义上的环境等；同时具有歧解性的临界环境或者桥梁环境并不是语法化的必由阶段。对此，本章的理论主张很明确，就是影响语法化语用推理的环境可以概括为三个层次，即"语言学习者对特定语言的整体认知""上下文语境"和"语法化项的直接结构环境"。这三个层次相互关联，但对语法化语用推理有着不同的意义。语言整体认知对语用推理的影响是隐性和不确定的，而上下文语境对语用推理的影响则不一定具有必然性，最实质性地诱发语用推理的是语法化项的直接结构环境，从另一个角度说，就是 Diewald(2002)所主张的临界环境。这一主张得到了一些汉语语法化个案的支持。因为具有语用推理条件的语法化临界环境/桥梁环境是语法化的必由阶段，本章探讨的另一个话题就是能否利用这种环境来重构语法化的可能性。既然临界环境是语法化的必由阶段，一个推理就是可以利用临界环境来重构语法化演变。我们的研究表明，这种重构所依据的，可以是语法化完成之后的任一历时阶段的临界环境实例。必须意识到的是，这一做法也有其局限性。利用临界环境/桥梁环境来重构语法化过程以及如何在后现材料基础上推溯历时演变，将在第六章里详细讨论。

第三章 "临界环境—语法化项"关系的几种模式

3.1 引言

语法化连续环境理论描述了语法化项和环境之间的共变关系。在具体每一个阶段里,环境和语法化项之间如何相互影响,迄今并没有一个很深入的讨论。比如,连续环境中最为关键的一环——歧解性环境到底以什么方式影响语法化项的演变?目前的理论文献对这个问题鲜有系统研究。彭睿(2008)对"临界环境—语法化项"关系做了一个初步调查。本章的讨论将以该研究为基础来展开,并对其中的部分观点进行必要的修正和补充。

3.2 概念和假设

3.2.1 一些概念和术语

我们先对彭睿(2008)提及的一些概念术语,包括"框架""框架关系""常项""变项""编码项""恒定性"和"临界性"等,做一个简单介绍。"框架"是指语法化项所在的复合型图式性构式(即第二章提到的直接结构环境,特指临界环境),是一个形式—意义组配。按照构式语法的理解,框架包括语音、形态句法和语义语用等诸多方面。"框架关系"则侧重于两个层面,即语法化项所在图式性构式的语义语用特征集和形态句法特征集,包括框架内各成分的形态句法和语义语用特征,以及这些成分相互之间的形态句法和语义语用关联。如我们前面提到"以及"语法化的临界环境是"[V NP$_1$]$_i$,以 e_i + 及 NP$_2$",这是一个复合型的局部图式性构式,从我们的角度看,就是一种框架。这一框架的框架关系在语义语用方面的特征既包括"把 NP$_1$ 所关涉的状态或过程 V 推及 NP$_2$"这样的抽象意义,也包括诸如"以"的功能是表目的、"V NP$_1$"是"以"关涉的对象和 NP$_2$ 在特定情况下可以理解为 V 的涉及对象等语义关联方式。这个框架的形态句法特征主要是 NP$_1$ 和 NP$_2$ 分别是 V 和"及"的宾语。"常项"频繁出现在同一框架中,相当于复合型图式性构式中的实体性成分,如"[V NP$_1$]$_i$,以e_i + 及 NP$_2$"框架中的"以 + 及"语串。"变项"即框架中可以替换的组成部分,如 V、NP$_1$ 和 NP$_2$,相当于复合型图式性构式中的非实体成分。再举个例子,汉语处置式可以形式化为"NP$_1$ + 把 + NP$_2$ + VP",即"把"所在的框架,其框架关系中的语义语用特征包括"NP$_1$ 以 VP 的方式对 NP$_2$ 进行处置"这一抽象意义,以及 NP$_1$ 和 NP$_2$ 同为"把"的论元;其框架关系中的形态句法特征包括"把 + NP$_2$"和 VP 构成连动式,NP$_2$ 是动词"把"的宾语。其中"把"是该框架里的常项,而 NP$_1$、NP$_2$ 和 VP 都是变项。

按照第二章的讨论,临界环境最重要的特征是具有语用推理条件,并可能伴随形式和意义两个层次不同程度的歧解性。然而,一些重要课题,如歧解性的内涵和临界环境—语法化项之间的相互影响等,包括 Heine(2002)和 Diewald(2002)在内的文献都没有系统性地予以探讨。我们的观察是,临界环境的歧解性又可以具体化为"语法化项歧解"和"框架关系歧解"两个类型。语法化项歧解指语法化项可同时理解为语法化成项。如 be going to 在 I am going to New York 一句中只能理解为动词的现在进行时态,即正在空间位移的过程中;在 I am going to like Victor 一句中则只能理解为表将来时的助动词。然而,在 I am going to see Victor 一句中,be going to 则可兼有这两种意义。框架关系歧解,意指临界环境的意义可以同时理解为分别以语法化项(具有源义)和语法化成项(具有目标义)为常项的两种框架关系。我们来看看"把"的情形:

(1)a. 武王把钺讨纣。 　　　　　　　　　（《论衡·齐世》）
　　b. 醉把花看益自伤。
　　　　　　　　　（白居易《花前有感兼呈崔相公刘郎中》）
　　c. 张三把李四逗笑了。

动词"把"（语法化项）所处框架关系是连续事件/行为，如(1a)，而介词"把"（语法化成项）所处框架关系为处置义。"把"演变的临界环境以(1b)这样的句子为实例，其特点是可以理解为连续事件/行为和处置义这两种框架关系。(1c)代表了"把"演变的习用化环境，其中"把"只能理解为处置标记。"语法化项歧解"和"框架关系歧解"是相容的，但两者歧解性程度不一定具有明显的一致性或者关联性，其中一种歧解关系的强弱不必然预示着另一种歧解关系的强弱。就是说，语法化项歧解性的显著程度可以独立于框架歧解性。Be going to 和"把"的例子恰好属于两种歧解关系显著程度比较一致的情形，如 I am going to see Victor 以及"把花看"这样的临界环境实例的特点都是整个句子和语法化项都有歧义。在后面的讨论中我们会看到，这种情形并不普遍。对此，我们的假设是，语法化项歧解具有必然性，而框架关系歧解则不一定，或者至少未必具有显著性。这是因为，语法化演变从根本上说，就是语法化项的演变。

　　临界环境的框架关系或者有歧解性，或者无明显歧解性，因此我们可以相应地把框架关系区分为"非恒定"和"恒定"两种。"恒定框架关系"指的是这样的情形：语法化过程输入端的"语法化项－非语法化项"之间和输出端的"语法化成项－非语法化项"之间，具有相同或相近的语义语用和形态句法关系。为简化讨论，我们姑且用"恒定"关系来概括所有歧解性程度低的情形。①"非恒定框架关系"指语法化过程输入端和输出端的语义语用和形态句法关系有明显差异的情形。在恒定框架关系里，语法化项和语法化成项分

---

① 严格说，对应于语法化项的不同解读方式，临界环境的框架关系不可能完全保持一致。所谓框架关系的"恒定性"，应该是指框架内最重要的形态句法和/或语义语用关系（如语义上的"否定""被动""等同"等）保持不变或者变化不大。

别是框架的临时标记和专门标记。语法化项是其所在框架里的常项,随着框架实例频率的增加,也就起着转喻性地临时表征框架功能的作用了;语法化成项继续担负这一表征功能,但是这一功能成了专职性的。例如,在后面的讨论中我们会看到,准确说,指示代词"是"所在的框架关系和系词"是"所在的框架关系虽然相同,但前者是临时手段,后者则是专门手段。在恒定框架关系中,语法化项和语法化成项都是常项,往往被视为框架关系的标示性成分,称为"编码项"。如指示代词"是"和系词"是"可以分别看作是"等同关系"的临时和专门编码项。非恒定框架关系的情形较复杂,语法化项和语法化成项仍然是常项,但可能是框架关系的编码项,也可能不担任这样的角色。非恒定框架关系,顾名思义,以它作为直接结构环境的语法化的一个后果是框架关系的变化;语法化项不必是其所在框架关系的编码项,但语法化成项一定具有这样的功能。如动词"把"是"NP_1+把+NP_2+VP"这一连动式的常项,但不是表述这种连续事件/行为的框架关系的编码项,而介词"把"则不仅是"NP_1+把+NP_2+VP"这种处置式里的常项,也在处置义这种框架关系中担任编码项的角色。

影响临界环境和语法化项关系的因素可称为"临界性"(criticality),也就是诱导语言学习者对语法化项所在框架进行语用推理的各种条件,包括如下四个主要参项:

i. 框架关系的恒定性
ii. 语法化项/语法化成项的编码角色
iii. "非语法化项—语法化项"和"非语法化项—非语法化项"两种关联方式对框架关系的作用
iv. 非语法化项对语法化项歧解性的制约

根据具体语法化个案的不同,以上四个参项都可能涉及语义语用和形态句法两个层面。在实际语用推理过程中,也可能只是语义语用和形态句法其中的一个或数个特征在扮演关键角色。

3.2.2 关于"临界环境—语法化项"关系的假设

关于"临界环境—语法化项"的关系,我们将提出两个假设。

假设一:语法化项歧解性的诱导因素中可能包括框架关系和非语法化项。

Lehmann(2002)和Himmelmann(2004)都主张,语法化项的演变是其所在环境(相当于本书的"框架")语法化的副产品或附带现象。临界环境的框架关系在语法化项产生歧解性的过程中扮演重要角色的假设和这个主张是相吻合的。除了语法化项自身特征以外,诱导语法化项产生歧解性的另一个重要因素是非语法化项的语义语用和形态句法特征。非语法化项可能单独创造语用推理条件,也可能会因为和语法化项之间的关联方式以及和其他非语法化项之间的关联方式而为语用推理创造条件。如(1b)是"把"演变的临界环境实例,其中"把"可理解为"持/拿"义动词,"花"(非语法化项)则是可持拿的有形具体物;又因为"花"可视为"看"(非语法化项)的论元,而且"把花"可视为达成"看(花)"这一行为的辅助方式,所以"看"有可能被理解为唯一动词核心。进一步地,因为"把"的持握物件的意义,"把花"由"看"的实现方式而被推理为对"花"进行处置。这些具体条件在"把"的临界环境中不可缺少。

假设二:临界环境和语法化项之间存在不同关系模式。

彭睿(2008)的主张是,"临界环境—语法化项"关系主要有两种基本模式:一种是恒定框架关系直接诱发语法化项的演变,另一种是非语法化项的语义和形态句法特征诱发非恒定框架关系的歧解,同时引发语法化项的演变。两种模式分别描写如下:

"临界环境—语法化项"关系基本模式

模式Ⅰ:框架关系为诱因

语法化项频繁编码某恒定框架关系,逐渐演变成该框架关系的语法标示手段。

模式Ⅱ:非语法化项为诱因

非语法化项引起非恒定框架关系的歧解,同时诱发语法化项的歧解。

基本模式Ⅰ和基本模式Ⅱ分别对应框架关系具有低歧解性和高歧解性的两种情形，可看作"临界环境－语法化项"关系模式的两种典型情形。我们的研究表明，跨语言地看，还存在一种框架关系和非语法化项共同诱发语法化项歧解的情形，姑且称为"非基本模式"。非基本模式兼有两种基本模式的部分临界性参项特征。

3.3 "临界环境－语法化项"关系模式

本节将通过对跨语言材料的分析来证实前文所提出的假设。

3.3.1 基本模式Ⅰ

语法化常见方式之一是恒定框架关系的编码项发生变化。如前文指出，恒定框架关系实际上包括临时和专门两种编码方式，在两种情况下语法化项都是常项，而其他成分一般为变项。无论其编码方式是临时的还是专门的，恒定框架关系都不因变项的更替而改变。因此，如果用 λ 代表恒定框架关系，X 和 X' 分别代表语法化项和语法化成项，基本模式Ⅰ可表述如下：

基本模式Ⅰ　[...X/X'...]λ ＞ [...X'...]λ

> 框架关系 λ 在输入和输出两端不变，是语法化项 X 歧解为 X' 的重要前提。语法化项 X 因频繁编码恒定框架关系 λ，逐渐被语用推理成为该框架关系的语法标示手段。

其中输入端[...X/X'...]λ 和输出端[...X'...]λ 分别为临界环境和孤立环境。从输入端到输出端的显著变化，是其中编码项的演变(X＞X')。这种模式常见的情形是，X 因频繁担任某种框架关系的临时编码角色，逐渐失去具体语义内容，最终演变成这种恒定框架关系的专门语法标记 X'。输入端的编码项既可以解读为语法化项 X 也可以理解为语法化成项 X'，相应地，输入端编码项既可理解为框架关系 λ 的临时编码方式，也可理解为这一关系的专门编码方式。语法化项原本是特定框架关系的一个局部,最终被解读成该框架关系的表征手段,这是一个典型的转喻过程。

汉语系词"是"和埃维语(Ewe)焦点标记 é 的语法化临界环境是基本模式Ⅰ的典型例证。

汉语系词"是"的产生由指示代词到系词的跨语言演变在文献中多有论及(Li and Thompson, 1977; Diessel, 1999;等等)。Li and Thompson(1977)、王力(1989)、郭锡良(1990)以及石毓智、李讷(2001)等都探讨了汉语系词"是"的产生。上古汉语的"是"原本是名词性指示代词,如:

(2) 大义灭亲,其是之谓乎? 　　　　　　《左传·隐公四年》

王力(1989)认为,先秦判断句的主语后常以代词"是"复指,再加上判断语;"是"因常处于主语和谓语之间而逐渐演变为系词。Li and Thompson(1977)对汉语系词"是"的产生机制做了如下描述:

话题　　　述评　　　　主语　　　谓语
NP_i　　$是_i NP$　　>　　NP_i　　是　NP

这一机制很好地描述了"是"由等同关系的临时编码项到系词这一专门语法标记的演变过程。输入端是一个"话题—述评"结构,其中"是"与话题 NP_i 同指;"NP_i, $是_i NP$"可看作等同句(equational sentence)的一种临时编码形式(Li and Thompson, 1977: 419),也即表述的是 NP_i 和 NP 之间的等价关系;输出端是一个主谓结构,是等同关系的专门编码方式。Li and Thompson(1977: 424—425)认为,汉语"话题—述评"结构的重新分析正是发生在(3a)和(3b)这类句子中(二例均转引自 Li and Thompson, 1977):

(3) a. 知而使之,是不仁也。 　　　　　　《孟子·公孙丑下》
　　 b. 既欲其生,又欲其死,是惑也。　　　　《论语·颜渊》

(3a)中的"知而使之"和"不仁"之间,以及(3b)中的"既欲其生,又欲其死"和"惑"之间,是两对等同关系。两例是"是"演变的临界环境实例。指示代词"是"作为这种等同关系框架的唯一常项,因频繁地出现在这一框架中而被视为其临时编码项。"是"被语用推理成等同关系的专门语法标记，最重要的条件有两个，一是"NP_i，是$_i$ NP"这一框架的等同关系本身，具体说，就是"NP_i"和"NP"之间等价，二是"是"的句法位置处在这两个等价成分之间。单独地看，两个变项（非语法化项）NP_i和 NP 都对这种语用推理没有直接影响，但两者和语法化项之间的关联方式，为语用推理提供了基础。试比较一下(3)两句和如下例子（二例均转引自王力，1989）：

(4)a. 余是所嫁妇人之父也。　　　　　　《论衡·死伪》
　　b. 海外西南有珠树焉，察之是珠，然非鱼中之珠也。
　　　　　　　　　　　　　　　　　　　《论衡·说日》

王力(1989)指出，(4)两句中的"是"都只能作系词解，解释为复指代词的可能性已经排除。(4a)所代表的孤立环境或者习用化阶段实例和(3)所代表的临界环境实例的框架关系是相同的，不同的是"是"由等同关系临时编码项变成了专门编码项。特别地，(4b)里"是"的分布环境已经不同于临界环境实例了，可看成"是"演变的孤立环境（甚至习用化阶段），其特点是分布环境的扩展。

下面是对埃维语(Ewe)焦点标记 é 的产生的考察，论述参考了 Heine and Reh(1984：110—111)，例句均转引自这篇文章。

在标准埃维语(Ewe)中，限定动词性词(finite verbal word)的无标记形式由代词性主语前缀(pronominal subject prefix)加上动词词根组成，如：

(5) me-vá　　　　　e-vá　　　　　　é-vá
　　I come　　　　 you come　　　　he/she come
　　我来　　　　　你来　　　　　　他/她来

焦点标记 é 的来源是第三人称代词 é，其赖以产生的临界环境拟构如下：

(6) nye　　　é-vá.
　　it-is-me　he-come
　　I(rather than somebody else)came.

我(而不是别人)来。

系词小句 *nye* 位于句首,由第三人称单数代词 *é* 将它与句子的其余部分(*vá*)连接起来。

(6)句的框架是"[系词小句][*é*＋V]",其框架关系可以这样概括,即句首系词小句中的名词性指称对象是语义上强调的对象。其中 *é* 的作用是复指这一焦点成分。这是一个恒定框架关系,句首系词小句(如 *nye*)和句末动词(如 *vá*)都是变项,而 *é* 是唯一常项。*é* 作为一个常项,因频繁地出现在焦点成分和动词之间,因而被解读为其所在框架的表征性成分,即临时编码项。同样,这一临时编码项逐渐失去语义内容,最终变成了框架关系的专门编码成分。一个相应的句法后果是,*é* 被从限定动词性词[如(6)中的 *é-vá*]中剥离开来,变成焦点成分的后附成分(enclitic),即发生了如下重新分析:

[系词小句][*é*＋V]　＞　[焦点名词短语＋*é*][V]
　　　|　　　　　　　　　　　　　　　|
　　第三人称代词　　　　　　　　　焦点标记

诱发这种语用推理的最关键条件包括,(i)*é* 作为一个常项频繁地出现在焦点成分和动词之间,(ii)系词小句中的焦点成分和句末的动词 V 之间存在语义上的关联性,以及(iii)*é* 和系词小句里的名词性或代词性成分具有同指性。在如下句子当中,*é* 就只能理解为焦点标记了:

(7)*nye-é   vá.*
　　I-FOC   come
　　I(rather than somebody else)came.
　　我(而不是别人)来。

这句中 *é* 不再可能理解为第三人称代词,该句因此是孤立环境实例。

汉语系词"是"和埃维语(Ewe)焦点标记 *é* 的产生具有若干相似性。"是"和 *é* 的临界环境的框架关系都是恒定性的,分别为"等同关系"和"焦点成分居句首",与其后的孤立环境的框架关系是一致的。"是"和 é 的演变使得这两种框架关系的编码方式各自产生了专门语法手段。恒定框架关系并不单独受框架内任何非语法化项的影响;而语法化项的歧解性对变项的具体特征也无依赖性。临界环境基本模式Ⅰ的临界性特征可归纳如下:

基本模式Ⅰ的临界性特征
a. 框架关系具有恒定性;
b. 语法化项歧解为框架关系的临时编码项和专门语法标记;
c. 框架关系不受非语法化项制约;
d. 语法化项歧解不受框架内非语法化项的制约。

在基本模式Ⅰ里面,由临界环境到孤立环境,最显著的变化是其框架关系的临时编码项(即语法化项)演变为专门语法标记(即语法化成项)。

3.3.2 基本模式Ⅱ

基本模式Ⅰ的特点,即框架关系恒定而其编码手段具有歧解性,显然无法涵盖所有的情形。并非所有框架关系都是恒定性的——如果框架关系不是恒定性的,也就不存在同一框架关系的临时编码项和专门语法标记的分别了。跨语言的材料表明,另一常见情形的特点是临界环境的框架关系和语法化项一样具有明显的歧解性。我们把这种模式称为基本模式Ⅱ,表述如下:

基本模式Ⅱ　[...X/X'...]γ/β　>　[...X'...]β
　　　　　　非语法化项为语法化项 X 歧解的主要诱因;非语法化项致引非恒定框架关系 γ 歧解为 β,同时诱发语法化项 X 歧解为 X'。

这一模式的输入端(即临界环境)的框架关系不是恒定性的,既可是 γ,也可能推理为 β;两种框架关系[...X...]γ 和[...X'...]β 或无编码项,或虽各有编码项,两个编码项之间不存在如语法化项和语法化成项这样的渊源关系。语法化项 X 往往不是[...X...]γ 的编码

项,而语法化成项 X' 有可能成为[...X'...]β的编码项。换言之,[...X...]γ 如有编码项,与[...X'...]β 中的语法化成项无关。这种歧解性的诱发因素可能是框架中特定成分(通常是非语法化项)的语义、形态句法特征,也可能是不同成分之间的相互关联方式等。以下我们将以汉语副词"极其"和非洲!Xun 语北部方言反身代词 |'é 为例来讨论基本模式 II 的特点。

汉语副词"极其"的产生

基本模式 II 的典型例证是汉语非结构的语法化现象。以下我们将再以汉语副词"极其"的产生为例来探讨基本模式 II 的临界性。前面提到,"极其"的两个源构素"极"和"其"融合的条件是由体词化了的谓词性成分充当"极"的宾语,即在"极+其 VP"结构中,如句子(8):

(8)臣子入朝,自然<u>极其恭敬</u>,也自和。

(《朱子语类·论语·学而篇》)

"恭敬"在这里可以理解为体词化的谓词性成分。谓词性成分的缺省(default)功能是充当句子核心,"恭敬"具有这样的功能,如:

(9)a. 体恭敬而心忠信。　　　　　　　　(《荀子·修身》)
　　b. 项王为人,恭敬爱人。　　　　　(《史记·陈丞相世家》)

尽管"恭敬"在(8)中体词化了,其缺省功能仍然可能被激活,引起"误读",所以"极其恭敬"具有两种理解方式:第一,"极"可理解为动词核心,其主语是"臣子",该词串可读为"极+其恭敬"。第二,"恭敬"是动词核心,该词串可解读为"极其+恭敬","极其"修饰"恭敬"。综上所述,"极其"的语法化条件是:"极"的主语为施事,而宾语为谓词性成分。"极其"所在框架如果满足前一条件,可读为"NP$_{施事}$+极+其 VP",而如果满足后一条件,则又可读为"NP$_{施事}$+极其+VP"。"极+其 VP"结构和"极其+VP"有着不同的框架关系,而严格说,非结构语串"极+其"和副词"极其"都不是其中的编码项。"极其"演变的临界环境具有如下临界性特征:

第三章 "临界环境—语法化项"关系的几种模式

"极其"演变的临界环境的临界性特征

a. 框架关系可由"施事主语＋极＋其 VP"语用推理为"施事语＋极其＋VP";
b. 语法化项("极＋其")和语法化成项("极其")都不是框架关系编码项;
c. 新框架关系的推理取决于 VP 的功能以及主语 NP 的语义角色;
d. 语法化项新义的推理取决于 VP 的功能以及主语 NP 的语义角色。

其中，第二个临界性特征的判断是基于这样的事实:"极其"这一词串既非框架"NP_施事＋极＋其 VP"的标示成分，也不在框架"NP_施事＋极其＋VP"中担任编码角色。"极其"的临界环境所具有的临界性特征可以通过和"是"语法化的临界性特征的对比更清楚地看到，见表 3.1。

表 3.1 "极其"和"是"的临界环境比较

	恒定框架关系	语法化项为编码项	语法化成项为编码项	框架关系受内部成分影响	语法化项歧解依赖其他成分
极其	－	－	－	＋	＋
是	＋	＋	＋	－	－

显然，"极其"和"是"的临界环境具有对立的临界性特征。

!Xun 语北部方言反身代词 |é 的产生

Heine(2002)描写了非洲!Xun 语北部方言反身标记(reflective marker) |é 演变为被动标记(passive marker)的过程。这一过程也可归入基本模式 II(以下例句均转引自 Heine, 2002: 88):

(10) !Xun (North Khoisan, Khoisan)

a. yà   ke   hún   yà |é
   3:SG PAST kill   his   self

'He has killed himself.'
b. *ma*   *ke*   *g ‖ é-à*   *mí*   ╞*é*   *ke*   *àngòlà*
1：SG PAST bear-R my self TR Angola
'I was born in Angola.'
c. *màlí* *ke* *tć* *áyà* ╞*é*
money PAST steal its self
'the money was stolen'
d. *g ‖ ú má* *ke* *tch'?* *ká?* ╞*é* *ke* *mí*
water TOP PAST drink its self TR 1：SG
'the water has been drunk by me'

以下是╞*é*演变过程中的环境变化情况（根据 Heine，2002：88—89整理，原文术语保留）：

(10a)是反身代词╞*é*演变的起始阶段，主语*yà*（他）既是施事也是经历者(undergoer)；╞*é*的反身代词义没有任何歧解的可能。(10b)代表了桥梁阶段。主语*ma*（我）被解释为施事的可能性很小，而解释为经历者的可能性更大。与此相应，╞*é*作反身代词理解的可能性小，作被动标记理解似更合理。(10c)是典型的转换环境。主语*màlí*（钱）因是无生命物，作施事理解的可能性被排除。╞*é*的唯一理解是被动标记。(10d)标志着被动标记╞*é*进入了习用化阶段。╞*é*用为被动标记已经常态化，可以出现在新环境，比如出现一个外来施事成分*mí*（宾格"我"）。(10b)是本文所说的"临界环境"。与╞*é*的不同理解相应，该句的框架关系可歧解为含反身代词的主动语态和含被动标记的被动语态。这种框架关系的歧解和╞*é*的歧解显然都受到框架内╞*é*以外非语法化项的制约，比如其句子核心限定为一部分及物动词，而主语是指人的参与者(Heine，2002：89)。反身代词╞*é*不是框架关系编码项，但被动标记╞*é*承担框架关系编码项的角色。这表明╞*é*与其临界环境的关系也属基本模式II。

从"极其"和╞*é*的语法化过程可概括出基本模式II的临界环境的如下临界性特征：

基本模式 II 的临界性特征
a. 框架关系具有非恒定性；
b. 语法化项和语法化成项不必为框架关系编码项；
c. 框架关系受非语法化项的语义和形态句法特征的制约；
d. 语法化项歧解受非语法化项的语义和形态句法特征的制约。

根据这样的临界性特征，汉语介词"把"与其临界环境的关系也符合基本模式 II 的条件。如前所述，"醉把花看益自伤"中"把花看"是"把"由动词演变为介词的临界环境，可歧解为"握住花看"和"看花"两读。这两读的最显著差异是框架关系，前者是连续事件/行为，后者则是处置义。与"极其"的情况相似，"把"的语法化对非语法化项有依赖性。比如"花"必须是可持拿的有形具体物，而且得同时是"把"和"看"的论元。此外，动词"把"并不是连动式"把花看"的编码项，但介词"把"是处置式"把花看"的标示成分。

3.3.3 非基本模式

在基本模式 I 和基本模式 II 中，语法化项的歧解性分别受恒定框架关系和非语法化项的语义及形态句法特征的制约。这是临界环境—语法化项关系的两极。跨语言的事实表明，框架关系和非语法化项可以同时对语法化项歧解性施以影响，这就是非基本模式。以下我们将以朝鲜语敬语与格（honorific dative）标记 -*kkey* 的语法化为例，来探讨非基本模式的临界性特征（对 -*kkey* 历时形成过程部分的论述参考了 Sung，2002，例句均出自该文）。

Sung（2002：313—315）指出，朝鲜语敬语与格（honorific dative）标记 -*kkey* 来源于敬语领属性（genitive）后缀-*s* 和方位词 *kuey* 的结合。-*kkey* 的形成经历了两个主要步骤，即 *kuey* 的"指示代词＞与格标记"和"与格标记＞敬语与格标记"的演变。在中古朝鲜语 *kuey* 是远指代词：

(11) *stah-i   hwueha -ko   tyohAn koc-I   ha-kenul*
　　 land-NOM wide open-and good   flower-NOM be plenty-CT

kuey-sye   sa-ni
there -LOC   live-and
'Since the land was wide open and there were a lot of nice flowers, they lived there.'

在以下句子中，*kuey* 因与人称代词 *nAm-ey*（other-GEN）共现而产生歧解：

(12) *selu*   *tAtho-a*   *ssaho-myen*   *nalah-i*
each other argu-and fight   -if   country-NOM
nAm-ey   *kuey ka-li-ta*
other-GEN   there go-PROS-DEC

a. 'If you fight each other, the country will be given to other's place.'

b. 'If you fight each other, the country will be given to others.'

(Welinsekpo, 1459)

kuey 在上句中既可以解释为方位词(12a)，也可以解释为与格标记(12b)。(12)因此是 *kuey* "指示代词＞与格标记"演变的临界环境。*kuey* 的歧解性首先取决于非语法化项的语义和形态句法特征，即其前面必须是指人的名词性成分，而其后的动词核心则限于运动动词。同时，这种歧解性也离不开"NP_{人称}＋*kuey*＋运动动词"这一框架，其框架关系或为"（某物）位移至某人处"(*kuey* 读作方位名词），或为"（某物）被给予某人"(*kuey* 读作与格标记）。两解虽不完全等同，但十分接近，这与典型的基本模式 I（如系词"是"）和典型的基本模式 II（如处置标记"把"）的情形都不相同。*kuey* 是其中的常项，其两解，即方位名词和与格标记，分别是这一框架关系的临时编码项和专门语法标记。

与格标记 *kuey* 临界环境的临界性特征

a. 框架关系无明显歧解；
b. *kuey* 可歧解为框架关系的临时编码项和专门语法标记；

c. *kuey* 的歧解性受非语法化项影响；

d. *kuey* 的歧解性受其所在框架影响，即必须依附在指人的名词性成分后，主要动词限运动动词；

e. 框架关系对非语法化项有依赖性。

可见 *kuey* 的临界环境兼具"基本模式 I"和"基本模式 II"的部分临界性特征。

这种"非基本模式"的特征也体现在 *kuey* 由"与格标记＞敬语与格标记"的演变中。中古朝鲜语的领属标记 *-s* 一般是敬语指称（honored referent）的后缀，所以当与格标记 *kuey* 置于-s 之后时，就容易产生敬语向格（allative）或者敬语与格的解释：

(13) *wang-s   kuey   ka-li-la*   (Welinchenkangcikok，1449)
　　 king-GEN there   go-PROS-DEC
　　 'He will go to the King.'

这种框架可形式化为"NP_{敬语－人称－单数} ＋ *kuey* ＋ 运动动词"，是"NP_{人称} ＋ *kuey* ＋ 运动动词"的特例。前者的框架关系为"（某物）被给予某人（敬语）"，与后者的框架关系的差别只是体现在敬语和普通用语问题上。如(13)所示，"（某物）被给予某人（敬语）"框架关系有两个常项，即敬语指称后缀 *-s* 和与格标记 *kuey*，导致该句可能有两种解读方式：

第一，*-s* 和 *kuey* 共同担任"（某物）被给予某人（敬语）"框架关系的临时编码项；

第二，*-s* 和 *kuey* 频繁共现，最终形成敬语与格标记，即框架关系的专门编码项。

如果以上假设成立，(13)就可看成敬语与格标记的临界环境。这一假设得到了证实。根据 Sung(2002)，敬语指称后缀 *-s* 后来重新分析为 *kuey* 的起始辅音：

(14) *seycon-skuy   chenghA-cAo-tey*   (welinsekpo，1459)
　　 Buddha-DAT   ask-REF HON-and
　　 'He asked Buddha and …'

(14)是敬语与格专门语法标记 -skuy 的孤立环境。-skuy 后来音变为 -kkuy。(14)这一临界环境对框架内成分有明显的依赖性,如 -skuy 必须处于"敬语所指 + -s"之后,而且其后的动词核心必须是运动动词。这说明,"-s + kuy"的语法化同时受到框架关系和非语法化项的制约。总结起来,敬语与格标记 -skuy 形成的临界环境有如下临界性特征:

敬语与格标记 -skuy 临界环境的临界性特征:
a. 框架关系无明显歧解;
b. -s + kuey 可歧解为框架关系的临时编码项和专门语法标记;
c. -s + kuey 的歧解性受非语法化项制约;
d. -s + kuey 的歧解性受框架关系影响,即 kuey 在敬语指称后缀 -s 和运动动词之间;
e. 框架关系对非语法化项有依赖性。

综上所述,"临界环境—语法化项"关系非基本模式的临界性特征可归纳如下:

"非基本模式"的临界性特征:
a. 框架关系恒定性不明确;
b. 语法化项可歧解为框架关系的临时编码项和专门语法标记;
c. 语法化项歧解性受非语法化项的制约;
d. 语法化项歧解性受其所在框架影响;
e. 框架关系对非语法化项有依赖性。

3.3.4 三种模式临界性特征的差异性及其理论蕴含

基本模式 I 和基本模式 II 分别以框架关系和特定成分的语义和形态句法特征为语法化项演变的诱导因素,非基本模式的诱导因素则兼具两者。三种模式的临界性特征对比见表 3.2:

表 3.2 三种模式临界性特征的对比

	框架关系歧解	框架关系依赖于非语法化项	语法化项歧解受制于非语法化项	语法化项歧解受制于其所在框架	语法化项/语法化成项担任编码项
基本模式 I	−	−	−	+	+
基本模式 II	+	+	+	−	−
非基本模式	?	+	+	+	−

"+"和"−"分别代表具有和不具有某种临界性特征,而"?"表示模糊的情形。从表 3.2 可总结出如下规律性东西:

i. "临界环境—语法化项"关联方式因临界环境的临界性特征的不同而呈现出不同关系模式。这些差异性是有规律可循的。

ii. 基本模式 I 和基本模式 II 在五项临界性特征上都呈对立之势。非基本模式兼有两种基本模式的部分特征。

iii. 框架关系的恒定性影响语法化项/语法化成项担任编码角色的能力。如基本模式 I 的框架关系没有歧解,所以语法化项和语法化成项都是框架关系中的编码项;而基本模式 II 的框架关系有歧解,所以语法化项和语法化成项至少不能是同一框架关系的编码项。

iv. 框架关系的恒定性影响非语法化项对语法化项的制约。框架关系恒定,则语法化项的歧解性不受非语法化项的影响(如基本模式 I);框架关系为非恒定,则非语法化项的语义和形态句法特征往往是诱发语法化项歧解的关键因素(如基本模式 II)。

此外,我们的研究显示,临界环境对语法化的影响因语法化项所在框架特征不同而有异,如在由框架关系诱导和由非语法化项诱导的演变过程中语法化项所受到的制约方式不同。

由于我们对"临界环境—语法化项"关系模式的研究是初步

的，一些重要课题并没有涉及，例如：

i. "临界环境—语法化项"关系的优势模式

我们并没有对三种模式进行频率统计。基本模式Ⅰ和基本模式Ⅱ被称为"临界环境—语法化项"关系的"基本"模式，是因为在两种模式中框架关系和非语法化项分别在语法化项歧解性的产生过程中扮演关键角色。但我们尚不清楚的是，这三种模式的个案在数量上哪一种占优。如果一种模式数量占优，那么其地位更准确地说将是"优势"模式甚至"核心"模式。

ii. "临界环境—语法化项"关系模式和语用推理之间关系

人们通常把语法化归因于语用推理这一背后推力，我们的研究则清楚表明，语用推理是以这种具有差异性的"临界环境—语法化项"关系模式为基础的。既然"临界环境—语法化项"关系具有特征各异的不同模式，一种合理推论是，语法化过程中语用推理的实现应该有不同的机制。

iii. "临界环境—语法化项"关系非基本模式的特征

与基本模式相比，非基本模式框架的恒定性是不确定的，其背后应该隐藏着某种规律性。

以上课题都值得深入研究。这里必须强调几点。前面说到，"基本"模式和"非基本"模式的划分并不涉及具体模式具体个案发生的频次高低。至少从目前的研究来看，没有证据显示基本模式比非基本模式更普遍。我们所谈到的临界性特征只是众多特征中最重要的方面，而不是全部特征。所以，即使是相同模式的不同个案，在临界性特征方面既有共性，也有个性，并不完全等同。临界环境和语法化项之间的关系非常复杂，并不是这里提到的"基本"和"非基本"模式二分那样简单。基本模式和非基本模式指的只是那些可以归纳出共性、较为常见的情形，并不能涵盖所有类型。在"基本"和"非基本"模式里，临界环境的框架范围都限于语法化项所在的单复句。在2.4.2我们已经看到，汉语中也存在临界环境框架为语段的情形，如"再说$_2$"的语法化。

3.4 总结

为进一步了解临界环境对语法化语用推理影响方式,本章介绍了彭睿(2008)对临界环境和语法化项三种关系模式的初步探讨,并对这三种模式进行了局部修正。这三种模式的探讨,有助于深化对语法化临界环境的必然性和必要性问题的理解,也进一步证实了我们在第二章提出的看法,即语法化语用推理最直接的诱发因素来自语法化项的直接结构环境。必须指出的是,我们对临界环境和语法化项关系模式的探讨,有意地忽略了第一章介绍的几种类型的语法化项各自所需临界环境的个性特征。比如,实词性语法化项与临界环境的互动方式以及虚词性语法化项与临界环境的互动方式是不是完全一致,两种语法化项的临界环境的临界性特征有什么样的异同,我们的讨论中都没有涉及。我们的观察是,此类个性特征至少对"临界环境—语法化项"这种三分的关系模式的建构没有明显影响。

第四章 语法化的扩展效应

4.1 引言

早期语法化研究的重点是语法化项自身的演变。近十年来学者们逐渐把目光转向语法化所赖以发生的环境,并且认识到语法化过程涉及语法化项自身及其所在环境这两方面变化。如 Heine and Kuteva(2002b,2007)指出,语法化项在丢失其语义、形态句法和语音特征的同时,也会发生分布环境扩展的现象。彭睿(2009a)提到,着眼于语法化项,语法化是一个以紧缩和耗损为特征的减量过程,包括语法化项语音和语义内容的失落及与其它成分关系的受限,即"窄化效应";而如果着眼于语法化环境,语法化则是一种增量过程,即"扩展效应"。我们在第一章提到,对语法化扩展效应论述得比较全面的是 Himmelmann(2004:32—33)提出的"基于结构的语法化观"。简单回顾一下,这一理论把语法化定义为"环境扩展",包括三个方面:

i. 同构项类型扩展,即能与语法化项搭配的成分类型的增加;
ii. 句法环境扩展,即语法化项分布环境从核心论元位置扩展到核心以及边缘成分的位置;
iii. 语义—语用环境扩展,即语法化项可分布于语法化变化发生之前所不能出现的语义—语用环境中。

这个定义把语法化项所在环境分为三个层次,并且从语法化项与这三层次环境的共变关系的角度来定义语法化过程,把环境变化的重要性提升到了空前的高度,理论意义十分重要,也广为学者们所认同(见 Brinton and Traugott, 2005; Noël, 2007; Traugott, 2008a, 2010; Trousdale, 2012; Traugott and Trousdale, 2013; 等等)。

我们在第二章也把语法化环境粗略地分为三个层次,包括"语言学习者对特定语言的整体认知""上下文语境"和"语法化项的直接结构环境",而且,三个层次对语用推理及语法化的影响方式是不同的。语言学习者对特定语言的整体认知,是语用推理中的价值判断的前提和基础;上下文语境是语用推理的促进因素,对语用推理的作用相对来说更为直接,能够支持或者指导语用推理的发生;作为语法化驱动力的语用推理则是实质性地由语法化项的直接结构环境诱发的。那么,基于结构的语法化观里提到的"三层次环境"和我们所说的"三层次环境"有着怎样的对应关系呢? 不难看出,Himmelmann(2004)所说的"环境"中,同构项和句法环境属于我们所说的语法化项的直接结构环境。语义-语用环境的情形比较复杂,一方面和语言学习者对特定语言的整体认知相关,另一方面和上下文环境也不无牵连。

Himmelmann 强调,"语义-语用环境扩展"层次是语法化过程的核心特征,而同构项扩展和句法环境扩展两个层次都是非核心特征(2004: 33),一个重要理由就是这两种变化未必会发生,即缺乏普遍性。在以下的讨论中,我们先简单谈谈我们对语义-语用环境扩展的理解,然后集中探讨同构项的扩展,这是一个鲜少有人谈及的问题。我们的目的是验证 Himmelman(2004)关于同构项扩展并非语法化核心特征的说法是否站得住脚,从而深化对语法化扩展观的理解。

4.2 语法化的语义-语用环境扩展

关于语法化的语义-语用环境扩展,有两个问题值得注意,一是语义-语用环境扩展的含义是什么,二是为什么这种扩展是语法化的核心特征。

Himmelmann 在语义-语用环境扩展的问题上着墨不多。关于语义－语用环境扩展的内涵，作者在一条附注中特别提到，这种扩展指的就是一个特定结构被用在它不曾出现过的更大环境，无关语法化是否牵涉意义失落或意义转变、转喻或/和隐喻这些有争议的方面(2004:39)。这一解释是笼统、含糊的。作者所举的例子是从指示代词到冠词的语法化。他强调语法化发生于语法化项所在的结构，所以这一语法化个案中的语义－语用环境扩展，体现为"指示代词＋名词"只出现于有上下文或前指成分的环境中，而"冠词＋名词"则不拘于此。按照这种理解方式，彭睿(2009a)曾讨论过处置式标记"把"和副词"随时"在语法化过程中的语义－语用环境扩展问题。彭文参考了冯春田(1999)的相关研究，指出"把"的语义－语用环境经历了一个从表述连续事件到表处置义，然后表致使义这样的扩展过程；"随时"的语义－语用环境则经历了一个由陈述性到非陈述性（包括情态性和未然性两种）的扩展过程。有意思的是，Traugott and Trousdale(2013)把语义－语用环境扩展解释为历时异义性(heterosemy)①的发展。该文举了英语表时间的连接词(temporal connective)*as long as* 发展出表条件的用法的例子，如在 *As long as you leave by noon, you will get there in time.*（你只要中午以前离开，就会按时到达。）这一句子里。明显地，这种理解方式并不是直接观察语法化项所在的环境，而是把焦点放在了语法化项的功能增加上。这并不能直接从 Himmelmann 的论述中看出来。这种理解方式首先和 Traugott 等学者对语法化的定义有关。第一章提到，以 Haspelmath 为代表的一些学者把语法化定义为语法化项形式上的变化，而从 Meillet 开始，语法化定义的观察视角就是语法化项的功能变化。

---

① Hopper and Traugott(2003:77—78)指出，语法化项所产生的新义或新功能和源义一同构成了"多义性"(polysemy)，也即认为这些意义或功能之间具有关联。Traugott and Trousdale(2013:59—60;200—203)把多义性看成一个共时的概念。比如 since 既可以表时间也可以表原因，就是一种共时性多义现象。为区隔这一共时概念，该文使用了 Lichtenberk(1991)的术语"历时异义性"(heterosemy)来称说两个意义之间的历时渊源。如中古英语表时间的 *sithenes*('*since*')产生出表原因的功能，其中表时间和表原因两种功能产生的时间一早一晚，二者之间就形成了历时异义关系。

Traugott(1988)以及 Hopper and Traugott(2003)等所秉持的正是后一种传统。如 Hopper and Traugott(2003)给语法化的定义就是"词项或结构式在特定语言环境里承担语法功能,并且,一经语法化,继续产生新的语法功能"。道理非常简单,语法化项的新语法功能往往在新的语义－语用环境里才能明显地看出来;而产生了新语法功能,也就意味着语法化项能够出现的语义－语用环境不同于以往了。其次,Traugott and Trousdale(2013)对语义－语用环境扩展的理解方式,在 Traugott 等学者对泛化的理解中有迹可循。语义－语用环境扩展和泛化的概念是密切相关的。我们在第一章谈到,Hopper and Traugott(2003)把语法化过程中的泛化分为两个层面,即意义的泛化和功能的泛化。其中意义泛化指的是语法化项通过发展出多义词来扩展其语义范围,而功能泛化就是一种环境的扩展。作者指出,诱发语法化发生的重新分析往往发生在一个非常局部的环境当中;新语法意义一般会通过类推而泛化(即扩展)到新的环境。作者虽然没有如 Himmelmann(2004)那样明确这种"环境"的具体含义,但从其表述中推测,这里的环境应该包含了语义－语用意义上的特征。Himmelmann(2004)所做的,只是把这种环境扩展的观念更加具体化、条理化,也就是深化了这一观念。应该说,从历时异义性的角度来理解语法化的语义－语用环境扩展,不仅更为具体,也更易操作。

那么语义－语用环境扩展为什么是语法化的核心特征呢?作者没有做过多解释。这其实同样可以从语法化的"功能变化"属性及泛化理念中得到理论上的解释。如果语法化是语法化项功能变化的过程,而新功能总是出现于新的语义－语用环境,那么语法化缺省的变化就是语义－语用环境的扩展。语义－语用环境扩展在语法化"三层次环境扩展"中最为核心,但迄今尚无人概括这种扩展的特点及类型。对此我们将另文专题讨论。本章将以彭睿(2017)为基础,重点探讨同构项变化在语法化中的作用。

4.3 语法化同构项扩展的含义

关于同构项的扩展，Himmelmann 所举例子是从指示代词到冠词的演变。指示代词通常没有限制指称独特事物的名词的功能，但语法化为冠词后，就可以用来修饰包括专有名词及其他具有特殊含义的名词，如 *sun*（太阳）、*sky*（天空）和 *queen*（女王）等。正因为语法化项和同构项的共变并非语法化的核心特征，一直以来学者们没有给这种现象予足够的重视。比如，Himmelmann（2004）尽管在定义语法化时考量了语法化项和同构项的共变，但对同构项变化的论述也只是概略性的，许多方面有待进一步厘清。其中有两个方面是根本性的：

首先，作者没有明确界定"同构项"的内涵，只是把它笼统解释为和语法化项搭配的成员。或许因为这个原因，学者们对"同构项"和"同构项扩展"的理解不尽相同。如 Traugott（2008：222）认为，同构项扩展就是和语法化项搭配的词类成员（如名词、形容词、动词或副词）范围的扩大。把同构项限定于词类成员，显然是一种狭义的解读。Trousdale（2012：593）等对同构项范围做了广义的理解，认为同构项并不拘于词一级单位，而同构项扩展是一种"搭配限制条件"（collocation restrictions）的改变。作者所举例子是英语的 *what with* 构式。在这种构式的演变过程中，和 *what with* 搭配的语言单位由名词性补足语转移到了从句补足语。无论学者们怎样理解"同构项"内涵，语法化过程中可能存在"语法化项—同构项"的共变现象都是一个不争的事实。

其次，作者把同构项变化概括为"扩展"似过于简单化。典型的扩展应当是一种兼容性的增量变化，比如上面提到的，指示代词在语法化为冠词后，其同构项类型拓宽了。然而，同构项变化并不都以增量（或其他量变）为特征。如英语助动词 *be going to*/*be gonna* 源于 *be*＋*going*＋*to* 语串。前者的同构项限于谓词性的（如 *I am going to/gonna visit my cousin* '我要去拜访我的表姐妹/表兄弟'），而后者的同构项则只能是体词性的，特别是地点名词

(如 *I am going to San Francisco to visit my cousin* '我正前往旧金山拜访我的表姐妹/表兄弟')。两种同构项相互排斥,不能都和 *be going to/be gonna* 或 *be* + *going* + *to* 搭配。从单一体词性到单一谓词性不是增量变化,而是质(如语法功能等)的转变。

在以上两个问题认识上的模糊,应该是基于结构的语法化观的一个缺憾。围绕语法化项和同构项之间的共变现象,本章拟初步讨论如下两个课题:

i. 同构项变化的一般规律

文献显示,因长期未获关注,同构项变化规律问题一直没有得到梳理。通过对汉语语法化现象的观察,一个显而易见的事实是,广义同构项的变化可以限于同一语法范畴内,但也可能跨越不同语法范畴。因此,相应地,同构项变化有两种典型方式,分别为"同质性扩展"(即同构项成员在同一范畴内的语义-语用特征的多元化)和"异质性替换"(即同构项成员的形态句法范畴的改变)。前者具有连续性(continuousness),而后者则体现了离散性(discreteness)。

ii. 同构项特征及其变化对语法化项的影响

语法化项和同构项如果共变,理论上恐无法想当然地排除的一种可能是,同构项变化在一定程度上对语法化项的变化产生影响。这种可能性无论是作为语法化的有标记性现象还是无标记性规律,在文献中都鲜少被提及,更遑论被证实或证伪了。我们的研究表明,同构项的语义语用和/或形态句法特征可能成为诱发语法化的语用推理所依赖的条件之一;但在"语法化项-同构项"共变过程中,同构项变化处于从属地位,是语法化项演变的附带现象。

4.4 同构项变化的方式

语法化项和同构项直接搭配,前者功能特征的演化必然伴随着后者功能特征的改变,但程度和方式不尽相同。如指示代词演变为冠词之后,其同构项(即其所限制的名词性成分)的语义-语用范围有所拓宽,但其形态句法功能却没有显著变化。相反,由 be+going+to 语串演变到助词 be going to/be gonna,同时改变的是同构项的形态句法功能。可见,同构项变化既可能是量变,也可能是质变。

跨语言地看,语法化项所属的语言单位类型是多种多样的。取决于其形态句法特征,和语法化项组成结构的成分可能局限于相同语法范畴,也可能分属不同语法范畴,如现代汉语事态助词"了$_2$"和连词"因为"的同构项。"了$_2$"既可以和谓词性成分结合(如"下雪了$_2$"),也可能附着于体词性成分之后(如"秋天了$_2$"和"四十岁了$_2$")。连词"因为"的同构项既可能是一个句子(如1a)或谓词性语词(如1b),也可能是体词性语词(如1c):

(1) a. 因为<u>李四没看到张三来接他</u>,大家都很奇怪。
  b. 因为<u>没看到张三来接他</u>,李四很生气。
  c. 因为<u>张三</u>,李四很生气。

不同语法范畴的同构项并存的情形,应该是历时积淀的结果。这种历时积淀过程,正是我们所感兴趣的。

4.4.1 同构项的同质性扩展

同构项的变化可能是"同质性扩展",即语法化项的初始同构项(语法化变化起始阶段的同构项)和新增同构项属同一语法范畴。这里"同质"指的仅仅是语法范畴相同或相近;同质的同构项成员可能属于不同的语言单位类型(如语素、词、短语、句子等)。从形态句法功能上看,同构项的同质性扩展具有连续性。以下我们先简短回顾处置式标记"把"和动态助词"过"(包括表完毕义的"过$_1$"和表过去曾经义的"过$_2$")语法化过程中同构项的变化,然后总结同质性扩展的规律。

"把"最早用为动词,意为"持/拿"。与此相应,其同构项(即其宾语)限于指称可持握的有形具体物的名词,具有体积小、适于以手把握等特征。(2a)和(2b)中的"把"都已演变为介词,其同构项已扩展至指称体积较大、不可持握的有形具体物的名词短语

(如"杭州刺史"），以及不可持握的无形具体物的名词和名词短语（如"青天"和"凉泉"）：

(2) a. 莫把杭州刺史欺。　　　　　　　　（白居易《戏醉客》）
　　b. 悠然放吾兴，欲把青天摸。（皮日休《初夏游楞伽精舍》）
　　c. 惜无载酒人，徒把凉泉掬。
　　　　　　　　　　　（宋之问《温泉庄卧病寄杨七炯》）

语法化了的"把"的同构项的语义语用范围继续扩展：

(3) a. 佛把诸人修底行，校量多少唱看看。
　　　　　　　　（《敦煌变文选注·父母恩重经讲经文》）
　　b. 王婆把小娘子说的话一一说了一遍。
　　　　　　　　　　　　　　　　　　（《醒世恒言》卷十四）

两例中，"把"的同构项已经扩展到了指称抽象事物的名词。到了现代汉语，处置式标记"把"不仅能与初始同构项相搭配，也能与新增同构项相搭配：

(4) a. 我把苹果吃完了。
　　b. 张三把水烧开了。
　　c. 你得把这个毛病改掉！

根据彭睿（2009a：54—55）的归纳，"把"的同构项变化可以分为三个阶段，见表4.1。

表4.1　"把"的同构项变化

语法化项功能	动词核心	处置式标记	处置式标记
同构项范畴	体词性	体词性	体词性
同构项范围	可持握有形具体物	可持握有形具体物；不可持握有形具体物；不可持握无形具体物	可持握有形具体物；不可持握有形具体物；不可持握无形具体物；抽象物
同构项位置	"把"后	"把"后	"把"后

明显地，"把"的同构项所指称事物的限制条件（如可触摸性和可

视性等)逐渐放宽,但仍限于体词性单位。

关于动态助词"过"(包括表完毕义的"过$_1$"和表过去曾经义的"过$_2$")的来源和演变过程,学者们向来有不同见解(如曹广顺,2014/1995;杨永龙,2001;彭睿,2009b;等等)。彭睿(2009b)认为,"过$_1$"直接来源于趋向动词"过"(即"过$_q$");"过$_q$>过$_1$>过$_2$"依序形成一个语法化链。

"过$_q$"的意义是经过某个空间,而且多指有一定跨度的位移(马玉汴,2005:35),其同构项主要是自移动词(位移者无需借助外力就能移动)和使移动词。① 前者包括"飞、走、跳、爬"等,后者指能致使受事者位移的动词,包括"推、拿、踢、放"等(参杨永龙,2001:212)。第一类同构项表时空位移,如(5a);第二类同构项则没有这个意义,如(5b)(转引自杨永龙,2001):

(5)a. 且如人过险处,过不得,得人扶持将过$_q$。

(《朱子语类·朱子·自论为学工夫》)

b. 良久,失其冠,人见其空中掷过$_q$垣墙矣。

(《玉堂闲话》,《太平广记》卷三百六十七引)

发生语法化的应当是以自移动词为同构项的"过$_q$"。在"过$_q$"和"过$_1$"中间有一个由前者隐喻类推而产生的"过$_{mq}$"(彭睿,2009b:215—216):

(6)a. 只在外略一绰过$_{mq}$,便说更有一个好屋在。

(《朱子语类·论语·学而》)

b. 此须做个题目入思议始得,未易如此草草说过$_{mq}$。

(《朱子语类·论语·公冶长》)

---

① "过"在更早阶段用作主要动词,与之搭配的是表空间的名词性成分,如"过宋"。但严格说,"过$_1$"和"过$_2$"的语法化过程肇始于趋向动词"过$_q$",是其语义语用环境扩展的后果。从源流上看,"过$_1$"和"过$_2$"可以追溯到主要动词的"过"。但从性质上看,"过$_1$"和"过$_2$"产生过程并不是由主要动词"过"到"过$_q$"的演变的延续。相应地,动词"过"的名词性同构项也与"过$_1$"以及"过$_2$"形成过程中的同构项变化无涉。换言之,从"过$_q$"到"过$_1$"和"过$_2$"的演变和由动词"过"到趋向动词"过$_q$"的演变宜看成两个独立的过程。

和"过$_q$"不同,"过$_{mq}$"的同构项主要是"听、说、读、奏、诵、看、绰、扑、理会、认、验、考、格、思量"等"感知—认知—言说"动词,也包括"弄、称停、穷、点、点掇、践履、整顿"等动词。这些动词都可以理解为一种隐喻的时空位移,是自移动词的类推扩展。"过$_{mq}$"进一步语法化,就产生了"过$_1$",如(7)的两个例子(7b 转引自杨永龙,2001:185):

(7)a. 如世人些小功,只是补。如圣人直是浑沦都换过$_1$了。
(《朱子语类·易·革》)

b. 看过$_1$了后,无时无候,又把起来思量一遍。
(朱子语类·学·读书法)

"过$_1$"出现于事理因由句时,就可能演变为"过$_2$"(详见彭睿,2009b)。以下是"过$_2$"的例子:

(8)a. 今日诸公正是如此滚缠过$_2$,故做到公卿。
(《朱子语类·朱子·外任》)

b. 然圣人教人,须要读这书时,盖为自家虽有这道理,须是经历过$_2$,方得。 (《朱子语类·学·读书法》)

"过$_1$"和"过$_2$"在以上例句中的同构项并无明显差别。"过$_2$"后来又增加了形容词做同构项(例句 9a 和 9b 均转引自吕叔湘主编,1984:216-217):

(9)a. 他小时候胖过$_2$。

b. 这孩子从来没这么安静过$_2$。

动词和形容词同具谓词性,因此形容词同构项的出现仍属同质性扩展现象。

从"过$_q$"到"过$_1$"再到"过$_2$"的同构项变化可分为四个阶段,归纳于表 4.2。"过"的同构项所指称动作行为的"空间位移"限制条件逐渐放宽,也属典型的同质性扩展。

表 4.2 "过"的同构项变化

语法化项功能	趋向动词（过$_q$）	隐喻的趋向动词（过$_{mq}$）	表完毕义助词（过$_1$）	表曾经义助词（过$_2$）
同构项范畴	谓词性	谓词性	谓词性	谓词性
同构项范围	自移动词；使移动词	以"感知—认知—言说"动词为主	自移动词；使移动词；"感知—认知—言说"动词	自移动词；使移动词；"感知—认知—言说"动词；形容词
同构项位置	"过"前	"过"前	"过"前	"过"前

同质性扩展，就是语法化项尽管发生了形态句法功能上的质变，但其同构项基本没有脱离原来的语法范畴。如"把"的同构项基本都属于体词性的，而"过"的同构项则都属于谓词性的。此外，我们还可以观察到同质性扩展的如下规律：

i. 同构项在语义语用上更趋多元化，体现为初始同构项的一个或多个限制条件的放宽。

如"把"的同构项所指称事物在可触摸性和可视性等方面不再受限，而"过"的同构项所指称事物的空间位移这一限制条件也逐渐失落。

ii. 初始同构项和新增同构项是相容的，可以在语法化项的相同发展阶段并存。

前文提到，现代汉语的"把"既能与初始同构项（可持握事物）相搭配，也能与新增同构项（不可持握有形物和抽象物）相搭配。初始同构项和新增同构项之间是递增关系，而非历时替换关系。

iii. 新增同构项及初始同构项与语法化项的相对线性位置一致。

新增同构项和初始同构项一样，其位置要么都在语法化项之前，如"过"的情形，要么都在语法化项之后，如"把"的情形。

此外，Traugott（2008a：222）在解读 Himmelmann（2004）的语法化定义时提到，同构项的扩展即类型频率（type-frequency）或能产性（productivity）的增加。尽管 Traugott（2008a）的观察是建

立在狭义同构项基础上的,这一说法对广义同构项扩展(即本章的同质性扩展模式)来说同样适用。我们也注意到,同质性扩展是有语义语用限制的。拿动态助词"过"来说,其同构项基本上排斥动作性不强的动词,如"知道、以为、在、属于、使得、免得"等等(见吕叔湘主编,1984:217)。

下面我们将看到,一个语法化项的同构项不一定局限于单一的语法范畴,而是可能经历跨范畴变化。

4.4.2 同构项的异质性替换

如果语法化项的初始同构项(语法化变化起始阶段的同构项)和新增同构项属不同语法范畴,那么同构项的变化就是"异质性替换"。从形态句法功能上看,同构项的这种变化体现了离散性特征。以下我们将以"个"从量词到助词以及"得"由获得义动词到助词的演变为例,初步探讨异质性替换的规律。

张谊生(2003)考察了"个"由量词进一步演变为助词的过程。以下我们简短回顾张文的研究,所用例句除特别说明的以外,均转引自该文。泛用量词"个"的同构项是其前面的数词,频率最高的是"一"。"一"在使用中经常省略,其后果是"一个"数量义的淡化,并逐渐衍生出表不定指的辅助功能。到了晚唐五代,这种用法的"个"已经产生了约略相当于印欧语中不定冠词的功能,如:

(10) a. 一片芳心千万绪,人间没个安排处。(李煜《蝶恋花》)
b. 有个人家儿子,问着无有道不得底。

(《五灯会元·药山俨禅师法嗣》)

张文这一观察是精准的。此种用法中"个"的同构项应当是其后的名词或名词短语,如(10a)的"安排处"和(10b)的"人家"。最晚在北宋时期出现了无定标记词"个"修饰谓词性宾语的用例,如:

(11)……将知尔行脚,驴年得个休歇么! (《景德传灯录》)

在这个例子中,"个"所修饰的,即其同构项,是名物化了的谓词性单位。"个"修饰的对象不局限于单个谓词,也有谓词性短语,甚至包括小句。如：

(12)a. 然今事众中建立个宾主问答，事不获已。

（《景德传灯录》）

b. 似斗草儿童，赢个他家偏有。

（辛弃疾《一枝花·醉中戏作》）

因此，在体词性词语前不定性指称标记这一功能基础上，"个"又衍生出了在谓词性词语前面充当名物化限定标记的功能。这一用法的"个"的功能就是"使被修饰的谓词在功能上体词化，在表达上事件化"。而当"V个VP"的语义重心进一步向VP倾斜，V和VP之间的结构关系逐渐由动宾转向动补，"个"的助词功能就完全显现了出来。我们的语料显示，助词"个"在宋元时期即已产生，如：

(13)a. 且把锅儿刷洗起，烧些脸汤洗一洗，梳个头儿光光地。（《清平山堂话本·快嘴李翠莲记》）

b. 害相思的馋眼脑，见他时须看个十分饱。

（《元杂剧·包待制三勘蝴蝶梦》）

c. 你老人家开了，检看个明白。（《蒋兴哥重会珍珠衫》）

助词"个"的同构项当是其所附着的动词，如（13a）的"梳"，（13b）的"看"和（13c）的"检看"。

"个"在由量词向助词进一步语法化过程中同构项的变化可以归纳于表4.3：

表4.3 "个"的同构项变化

语法化项功能	泛性量词	不定性指称标记	不定性指称标记	名物化限定标记	助词
同构项范畴	体词性	体词性	体词性	体词性	谓词性
同构项范围	数词	名词；名词短语	名词；名词短语；名物化的谓词性单位	名物化的谓词性单位	谓词性单位
同构项位置	"个"前	"个"后	"个"后	"个"后	"个"前

"个"的同构项经历了两次转移。第一次是由数词到名词性语词的转移,虽未脱离体词性单位的范围,但位置由"个"前改变为"个"后。第二次是由名物化的谓词性单位到谓词性单位的转移,同构项位置由"个"后又转移到了"个"前。其中最关键的变化当是第二次转移。

结构助词"得"的来源引发了众多学者的讨论。以下我们将介绍吴福祥(2002)的说法,所引例句也均来自吴文。根据吴福祥(2002:32—33),汉语能性补语结构中"得"来自获得义的他动词"得":

(14)a. 西南得朋。 (《周易·卦辞》)
 b. 燕婉之求,得此戚施。 (《诗·邶风·静女》)

"得"的同构项是其宾语。先秦两汉之际,这个意义的"得"可以出现在另一他动词之后构成"V得O"结构,其同构项仍是后面的宾语:

(15)a. 今臣为王却奇之兵,而攻得十城,宜以益亲。
 (《史记·苏秦列传》)
 b. 宋元王之时,渔者网得神龟焉。 (《论衡·讲瑞》)

汉魏六朝之际,"得"在非"获得"义动词后虚化成表示动作实现并有结果的结果补语:

(16)a. 假使尧时,天地相近,尧射得之,尤不能伤日。
 (《论衡·感虚》)
 b. 世间愚人,修习少福,……便谓菩提已可证得。
 (《百喻经》)

这种用法的"得"后的名词可以出现(如16a),也可以不出现(如16b)。两句的"得"或可看作语义和语法功能都弱化了的动词。"得"后的体词性语词(可依上下文省略)既可理解为这一弱化动词的宾语,也可理解为"动词+得"的宾语。在前一种情况下,"得"的同构项仍是其后的体词性语词。在后一种情况下,"得"前附于

一个非获得义动词,并且以此动词为同构项。至唐代,结果补语"得"进一步虚化为动相补语,表示动作的实现或完成:

(17) a. 合归兰署已多时,上得金梯亦未迟。

(王建《贺杨巨源博士拜虞部员外》)

　　　b. 医得眼前疮,剜却心头肉。　　(聂夷中《咏田家》)

动相补语"得"的同构项已经完全变成了其所附着的动词,如(17a)的"上"和(17b)的"医"。

"得"在由获得义动词向助词演变过程中的同构项变化可以归纳于表4.4:

表4.4　"得"的同构项变化

语法化项 功能	获得义动词; 单独作谓语	获得义动词; 并列谓语	弱化了的动词或助词; 结果补语	助词; 动相补语
同构项类型	体词性宾语	体词性宾语	体词性宾语或动词谓语	动词谓语
同构项位置	"得"后	"得"后	"得"后或"得"前	"得"前

"得"同构项的变化是一种典型的跨范畴转移,同构项位置最终由"得"后转移至"得"前。

同构项异质性替换的最主要特征是新增同构项脱离了初始同构项的语法范畴。如"个"的同构项由置于其前的数词先转移到置于其后的体词性单位或名物化的谓词性单位,然后再转移到置于其前的谓词性单位,而"得"的同构项则由最初置于其后的体词性宾语逐渐过渡到置于其前的动词谓语。同构项的这种变化方式还具有如下三个显著特点:

  i. 初始同构项和新增同构项与语法化项的相对线性位置可能保持一致。

例如,和 $be+going+to$ 语串一样,助词 $be\ going\ to$ 的同构项的位置也在其后。

  ii. 初始同构项及新增同构项与语法化项的相对线性位置也可能不同。

助词"个"和"得"都属于这一类型。这些语法化项因为其所在环境的重新分析而完全改变了与之搭配的对象。

  iii. 初始同构项和新增同构项在形态句法性质上迥异，但未必相互排斥而不能并存。

  在"个"和"得"的个案中，初始同构项和新增同构项相互排斥，但其他异质性替换的例子，如现代汉语事态助词"了$_2$"和连词"因为"，其同构项中不同范畴的成员可以同时存在。

  对异质性替换来说，没有证据显示语法化项与其同构项搭配之间的类型频率必然会随着语法化变化而增加。这是异质性替换和同质性扩展的一个重要区别。

4.4.3 同质性扩展和异质性替换的交织

  单纯的同质性扩展和单纯的异质性替换只是同构项变化的两种极端的方式。异质性替换和同质性扩展可能在同一个语法化过程中交织进行。我们在前面分析异质性替换模式时，为使讨论简单化，有意忽略了穿插其中的同质性扩展问题。比如，"个"的同构项变化属典型的异质性替换。"个"的初始同构项是位于其前的数词。当"个"产生了不定性指称标记功能时，其同构项逐渐由体词性单位扩展到名物化的谓词性单位。这就是一个同质性扩展过程。正是由于其同构项的这种同质性扩展，"个"所在环境才逐渐产生了能够诱发这个语法化项向助词进一步演变的语用推理条件，并且最终导致其同构项由谓词性单位来替换。更有意思的是语法化完成后可能出现的"异质性扩展"的情形。前面提到的"了$_2$"和"因为"都是此类变化的典型例子。例如，"了$_2$"的同构项既可能是谓词性的，也可能是体词性的。这种体词性和谓词性同构项并存的现象，应该是跨越不同范畴的历时扩展的结果。本章的主要兴趣是探讨同构项变化在语法化过程中到底扮演什么样的角色，所以不打算就同质性扩展和异质性替换的交织的问题展开讨论。

4.5 同构项变化在语法化中的角色

语法化项和同构项之间既然存在共变关系,人们必然关注这样的问题,即这两个变化项在共变中孰为主导孰为从属。对这个问题的全面讨论恐无法回避一些学界尚无共识的深层次理论问题,比如语法化乃至语言变化的动因等,但这无疑是本章力所不逮的。因此,我们的讨论将局限于在归纳同构项变化无标记性规律的基础上,初步探讨同构项及其变化在语法化中扮演什么样的角色。我们试图回答几个具体问题,包括(i)同构项特征及其变化对语法化有无推动作用,(ii)同构项在语法化中的角色是否因其变化性质的差异(即"同质/连续"或"异质/离散")而有所不同,以及(iii)汉语类型学特征在多大程度上对同构项及其变化在语法化中的角色构成影响。

4.5.1 同构项对语法化有无推动作用

我们在第二章介绍过,语法化发生于特定环境,并且由语用推理来推动(参 Heine,2002;Diewald,2002;Hopper and Traugott,2003;等等)。同构项如果对语法化有推动作用,最有可能的是以促进语用推理的方式来实现的。导致语法化变化的语用推理只能出现在临界环境。在临界环境里,语法化项往往可以同时被解读为源义和目标义。以下我们将从临界环境入手,看看同构项变化在语法化中到底扮演什么样的角色。

我们先来看看同质性扩展和语用推理的关系。"把"语法化临界环境的实例,除了我们常常提到的"醉把花看益自伤"的"把花看"部分以外,(18)也是一个典型例子:

(18)却思城外花台礼,<u>不把庭前竹马骑</u>。

《敦煌变文集新书·维摩诘经讲经文》

其中"庭前竹马"既是"把"的宾语,也是"骑"的宾语。"不把庭前竹马骑"和"把花看"都可以形式化为"把+NP+VP",其意义特征可以具体化为"手持一物件并对该物件施以某种行为",从而具备了语用推理的可能性:手持一物件并对该物件施以某种行为,就意味着对该物件进行"处置"。"把"是这个临界环境中唯一的常项。当类似"不把庭前竹马骑"和"把花看"的句子被频繁使用,即随着"把"的临界频率(见彭睿 2011b;也见第七章的讨论)的增加,动词"把"就逐渐被视为"处置"意义的表征性成分,并且丢失了动词的形态句法特征,演变为一个介词。

那么,"把"的同构项及其变化在上述语用推理中的作用是什么?我们在前面的讨论中提到,动词"把"的初始同构项是具有可持握特征的有形具体物。这也正是"不把庭前竹马骑"和"把花看"两句中"把"的同构项的特征。就是说,从其最早的分布环境到语法化临界环境,动词"把"的同构项并没有经过明显的语义语用和形态句法特征的变化。诱发语用推理的关键之一,是作为连动式第一个动词的"把"和第二个动词共享一个宾语(即"把"的同构项)。这和整个连动式的内部语法和语义关系变化有关;"把"的同构项变化对这种语用推理条件的形成没有直接影响。

我们再来看看同构项变化在"过$_{mq}$>过$_1$>过$_2$"这一语法化链里的作用是什么。"V过$_{mq}$"既可以出现在事理因由句首事件位置上,也可出现在连续事件句首事件位置上,但据彭睿(2009b:217),"过$_{mq}$>过$_1$"这一演变过程的临界环境是连续事件句,如:

(19)a. 若只读过便休,何必读!(《朱子语类·学·读书法》)
b. 若只看过便住,自是易得忘了。

(《朱子语类·易·纲领》)

这是因为,连续事件句首事件和末事件之间的内在关联体现在事件顺序上,前者为后者提供背景时间信息,而后者又可以反过来成为前者的一种时间参照。如(19a)的"读过"是"休"的背景时间,而后者也为前者提供时间参照。"读过$_{mq}$"就是"把书从头到尾阅读一遍"。"读过便休"的意思本是"把书从头到尾读一遍就放过去",这个意义差不多等用于"待读书的行为完毕后就放过去"。在后一种解读方式中,"读过"的完毕义就十分明显了(彭睿,2009b:218)。

和"把"的情形稍有不同,从"过$_{mq}$"到"过$_1$",同构项经历了同质性扩展,即在"感知—认知—言说"动词的基础上增加了自移和使移动词。但这种变化似乎对由"过$_{mq}$"到"过$_1$"的语用推理没有明显的推动作用,因为导致这种歧解性形成的关键是"动词+过"处在连续事件句首事件位置上。

"过$_1$>过$_2$"演变的临界环境,是既能理解为连续事件句又能理解为事理因由句的复合事件句,例如:

(20)a. 寇虽已尽剪除了,犹恐林谷草莽间有小小隐伏者,或能间出为害,更当搜过始得。

(《朱子语类·大学·传六章释诚意》)

b. 然圣人教人,须要读这书时,盖为自家虽有这道理,须是经历过,方得。 (《朱子语类·学·读书法》)

如(20a)的"搜过始得"可作两种解读:连续事件句,意为"搜索行为完毕后才捕获隐伏的敌寇",其中"过"为"过$_1$",其同构项为动词"搜";事理因由句,意为"只有经过了搜索的过程,才能捕获隐伏的敌寇"。前者强调"搜"和"得"在时间上的连续性,后者强调两个行为之间的条件—结果关系(参彭睿,2008:220)。由时间先后到条件—结果关系的语用推理十分常见。所以,当"搜过始得"由连续事件句经语用推理变成了事理因由句,"过$_1$"也就演变成了"过$_2$"。同样,这种语用推理主要是两种行为的一先一后顺序引发的,与指称两种行为的动词(即"过")的同构项的语义语用和形态句法特征都无关联。这说明"过$_1$"的同构项变化对"过$_1$>过$_2$"演变中的语用推理没有影响。总结起来,"把"和"过"的个案表明,在同质性扩展过程中,同构项自身的形态句法和语义语用特征并非引发语法化变化的语用推理的直接诱因。我们在第六章将对"过"的语法化链进行详细描写。

我们接下来看看异质性替换和语用推理的关系。"个"的功能在由量词到助词的语法化过程中可分五个阶段,如表4.3所示。其助词功能所由产生的临界环境应该出现在第三和第四阶段。这两个阶段分别以(11)和(12)中的几个句子为代表。这些句子都可以形式化为"V 个 VP",其共同特点是"个"以名物化的谓词性单位 VP 为同构项。在这种临界环境中"个"必须具有由计量单位语用推理为结构助词的可能性。这要求"个"后面的谓词性单位 VP 可以被推理解释为状述"个"前面的 V 的过程、方式或特征的条件。但(11)和(12)中的句子均不具备这样的条件。"个"后面的同构项 VP 尽管是名物化了的谓词性单位,但都只能解读为"个"前动词的宾语,与 V 的过程、方式或特征无涉。以(12a)为例,"宾主问答"没有理解为对"建立"的过程或特征的状述描写的可能性。我们在张文和我们自行搜集的语料中均未发现完全符合此条件的例子。

张谊生(2003:199)举出了两个有意思的例子:

(21) a. 闲乃喝云:"何不变去!"然云:"不是神不是鬼变个什么?" (《景德传灯录》)

b. 一日随马祖行次问:"如何是大涅槃?"祖云:"急。"师云:"急个什么?" (同上)

张文指出,这里的"什么"由询问事物变为询问方式,而且表示否定。这在(21b)显得更为明显,因为"个"前的动词"急"是个不及物动词。以下是我们找到的两个例子,其中"个"前的形容词"困"和"子细"都不能带宾语:

(22) a. 济云:锄也未锄,困个什么。

(《古尊宿语录·宝峰云庵真净禅师偈颂》)

b. 教汝诸人子细个什么。

(《古尊宿语录·滁州瑯瑘山(慧)觉和尚语录》)

这些句子代表了"个"由量词语法化为结构助词的临界环境的另一种可能性。和张文的理解稍微不同的是,在我们看来,(21)和(22)的四个句子都可以作"询问事物"和"询问方式"两解。其中询问方式或许有反问的意味,但未必到了表示否定的程度。在一定条件下,询问事物和询问方式之间可能产生一种语用推理的关系。以(22a)为例,"困个什么"的本意应该是"造成'困'的缘由是什么"，即询问事物。这个意义很自然地可以解读为"'困'是怎样造成的"，即询问方式。询问方式的"动词＋个＋什么"格式中的"个"就具备了理解为结构助词的条件。"个"的同构项在询问事物的"动词＋个＋什么"格式中是"什么"（即［动词］［个＋什么］），而在询问方式的"动词＋个＋什么"格式中则是前面的动词"（即［动词＋个］［什么］）。这个由询问事物到询问方式的语用推理显然和"个"前的动词及"个"后的"什么"的语义语用关联有关。"个"前的动词或"个"后的"什么"均不能单独推动导致"个"语法化的语用推理，"个"的同构项变化则是语用推理的结果而不是相反。

"得"的情况相对简单。按照吴福祥(2002)的说法，动相补语"得"的直接来源是出现在非"获得"义动词表示动作实现并有结果的结果补语，如(16)中两个句子中的"得"。我们发现这两个句子显示出了临界环境的特征，即具备了语用推理的条件。两句中"动词＋得＋(宾语)"的共同意义是"施行某一动作而且达到了预期的目的"。以(16a)的"尧射得之"为例，联系上下文，"射得"指实施射天的动作而且箭簇射抵天际的预期目的已经达到。"施行动作而且达到目的"实际上就意味着动作过程的结束。因此，这三句中的"动词＋得＋宾语"在表达动作有结果的同时也含有动作完成的意义。这种临界环境实例的高频率使用的后果是"得"完全失落动词的形态句法特征而演变为助词。

那么，"得"的同构项变化在这个语用推理过程中扮演了什么角色呢？这种语用推理的关键有二，即弱化的动词"得"的意义与其前面的动词意义的结合以及基于此的进一步逻辑推理，是语义语用层面的，与"得"前附或后附这个形态句法层面上的特征并无直接关联。同构项的变化，即"得"最终前附于动词，从而导致其同构项由名词性宾语转移为动词谓语，恰是语用推理的结果。

"个"和"得"的例子清楚表明，在异质性替换过程中，同构项自身的语义语用和形态句法特征同样不构成导致语法化变化的直接诱因。

4.5.2 同构项是诱发语用推理的条件之一

我们在第三章把"临界环境-语法化项"关系分为基本模式和非基本模式两种。其中基本模式中的一类和非基本模式有两个相同的临界性特征,包括(i)语法化项所在环境的语义关系(框架关系)对非语法化项具有依赖性,以及(ii)语法化项的歧解受制于非语法化项。这里的"非语法化项"泛指包括同构项在内的其他成分。例如在"把"所分布的连动句"把+NP+VP"中,非语法化项应该包括主语以及NP(同构项)和VP里的所有组成成分。引起"把"语法化项歧解(即影响其临界环境的语用推理)的因素,可能和这些成分中的一个或多个有关,但更重要的是受制于这些成分的相互关系。

在所有非语法化项中,同构项因为直接和语法化项搭配而具有独特性。和彭睿(2008)的视角不同,彭睿(2017)特别关注同构项及其变化在导致语法化的语用推理中是否扮演独特角色。彭睿(2008:281)以"把"语法化的临界环境为例,指出非语法化项(包括"把"的同构项)的语义语用和形态句法特征是引发语法化项歧解性的诱导因素之一;"把"的同构项的"可持握""有形"和"具体"三组特征则是构成"把"的临界环境的必要条件中的一部分,缺少这些特征,"手持一物件并对该物件施以某种行为"的语义就无从形成。这和本章的讨论并不矛盾。正如我们在前面所指出的那样,形成"把"的临界环境的最重要条件牵涉多个成分,其中非常关键的条件是"把"和后面的动词共有一个宾语,即"把"的同构项。这是同质性扩展的情形,异质性替换也不例外。如前面还提到,"个"由量词语法化为结构助词的一种可能的临界环境是"V个什么"格式,其特点是具有"询问事物"和"询问方式"的歧解。在询问事物的"V个什么"格式中,"个"的同构项是"什么"。"个"的语法化肇始于"V个什么"格式由"询问事物"到"询问方式"的语用推理,而这种推理的完成在一定程度上应归因于"什么"的独特语义语用特征。但必须意识到,无论是"把"的同构项的"可持握""有形"和"具体"等特征还是"个"同构项表疑问的特征,都不是导致两个语法化项被语用推理的充要条件。就是说，同构项的特征并无单独诱发语用推理的可能性。

4.5.3 同构项变化作为语法化项演变的附带现象

同构项特征不足以独立诱发语用推理，但我们有必要说清楚同构项变化在语法化过程中到底处于什么地位。我们的看法是，着眼于语法化的无标记性规律，同构项变化是从属于语法化项演变的。

同构项变化往往不早于语法化项的演变。动词"把"的同构项限于指称可持握的有形具体物的名词性语词，而介词"把"的同构项则扩展至不可持握的有形具体物和无形具体物以及抽象物。可见，"把"的同构项最显著的变化发生于"把"由动词到介词的语法化完成之后。获得义动词"得"的同构项变化稍有不同。动词"得"的同构项是其宾语。这一同构项在"得"语法化前限于体词性宾语，而语法化后的助词"得"的同构项则是其所附着的动词谓语。如表 4.4 所示，这种替换经历了一个过渡阶段，当"得"在其临界环境里具有弱化的动词和助词两种可能的解读方式时，其同构项分别对应于体词性宾语和动词谓语。当"得"只能解读为助词时，其同构项也只有动词谓语一种可能性了。可见，"得"的演变和其同构项的变化是同步的。

一个构形成分（formative）的语法化是其所在构式（指语法化环境）语法化的副产品（Lehmann，2002）。Himmelmann(2004)也有类似的看法。比如说，动词"把"的语法化环境是以"把"为第一个动词的连动式，那么按照 Lehmann 的说法，"把"最终由动词降类为介词的变化是因其所在连动式的变化而出现的。就我们的理解，所谓"语法化项所在构式的语法化"，指的是语法化环境因其构成成分（包括语法化项和非语法化项）的变化而产生的结构和意义上的改变。语法化项的演变无疑是这个过程中的焦点，其背后的推动力量是另一个过程，即以非语法化项以及整个语法化环境的形态句法和语义语用特征为依据，由语法化项的源义变为目标义的语用推理。语法化项所在构式以及非语法化项（包括同构项如果发生了变化，必定是围绕语法化项演变这个焦点进行的。同构项和其他非语法化项的变化或以促进语法化项演变为目标，或因适应语法化项演变而发生，所以都是语法化项演变的附带现象，而非前提条件。换言之，在"语法化项－同构项"共变过程中，语法化项变化是主导性的，而同构项变化是附随性的。

同构项变化附随于语法化项演变这一论断，不仅能得到"同构项变化不早于语法化项演变"这一普遍现象的支持，也和Himmelmann(2004)对同构项扩展的非核心特征的定位高度契合。

4.6 总结

在Himmelmann(2004)提出的"基于结构的语法化观"中，和句法环境扩展及语义语用环境扩展一样，语法化项的同构项扩展也属语法化的特征。但作者对同构项及同构项变化的界定是模糊的，也没有充分论证为什么同构项扩展和句法环境扩展一样是非本质性的。本章通过对汉语处置式标记"把"、动态助词"过"和结构助词"个"和"得"的语法化过程的重新审视，讨论了同构项的性质和范围以及同构项变化的主要类型和各自的特征。我们的目的是通过对汉语语法化的现象的观察，来推论跨语言的"语法化项－同构项"共变规律，侧重点是探讨同构项变化的无标记性方式。我们的研究表明，同构项或以同质性扩展的方式，或以异质性替换的方式，或以二者交织进行的方式发生变化。无论是哪一种方式，同构项及其变化在语法化过程中所能起到的作用都是有限的。一方面，同构项的形态句法和语义语用特征只是导致语法化变化的语用推理的诸多条件之一，不足以单独成为引发这种语用推理的诱因。另一方面，同构项变化的发生要么晚于语法化项演变，要么与语法化项演变同步发生，这充分说明前者只可能是后者的附带现象，处于从属地位。这几方面观察对于深化我们对"语法化项－同构项"共变规律的认识是十分必要的。

一个遗留的问题是，和同构项扩展一样具有非本质性的语法化项句法环境扩展又有什么样的特征和规律呢？我们在文献中还没有见到相关研究。有一点可以肯定的是，和同构项扩展一样，句法环境扩展的方式也一定会有不同类型，而且这些类型之间不会全然是离散的关系。这一看法是否有道理，有待于专题研究的论证。

第五章 语法化链理论

5.1 引言

　　语法化理论文献显示,语法化链(grammaticalization chains)理论在过去二十年里并没有深入发展,是极其不完善的;其中的一些理念在语法化连续环境理论里得到了延续或修正。本章的目的是藉由对语法化链理念的来龙去脉的追踪,以及对这一理论和语法化连续环境理论的比较,来厘清 Heine 等理论家的思路,从而窥探语法化理论的演进过程。我们将把重点放在三个内容上,一是介绍语法化链理论;二是还原语法化链理论和语法化连续环境理论的关系;三是讨论关于利用语法化链的共时维度和历时维度的对应来重构历时演变的可能性。具体说,我们将讨论把共时平面上一个多义关系(polysemy)各变体的关联方式当作推溯语法化项历时演变脉络的重要依据的可能性。我们也将以语法化链为框架来探讨几个汉语的个案。

5.2 语法化链及多重语法化链

　　本节先简单介绍语法化链理论的缘起及其基本观点,然后讨论几个汉语语法化链的实例。

5.2.1 语言范畴连续性特征和语法化链

　　语法化链理论的产生和人们对结构主义所奉行的范畴观念的反思有密切关系。以索绪尔为代表的结构主义语言学传统认为,语言范畴是离散的，而且共时语言现象和历时语言现象之间有着严格的界限。Heine(1992：335—336)指出，这种观念一方面经济、实用，易于让人们了解语言结构；另一方面，又过于简单化，甚至可能扭曲对语料的分析。在这种背景下，学者们开始探讨既能避免结构主义的诸多缺陷、又能更全面揭示语言事实的范畴观念。新观念的特点是强调语言现象及语言范畴的或然性(probability)和连续性(continuity)，并主张语言现象具有模糊性(vagueness)，语言单位及语言范畴的边界具有不确定性(fuzzy)。这一新观念体现在历时形态句法研究领域，就促成了语法化链理论的提出。

  语法化链理论酝酿于20世纪80年代。"语法化链"并不是最早的术语，更早的提法包括"语法化连续统"(continuum of grammaticalization，见如 Heine and Reh，1984 和 Kölver，1984 等)，和"语法化级差"(grammaticalization scale，见如 Lehmann，1995/1982 和 Heine and Claudi，1986 等)。例如，Kölver(1984)分析了泰语(Thai)从动词到介词的形态句法变化，称这种变化过程为一个由高动词性到最高介词性连续统。

  loŋ 'descend'-*maa* 'come'-*càak* 'depart from'-*tɛ̂ɛ́* 'from'
  高动词性 动词性降低 低动词性 无动词特征

Heine and Reh(1984：15)指出，语法化构成了一个"演变连续统"(evolutional continuum)；既然是连续统，要把它分割成离散的部分，其操作方式在一定程度上只能是任意性的(arbitrary)。Lehmann(1982)、Heine and Claudi(1986)和 Lehmann(2002)等使用了"语法化级差"这一术语。按照 Lehmann(2002)的说法，语法性程度可以由数个参数来衡量，即我们在第一章介绍过的"聚合势""聚合度""聚合变异性""组合势""组合度"以及"组合变异性"。语法化级差是一个理论构想(construct)。功能相似的语言单位在里面按照语法性程度高低的顺序排列，而且这一极差刻度上各成员之间的关系是泛时性的(panchronic)(2002：22)，即不拘于任何特定时间点，是普遍存在的。以下是作者举出的诸多例子中的两个：

第五章 语法化链理论

指示性助词＋范畴名词
deictic particle
＋categorial noun ＞指示性名词
    demonstrative＞反身代词
    noun   anaphoric ＞人称代词
        pronoun personal ＞人称一致词缀
            pronoun personal agreement＞关联标记
               affix   或范畴标记
                        relator or
                        category marker

指示性限定词
demonstrative ＞弱指示性限定词
determiner weakly demonstrative ＞定冠词
       definitive determiner definite ＞词缀性冠词
                 article affixal article ＞名词标记
                          noun marker

Lehmann(2002：50)特别提到，相邻位置上的成员在功能上具有相似性；然而，因为特征的变化，级差的末端和始端并没有什么共性。

"链"(chain)的概念，根据 Heine(1992)的总结，最早由 Heine and Claudi(1986)提出，之后在 Craig(1991)及 Heine, Claudi, and Hünnemeyer(1991)里得到了深化。比如，Craig(1991：455－456)提到，"链"这一概念是用来刻画语法化过程的渐变性的；两个语素之间可以建立起如下内部结构的"连线"(link)：

    源头   路径   结果
    SOURCE ... pathway ... OUTCOME

作者进一步指出，如果一条连线的结果成为另一条连线的源头，就标志着"链化"(chaining)过程的开始。链化过程可简单表述如下：

  源头 路径   结果/源头 路径   结果/源头 路径   结果
  SOURCE pathway OUTCOME/SOURCE pathway OUTCOME/SOURCE pathway OUTCOME

Heine, Claudi, and Hünnemeyer(1991：220－221)指出，语法化

链的作用,是让我们具备了重构由较具体意义到较抽象意义的过程的可能性。特别地,作者明确表示,语法化链和另外两个术语(即"语法化连续统"和"语法化级差")之间是有区别的。他们强调,从词汇性范畴到语法性范畴之间的过渡,通常会牵涉到概念结构以及形态句法结构上的特征重合,故而更像一个链化的过程——之所以使用语法化链这一名称而不沿用连续统的叫法,正是基于这样的事实;而之所以不用 Lehmann(1995/1982)等提出的语法化级差这一术语,则是因为这个术语只是一个描写性的理论构想,是否有认知上的依据尚不清楚(1991:221)。语法化过程既然是一环套一环,即一种语法化演变的结果(或输出端)可能是另一种语法化演变的起始(或输入端),那么语法化链的提法无疑是非常形象的。Heine(1992:345)非常直观地把语法化链图示如下:

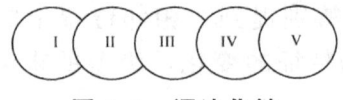

图 5.1 语法化链

这种图示并不意味着其中的各个环节是离散的,也并没有能够涵盖所有环节;事实上,这些环节只是连续变化过程中的显著阶段(salient stage)或中心点(focal point)(Heine,1993:48)。这也意味着,一些不太显著的环节没有标示出来。

在对玛阿语(Maa)查玛斯方言(Chamus)的-*yyéú* 一词的考察基础上,Heine(1992)主张,语法化链符合家族性相似(family resemblance)范畴的特征。根据家族性相似范畴理论,对一个范畴来说,并不存在一组定义性(defining)特征,即不存在为该范畴所有成员所共有的特征,然而每个成员都与其他成员共有至少一个特征(参 Heine,1992:348)。基于-*yyéú* 的个案,Heine(1992:348—351)概括了语法化链的若干重要方面,包括:

  a. 除了共同的形式,并不存在一个为语法化链的所有环节所共有的特征。

b. 没有任何一个环节拥有所有特征。
c. 每个环节至少和别的环节共有一个特征。
d. 语法化链的两端,即环节Ⅰ和Ⅴ,不共有任何特征。这一特点可能推及其他不相邻的环节,如Ⅰ和Ⅲ,Ⅰ和Ⅳ,Ⅱ和Ⅳ。
e. 相邻的环节之间比不相邻的环节之间拥有更多的相同特征。
f. 与e.相符,中间环节和其他环节的共同特征最多,而两端的环节和其他环节的共同特征较少。
g. 语法化链有相应的历时维度(diachronic dimension),其中最左边环节代表最早发展阶段,而最右边环节代表最晚发展阶段。
h. 语法化链有相应的认知—语义维度(cognitive-semantic dimension),其中最左边环节具有最具体的概念内容,而最右边环节代表最抽象的概念内容。
i. 语法化链有清晰的形态句法结构,就聚合和组合变异性程度而言,最左边的环节最高,而最右边的环节最低。

以上特征不仅适用于-yyéú 的个案,也可以视为语法化链的一般性规律。Heine(1993:53)进一步强调,语法化链是单向性的。

5.2.2 多重语法化链

多重语法化(polygrammaticalization)即同一语法化项经由不同语法化路径,从而产生不同的结果(参 Craig,1991;Heine,1992)。如埃维语(Ewe)语的助动词 *le*(be at)既可以演变为多功能介词,也可以演变为动词体标记,这是完全不同的两种路径(Heine,1992:354—355)。也就是说,尽管第三人称代词和定冠词在形式和意义上都具有相似性,但二者并不具有同一语法化链上不同环节的关系。再如,跨语言的研究表明,在很多语言中,第三人称代词和定冠词的形式相近或甚至相同,因此人们或认为两者是同一个词的不同句法变体,或认为第三人称代词源自定冠词,或认为定冠词源自第三人称代词。而语法化研究的成果揭示,第三人称代词和定冠词系远指代词(distal demonstrative)由不同路径演变而来;其形式和意义上的相似性可以归因于它们有着共同源头(详见 Heine,1992:356-358)。如果在多重语法化现象中,每条语法化路径都各自形成一个语法化链,这些语法化链合在一起,就构成多重语法化链。Heine(1992:355)把埃维语(Ewe)助动词 *le* (be at)多重语法化链图示如下:

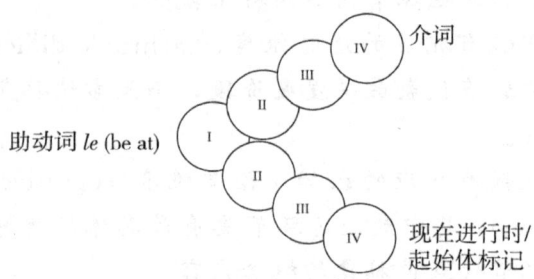

图 5.2 埃维语(Ewe)助动词 *le* 'be at' 的多重语法化链

多重语法化链的形成,关键是相同源头如何向不同方向发展。结合第二章介绍的语法化连续环境理论,可以肯定的是,这个源头的分布环境不断扩展,然后必定是在不同的临界环境里,经由不同的语用推理过程,最后形成了多种发展路径。

5.3 语法化链和语法化连续环境

第二章提到,语法化发生于特定环境,语法化的渐变性决定了其赖以发生的环境具有连续性特征,对这一现象的观察促成了语法化连续环境理论的建立。语法化链理论和语法化连续环境理论都与语法化的渐变性紧密相连,那么问题来了:二者的关系是怎样的?笼统地说,两种理论的观察角度略有不同。语法化链理论观察的是语法化项自身不同用法(发展阶段)在语义语用特征上的家族相似性,以及各用法之间的相互关联方式。特别地,这一理论注意到了语法化演变的共时和历时两个维度的对应关系。语法化连续环境理论专注于语法化的历时维度，其观察对象既包括语法化项自身变化的阶段性特征变化，也包括语法化项分布环境的语义语用及形态句法特征的变化，特别强调语法化演变的条件，或者说语法化项和环境的互动关系。

5.3.1　Heine(1992)和 Heine(1993)对语法化链论述的差异性

要了解语法化链和语法化连续环境的关系，我们不妨先来看看，一个语法化链整体方面的性质以及构成语法化链的各个连接的特征分别是什么。在第一章里我们提到，Heine, Claudi, and Hünnemeyer(1991)把语法化定义为"基于形态句法功能的变化，即单向地由低语法性功能到高语法性功能的过程"，这是以功能为标准的。同时我们依据 Hopper and Traugott(2003)的语法化定义（同样以功能为标准），把"词汇性单位和复合结构在特定语言环境里承担语法功能"以及"功能性单位产生新的语法功能"看作语法化的两个典型过程。很明显，语法化连续环境理论（包括"桥梁环境"说和"临界环境"说）概括的是单个典型语法化过程的不同阶段及其相应的环境特征。然而，对语法化链来说，文献中有两个问题交代得不清楚，即(i)语法化链作为一个整体是不是限于单个典型语法化过程，以及(ii)语法化链里的任一条连线，是不是都能构成一个典型语法化过程。比如 Craig(1991)只是提到，当语法化链相邻环节之间的连线（[源头…路径…结果]）中的结果成为另一条连线的源头时，链化情形就发生了，但对这两个问题并没有予以详尽清楚说明。

我们注意到，Heine(1992)和 Heine(1993)这两份文献对语法化链内部结构的解读有着细微的不同。Heine(1993：53)把一个最简语法化链(minimal grammaticalization chain)图示如下：

阶段：	I	II	III
用法类型：	源头	源头	
		目标	目标

图 5.3　最简语法化链

最简语法化链由两个连接组成，即 I-II 和 II-III。按照 Heine(1992)的说法，作为相邻环节，I 和 II 以及 II 和 III 之间应该分别共享一些特征。而 Heine(1993)的说法则是，因为语法化链相邻环节之间的特征重合，语法范畴里的特定用法具有歧解性(1993:53)，例如阶段 II 同时具有源义和目标义。作者举的一个例子是英语的 *be going to*：

(1) a. *John is going to town soon.*

b. *John is going to work soon.*

c. *John is going to get sick soon.*

其中(1a)(1b)和(1c)分别属于阶段 I、阶段 II 和阶段 III。*Be going to* 在(1a)里只有空间位移义，在(1c)里只有将来时意义，而在(1b)里则兼有两者。为了强调阶段 II 的歧解性特征，作者还引用了如下例子(Heine,1993:49)：

(2) Klao(Kru，Niger-Congo)

　　dɔ-a　　mu　　dɛ　　dii

　　Doe-IMP　go　　thing　eat

　a. *Doe goes (in order) to eat.*

　b. *Doe is going to eat.*

这个例子有两种理解方式，和英语的 *be going to* 相似，也是由空间位移到将来时态的过渡阶段。

在以上三阶段图示里，概念、形态句法以及语音三个层次的链交织在一起，其实就是一个典型语法化过程；之所以是"最简"，是因为由 I 到 III 之间的中心点较少。阶段 II 具有歧解性的说法，和作者后来对语法化连续环境理论的论述(Heine,2002)是高度一致的，只不过侧重点不同。语法化连续环境理论对语法化项和环境的互动关系的讨论更为系统。Heine(1993:52)指出,最简语法化链所代表的变化模式和语言环境以及语言外环境(extra-linguistic context)的变化有关;每个阶段和特别环境相关联。这一说法在基本理念上已经非常接近语法化连续环境理论了。从语法化连续环境的角度看,(1a)(1b)和(1c)三句分别和非典型环境、临界环境和孤立环境相对应。

Heine(1992)说得很清楚,语法化链相邻环节之间有一些共同特征,这是链关系的基础。但是,根据 Heine(1993)的说法,阶段 II 的情形并不是单纯地和阶段 I 以及阶段 III 共有一些特征,而是具有歧解性,即有两种不同的解读方式,而这两种解读方式的关系实质并不在于有无共同特征。那么,问题的关键就是"歧解性"和"部分特征共享"是不是一回事。对于这个问题,我们可以从两个层面来看:

第一个层面:部分特征共享是一种静态事实描写。

语法化连续环境理论告诉我们,阶段 II 应该是源义(阶段 I)因语用推理而被理解为目标义(阶段 III)的阶段。从这个意义上看,不同于部分特征的共享,歧解性是动态的。

第二个层面:部分特征共享和语言学习者的解读方式没有关系。

和部分特征共享不同的是,语法化过程中语法化项在形式和功能上的歧解性(尤其是目标义的产生),可以解释为语言学习者根据会话隐含并且依循逆向推理而产生的不同解读方式。

因此,歧解性和部分特征共享是两种完全不同的状态。我们再来看一看例(1)三句的关系。(1b)中的 *be going to* 既可能理解为空间位移义,和(1a)相同,也可以理解为将来时义,和(1c)相同。这不是特征共享的问题,而是解读方式转换的事实。总结起来,Heine(1992)和 Heine(1993)之间对语法化链的论述不完全一致;后者的部分理念和语法化连续环境理论的关联性更明显,可以看成语法化连续环境理论的一个基础。由此可窥见研究者自身的理论思考的轨迹。

5.3.2 单一语法化链和复合语法化链

最简语法化链的两条连线一起构成了一个清晰的典型语法化过程。然而，语法化链的情形可能很复杂。我们来看看 Heine(1992)所列举的玛阿语(Maa)查玛斯方言(Chamus)中 -yyéú 的语法化链的情形。表 5.1 所列是该语法化项在各阶段的意义特征和形态句法地位：

表 5.1 -yyéú 的语法化链中四条连线

	I	II	III	IV	V
意义特征	自主性	自主性	体标记	体标记	否定标记
形态句法地位	动词	类似助动词	类似助动词	恒定助词	恒定助词

这里的四条连线(即 I—II，II—III，III—IV，以及 IV—V)所代表的变化方式不完全一致。例如，从阶段 I 到阶段 II，-yyéú 的意义特征不变，但由动词变为类似助动词。从阶段 II 到阶段 III，该语法化项的意义特征由自主性变为体标记，但形态句法地位不变。从阶段 III 到阶段 IV，-yyéú 的意义特征没有变，但形态句法地位由类似助动词变成了恒定助词。从阶段 IV 到阶段 V，-yyéú 的意义特征由体标记变为否定标记，但形态句法地位不变。需要回答的问题是，这五个阶段到底是一起构成一个典型语法化过程，还是可以切分为两个甚至多个典型语法化过程呢？按照 Heine, Claudi, and Hünnemeyer(1991)和 Hopper and Traugott(2003)等以功能为标准的语法化定义，I-III 和 III-V 这两个过程都有新功能的产生，因此可以分别看成一个典型语法化演变。这样一来，这两个典型语法化演变过程，可以各自成为一个最简语法化链。

与 -yyéú 演变过程相似的情形，也可以在 Lehmann(2002)所提到的一些语法化级差里找到。如 5.2 节提到的由"指示性助词+范畴名词＞关联标记或范畴标记"，以及由"指示性限定词＞名词标记"这两个演变，分别都可细分为至少两个语法化过程。以前者为例，按照功能标准，可以切分为三个典型语法化过程，即"指示性助词＋范畴名词＞人称代词""人称代词＞人称一致词缀"和"人称一致词缀＞关联标记或范畴标记"。我们在下面的讨论中将要介绍的汉语语法化链，如"是（指示代词）＞是（系词）＞是（焦点标记）"以及"过（趋向动词）＞过$_1$（完毕义助词）＞过$_2$（过去曾经义助词）"，都由两个典型语法化过程构成。

总结起来，语法化链既可能和 be going to 演变过程一样，是由不同阶段所构成的最简语法化链，也可能如同-yyéú演变过程所体现的，是由几个最简语法化链所构成的较复杂的情形。我们把这两种情形分别称为"单一语法化链"和"复合语法化链"。一个单一语法化链就是一个典型语法化过程，而复合语法化链包含两个以上典型语法化过程。必须注意到，Heine（1993）所说的最简语法化链是最简单的三阶段情形。单一语法化链的范围稍宽，既可能是最简语法化链，也可能并不如最简语法化链那样只有三个环节。最常见的情形是，语法化的真正起点往往是语法化项的某个隐喻类推的用法，而这一隐喻类推用法也具有符合连续统上的中心点的特点。在这种情况下，单一语法化链就包括了三个以上的环节。

5.3.3 语法化链和语法化连续环境的异同

在以上讨论的基础上，我们来总结一下语法化链理论和语法化连续环境理论之间的异同。语法化链和语法化连续环境从不同视角观察语法化过程。两个视角具有一个共同基础，即语法化的渐变性，因此应该是互相兼容的。语法化链理论以语法化不同阶段特征上的关联方式为重点，语法化连续环境理论的观察焦点则是环境对语法化变化的推动。① 两者的区别和关系，可以更具体地

---

① 关于这一点，刘伟（新加坡国立大学和北京大学联办的硕士项目学生）的看法与此相近。他认为 Heine（1992）和 Heine（2002）的出发点不同，但可以互为表里、互相补充。这种思考值得肯定。

归纳为如下几点：

 i. 语用推理和环境扩展在语法化连续环境理论中十分关键，但在语法化链中没有被强调；

 ii. 语法化连续环境是就单一语法化链而言的；每个单一语法化链都包含语法化连续环境；

 iii. 复合语法化链内部的每个单一语法化链都各自有连续环境；相毗邻的单一语法化链的不同环境可能重叠——前一语法化链的孤立环境或习用化环境可能（但不一定）是后一语法化链的非典型环境；

 iv. 单一语法化链的某个特定环节可能和语法化连续环境中的特定环境相对应；这一环节与其对应环境是语法化演变过程里中心点的特征的不同呈现方式；

 v. 语法化连续环境中的各个环境和单一语法化链的各个环节未必是一一对应关系[①]。

关于最后一点，我们有必要稍作解释。5.2节说到，文献中语法化链个案研究中所列出的各个环节，往往只是语法化过程中的那些显著阶段或者中心点。这些中心点所代表的用法或变体往往有两个特征：(i)出现的频率相对来说较高；(ii)语义语用和/或形态句法特征比较清晰。相邻中心点之间存在的用法或多或少地与两点有着语义语用和/或形态句法上的差异。这种差异是微弱的，或者只存在于个案，所以相邻中心点之间的用法可以看成是一个中心点的某种特别用法，往往频率不高。如果说后一个中心点是前一中心点的语义语用和/或形态句法特征上显著扩展的结果，那

[①] 这里所说的对应关系，只是理论上的设想。因为语法化链和语法化连续环境两种理论的目的不同，在确定不同阶段或环节方面的标准也不完全一致。因此，既有的语法化链研究文献里所举的例子中的各个环节，未必能真正与从语法化连续环境理论角度划分出来的不同环境完好对应。再以-yyéú演变过程为例，其中阶段II和阶段IV所处的位置极有可能分别是I-III以及III-V这两个单一语法化链的临界环境；但它们是否符合临界环境的标准，即具有语用推理条件，须重新调查。

么两者中间的环节就是前一中心点微幅扩展的结果。但是，这种微弱扩展的用法有时候对语言演变的意义是巨大的，从语法化的角度看，可能具有语用推理条件，因而是语法化的临界环境实例，是语法化过程中的关键环节。这是语法化连续环境和语法化链的又一个区别。例如，本章后面的讨论会谈到，动词"过"和包括表完毕义的动态助词"过$_1$"和表过去曾经义的动态助词"过$_2$"依序形成了一个语法化链；"过""过$_1$"和"过$_2$"是这个语法化链里最显著的环节。除了这三个环节，还存在趋向动词"过"、具有隐喻趋向义的动词"过"以及"过$_1$"和"过$_2$"之间的临界环境阶段。特别地，具有隐喻趋向义的动词"过"只是趋向动词"过"的一种分布方式；"过$_1$"和"过$_2$"之间的临界环境阶段也只是"过$_1$"的一种特殊用法。二者之所以具有一定显著性，是因为它们所在的环节可能分别具有语用推理产生"过$_1$"和"过$_2$"的条件。这一点，我们将在下面一节的讨论中清楚看到。

5.4 汉语语法化链个案分析

语法化链以及多重语法化链现象是跨语言存在的。以下我们先总结文献中关于汉语语法化链的研究状况，然后简要介绍汉语里"是"由指示代词到系词最后到焦点标记的语法化链，以及和"再说"有关的多重语法化链。

5.4.1 汉语语法化链研究现状

汉语语法化研究文献对部分语法化链及多重语法化链现象有所讨论（有的研究或许并没有用到语法化链这一术语，但实质性地涉及了语法化链的某些特征）。例如，以下这些相关变体之间的历时源流关系，为一些研究者所关注：

i. 是$_{指示}$（指示代词）；是$_系$（系词）；是$_焦$（焦点标记）
   Li and Thompson(1977)；王力(1989)；郭锡良(1990)；石毓智、李讷(2001)等

ii. 过_趋向（趋向动词）；过₁；过₂
   曹广顺（2014/1995）；林新年（2006）；彭睿（2009b）等
iii. 了_完毕（完毕义动词）；了₁（完成体标记）；了₂（完整体标记）
   太田辰夫（2003/1958）；王力（1989）；曹广顺（2014/1995）等
iv. 着_附着（附着义动词）；着（持续体标记）；着（进行体标记）
   王力（1980/1958）；太田辰夫（2003/1958）；梅祖麟（1988）；蒋绍愚（1994，2006）；吴福祥（2004）；陈前瑞（2003，2009）；曹广顺（1986，2014/1995）等
v. 再说（动词）；再说₁（助词）；再说₂（连词）
   罗耀华、牛利（2009）；胡斌彬、俞理明（2010）；魏慧萍（2010）；Peng（2014）等

文献中对这些汉语语法化链个案（包括那些有争议的情形）的讨论，都是建立在非常扎实的语料基础上的。应该说，既有的研究成果很好地描写了这些个案的不同环节/变体的形态句法和语义语用特征，也在一定程度上厘清了其历时发展脉络。一个明确的事实是，学者们对这些现象的认识并不统一，要么认为这些功能性变体构成一个语法化链，要么认定它们来源相同，但产生于不同路径。比如，学者们对动词短语"再说"、句末助词"再说₁"和表强调的连词"再说₂"之间关系的看法基本上可以归为两类。Peng（2014）等认为三者构成了多重语法化链现象，而其他学者，如魏慧萍（2010）等，认为"再说₁"和"再说₂"是同一语法化链上的不同阶段。此外，按照上一节的讨论，汉语文献中所讨论的语法化链都属于复合语法化链。再拿"了"的语法化来说，一般地，人们对"了_完毕＞了₁"这个语法化过程没有太多异议，关键是"了₂"的直接来源到底是动词"了_完毕"还是完成体标记"了₁"。曹广顺（1987，2014/1995）等认为"了₂"直接来自动词"了"，而刘勋宁（1985，1990）则主张"了₂"实为"了也"的合音。持两种观点的讨论都没有能够提供令人信服的论证过程和论据。下面我们会谈到，判断两个形式相同或相近、意义相关联的语言单位之间是不是存在直接渊源关系，最关键的证据是两者之间的语用推理关系及其赖以发

生的临界环境。以"了_完毕""了_1"和"了_2"之间的关系为例,三者之间到底有怎样的历史渊源关系,最重要的线索应该有两种:首先是对三种用法各自特征进行比较,看看是否形成链关系;其次,因为"了_2"所具有的功能性,"了_完毕＞了_2"和"了_1＞了_2"这样的演变如果的确发生了,应当都属于语法化性质,所以关键是看这些变化过程中是否存在临界环境及语用推理条件。既有文献中的讨论,讨论的主要是"了"所在的句法格式、其表义功能以及相关句法格式之间的更迭,但对语用推理的作用关注甚少。"了"分布的句法格式有多个,不循语用推理这个线索,很难厘清其不同用法之间的关联方式。关于"了_完毕""了_1"和"了_2"之间的源流关系,我们将在第十一章详细讨论。

5.4.2 "是_指示＞是_系＞是_焦"语法化链

关于指示代词、系词和焦点标记之间的关系的研究成果十分丰硕。Heine and Kuteva(2002a:111)提到,跨语言地存在这样一个语法化链:

DEMONSTRATIVE＞PERS-PRON＞COPULA＞FOCUS
　指示代词　　　　人称代词　　　系词　　　焦点标记

按照我们前面的讨论,这明显是一个复合语法化链。其中的人称代词阶段可能存在,也可能不存在,因为指示代词语法化为系词的现象跨语言地存在。如埃及语(Egyptian)的 pw 'this'、瓦夷语(Vai)语的 $m\varepsilon$ 'this'以及斯南语(Sranan)的 da 等都演变成了系词(见 Heine and Kuteva,2002a;也参 Li and Thompson,1977; Gildea,1993; Hengeveld,1992;等等)。同样,跨语言地也存在一个由系词到焦点标记的语法化路径(Wolf,1983; Casad,1984; Heine and Reh,1984; Harris and Campbell,1995; Diessel,1999)。然而,Heine and Kuteva(2002a)引用 Diessel(1999)等的研究成果,又指出也存在由指示代词直接语法化为焦点标记的个案。比如,Seiler(1977)指出,在克威拉语(Cahuilla)里,焦点标记 $\textit{ʔiʔ}$ 可以追溯到指示代词 $\textit{ʔiʔ}$ 'this'; Wilson(1980)和 Diessel

(1999)则都观察到，在安布拉斯语(Ambulas)里，远指指示代词(distal demonstrative)*wan*是焦点标记的直接来源。因此，从理论上说，在汉语里"是_指示_＞是_焦_"这样的演变是无法排除的。在接下来的讨论中，我们将先分别讨论"是_指示_＞是_系_"和"是_系_＞是_焦_"这两个语法化过程，然后再讨论"是_指示_＞是_焦_"这一演变的可能性。

5.4.2.1 "是_指示_＞是_系_"和"是_系_＞是_焦_"的演变

由汉语指示代词"是_指示_"到系词"是_系_"的语法化，我们在这里只扼要地介绍其中最重要的演变条件。上古汉语的"是"原本是名词性指示代词，如(3a)和(3b)中的用法。

(3) a. 大义灭亲，其是之谓乎？　　　　　(《左传·隐公四年》)
　　b. 诚哉，是言也。　　　　　　　　　(《论语·子路》)

关于"是_系_"的来源，多数学者同意王力(1980/1958)的说法，即"是_系_"来源于有复指功能的指示代词"是"，但也有学者认为这一说法值得商榷。如洪心衡(1964)认为"是_系_"和复指代词"是"无关，而是来自表"确认"意义的副词"是"；洪成玉(1980)则主张"是_系_"的来源是形容词"是"。这两种观点与跨语言的观察明显不符；而我们的考察也表明，语料中难以找到支持这两种说法的证据。最关键地，这两种观点无法得到语法化语用推理条件的支持。我们的立场是，系词"是"来源于指示代词"是"，因为这一语法化路径不仅为跨语言的语料所证实，支持其合理性的证据(如临界环境实例)也在汉语中存在。

有复指功能的指示代词"是"的用法很多，如(均转引自牛宝彤，1992)：

(4) a. 今之孝者，是谓能养。　　　　　　(《论语·为政》)
　　b. 八佾舞于庭，是可忍也，孰不可忍也？
　　　　　　　　　　　　　　　　　　　(《论语·八佾》)

这两句中"是"的前后两项分别构成主谓关系。指示代词"是"演变为系词"是"应是话题结构"X$_i$ 是$_i$ Y"演变为主谓结构的附带现象。①在这一话题结构里,指示代词"是"复指话题 X;X 和 Y 既可能是谓词性的,如(5a)和(5b),也可以是体词性的,如(6a)和(6b)(四句均转引自王力,1980/1958):②

(5) a. 知之为知之,不知为不知,是知也。　《论语·为政》
　　b. 无处而馈之,是货之也。　　　　　　《孟子·公孙丑下》
(6) a. 富与贵是人之所欲也。　　　　　　　《论语·里仁》
　　b. 若弃德不让,是弃先君之举也。　　　《左传·隐公三年》

广义地说,这四句里的 X 和 Y 都有着某种意义上的关联,包括诠释关系(如 5a 和 5b)以及等同关系(如 6a 和 6b)等。由指示代词"是"语法化为系词"是"的临界环境应该以这种等同关系为特征,其实例以(6)中两句为代表。这两句都具备了语用推理的可能性,即因为"是"的前后两项的等同性,"是"既可理解为指示代词,也可被解读为系词——指示代词"是"作为一个常项出现在这种等同关系里,因而被视为这种关系的临时编码项,并因高频率而逐渐成为等同关系的专门语法标记。典型的"是"字判断句,以如下几个例子为代表:

---

① 关于系词"是"历时发展的最大争议,是系词"是"产生的时期。根据郭锡良(1990)的综述,王力(1937)提出了上古汉语无系词"是"、系词"是"最早形成于六朝时期的观点;从 20 世纪 50 年代到 70 年代末期,学者们对这一观点进行了修正和补充。学者们经过对各个时期文献语料的调查分析,得出的比较主流的意见是,系词"是"在先秦时期已经出现。也有一部分学者认为"是"的系词用法始于上古汉语,已见诸《诗经》《墨子》《尚书》《国语》《论语》等典籍(见徐德庵,1981)。徐时仪(2007)也提到秦墓竹简和马王堆汉墓帛书中有"是"用作动词的用例。从现有的语料看,要精准判断系词"是"产生的具体时代,的确不太容易。我们的观点是,其中的一个主要困难在于,"是"的系词用法产生之后,长时间与其指示代词用法并存(按照张柏青,1980 的说法,"是"的指示代词用法直到唐宋才真正从口语里消失);而指示代词"是"复指用法的环境和其语法化为系词的临界环境很难分辨。如(6)中两句,学者们的看法不尽相同。以王力(1980/1958)为代表的学者认为其中的"是"为复指指示代词,而杨伯峻等学者则认为两句中的"是"已经是系词了("连系动词")。单就语料本身来看,两种意见似乎都有道理。其中的"是"即使仍然是指示代词,(6)两句也都有语用推理为系词"是"的条件,如理解为系词也是合理的。从临界环境及语用推理的角度看,我们倾向于主张系词"是"产生于先秦晚期,即公元前 5 世纪前后。

② (5)和(6)里面的句子都应当属于系词"是"出现的"有效共时平面"上的例句。关于共时平面的概念,请见第六章的相关讨论。

(7)a. 余是所嫁妇人之父也。　　　　　　　（《论衡·死伪》）
   b. 海外西南有珠树焉，察之是珠，然非鱼中之珠也。
   　　　　　　　　　　　　　　　　　　（《论衡·说日》）

两例中的"是"都只能解读为系词。

　　石毓智、徐杰（2001）提到，在汉语里"是系"进一步语法化为焦点标记"是焦"。解植永（2012）也讨论了这个语法化过程，并且指出，"是系"最晚在汉末就发展出了对比焦点标记的用法。经过穷尽性的调查，作者发现了三例"是"作为焦点标记的用法（2002：176）：

(8)a. 如审是王莽致之，是非瑞也。如飞凤皇，体色附从，
　　何为均等？　　　　　　　　　　　（《论衡·讲瑞》）
   b. 必是世尊哀顾若兹。　　（《中本起经》卷下，4/157c）
   c. 是其威神，令吾等失神足。
   　　　　　　　　　　　　（《修行本起经》卷上，3/463b）

三例中"是"都加在施事名词前面标示焦点，应该是"是系＞是焦"这一语法化过程的孤立环境阶段。此后"是"的标记对象逐渐扩展。以下句子是石毓智、徐杰（2001）所列举的中古汉语的"是焦"的一些例子：

(9)a. 仁祖是胜我许人。　　　　　　　（《世说新语·规箴》）
   b. 王宁异谋，云是卿为其计。　　　（《世说新语·言语》）
   c. 对子骂父，则是无礼。　　　　　（《世说新语·方正》）

在(9a)(9b)和(9c)里"是"分别是动词、名词和形容词的焦点标记。明显地，在这一时期"是焦"已经进入习用化阶段，因为其标记对象已经扩展到了不同范畴。石毓智、徐杰（2001）的重点是说明焦点标记"是焦"的产生对汉语疑问形式的类型学转变的影响，解植永（2012）主要是梳理中古时期判断句的发展及类型。这两项研究对"是系＞是焦"这一过程本身都并没有着墨太多，特别是没有讨论这种演变发生的条件是什么，也未提出充足理由排除"是焦"的其他可能来源。本节试图回答"是系＞是焦"这一过程缘起于什么

样的语用推理、发生于什么样的临界环境这样的关键问题。

系词"是"在先秦产生后,其同构项成员在不断扩展,由最早的名词或名词短语逐渐扩展到动词短语和小句。如(10)和(11)分别是系词"是"以动词短语和小句为同构项的例子:

(10) a. 今天子建诸侯,立其少,是教民逆也。
　　　　　　　　　　　　　　　　　　　　(《史记·鲁周公世家》)
　　 b. 臣子事重耳有年数矣,今召之,是教之反君也。何以教之?　　　　　　　　　　　　　　(《史记·晋世家》)
(11) a. 家有长子曰家督,今弟有罪,大人不遣,乃遗少弟,是吾不肖。　　　　　　　　　　(《史记·越王句践世家》)
　　 b. 通韩上党于共、宁,使道安成,出入赋之,是魏重质韩以其上党也。　　　　　　　　(《史记·魏世家》)

伴随着"是"的同构项类型的扩展,其语义语用功能及环境也在扩展。(10)和(11)里面的例子中,系词"是"的前后并非等同关系;后面的短语或小句是前面短语或小句意义的诠释或者某种特征或后果的说明。如(10a)中"教民逆"是对天子"建诸侯,立其少"之举的恶果的一种说明,而(11a)中"吾不肖"则是"大人不遣,乃遗少弟"的性质的诠释。这和Himmelmann(2004)所说的语义语用环境扩展是相吻合的。功能、同构项成员和语义语用环境的扩展,是系词"是"进一步语法化的重要前提。

关于诱导产生焦点标记"是"的环境,我们可以断言两点。首先,如前所述,早期的焦点标记"是"位于名词主语前。由此可以断定的是,在"是系>是焦"语法化过程的临界环境里,"是"应该处于相同/相似的位置。其次,"是"是对比焦点,所以其赖以产生的最适宜的环境,应该包括对比的情势。(11a)和(11b)里"是系"后面为小句,而且该小句主语为施事,符合前一个条件。但这两句的一个共同问题,是缺乏对比或类比的情势。因此,(11a)和(11b)成为诱导产生焦点标记"是"的临界环境实例的可能性不高。我们在语料中发现了如下这样的例子:

(12) 乡使文王疏吕尚而不与深言,<u>是周无天子之德,而文武</u>

　　　　无与成其王业也。　　　　　　　　（《史记·范雎蔡泽列传》）

这个例子的特点是，"是"后面都有形式并列但情势相对的内容的表述，即"周无天子之德"和"文武无与成其王业"。① 对比情势的一个典型特征是对比物的性质殊异。"是$_{系}$"如果作为常项频繁地出现在这种对比的环境里，就可能被推理成对照情势的表征，既而发展成焦点标记。因此，（12）中的划线部分极有可能是"是$_{系}$＞是$_{焦}$"演变的临界环境实例。我们的语料显示，诸如此类的临界环境实例并不多见。

5.4.2.2　"是$_{指示}$＞是$_{焦}$"演变的可能性

　　前面的讨论实际上并没有提供能够排除"是$_{指示}$＞是$_{焦}$"这种可能演变的直接证据。那么，由"是$_{指示}$"直接演变为"是$_{焦}$"的可能性有多大呢？如果"是$_{焦}$"出现于汉末的说法正确，那么"是$_{系}$"的产生远早于"是$_{焦}$"。这种情形也可以看成是"是$_{系}$＞是$_{焦}$"这一语法化过程成立的有利证据，但非充分证据。最关键的，是要看这一理论上的演变过程的语用推理条件存在与否，或者语用推理条件存在的可能性大小。"是$_{指示}$＞是$_{焦}$"的临界环境实例，至少在我们所能接触的语料里没有发现。下面我们会看到，汉语里"是$_{指示}$＞是$_{焦}$"演变的可能性不大的另外一个证据，来自对"是$_{指示}$""是$_{系}$"和"是$_{焦}$"三个环节的特征的比较。

　　依据前面的讨论，我们可以用一组特征来比较一下"是"作为复指用法的指示代词、系词和焦点标记的异同。"是$_{指示}$＞是$_{系}$"和"是$_{系}$＞是$_{焦}$"各自构成一个单一语法化链。我们把两个演变过程中的临界环境阶段看成两个语法化链中的中心点，分别记为"是$_{系临}$"

---

① 我们在语料中还发现了如下例子：
　　(i) 解出，人皆避之。有一人独箕踞视之。解问其姓名，客欲杀之。解曰："居邑屋至不见敬，是吾德不修也。彼何罪！"　　　　　　　　（史记·游侠列传）
这句话的"居邑屋至不见敬，是吾德不修也"部分可以这样理解："居邑屋至不见敬"这种情形的出现，问题在于"吾德不修"。也就是说，"吾德不修"是对"居邑屋至不见敬"的进一步诠释；"居邑屋至不见敬，是吾德不修也"是"是$_{系}$"的孤立环境。其中"是"是功能扩展了的"是$_{系}$"。这里的语用推理条件也很清楚，例(i)中的一个关键信息来自"彼何罪"部分。"吾德不修"和"彼何罪"之间实际上形成了一种对比的环境。然而，类似的句子因其规律性不强，频率不会太高，成为"是$_{系}$＞是$_{焦}$"语法化临界环境实例的可能性较低。

(如例 6)和"是_焦临"(如例 12),以便更清楚地比较不同环节的异同。特别地,"是_系临"和"是_焦临"分别是"是_指示"和"是_系"的扩展用法,和典型的"是_指示"和"是_系"有着一定的区别,见表 5.2。

表 5.2 "是_指示>是_系"和"是_系>是_焦"各中心点的特征比较

	是_指示	是_系临	是_系	是_焦临	是_焦
有指代功能	＋	＋	－	－	－
复指前面话题	＋	＋	－	－	－
自由分布	＋	－	－	－	－
限于"(A)＋是＋B"格式	－	＋	＋	＋	－
起连接作用	－	＋	＋	＋	－
同构项为名词性的	－	＋	＋	－	－
同构项为小句	－	－	－	＋	－
出现在对比情势	－	－	－	＋	＋

其中在"(A)＋是＋B"格式里 A 和 B 有语义上的关联;A 可以是话题/主语,B 是"是"的同构项。由表 5.2 可以清楚看到,这个测试结果完全符合 Heine(1992)所归纳的语法化链的特征。前面提到,依据"是_焦"的对比焦点功能,其赖以产生的临界环境一定要有对比情势,所以只能是"是_焦临";如果"是_指示>是_焦"的演变成立,其中的临界环境也只能是"是_焦临"。然而"是_焦临"和"是_指示"的区别明显,几乎没有共同特征。例如,"同构项为小句"和"出现在对比情势"都是"是_指示"不可能具有的特征。这种情形说明,汉语里"是_指示>是_焦"演变的可能性不大。

5.4.3 "再说"的多重语法化链

现代汉语的"再说"有如下几个主要用法(转引自 Peng,2014):

(13)a. 工作的事开完会<u>再说</u>。
　　b. 作业的问题就谈这些。现在<u>再说</u>考试的事情。
　　c. 给读者的回信以后<u>再说</u>。

d. 我们还有一点钱，花出去<u>再说</u>！
e. 我恨他干什么？<u>再说</u>，他也不值得我恨。

按照 Peng(2014)的分析，(13a)的"再说"是一个动词短语，意为"再一次说某事"。其中的"说"可以用其同义词或近义词来替换，如"念""谈""讨论"等。在(13b)里，"再说"有改变话题的作用。和(13a)的"再说"不同的是，(13b)里的"再说"的意义理据性减弱，意思是"(现在)来谈别的事"。但这句的"再说"仍然是一个动词短语，其中的"说"也可以用"谈""提"等同义、近义词来代替。胡斌彬、俞理明(2010:29)指出，(13c)里面的"再说"不再指称话语行为，而应该理解为"(完成一个行为动作)然后处理另一桩事"，意义的理据性已经丧失。其中的"说"还可以看作动词，比如可以带宾语，而且还可以被其他动词替代，如"考虑"和"处理"等等。但明显，"说"已经失去了一些动词的特征，比如，不能重叠，也不能后接一个数量短语。因此，(13c)的"再说"是一个介于动词短语和动词之间的语言单位。(13d)和(13e)里的"再说"都已经失去实义，是语法性的。通常认为，"再说"在(13d)里面是一个情态助词(记为"再说$_1$")，在(13e)里面是个连词(记为"再说$_2$")(见余诗隽、柳春燕，2006；罗耀华、牛利，2009；胡斌彬、俞理明，2010；魏慧萍，2010；易正中、王立杰，2011；张金圈、刘清平，2011；等等)。"再说$_1$"和"再说$_2$"的语义都已经完全失去理据性，其中的"说"也完全失去动词性征。"再说$_1$"的功能是表达说话者对处理事情先后顺序的主观优先选择，而"再说$_2$"表达的是对其后所言内容的强调。"再说$_1$"和"再说$_2$"都可以省略而不会影响句子的基本意思。

学者们对"再说$_1$"和"再说$_2$"的研究主要集中在其历时发展(见余诗隽、柳春燕，2006；罗耀华、牛利，2009；胡斌彬、俞理明，2010；魏慧萍，2010；易正中、王立杰，2011；张金圈、刘清平，2011；等等)。学者们一致认为，这两个功能词的来源都可以追溯到动词短语"再说"，如(14)，其出现的历史时期为8—10世纪(转引自胡斌彬、俞理明，2010:30)：

(14) 廿五年前教法,为我再说。　　　　　(维摩 523—524 页)

然而,大家在一些关键问题上并没有取得共识,比如,"再说$_1$"和"再说$_2$"之间到底是什么关系,从动词短语"再说"到这两个功能词之间有哪些中间阶段等。有的学者,如胡斌彬、俞理明(2010)以及张金圈、刘清平(2011),主张两者是动词短语"再说"经由不同路径发展而来的。另一些学者,如魏慧萍(2010),认为两者是同一演变路径上的不同阶段,"再说$_1$"是"再说$_2$"的直接源头。对此,Peng(2014)的看法是,这些研究对导致这两个功能词产生的语法化环境和语用推理条件观察得都不够全面,以至于无法准确把握其产生的路径、顺序及相互之间的关系。从临界环境的角度看,"再说$_1$"是"再说$_2$"直接源头的说法基本上可予否定。这是由二者的语义功能决定的。前面提到,"再说$_1$"的功能是表达说话者对处理事情先后顺序的主观优先选择,而"再说$_2$"表达的是对其后所言内容的强调,二者之间要建立其语义-语用上的关联不太容易。语料也不支持这样的演变路径,因为不论从历时材料还是共时材料里,都难觅由前者演变为后者的临界环境和语用推理条件。Peng(2014)同意胡斌彬、俞理明(2010)以及张金圈、刘清平(2011)的主张,认为两者是动词短语"再说"经由不同路径发展而来的,两条路径各自形成一个语法化链,有数个中间阶段:

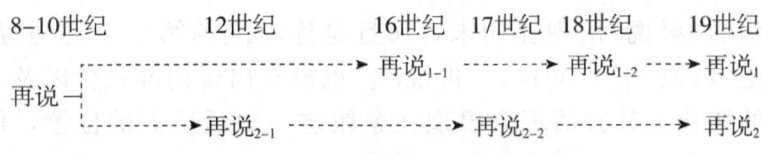

图 5.4　"再说"演变的语法化链

两条路径构成了多重语法化链。其中"再说$_{1-1}$""再说$_{1-2}$"和"再说$_{2-1}$"分别对应于(13a)(13c)和(13b)中的"再说"。"再说$_{2-2}$"在现代汉语里不常见。以下我们会看到在历时语料里,这个用法通常出现在诠释或推论的情形中,因此可以看作是"再说$_{2-1}$"的引申。由"再说$_{1-1}$"到"再说$_{1-2}$"以及"再说$_{2-1}$"到"再说$_{2-2}$"都是类推扩展,真正的语法化演变发生于"再说$_{1-2}$>再说$_1$"以及"再说$_{2-2}$>再说$_2$"这两个过程。

5.4.3.1 再说＞再说$_1$

下面例(15)是动词短语"再说"的一个例子,出现于14世纪:

(15) 武松把那打大虫的事,再说了一遍。

(《水浒全传》二十三回)

没有迹象表明该句的"再说"在分布上受限;也无证据证明该短语有融合以及去理据化这样的变化。其中的"说"是个动词,可由其他言说类动词代替,如"提""谈""议"和"言"。如下两句:

(16) a. 姜维听得此言,忻然上表,再议出师伐魏。

(《三国演义》一百一十三回)

  b. 相别已久,后会无期,还求再谈一日。

(《醒世恒言》卷二十八)

这一动词短语也可以紧跟在一个时间参照点之后,如下两句:

(17) a. 宋江对吴用说道:不听贤弟之言,险些儿不得相见! 吴用道:且到寨中再说。 (《水浒全传》九十五回)

  b. 八戒近前道:师父,你是要来这里吊了耍子,不知作成我跌了多少跟头哩!沙僧道:且解下师傅再说。

(《西游记》七十二回,转引自余诗隽、柳春燕,2006)

这两句的"再说"出现在句末,而且是连动式的第二个动词短语,因此是"再说$_{1-1}$"。同样,"再说$_{1-1}$"也没有出现内部融合以及去理据化的变化;其宾语不会出现在紧跟这一短语后面的位置,但在前文里很容易找到。如在(17a)和(17b)里,"再说$_{1-1}$"的宾语分别是"宋江遇险之事"和"八戒对师父的抱怨"。"再说$_{1-1}$"仍然是一个意为"再次叙说"的短语,一个直接的证据是其中的"说"可由其他言说类动词替代,如"议":

(18) 师徒每正自胡乱讲,只听得有人叫道:大圣不须烦恼,且来吃些斋饭再议。 (《西游记》五十九回)

"再说$_{1-1}$"之后进一步发展。请看下面两句:

(19)a. ……先罚他和了诗。要好，就请入社；要不好，还要罚他一个东道儿再说。　　　　（《红楼梦》三十七回）

b. 但是这玉倘或是真，他要起银子来怎么样呢？想了一想，好，且不管他，果真人好了再说。

（《红楼梦》一百一十五回）

这两句是"再说$_1$"演变的临界环境，其中的"再说"是"再说$_{1-2}$"。"再说$_{1-2}$"通常和之前提及的一个行为事件相联系。例如，在(19a)这个例子中，这一行为事件就是"某人申请加入诗社"。"再说$_{1-2}$"也和某种能解读为其宾语的人物或行为事件相联系，这在(19a)里应当是"他"申请加入诗社的事。这和"再说$_{1-1}$"形成了鲜明的对比。"再说$_{1-2}$"的宾语所指较为模糊，这导致"再说$_{1-2}$"的动词性特征和内部理据性都有所削弱，也就使得它有可能和别的意义联系起来，即"把优先选择给予对某事的处理"。这其中的语用推理应该很清楚。再以(19a)为例，说话者认为意欲加入诗社的人在其请求被考虑之前，应该先做一回东道儿。由这层意思，我们可以推理，在说话人看来，"罚他个东道儿"应该比"再说"（即考虑加入诗社的请求）这件事先行处理。

"时间顺序"和"主观优先顺序"概念域不同但相平行，两者之间的映射关系非常明显。就是说，较为具体的"时间顺序"有可能成为相对抽象的"主观优先顺序"的一个隐喻化源域。由前者到后者是一个典型的隐喻化过程。"再说$_{1-2}$"在诸如(19)两句这样的例子中高频率出现，"主观优先顺序"这一推理义就会习用化，成为"再说$_{1-2}$"语义的一部分。"再说$_{1-2}$"作为"VP＋再说$_{1-2}$"这一表达主观优先的构式的常项，逐渐成了表征"主观优先顺序"的标记，即"再说$_1$"。这可以看作一个转喻化的过程，具体说，就是以作为部分的常项代替作为整体的图示性构式。(20)两句中的"再说"已经语法化为句末助词：

(20)a. 姓郑的他也是一个人，掌柜的去找人还没来，不必等掌柜的。我的主意，你到咱们立的把式场把那些朋友找来，先把姓郑的拉下楼来，打他一顿再说。

(《济公全传》一百六十四回)

b. 哪知你越过越把我小呆子瞧着不起，直即把我当着走狗，着我出差跑信了，真就麻木的有趣味！我想这几日天天混牢，连午觉都不曾有得睡，我且寻一处地方睡他一阵再说。　　(《续济公传》一百九十四回)

(20)两句的"再说"和(19)中的"再说$_{1-2}$"的不同表现在几个方面。比如，在(20)两句里，"再说"不和前文提到的任何行为/事件相关联；"说"也不能由任何其他动词（无论有无言说意义）来替换。同时，(20)两句里也没有任何一个短语或者从句可以理解为"再说"的宾语，"再说"如省略不说，也不会影响全句的意思。因此，(20)两句的"再说"只能出现于句末，已经完全失去了实词意义，发展出表示言者对处理不同事情的优先选择的主观态度的功能，即"再说$_1$"。

"再说＞再说$_1$"语法化链上的四个阶段，即动词短语"再说""再说$_{1-1}$""再说$_{1-2}$"和"再说$_1$"的特征变化可见于下表：

表5.3　"再说＞再说$_1$"语法化链各阶段的特征变化

	再说	再说$_{1-1}$	再说$_{1-2}$	再说$_1$
1. 意义	再次叙说	再次叙说	（先完成一事）再处理另一事	—
2. 语法功能	—	—	—	表优先选择
3. "说"的意义	叙说	叙说	处理	—
4. 形态句法地位	动词短语	动词短语	介于动词短语和动词之间	助词
5. "说"是否可替换	可以由同义、近义词替换	可以由同义、近义词替换	可由前文出现相关动词性成分替换	—

续表

	再说	再说$_{1-1}$	再说$_{1-2}$	再说$_1$
6. 宾语是否可辨认	宾语可辨认	宾语可辨认	宾语可辨认（即和"再说"相关联的事）	—
7. 融合	—	—	内部结构模糊但仍可辨认	完全融合
8. 去理据化	—	—	理据性模糊但可复原	理据性消失
9. 分布特征	不受限	处于连动式后一动词短语位置及句末（习惯性）	处于连动式后一动词短语位置及句末（习惯性）	句末（强制性）
10. 小句地位	简单句中主要从句	主要从句地位轻微受影响	主要从句地位降低；其前面动词短语解读为主要从句的可能性增加	完全丢失主要从句的地位；其前面动词短语成为简单句核心

很明显，"再说""再说$_{1-1}$""再说$_{1-2}$"和"再说$_1$"依序构成了一个单一语法化链。上表所显示的特征变化，完全符合语法化链的条件。

5.4.3.2 再说＞再说$_2$

根据 Peng(2014)的研究，从 12 世纪开始，动词短语"再说"出现了一种新的用法，如：

(21) 再说崔宁两口在建康居住，既是问断了，如今也不怕有
人撞见……　　　　　　　　　　　　　　　（《碾玉观音》）

这句的"再说"是"再说$_{2-1}$"，意思是"现在（我们）来谈谈别的事"，具有转移情节或开启新话题的功能。此种用法在 12 世纪以后的白话小说和话本里十分常见（余诗隽、柳春燕，2006；罗耀华、牛利，2009；胡斌彬、俞理明，2010；魏慧萍，2010；易正中、王立杰，

2011；张金圈、刘清平，2011；等等)。下两例均为17世纪语料：

(22) a. 不说胡阿虎暗生奸计，再说王生自女儿死后，不觉一月有余……　　　　　　　　　　(《今古传奇》卷二十九)
b. 闲话休题。再说陈大郎在苏州脱货完了，回到新安。
　　　　　　　　　　　　　　　　　(《喻世明言》卷一)

"再说$_{2-1}$"只出现在白话小说和话本里，仍然是一个动词短语。如在(22a)里，"再说$_{2-1}$"和前面的"不说"相对应。语料显示，"再说$_{2-1}$"里的"说"也可以由其他言说动词如"谈"来替换，如在下句里面：

(23) 再谈这叶庆昌公子。他是海边关提督叶绍江之子……
　　　　　　　　　　　　　　　(《乾隆巡幸江南记》一回)

"再说$_{2-1}$"仍然是动词性的，但其语义上的理据性开始削弱，因为"现在(我们)来谈谈别的事"已经不是"再"和"说"的意义的简单加合了。从这个意义上说，"再说$_{2-1}$"的地位介于动词短语和动词之间，其理据性有所减弱，而融合程度有所增强；其宾语通常就是其后的单位(词、短语或句子)。

"再说$_2$"是由"再说$_{2-2}$"发展而来的。前面提到，"再说$_{2-2}$"通常出现在诠释或推论的情形中，是"再说$_{2-1}$"的引申。我们的语料显示，大约17世纪之后，原本用于转移情节或话题的"再说$_{2-1}$"开始出现在诠释或者推理这样的语义语用环境当中，如(24)：

(24) 怎么是难得者兄弟？<u>且说</u>人生在世，至亲的莫如爹娘，爹娘养下我来时节，极早已是壮年了，况且爹娘怎守得我同去？也只好半世相处。<u>再说</u>至爱的莫如夫妇，白头相守，极是长久的了。然未做亲以前，你张我李，各门各户，也空着幼年一段。只有兄弟们，生于一家，从幼相随到老。有事共商，有难共救，真像手足一般，何等情谊！　　　　　　　　　　(《喻世明言》卷十)

这个例子中我们所看到的就是"再说$_{2-2}$"(即第二章里提到的"再说$_2$"赖以产生的临界环境)。"再说$_{2-2}$"的动词性的一个最明显标志,就是和前面的"且说"的对应;它和"再说$_{2-1}$"最大的区别就是其所在的语义语用环境。"再说$_{2-1}$"通常只出现在话题转换的情形中,而"再说$_{2-2}$"只能出现在理据或者事证转换的环境里。例如,在(24)这段话中,说话者为了论证自己的观点,即兄弟情谊可贵,用了两个论据。其中一个论据由"且说"引领,讲说父母和子女关系的局限,另一个论据由"再说$_{2-2}$"引介,是关于夫妻相处的缺陷的。对说话者来说,这两个论据在帮助其论证的作用方面原本并无强弱之分。然而,对听话人而言,后出现的论据往往具有补充说明及强化论说的效果。就是说,从听话人的角度看,说话者后表达的"夫妻关系说"要比先说出的"父母关系论"更有说服力。这一次,与"时间先后顺序"相平行的是"说服力强弱顺序"。同样,因为前者具体而后者抽象,而两者又属不同概念域,所以由前者到后者的隐喻扩展是完全可能的。其结果是,"再说$_{2-2}$"开始具有了"强化论述"这一语用意义。如果"再说$_{2-2}$"频频出现在(24)这样的环境里面,就会进一步语法化为新证据的标记,即"再说$_2$"。例(24)应当是"再说$_2$"赖以产生的临界环境。试比较:

(25)a. 拿住他杀了就得了,何用又给他吃的?再说,明日事完,他出去一准是有事。　　(《小五义》一百一十七回)
　　b. 这个玉格我倒舍得。甚么原故呢?一则呢,小子也这么大了;再说,既是皇上家的奴才,敢说不给皇上家出苦力吗?　　　　　　(《儿女英雄传》四十回)

(25)两句的"再说"已经完全失去了动词或动词短语的特征。这可以清楚地从与"再说$_{2-2}$"的比较中看到。第一,在这两句里,"再说"后面的句子,如"明日……有事"(25a)和"既是……出苦力吗?"(25b),都不可能被理解为"再说"的宾语。第二,"再说$_{2-2}$"与其后面的小句不能分开;然而在(25)两句里,"再说"和其后的内容之间可以选择性地停顿(在现代汉语口语里可以加入"呢""啊""嘛"等语气词),表明这种用法的"再说"是可以独立于句法结构的。第三,"再说$_{2-2}$"虽然已经在一定程度上丢失了理据性,但仍然是一种言语行为,因为"说"仍可以用同义词(如"讲")来代替。

但(25)两句的"再说"已经不能理解为言语行为了，其中的"说"已无可替代了。最后，(25)两句中的"再说"并不能描述任何行为。以(25b)为例，其中的说话人为他/她舍得玉格的情形列举了两个理由，分别由"一则"和"再说"引领。"一则"的功能是指称顺序，"再说"既然与之平行，也应该是起到这样的作用。

根据以上的分析，(25)两句中的"再说"已经获得了强化论述的专门标记的功能。比如，在(25a)句中的两个论据"拿住……吃的"和"明日……有事"之间，明显地，后者的功能是为说话者的论述提供更有力的论据；此句的"再说"已经是"再说$_2$"了。同样地，从"再说$_{2-2}$"到"再说$_2$"是一个转喻化过程。和"再说$_1$"的产生一样，"再说$_2$"的产生方式也是以作为部分的常项代替作为整体的图示性构式。

"再说＞再说$_2$"这一语法化链上的四个阶段，即动词短语"再说""再说$_{2-1}$""再说$_{2-2}$"和"再说$_2$"的特征变化可见于下表：

表5.4 "再说＞再说$_2$"语法化链各阶段特征变化

	再说	再说$_{2-1}$	再说$_{2-2}$	再说$_2$
1. 意义	再次叙说	现在(我们)来谈谈别的事	现在(我们)来谈谈别的事	—
2. 语法功能	—	—	—	强调义
3. "说"的意义	叙说	叙说	叙说	—
4. 形态句法地位	动词短语	动词短语/动词	动词短语/动词	连词
5. "说"是否可替换	可以由同义、近义词替换	可以由同义、近义词替换	可以由同义、近义词替换	—
6. 宾语是否可辨认	宾语可辨认	宾语(指称新情节)可辨认	宾语(指称新论据)可辨认	—

续表

	再说	再说$_{2-1}$	再说$_{2-2}$	再说$_2$
7. 融合	—	内部结构稍模糊但仍可辨认	内部结构稍模糊但仍可辨认	完全融合
8. 去理据化	—	理据性稍模糊但仍可复原	理据性稍模糊但仍可复原	理据性消失
9. 分布特征	不受限	句首(可选择性性)	句首(习惯性)	句首；篇章层次

同样，表中的特征变化很清楚地显示，"再说""再说$_{2-1}$""再说$_{2-2}$"和"再说$_2$"依序构成了一个单一语法化链。

5.4.3.3 "再说"沿不同语法化链发展的驱动力

前面的讨论清楚地显示，动词短语"再说"是沿着两条不同的路径发展的，这两条路径分别导致句末助词"再说$_1$"和强调义连词"再说$_2$"的产生。这种分野和"再说"所在的环境(主要是语义语用环境)是密不可分的。从动词短语"再说"到"再说$_1$"的关键一步，是前者出现在连动结构的第二个动词短语位置上，而且以第一个动词短语所述行为/事件为时间参照点。"再说$_1$"所由产生的临界环境，也正是这样出现在这样的情形中。导致产生"再说$_2$"的语法化链的关键环节，是动词短语"再说"开始获得转移情节或开启新话题的功能。这种新的语义语用环境只能出现在12世纪之后的小说和话本中。这一语法化链上最重要的语义语用环境扩展，即"再说"出现在理据或者事证转换的环境里，这种环境也正是"再说$_2$"所由产生的临界环境。就是说，"再说＞再说$_1$"和"再说＞再说$_2$"两条语法化链从分野到最终"再说$_1$"和"再说$_2$"的产生，最主要地是受到了语义语用环境的驱动；其他条件，如形态句法环境和同构项等，作用虽然也很明显，但应该是从属性质的。基于"再说"的这种观察，可以推广及其他多重语法化链个案，那就是，多重语法化链是以语义语用环境的分野为主要驱动力的。

5.5 总结

本章讨论语法化链理论，介绍了这一理论的起源和发展，并且探讨了这种理论和语法化连续环境理论之间的关系。一方面，语法化连续环境中所强调的语用推理和环境扩展在语法化链理论中并不凸显；另一方面，语法化链又包含语法化连续环境，体现为两者的部分环节的重合。依据其中功能性阶段或环节的数量，我们把语法化链分为单一语法化链和复合语法化链两种。

如果要更加强调理论方法，同时为了更有说服力地辨明相关变体之间的历时关系，我们对汉语语法化链的研究可以在三个方面进行加强。首先，既有研究对语法化链发展过程中不同环节之间关系的判断，多没能深入讨论语用推理及临界环境这些语法化关键因素，而主要凭依的是语法化项自身的形式和意义特征；这些研究虽然也涉及了一些环境方面的特征，但对环境的关注是不够的，对环境的探讨也缺乏系统性和必要的理论框架。根据前面的讨论，语法化链和语法化连续环境有着紧密的联系；而在语法化连续环境里，语用推理的角色十分关键。因此，语法化链的分析也肯定离不开对语用推理的讨论。语法化演变以语用推理为推动力，如果对这种演变的研究只专注于句法格式和意义层面，而忽略了环境和语法化项的互动关系，其对不同变体或环节之间关系的解释力势必会大打折扣。其次，既有研究对语法化链各个环节之间关系的讨论不够充分。虽然学者们对各环节特征的描写非常深入，但对不同环节之间的关系的看法却莫衷一是，进而对同一个案性质及特征的判断有明显差异。[①] 语法化链既然具有家族相似性范畴特征，那么汉语语法化链个案的研究如果能对每一个

---

① 这种状况的出现，或许和研究者对语法化链的理论认知有关，甚至也和人们的误解有关。在一些汉语语法化研究中，语法化链被等同于语法化路径(path)或者语法化斜坡(cline)。这种理解方式并非毫无道理，因为语法化链、语法化路径和语法化斜坡的共同点是都具有单向性。但是，三者的理论视角和理论意义是完全不同的。

环节的形态句法和语义语用特征进行仔细分析和对比,将有助于对不同变体或环节之间关系的准确判断,并确定这些变体或环节是否构成一个语法化链,从而减少分歧。最后,跨语言的视角往往能为分析判断提供重要启示,是语法化研究不可忽视的一环。

第六章 语法化过程的重构

6.1 引言

本章的重点是重构历时语法化演变的方法。在第五章的讨论中，我们主张以语用推理条件为特征的临界环境（即"语用推理环境"）是语法化的必由阶段。临界环境既然是语法化演变的必由阶段，就可以被利用来追溯历时演变的轨迹。语法化链同时有历时和共时两个相对应的维度（Heine, 1992: 345）。彭睿（2009b）提到，共时-历时维度之间的这种对应关系也可以被用来重构语法化过程。以下我们将详细介绍这两种重构语法化的方法。

6.2 临界环境对重构语法化过程的作用

临界环境因其在语法化过程中的不可或缺性，可以被视为一个语法化演变是否发生的关键判断依据。假定语言单位 A 和 B 是一个多义词的两个变体，那么其相互关系具有多种可能性。要准确判断两者是不是具有源流关系，即 A 是不是 B 的直接来源，并不是一件能够轻易做到的事。要证明 B 的来源是 A，一个可靠的依据是找到其中的临界环境，即看看 A 是不是可以出现在能够被语用推理为 B 的环境里。举个例子，江蓝生（2003）提到，汉语假设助词"时"（如 1b）的来源是时间名词"时"（如 1a），其出现不晚于初盛唐（两句均转引自江文）：

(1)a. 吾富有钱时，妇儿看我好。　　　　　　（《王梵志诗》002）

b. 你若肯时肯，不肯是罢手，休把人空迤逗。

(止轩小令《醉扶归》)

我们知道，由条件关系发展为假设关系是一个跨语言的规律。那么如何证明这一语法化演变在汉语里确实发生了呢？最可靠的证据来自临界环境。彭睿(2011b)指出，由时间名词"时"到假设助词"时"的语法化临界环境可形式化为"VP$_1$ 时 VP$_2$"，其临界性特征包括：(i)"时"出现于第一个动词短语 VP$_1$ 之后，表示动作或事态是没有实现的(江蓝生，2003)；(ii) VP$_1$ 和 VP$_2$ 之间原本是时间关系(前者是后者的背景时间)，但同时又可以理解为条件关系(前者是后者发生的条件)。作者在1-2世纪的语料中找到了几个"时"由时间名词演变为假设助词的临界环境实例，如：

(2) 以谷贱时增其贾而籴，以利农，谷贵时减贾而粜。

(《汉书·食货志》)

以"谷贵时减贾而粜"为例。对"减贾而粜"这一行为的施行，作者一方面没有预设一个季节或时日意义上的时间点，另一方面也没有明确这一行为是过去还是未来事件。《食货志》作者说的显然是一般的道理。所以当作者说"谷贵"是"减贾而粜"的时机的时候，他实际上表述的是"减贾而粜"的施行以"谷贵"为合适条件。既然作者说的是一般道理，"谷贵"就很自然地可理解为一种假设条件。总之，(2)这样的例子具备了把时间名词"时"解读为假设助词"时"的临界性特征。既然临界环境存在，由时间名词"时"到假设助词"时"的语法化就应该能够发生。

彭睿(2011b)还讨论了汉语结果连词"所以"的产生。王力(1989：159)指出，连词"所以"是由解释原因的"所+以"(即复句的后一分句)发展而来的，如(3)两例(均转引自王著)：

(3) a. 此心之所以合于王者，何也？ (《孟子·梁惠王上》)
　　b. 粮食大侈，不顾其后，俄则屈安穷矣，是其所以不免
　　　 于冻饿，操瓢囊为沟壑中瘠者也。 (《荀子·荣辱》)

太田辰夫(2003/1958：303)注意到，连词"所以"在东汉以后就形

成了,如以下例句中的"所以"已经可以看成连词了:

(4) a. 矫制以命天下,宗庙所以危。　　《史记·吕后本纪》
　　b. 偷本非礼,所以不拜。　　　　　《世说新语·言语》

同样,要证实王力先生的论断,一个方法就是去寻找临界环境实例。"所+以"所分布的环境可以形式化为"S_{1i},[所$_i$ 以 VP]S_2",其中"所"与前一分句 S_1 同指。因此"S_{1i},[所$_i$ 以 VP]S_2"框架要成为"所+以>所以"演变的临界环境,最关键的就是,S_1 必须能理解为后一分句 S_2 的原因。这一框架的抽象意义可以概括为"事件/状态 S_1 出现后,凭依 S_1 发生 VP"。就是说,S_1 出现为 VP 发生创造了条件。进一步地,S_1 是 VP 的原因。这样,"所+以"就是"因"(S_1)和"果"(VP)两种事件/状态之间的连接词,可以理解为这种因果关系的形式标记。彭睿(2011b)的研究发现,这种临界环境的实例最早出现于春秋时期,如下列句子:

(5) a. 去顺效逆,所以速祸也。　　　　《左传·隐公三年》
　　b. 不轨不物,谓之乱政。乱政亟行,所以败也。

《左传·隐公五年》

以(5a)为例,"所"是一个代词,复指"去顺效逆";逻辑上"去顺效逆"是"以"的宾语。该句原本意为"'去顺效逆',依凭这个情况导致了灾祸"。这样的语义很容易被推理为"去顺效逆"和"速祸"之间具有因果关系。临界环境实例找到了,由"所+以"短语到结果连词"所以"的语法化演变也就得以证实了。

　　探讨历时形态句法变化,最可靠、最有效的做法,当然是从历时语料中找出线索,然后还原历时演变过程。然而,历史语言学研究常常要面对历时语料不充足的困惑,并非所有语法化个案的临界环境实例都能在这些不充足的历时语料中得到完好保存。即使是在汉语这种历时语料丰富、数千年历史文献不间断的语言里,对具体演变个案来说,也无法保证语法化的每个阶段和每种环境都有完整书面记录保留下来。在这种情况下,我们必须利用相对较晚的历时语料(暂且称为"后现语料",包括当代的共时语料)来重构这种变化。这一做法,对那些缺乏书面历史文献的语言来说,几乎就是唯一的手段。纵观历史语言学研究文献,"由共时现象推导历时演变"这种做法十分普遍,比如 Heine(1992)和 Heine(2002)就在共时材料的基础上分别探讨了语法化链和语法化连续环境理论。下面我们再来看看在前面几章里谈到的从非结构语串"极+其"到副词"极其"以及由"持、握"义动词"把"到处置式标记"把"的演变。"极+其"的分布环境为"[极][其 NP]"这一框架,其意义可以解释为"把某人/物的特征 NP 扩大到极点"。根据志村良治(1995)的说法,副词"极其"产生于唐末(也见董秀芳,2011)。然而,我们在唐末之前的语料中没能发现导致副词"极其"产生的临界环境实例。彭睿(2011a)在宋代语料中找到了"极+其"语法化的临界环境实例:①

(6)臣子入朝,自然极其恭敬,也自和。

(《朱子语类·论语·学而篇》)

这句里的"臣子"具有自主性和自控性。因为"恭敬"既可作名词理解,也可作动词理解,所以"极其恭敬"既可以解读为"把恭敬这种态度扩大到极点"("极"为动词),也可以解读为"最大程度地实施恭敬这一行为"("极其"为副词)。也就是说,类似(6)句这样的临界环境实例,可以用来证明早前发生的语法化演变的合理性。

另一个例子是我们常常提及的处置式标记"把"的语法化。②"把"字处置式的最早用例出现于唐代,如(7)两句(转引自蒋绍愚、曹广顺主编,2005):

---

① 彭睿(2011a)还提到了一个唐代的临界环境实例:
吾嫂刘夫人之心,本乎孝爱,异母之属,极其仁和。 (《唐代墓志汇编续集》)
这应当属误读。这句里的"极其"实际上已经可以理解为表程度的副词了。和(6)句不同的是,这句的"吾嫂刘夫人之心"不具备自主性及自控性,因此后面的"极"难以理解为及物动词;"极其"也因此只能解读为一个副词。

② 我们这里所说的"处置式"是通常说的"狭义处置式"。关于汉语处置式的来源即演变方式,各家的观点很不一致[详见蒋绍愚、曹广顺主编(2005)的综述]。前人的研究对语料的挖掘和分析都十分深入,但几乎都没有从语法化连续环境(特别是临界环境及语用推理)的角度来进行讨论,因此一些结论仍可商榷。但我们赞同前人研究中关于广义处置式和狭义处置式来源不同,以及处置式标记"把"的语法化环境为连动式"把+NP+VP"的说法。

(7) a. 闲常把琴弄。　　　　　　　　（任华《寄杜拾遗》）
　　 b. 徒把凉泉掬。　　　　（宋之问《温泉庄卧病寄杨七炯》）

按理说"把"由动词到处置式标记的产生时代应该在唐代之前。然而，唐代以前的语料甚少，我们无法从中找到这种演变的临界环境实例。我们在前面的讨论中多次指出，动词"把"语法化的临界环境实例以白居易的"醉把花看益自伤"中的"把花看"为代表。尽管这样的实例出现于唐代，仍然为我们提供了"把"由动词到处置式标记的证据。

但这种由后现语料推溯历时变化的做法的理论方法，迄今尚鲜有人系统地谈及。从理论上说，任何语法化个案的临界环境，都有可能在语法化演变之后的历史阶段重现。然而，事实上，并非所有的语法化个案都能在语法化完成之后的历史文献中找到其临界环境实例。其中的主要原因，除了传世历史文献中语料的有限性以外，还有一种可能，就是这种演变的临界环境实例因语言的变化而难以再出现。这种情形也有多种可能性。比如，受双音节化的影响，动词"因"（"遵循""遵从"义）在后世不再活跃，所以在唐宋以后的口语语料里，非结构（即跨层结构）短语"因+而"不再频繁使用，"[因+而]＞因而"的临界环境也就难再出现。一些其他非结构短语如"进而""从而""以及"等都是如此（这里提到的几个语法化个案的临界环境实例恰好都能在语法化演变发生之前的历时阶段的语料中找到）。一个假设的语法化演变个案，如果既不能在语法化成项出现之前的历时语料中找到其临界环境实例，又不能在后现语料中发现相关的语用推理条件，虽然不能断然否定其存在的可能性，但肯定应该降低这一演变发生的几率。关于这种由后现语料推溯历时演变的理论依据、方法以及局限性，我们将在 6.3 和 6.4 节里予以详细探讨。

6.3　由后现语料推溯历时演变的理论依据

关于由后现语料推溯历时演变的研究实践的理论依据，文献中的讨论不是很多。一个重要方面,是语法化的单向性特征。正如 Haspelmath(2004:21—22)指出的那样,语法化的单向性对历史比较语言学研究具有实践意义。作者举了这样一个例子:假定有两种相关联的语言都缺少历史书面文献,其中一个语言有将来时词缀,而这一词缀和另一个语言的将来时助动词相似;因为语法化一般来说是不可逆的,我们就可以有把握地重构这两个语言的原始语言里的将来时助动词。也有学者主张共时变异和历时演变密切相关。例如,按照 Bybee(2010:105)的说法,"共时和历时应该被视为一个整体";"变化既是认知表征的窗口,也是语言模式的创制者"。就是说,共时变异和历时演变应该具有某种对应关系。接下来我们将介绍另外两种同样重要的理论依据,即(i)语法化的"裂变原则"(divergence 或 split)和"并存原则"(layering)①,以及(ii)语法化链历时维度和共时维度的对应关系。

6.3.1 "裂变原则"和"并存原则"

我们先简短回顾 Heine and Reh(1984)及 Hopper(1991)等讨论过的语法化裂变原则,以及 Hopper(1991)提到过的语法化并存原则。裂变原则的主要论点是,一个词汇项语法化后,其源形式可保持为词汇项,然后按照词汇项的一般规律发生变化。② 并存原则,顾名思义,就是语法化项和其相应的语法化成项可能(但不一定)长久共存,图示如下(Hopper and Traugott,2003:49):

---

① "裂变原则"以及"并存原则"的译法均取自沈家煊(1994)。
② 按照 Hopper and Traugott(2003)的说法,在语法化变化中,新形式出现后,旧形式不一定就会消失,即并存原则。这实际上是语法化单向性的一种共时后果。新旧形式的并存分两种情形。第一种是由"裂变"(divergence 或 split)引起的:一个语法化项语法化后,其源形式可以继续存在;如条件合适,也不排除语法化为其他功能手段。第二种是由"更新"(renewal)引起的。更新往往是以新形式表达既有语法意义的一种策略;而且新形式一般来说是迂回式的(periphrastic)。这种新形式和既有形式也是并存的。严格说,"裂变"和"并存"都不是一个语法化项获得语法功能或者新语法功能这一过程本身的特征,而是这一过程所引起的后果。从这个意义上看,这几种现象都不能看成语法化的"原则",宜当成语法化过程的附带现象。

$$A > \begin{Bmatrix} B \\ A \end{Bmatrix} > B$$

裂变原则和并存原则所造成的一个共时后果，就是语法化项和语法化成项在一定共时平面的同时存在。这种情形比比皆是。一个典型的汉语例子是前面章节多处提及的处置式标记"把"，其来源是"持、握"义动词"把"。(8a)(8b)和(8c)三句分别是动词"把"在先秦、宋代及现代汉语中例子：

(8) a. 左牵羊，右把茅。　　　　　　　　（《史记·宋微子世家》）

b. "执其两端"之"执"，如俗语谓把其两头。

（《朱子语类·中庸》）

c. 趁着他们说话的工夫，缪立仅三噗腾，两噗腾，够着那只小船儿，手把着船帮才缓过来一口气儿。

（李文澄《努尔哈赤》第八章）

就是说，从唐代到现代汉语，处置标记"把"和它的历史来源动词"把"一直共存。

我们的观察是，裂变原则和并存原则所描述的历时演变"源"和"流"并存的现象，也可以扩展到语法化的各种连续环境。就是说，不光是语法化演变的孤立环境，之后的一些环境，比如临界环境和习用化环境，也会在语法化完成之后的历史阶段出现。以临界环境为例，我们来看看英语的 *be going to* 的例子。(9a)和(9b)两句的 *be going to* 都有空间位移和表将来时/意图两种解读方式，因此都是 *be going to* 语法化的临界环境：

(9) a. Duke *Sir Valentine, whither away so fast?*

  Val. *Please it your grace, there is a messenger*

    That stays in to bear my letters to my friends,

    And I am going to deliver them.

    (1595, Shakespeare, *Two gentlemen of Verona*, III. i. 51)

（转引自 Hopper and Traugott，2003；Bybee，2006）

b. *John is going to work soon.*

(9a)和(9b)分别是 16 世纪和当代英语的例子。例如，在(9a)里面，*be going to* 具有语用推理为目的义助词的条件(Hopper and Traugott, 2003: 89; Bybee, 2006: 603)。类似(9b)的句子的存在，说明具有同样的语用推理条件的句子也可以在后世出现。第五章谈到，句末助词"再说"来自动词短语"再说"。由动词短语"再说"到句末助词"再说"的临界环境实例以(10)两句为代表：

(10)a. ……先罚他和了诗。要好，就请入社；要不好，还要罚他一个东道儿再说。　　　　　(《红楼梦》三十七回)

b. 但是这玉倘或是真，他要起银子来怎么样呢？想了一想，好，且不管他，果真人好了再说。

(《红楼梦》一百一十五回)

这两句的"再说"和文中之前提及的一个行为事件相联系。例如，在(10a)这个例子中，这一行为事件就是"某人申请加入诗社"，但其宾语所指较为模糊。这导致"再说"的动词性特征和内部理据性都有所削弱，也就使得它有可能和别的意义联系起来，即"把优先选择给予处理某事"(更详细讨论请见第五章)。不仅动词短语"再说"的用法在现代汉语里仍十分活跃，类似(10)两句的临界环境实例也比较常见。(11a)和(11b)分别是清代和现代汉语的例子：

(11)a. 白安福等听了这一番话，本来是欢喜无限，因此却又顿起愁肠，因道："尊兄既为白眉大师的高徒，方魁能将令师尊请来，这固好极；设竟不来，可否相烦辛苦一趟？"高进忠道："且待方师兄回来再说。"

(《乾隆南巡记》六十四回)

b. 结婚前，我觉得我很不浪漫，我说，咱们结婚吧。我太太其实有点犹豫，说考虑清楚再说。(《鲁豫有约》)

这两例的共同特点是，"再说"处于连动句的第二个动词短语位置；在意义上既可以理解为言说行为，也可以理解为非言说行为，因此可以语用推理出对处理事务的优先选择这方面的意义。

这些特征和(10)两句完全相同。

总结起来，因为语法化的裂变原则和并存原则，语法化项及其在语法化过程中不同环境的变体，都有可能在语法化完成以后的不同历时阶段保留下来；这些保留下来的语料，就可以成为学者们重构语法化过程的依据。特别地，如果在后现语料里发现由 A 到 B 演变的临界环境实例，我们照样可以推断，发生于早前时期的"A＞B"语法化演变的假设是成立的。结合后现语料中的临界环境实例，语法化链也可以成为重构语法化的重要手段。

6.3.2 语法化链历时维度和共时维度的对应

本节的讨论重点，是可否利用语法化链来重构语法化过程。以下我们先介绍语法化链历时和共时两个维度的对应关系，然后以汉语助词"过"的语法化为例，来谈谈如何利用后现语料来重构语法化链。

6.3.2.1 语法化链理论的推论

前面提到，语法化链同时有历时和共时两个维度(Heine, 1992：345)。按照彭睿(2009b)的做法，我们称历时维度各环节为"历时阶段"，而称共时维度各环节为"共时变体"。二者的对应关系如图 6.1 所示(改编自彭睿，2009a：213)。共时变体，指的是语法化的结果在共时层面上的体现或投射。按照 Hopper(1991：22)的说法，共时变体可以形成并存现象。彭睿(2009b)指出，这种"共时－历时对应关系"的内涵可以细化为三个层次，概括如下：

层次 I：个体对应(correlation of individual items)

共时变体的语法化程度依序递增，与各历时阶段的先后顺序相一致，所以历时阶段和共时变体在各自维度上的位置相互对应。如历时维度的始端(最早阶段)和终端(最晚阶段)分别对应于共时维度的始端(语法化程度最低)和终端(语法化程度最高)。这可以说明，共时变体是历时阶段在特定历史时期的遗迹。

层次 II：相邻环节关系对应(correlation of the relation between

adjacent stages)

共时变体和与之对应的历时阶段的语义语用及形态句法特征不一定完全相同,因为语言是不断变化的。关键是相邻共时变体之间的特征差异和相邻历时阶段之间的特征差异具有相似性。换言之,相邻共时变体的特征差异往往就是与之对应的相邻历时阶段之间关系的一种映射。如在图 6.1 里,历时阶段 4 和 5 与共时变体 4 和 5 之间的特征差异应该是一致的。

层次 III:演变规律对应(correlation of evolutionary rule)

相邻共时变体之间的差异可以看作一种动态的特征变化的结果。既然两个维度的相邻环节之间的特征差异是一致的,就可以认为相邻共时变体的特征变化规律和相邻历时阶段的特征演变规律之间具有一致性。

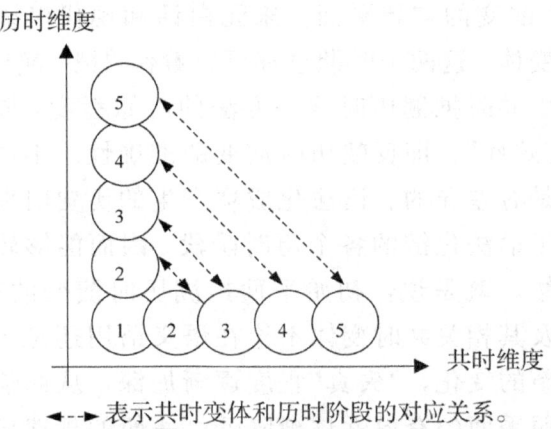

◄--► 表示共时变体和历时阶段的对应关系。

图 6.1　语法化链的共时维度和历时维度的对应

以上对应关系适用于任何一种语法化链,包括单一语法化链和复合语法化链。由这三种对应关系可以得出一个推论,那就是我们可以凭借语法化链的共时维度上各环节之间的关系,来推溯历时维度上对应的各环节之间的发展变化轨迹。假定一个语法化链的各个共时变体在某一时期较活跃,而相关语法化项的历时语料不丰富,那么理论上说,就可以根据共时变体之间的关系,来重构相对应的历时阶段之间的演变脉络及其赖以发生的语义语用和形态句法环境。这一推论实为相似规律之间的相互印证,其最直接的理论依据就是第三层次的对应关系。这一推论的合理性值得讨论。

6.3.2.2 共时参照平面

在讨论由后现语料推溯语法化的具体个案之前,我们先简单介绍一下彭睿(2009b)所提出"共时参照平面"说,即推溯历时演变所依据的共时变体所在的历史时期。理论上说,语法化成项产生及之后的历史时期,都可能成为共时参照平面。特别地,我们称语法化成项产生(即语法化过程完成)的历史时期为"初始共时参照平面"(以下简为"初始平面")。例如,汉语处置式标记"把"产生于隋唐时期,而"把"在此前由动词到介词的演变过程中所经历的不同历时阶段,很可能在隋唐时期得以继续存在,那么这一时期就是"把"演变的初始平面。宋元白话和现代汉语中也有"把"的不同共时变体,这两个时期也都可以看作"把"演变的两个共时参照平面。由共时推溯历时这一方法的可靠程度,取决于共时参照平面的"有效性",即反映历时演变的准确性。不同共时参照平面的有效性是有差异的。语法化成项产生的历史时期,往往相对完整地保留了语法化链的各个历时阶段,因而能够较为真实地反映其演变脉络。就是说,初始平面推溯历时演变的有效性最高。语法化成项及其相关共时变体不论在语义语用还是形态句法特征上都可能有新的变化,"失真"程度逐渐加深,从而使初始平面之后的共时参照平面的有效性逐渐降低。一般的规律应该是,共时参照平面的历史时期离初始平面越久远,有效性就越低。我们所看到的由共时语料推溯历时演变的文献,对这种情形都没有特别加以说明,似乎都假定这种有效性降低的情况不存在。

由后现语料推溯语法化的具体操作,就是在历时材料匮乏的情况下,通过对某一共时参照平面的梳理,从中发现具有歧解性特征及语义推理条件的实例,从而达到重构历时演变过程的目的。其中最重要的一个方面,就是利用临界环境来判断一种语法化现象发生与否。

6.3.2.3 动态助词"过"的个案

彭睿(2009a)探讨的个案是动态助词"过"的历史,包括表完毕义的"过₁"和表过去曾经义的"过₂"的产生过程及二者之间的源流关系。与曹广顺(2014/1995)及林新年(2006)的观点一样,彭睿(2009b)认为,"过₂"是"过₁"进一步语法化的结果,并且进一步主张,趋向动词"过"(简为"过_q")、"过₁"和"过₂"一脉相承,依序形成一个语法化链。学界比较一致的看法是,"过₁"和"过₂"都产生于唐宋时期(曹广顺,2014/1995;刘坚等,1992;王力,1980/1958;吴福祥,1996;杨永龙,2001;等等)。在分析唐宋及更早时期的相关语料的基础上,总结出"过"的发展脉络,这是学者们历来的研究路子。但实际上,宋代以前的文献中"过₁"和"过₂"的用例极少,无法为探讨这两个助词的演变提供可靠的语料。真正无异议的"过₁"和"过₂"的用法都是在南宋同时资料中才发现。在《朱子语类》为代表的南宋时期同时资料中,位移动词"过""过_q""过₁"和"过₂"的用例都比较丰富。这几种用法未必都产生于相同时期,但却活跃于同一历史时期。所以假定"过"的这些用法是同一语法化链的共时变体,南宋时期就可以被看成"过_q>过₁>过₂"语法化链的有效性较高的共时参照平面。彭睿(2009b)正是依据《朱子语类》的语义语用和认知上的关系来重构"过"的历时发展轨迹和演变条件。

"过₁"的产生

彭睿(2009b)认为,"过₁"的直接来源是隐喻的"过_q"(以下记为"过_{mq}")。"过_{mq}"以如下二例为代表(均转引自杨永龙,2001):

(12) a. 子贡多是说过晓得了便休,更没收杀。

(《朱子语类·论语·里仁》)

b. "敬"字,前辈都轻说过了,唯臣子看得重。

(《朱子语类·学·持守》)

"过_q"的同构项动词主要是位移动词,而隐喻的"过_q"的同构项动词则主要是"感知-认知-言说"类动词。位移动词意义可以笼统地解读为一种时空位移,"过$_{mq}$"的同构项则可以理解成一种隐喻的时空位移。如在(12b)中"说"的意义是诠释,"说'敬'",即"诠释'敬'的内涵"。"敬"的内涵相当于一个隐喻的空间,对不同的诠释者来说,其起止点不一定相同但相对固定。所以"诠释"可以理解为一个位移过程,"说过"即"说"的行为贯穿"敬"的内涵这一隐喻空间。

彭文发现,"过$_1$"和"过$_2$"在分布上有不同倾向性。"过$_1$"表述完毕义,属行为/事件过程的范畴,所以是事件性的;"过$_2$"表述行为/事件成为过去经历,是对行为/事件的一种评估,所以是事理性的。"过$_1$"和"过$_2$"的这种差异决定了它们所分布的复合事件类型不同。具体说,"V过"如果是连续事件句首事件,"过"通常为"过$_1$",而如果是事理因由句首事件,则多为"过$_2$"。如:

(13) a. 张三买过$_1$票,看了一场电影。
　　　b. 张三买过$_2$票,所以看了一场电影。

(13a)和(13b)分别为连续事件句和事理因由句。以上二句的差异是明显的。首先,(13a)表述的是一个具体事件,强调"买票"和"看电影"之间的时间顺序关系,前者为后者提供背景时间信息。(13b)表述一种事理,强调"买票"和"看电影"之间事理因由上的关联,即前者为后者的条件或原因。其次,(13a)的"买票"为"看电影"提供背景时间信息,具备了推理出完毕义的条件。(13b)的"买票"虽然发生在"看电影"之前,但因其事理因由的性质,其完毕义并不被凸显。连续事件句和事理因由句的区别可以这样概括:

i. 连续事件句的首事件为末事件提供背景时间信息,而事理因由句的首事件为末事件提供条件、原因等信息;

ii. 连续事件句是事件性的,即与行为/事件自身的过程有关;事理因由句是事理性的,即与说话者对行为/事件的主观评估有关。

造成这两种差异性的原因很简单,就是连续事件句和事理因由句分属事件性和事理性。

关于"过₁"的来源,卢烈红(1998:214,见杨永龙,2001:210)指出,当"过q"前面的动词(即同构项)由位移动词扩展到非位移动词时,"过q"就演变为"过₁"。与卢文相似,彭睿(2009b)认为"过mq"有可能是"过₁"的直接来源。"过mq"隐含了完毕义,所以讨论"过mq＞过₁"的演变的关键是发现能够诱发或激活这种完毕义的环境和机制。在"过mq＞过₁"这一演变的临界环境里,"过mq"应该既可以理解为隐喻的趋向义,也可以理解为完毕义,所以这种演变最有可能发生于两个事件可以互为时间参照的环境中,如(14)两例:

(14)a. 若只读过便休,何必读! 《朱子语类·学·读书法》
  b. 若只看过便住,自是易得忘了。

《朱子语类·易·纲领》

(14a)和(14b)都是连续事件句,其中首事件和末事件之间的内在关联是时间顺序上的;前者为后者提供背景时间信息,而后者又可以反过来成为前者的一种时间参照。如(14a)的两句都含有"A便B"格式,表示首事件A之后紧接着发生末事件B。(14a)的"读过"意为"阅读的行为贯穿所读内容的始终"。以"便"为标记,"读过"是"休"的背景时间,后者也是前者的时间参照。"读过便休"意为"(把书)从头至尾阅读(一遍)就放过"。因为非常明确"读(一遍)"的整个过程结束之后才"休",所以极可能把"读过便休"解读为"(把书)从头至尾阅读(一遍)的行为完毕之后就放过"之意。这样的解读使得"读过"的完毕义呼之欲出。我们因此相信,分布于连续事件句首事件位置上的"过mq"的完毕义最有可能被诱发推理出来。从语用推理的角度看,语法化是一种概念转喻过程(Hopper and Traugott,2003:87—92)。"过mq"表述的意义是"V的行为贯穿其所涉及对象的始终",这是一个由始而终的过程。"过程"与"过程完毕"之间同域,可以形成一种转喻关系,这就是"过mq"的完毕义产生的原理。结合前文,这种转喻推理也不是无条件的,只有在合适的语用环境下才可能发生。再以(14a)为例,前面提到"读过"意为"阅读的行为贯穿所读内容的始终",我们说其中隐含了阅读完毕之意,实际上是指"读过"这种过程和过程的结束之间可能产生转喻关系。

"过$_2$"的产生

在"过$_1$>过$_2$"的临界环境里,"过"在具备"过$_1$"特征的同时,也应具备"过$_2$"的特征。前面指出"过$_1$"倾向于用作连续事件句的首事件,而"过$_2$"则倾向于用作事理因由句的首事件,并且指出,连续事件句可能因语用推理而转喻为事理因由句。因此"过$_1$>过$_2$"的临界环境为既能理解为连续事件句又能理解为事理因由句的歧义性复合事件句。研究表明,"过$_2$"表达的不是绝对的过去事件,表现为:(i)具有先时性,表明所述事件在说话时间或另一参照时间之前存在;(ii)从整体上对时间加以观察,表明事件与参照时间已经脱离了关系(孔令达,1986;刘月华,1988;杨永龙,2001;林新年,2006)。这说明,对"过$_2$"来说,过去时并不是最本质的东西,因此也没有理由视过去时为影响"过$_2$"形成的关键因素。影响"过$_1$>过$_2$"演变的最重要因素是"过$_1$"分布的复合事件句类型。"过$_2$"的意义是某行为/事件在参照时间之前发生,即表达过去曾经义,所以要演变成"过$_2$","过$_1$"的分布必须具备诱发它由完毕义向"在一定参照时间之前发生"这一意义转化的条件。完毕义是事件性的,而过去曾经义是事理性的。所以说,要演变为"过$_2$","过$_1$"的环境必须具备从事件性向事理性转化的条件。在复合事件句里"过$_1$"倾向于用作连续事件句的首事件,而"过$_2$"倾向于用作事理因由句的首事件,因此,诱发"过$_1$>过$_2$"演变的环境应该是可以歧解为连续事件句和事理因由句的歧义性复合事件句。我们要做的就是在语料中寻找这样的例子。南宋以前的语料中有这样的歧义性复合事件句存在(转引自林新年,2006:140):

(15)村里男女有什摩气息?未得草草,更须勘过始得。

(《祖堂集·药山和尚》)

"勘"属于"感知-认知-言说动词",意为"禅人之间考测对方领悟之深浅"(参看林新年,2006:140-141)。"得"发生于"勘过"之后,有副词"始"为标记。"勘过"意为"考测行为完毕",其中"过"为"过₁"。这个句子最直接的一种解读是把"勘过"理解为"得"的背景时间信息,二者是一种"行为—结果"关系。"勘过始得"的意思为"考测他人的行为完毕后才了解到其领悟禅的深浅"。在这种情形下"勘过"极可能由"得"的背景时间信息被推理为"得"的原因或条件,即把"勘过始得"理解为"因为考测他人,所以了解到其领悟禅的深浅"。所以"勘过"在这里既可解读为连续事件句的首事件,具有事件性,也可解读为事理因由句的首事件,具有事理性。我们在《朱子语类》里也发现了一些类似的例子:

(16)a. 如用兵御寇,寇虽已尽剪除了,犹恐林谷草莽间有小小隐伏者,或能间出为害,更当搜过始得。
(《朱子语类·大学》)
b. 然圣人教人,须要读这书时,盖为自家虽有这道理,须是经历过,方得。 (《朱子语类·学·读书法》)

(16a)的"搜过始得"也可能有两读,即"搜索行为完毕后才捕获隐伏的敌寇",强调"搜"和"得"在时间上的连续性,以及"只有经过了搜索的过程,才能捕获隐伏的敌寇",强调"搜"和"得"之间的"条件—结果"关系。(16b)的"须是经历过,方得"也可歧解为"须得经历了从头至尾读这本书的过程之后,才能读通"和"须得曾经有读这本书的经历,才能读通"。两句的"V过"都相应地既可以解读为连续事件句的首事件,也可以解读为事理因由句的首事件,都具备了由"过₁"演变为"过₂"的条件。"过₁"和"过₂"之间的转喻推理涉及复合事件句类型的转化。以(16a)为例,"搜过始得"首先发生复合事件类型的转化,"搜过"由"始得"的背景时间信息转为其条件或原因,"过₁"的完毕义因此被弱化,在此基础上,"过₁"才能进行转喻。以完毕点为参照来回溯整个过程,该参照之前的动程都是过去经历。这种转喻就发生在过去经历和整个动程的完毕点之间。"搜"的行为是一个动程,由该范围的终点反观整个过程,此前的搜索行为都成为过去经验。表完毕的"过₁"由此演变为表过去曾经的"过₂"。

如果把从"过$_q$>过$_1$"演变的临界环境阶段记为"过$_{临1}$",而把从"过$_1$>过$_2$"演变的临界环境阶段记为"过$_{临2}$",那么整个语法化链可以表述如下:

$$过_动 > 过_q > 过_{mq} > 过_{临1} > 过_1 > 过_{临2} > 过_2$$

这是一个复合语法化链,由两个单一语法化链(分别导引出"过$_1$"和"过$_2$"的产生)构成。其中我们利用临界环境证实的是"过$_{mq}$>过$_1$"和"过$_1$>过$_2$"这两个过程,这是以上历时阶段或共时环节形成一个复合语法化链的关键。"过$_动$>过$_q$>过$_{mq}$"过程中的两个阶段都不是典型语法化过程,而都是隐喻化的结果,其重构要容易得多。

6.4 由后现语料推溯历时演变的局限性

必须指出的是,由后现语料或者共时语料来推溯历时演变,毕竟是在历时语料不充足的情况下的一种辅助手段;这种手段不可能真正代替从历时语料出发探讨历时变化的做法。因为只是一种别无选择情况下的替代方案,这种方法的局限性是不可避免的。以下我们重点谈谈其中最重要的两个方面:共时参照平面的有限性和相近功能词项之间的渊源关系。因为语法化连续环境和语法化链之间的密切关系,我们关于这两个方面的结论对两种情形都适用。

6.4.1 共时参照平面的有效性

前面提到,共时参照平面的有效性是相对而言的。语法化链的各环节不是一成不变的,其发展变化主要体现为两种基本方式,即"顿变"和"渐变"。顿变指的是在一定共时参照平面上,一些历时阶段所对应的共时变体不再出现,或消亡或被替换。换言之,虽然语法化链的每一个共时变体都必定是特定历时阶段的遗迹,但并非每一个历时阶段都能在共时参照平面上找到对应的共时变体。即便是初始平面上的共时变体,也不一定就能无遗漏地反映语法化项全部历时阶段,尽管这个平面所能提供的有关历时阶段的信息可能比其他共时参照平面更准确。顿变,尤其是共时参照平面无法完整反映历时阶段的情形,将对由后现语料或者共时语料推溯历时演变这种方法带来很大的影响。渐变指的是因为语言的不断发展变化,共时变体与其对应的历时阶段之间在语义语用和形态句法特征等方面不再等同。例如,彭睿(2009b)提到,从唐至元明清,处置标记"把"的同构项和语义—语用环境都发生了明显的变化。根据冯春田(1999:561—569)的观察,"把"的同构项在唐代限于受事宾语(如17a),稍晚即扩展到当事/施事宾语(如17b)(例句均转引自冯著):

(17)a. 悠然放吾兴,欲把青天摸。

(皮日休《初夏游楞伽精舍》)

b. 晁源在京中坐监的时节,瞒了爹娘,偷把他住在下处。　　　　　　　　　(《醒世姻缘传》四十三回)

和(17a)相比,(17b)的处置义较弱而致使义较强。一句话,唐宋以后,"把"在形态句法以及语义语用方面都得到继续发展,使得之后的汉语历史时期作为"把"演变的共时参照平面的有效性大打折扣。

共时参照平面的有效性受到干扰,就会使得共时推溯历时遇到困难。

6.4.2　一脉相承或同源异途

一般地,形式和意义都接近的功能性成分极有可能来自同一源头,但也不是绝对的。笼统地说,形义相近的功能性成分之间的关系不外两种。第一种是一脉相承,构成源流关系,即语法化"输入—输出"关系或者语法化链的不同历时阶段或共时变体。"过$_q$""过$_1$"和"过$_2$"的关系属于这种情况。具体说,"过$_q$"和"过$_1$"以及"过$_1$"和"过$_2$"都属于输入和输出关系,"过$_q$"和"过$_2$"是语法化链的不相邻历史阶段或共时变体。第二种是同源异途,即这些虚词性成分处在多重语法化链的不同演变路径上。前面讨论的

"再说₁"和"再说₂"就属于这种情况,而两者的关系不容易清楚判断。所以由后现语料或者共时语料推溯历时演变的另一个棘手问题,是如何从后现语料或者共时语料中甄别哪些是单一语法化链的历时阶段或共时变体,哪些是同一源头多重语法化的结果。

要弄清形义相近的虚词性成分的关系,最关键的步骤,是在有效共时参照平面中分析判断演变的临界环境是否存在。如果临界环境存在,就证明两个虚词性成分是单一语法化链的相邻历时阶段/共时变体。如果无法找出临界环境,可能有两种情形:一种是两个虚词性成分虽同为单一语法化链的历时阶段/共时变体,但位置上不相邻;另一种是二者分属不同语法化链,同源但相互之间没有直接的源流关系。

6.5 总结

利用后现语料和共时语料来重构语法化过程是有一定的理论基础的。跨语言的实践证明,这一做法是可行的;这一假设也得到了汉语助词"过"的语法化链个案的证实。然而,必须清楚地认识到,由后现语料来推溯历时演变的做法毕竟是有局限性的,不可能真正代替从历时语料出发探讨历时变化的研究方法,而只能是在历时语料不充足的情况下的一种辅助手段,其局限性也非常明显。最关键的是两方面,一是后现语料或者共时语料因语言的不断发展而在形态句法及语义语用两方面失真的问题,二是不同变体源流关系的纠缠不清。因此,由后现语料推溯历时演变,必须非常谨慎。

第七章 频率和语法化的关系

7.1 引言

过去 20 年以来,"频率"(frequency)这一术语是有关语言变化(包括语法化)的文献中的一个热词(见 Haiman,1994;Bybee and Scheibman,1999;Bybee and Thompson,2000;Krug,1998,2000,2002,2003;Bybee,2002,2003,2006,2010)。"频率"分两种,"文本频率"(text frequency 或者 token frequency)和"类型频率"(type frequency)。文本频率指的是一个语素、词或语串在一定文本范围中出现的次数。例如,当我们说人称代词"我们"在北京大学 CCL 语料库的现代汉语部分出现的次数高于"你们",指的就是文本频率。类型频率牵涉到一定的语言格式(pattern)或形式(form),指的是可以出现某一格式和形式的词或者语素等的数量。比如,在现代汉语里,能够进入"~们"这一复数形式的代词非常有限,也就是这一形式的类型频率很低。文献中常常提到的另一个例子是英语的过去式。能够加上 -ed 变成过去式的英语动词数量庞大,而需要改变元音而变成过去式(如 drive 变成 drove)的动词数量很少,指的都是类型频率的高低(见 Bybee and Thompson,2000;Hopper and Traugott,2003:127)。和语法化关系最密切的是文本频率。特别地,一些学者主张高文本频率具有引发语法化变化的作用(如 Haiman,1994;Bybee,2002,2003,2006,2010)。比如,文本频率和语法化的相互关联(correlation)在频率理论文献里被广泛认知(见 Traugott and Heine,1991;Krug,1998;Bybee and Scheibman,1999;Bybee,2003,2006;

Haspelmath,2004)。Haspelmath(2004:18)把这种相互关联称为"语法化的频率条件",即一个潜在的语法化项相对于竞争对手的文本频率越高,就越有可能发生语法化。这一主张虽然揭示了高文本频率对语法化变化可能起到的作用,但对频率作用的强调,并没能给出令人信服的理由,也就没能获得学者们的普遍认同。

本章首先简单介绍频率理论有关频率和语言变化(特别是语法化)之间关系的主要观点,指出其关键缺失之所在,然后讨论彭睿(2011b)所提出的临界频率假设的价值和不足。

7.2 文本频率和语法化的关系

7.2.1 关于高文本频率对语法化的影响的不同看法

学者们总结了高文本频率(除非特别说明,以下我们将以"频率"来指称文本频率)给语言带来的诸多变化,其中最引人关注的包括Bybee and Thompson(2000)观察到的"紧缩效应"(reducing effect)"保守效应"(conserving effect)和"自主化"(automation)等。按照两位作者的说法,紧缩效应体现在语音、句法和语义三个维度上。作者举了几个英语助动词的例子。比如,因为高频率使用,(be)supposed to 这一短语在语音上紧缩为[spostə],并且相应地丧失了表被动的句法地位,语义上也经历了虚化,最终成为一个助动词。保守效应则是指高频率语串的形态句法结构变得更加固化(entrenched),进而具有抵制变化的能力。Bybee and Thompson(2000)举例说,因为频率低,英语的 weep/wept、creep/crept 和 leap/leapt 有规范化为-ed 形式的趋势,即分别变成 weep/weeped、creep/creeped 和 leap/leaped;相反,keep/kept 和 sleep/slept 因为高频率而没有这种被规范化的迹象。自主化实际上就是紧缩效应中句法和语义两个维度的变化,指的是高频率语串丧失内部结构和意义上的理据性的现象(Haiman,1994;Bybee and Scheibman,1999;Krug,1998,2000;Bybee and Thompson,2000;Bybee,2002,2003,2006;等等)。高频率带来的这几种变化都已获跨语言研究的证实。

一些学者进一步讨论了高频率在语法化中的作用(如 Haiman, 1994; Bybee, 2002, 2003, 2006, 2010)。用 Bybee(2003: 602)的话说,高频率"不仅是语法化的后果,也是这一过程的一个主要参与者,是引发语法化过程中各种变化的作用力"。Bybee (2003: 603—604)引用 Haiman(1994)的说法,更具体地指出,高频率会引起语法化过程中的如下变化:

i. 惯常性(habituation)对语义力度(semantic force)的削弱
ii. 音韵上的缩减
iii. 语法结构的融合
iv. 结构自主化程度的增加
v. 新语用义的联接

其中最后一点,新语用义的联接,就是语法化变化。相应地,作者把语法化定义为"高频率的词串或语素串自主化成为单一处理单元(single processing unit)的过程"。然而,高频率引发语法化的观点一直是存在争议的,关键是高频率到底是如何让新语用义与语法化项连接的,相关理论没有说清楚。比如,Heine, Claudi, and Hünnemeyer(1991)以及 Heine and Kuteva(2007)等指出,高频率是语法化主要参与者的说法并没有令人信服的证据;相反,高频率不能引发语法化,它只是语法化变化的附带现象。Hoffmann(2004)则是从研究方法上对有关"频率—语法化"关系的讨论进行了质疑,同时批评了以基于电脑统计的频率来研究语言变化的做法。彭睿(2011b)和 Peng(2012)也质疑了高频率引发语法化这一说法的可靠性,并且指出,这一说法的最大缺陷,是没有真正把环境因素和语用推理这一语法化主要驱动力纳入考量;学者们在讨论频率对语法化的影响时所引证的频率是笼统性的,并没有区分语法化项在有语用推理条件的环境中的频率和在没有语用推理条件的环境中的频率。

目前学界较为一致的看法是,语法化的根本特征是在特定环境里通过语用推理产生新的语法意义,是一个既有"得"又有"失"

的过程（见 Hopper and Traugott，2003）。一方面，语法化项失去内部结构和意义理据性。另一方面，语法化项也发展出新的语法意义。频率理论家所能够说清楚的只是"失"的方面，认为语法化的关键是由高频率引起的语法化项的自主化/惯常化，也就是复杂形式的语言单位逐渐失去内部结构和意义上的理据性。语法化项的"失"与高频率有关，这一说法已经获得跨语言现象的证实。语法化项的"得"是否是由高频率引起，目前的证据是不充分的。就是说，除非能证明高频率或者自主化是新语法意义赖以产生的机制，不然频率引发语法化的说法就是有漏洞的。事实上，频率理论并没有能够做到这一点，只是强调自主化让语法化项变成单一处理单位，而单一处理单位更容易获得新语法意义。拿 *be going to* 的语法化来讲，这一词串经过高频率使用，逐渐因失去内部结构和意义上的理据，自主化为一个整体，甚至紧缩为 *be gonna*。一个关键问题就是，其表达"意图"的功能是如何得来的？没有证据能证明这一语法意义是在没有其他因素参与的情况下，单独由高频率/自主化引起的。语法化理论界的一个共识是，新的语法意义只能通过语用推理来获得（见 Heine, Claudi, and Hünnemeyer, 1991; Bybee, Perkins, and Pagliuca, 1994; Traugott and Dasher, 2002; Hopper and Traugott, 2003）。因此，可以推论，如果高频率对语法化有什么影响，一定是通过和语用推理有关（比如，促进语用推理）的方式来实现的。频率理论对此语焉不详。总结起来，频率理论家的观点之所以受到质疑，主要是两个原因，一是弱化了环境和语用推理的作用，二是把自主化/惯常化和新语法意义的产生等同起来了，或者是把二者看成了一个问题的两个方面。

频率理论家对语用推理在语法化中的作用也并不是完全置之不顾。例如，Bybee, Perkins, and Pagliuca（1994：289）就认为语用推理是语言变化的一个重要机制，因为它让新意义变成语法素（gram）的一部分。环境和语用推理在产生新的语法意义过程中交互作用，这些学者也注意到了。比如，Bybee（2006：720—721）指出，*be going to* 表意图的功能产生于（1）这样的句子中：

(1) Duke *Sir Valentine, whither away so fast?*
　　Val. *Please it your grace, there is a messenger*
　　　　That stays in to bear my letters to my friends,
　　　　And I am going to deliver them.
　　　　（1595, Shakespeare, *Two Gentlemen of Verona*,
　　　　III. i. 51）

这个例子具有语用推理条件。其中的 *I am going to deliver them* 可以理解为对（*why*）*so fast* 的回答，因此可能造成这样的语用推理，即 *be going to* 表达的是意图而不是行动方向（Hopper and Traugott, 2003：89）。Bybee（2006：603）指出，这种"意图"义因为时常在类似（1）这样的句子中伴随着 *be going to*，最终变成了后者意义的一部分。这一说法实际上是承认，语法化牵涉三个因素：环境、语用推理和频率。然而，在频率文献里，关于环境、语用推理和频率三者交互作用而引发语法化变化的思考，并没有继续深入下去；相反，频率单方面对语法化变化的作用被过度强调，而环境和语用推理的角色则被边缘化。

7.2.2　频率理论的关键缺失

前面提到，Bybee 等学者在讨论"频率—语法化"关系的时候，并没有作任何条件限定，也没有真正把诸如环境和语用推理这样的因素纳入考量。在这样的情况下泛泛地讨论频率如何引发语法化，难免会有诸多不周延的地方。一个最常被谈起的话题是，高频率的语言单位未必会发生语法化，而低频率的语言单位语法化的现象反而时有发生。比如 Heine and Kuteva（2007）认为频率推动语法化的观点缺乏有说服力的证据，因为发生语法化演变的词项的频率往往未必是最高的。Heine, Claudi, and Hünnemeyer（1991：38—39）举了这样一个例子：斯瓦西里语（Swahili）所有发生语法化的词都在 278 个频率最高的词范围内；然而，频率最高的前 15 个词都没有发生语法化。发生语法化的动词中频率最高的是 *-toa* 'put out'，发生语法化的名词中频率最高的则是 *-mwana* 'child',但频率排名高于二者的词却并没有产生变化:

表7.1 斯瓦西里语(Swahili)词频排名最高的动词和名词

动词	-ona 'see'	-wana 'have'	-enda 'go'	-sema 'stay'	-toa 'put out'
频率排名	6	9	11	14	16
语法化	—	—	—	—	+
名词	mtu 'person'	siku 'day'	kazi 'work'	-mwana 'child'	
频率排名	6	27	29	105	
语法化	—	—	+	—	

高频率的语串并不发生语法化或词汇化的情形跨语言地存在。我们来看看汉语的例子。彭睿(2011b)在CCL语料中搜索了部分现代汉语"人称代词+的"语串和"的+名词"非结构语串的频次。结果显示,唯一发生语法化的语串"的话",其出现频次无论在古代汉语和现代汉语的语料中都不是最高的。以下为搜索结果:

表7.2 部分"人称代词+的"和"的+名词"语串的频次

	*我的	*你的	*他的	*她的	*我们的	的事	*的人	的话
古	11730	7862	15570	2803	1107	9808	16355	8199
现	100865	49858	186305	67992	51401	84534	184713	60524

*代表没有发生语法化/词汇化变化

在"人称代词+的"语串中,"我+的""你+的"和"他+的"在古代汉语里频次最高,分别有11730例、7862例和15570例,但三个语串都没有发生语法化或词汇化,即产生印欧语中普遍存在的形容词性物主代词(如英语中的 my、your 和 his)。在"的+名词"的三个语串"的+话""的+事"和"的+人"[①]当中,"的+话"的频次

---

① 古代汉语语料"的+话"的8199例中包括了非结构语串"的+话"、话题标记"的话"以及假设标记"的话"三种情形,所以"的+话"非结构语串的实际频次少于8199例。"的+事"频次的统计结果中排除了"的事物"12例,"的事情"2639例和"的事实"49例,"的+人"频次的统计结果则排除了"的人物"631例,"的人士"3例,"的人口"18例和"的人民"160例。

最低,但却发生了语法化。"的+事"和"的+人"都没有发生词汇化或语法化,甚至连组块化的倾向都没有出现。面对这种现象,包括频率理论家在内的很多学者的解释是,高频率不是引发语言变化的唯一因素(见 Krug,1998),也并非导致语法化的唯一动力(见 Bybee,2003)。对此,彭睿(2011b:4)的评论是,这种解释或许有助于缓解人们对频率理论有关主张的质疑,但不是一种令人满意的解释,因为"我们仍然需要弄清楚,如果频率对语法化有推动作用,这种推动是怎样实现的;高频率的作用有限,这究竟是例外还是另有缘由"。该文章指出,文献中关于"频率—语法化"关系的讨论存在三方面的问题:

第一,没有明确地区分语法化演变和其他类型语言变化(如词汇化)。如频率理论的核心概念之一是高频率语串的自主化和惯常化。这个概念所表述的过程/状态是就一般意义上的语言变化而言的,并不为语法化所独有。那么频率对语法化的推动的独特之处体现在哪里,和对其他语言变化的影响有何不同,频率理论都没有给予清楚回答。

第二,对于语用推理在语法化中扮演的关键角色没有引起足够重视。语法化以语用推理为机制,所以如果说频率对语法化具有推动作用,一定是因为它以某种方式促进了语用推理。要是缺乏语用推理条件,再高的频率也和语法化无关。笼统的频率统计显然没有把语用因素纳入考量。

第三,忽略了语法化的连续阶段性。按照 Heine(2002)和 Diewald(2002)的说法,语法化环境具有连续性特征,可细分为语法化发生之前的非典型环境、语法化赖以发生的临界环境或桥梁环境以及语法化发生之后的孤立环境等。语法化项在不同环境中的频率对语法化过程具有不同意义。目前频率理论所依据的笼统频率,实际上包括了语法化项在非典型环境中的频率和在临界环境中的频率两种。前者对语法化有怎样的影响是不明确的,即使有,也应当是间接的;直接推动语法化的应该是后者,因为只有后者具备语用推理的条件。

最根本的问题是后面两点。语法化的驱动力是语用推理,语法化具有连续阶段性,如果这两方面的作用被低估甚至边缘化,频率理论就无法准确揭示"频率-语法化"关系。很清楚,并不是频率影响语法化的说法完全站不住脚,而是能直接影响语法化的频率是高度受限的——这才是问题的关键。Peng(2012)指出,单纯强调频率的重要角色,会面临诸多挑战,比如多重语法化链的问题。第五章提到,在多重语法化链里,一个语法化项可能会涉及数个临界环境,这些临界环境可能产生不同的语法意义(见 Craig, 1991;Heine, 1992, 2002;等等),比如埃维语(Ewe)的助动词 *le* 'be at'。按照 Heine(1992:354—355)的说法,*le* 的语法化有两个途径,一个途径发展出多功能介词,另一个途径发展出现在进行体(present progressive)及现在起始体(present ingressive)标记。这两个语法化途径各自都有连续环境,其语法化发生于各自的临界环境里。如果只是泛泛地统计 *le* 的频率,而且只是单纯地从频率角度来看,不考虑环境和语用推理因素,恐怕无法解释为什么同一源头会有不同语法化结果。

7.3 "临界频率"理论

本节重点介绍彭睿(2011b)所提出的"临界频率假设"。这一假设的核心思想是高频率、语用推理和临界环境三者交互影响,从而触发语法化变化的发生。除非另有说明,例句和频率/频次统计均引自该文章。

7.3.1 临界频率假设

Heine(2002)和 Diewald(2002)都指出,语法化不同环境的特征不同,只有临界环境或桥梁环境具备语用推理条件,而语法化的根本特征是在特定环境里通过语用推理产生新的语法意义。从这个意义上说,只有和具备语用推理条件的环境有关的语法化项的频率,才有意义。频率理论因为没有考虑到语法化环境的连续性以及不同环境的不同性质,往往以自主化这一概念来涵盖包括形式上的融合、意义上的虚化和新语法意义的产生。而在频率理论里,自主化具有核心地位。这似乎是这种理论关于"频率-语法化"关系论述的一个先天不足的地方。

7.3.1.1 临界频率和非临界频率的二分

彭睿(2011b)区分了语法化项在非典型环境中的频率和在临界环境中的频率,把前者称为"非临界频率"(non-critical frequency),而把后者称为"临界频率"(critical frequency)。非典型环境没有语用推理条件,所以非临界频率和语法化之间没有直接关联。对一个语串来说,非临界频率的作用是促使其组块化(chunking);而组块化并不就等于词汇化或语法化,只是其初始阶段。这一阶段的特点主要是语法化项(特别是多源构素语法化项)形式上的融合,也可能伴随意义上理据性的消失。但这只是进一步演变的基础。以现代汉语连词"不管"为例,其来源是"不+管"这一语串:

(2)a. 不修仁义五常,不管温良恭俭。

(《敦煌变文集新书·父母恩重经讲经文》)

b. 出牌膀,无边(遮)会,不管城中及城外。

(《敦煌变文集新书·维摩诘所说经讲经文》)

这二例为连词"不管"语法化的非典型环境。其中"不+管"都是"不顾及、不理会"的意思,而且"管"因为是其所在分句的唯一动词核心,所以两句都没有诱发"不+管"语串产生其他意义和功能的语用条件。类似例子的高频率重复不会创造出语用推理出连词"不管"所需的条件,最多是让"不+管"形成一个组块以及丢失意义上的理据性或加合性。再如,英语助动词 *be going to*/*be gonna* 来源于三源构素语法化项 *bist gangende to*。我们先看两个当代英语的例子(均转引自 Hopper and Traugott,2003:2—3):

(3)a. *I'm going to London.*

b. *I'm going to London to marry Bill.*

这两句因其中 *going* 的唯一理解方式是位移动词(见 Hopper and Traugott,2003:2—3),所以都是非典型环境的实例,没有语用推理产生助动词 *be going to* 的条件。同样,类似句子高频率出现的后果最多是让 be+going+to 形成一个组块。这种情形从历时语料里也能看到[例(4)转引自 Perez，1990]：

(4) ðu   ofer foerest ðone   soe   7 bist   gangende   to
    you cross-2-sg the-acc sea-acc & be-2-sg going   towards
    Romesbyrig.   [c 855]
    Rome-gen-city
    'You'll be crossing the sea and going to Rome.'

同样，(4)是 be going to (bist gangende to) 语法化的非典型环境，缺乏语用推理条件，其中的 gangende 只能解读为位移动词。

对单源构素语法化项来说，非临界频率的影响并不显著，这对汉语这样的孤立语来说尤其明显。①如对由动词"把"到处置标记"把"的语法化而言，非典型环境包括两种情形。动词"把"最初可以是句子的唯一核心：

(5) a. 左牵羊，右把茅。　　　　　　(《史记·宋微子世家》)
    b. 荷斤斧，把筑锸，与彼握刀持笔何以殊？
    　　　　　　　　　　　　　　　　(《论衡·量知》)

这样的句子是无从通过隐喻或转喻推理得出处置标记"把"的。人们通常认为，由动词"把"到处置标记"把"的演变发生于以"把"为首动词的连动式。以下是两个连动式：

(6) a. 汤自把钺以伐昆吾，遂伐桀。　　(《史记·殷本纪》)
    b. 武王把钺讨纣。　　　　　　　　(《论衡·齐世》)

如(6b)的"把"和"讨"两个动词共有一个论元（主语）("武王")，"把钺"和"讨纣"只能理解为"武王"所为的两种行为，"把"缺乏被推理为处置标记的基本条件。以上两例同样是非典型环境。这种连动式的高频率重复应该不会导致"把"的演变。

---

① 在第八章我们会谈到，以汉语为代表的孤立语的语法化并不一定会伴随语音形式的紧缩。

临界环境具有诱发产生目标义的临界性特征，即语用推理条件。学者们早就意识到语用推理的反复会导致新语义的习用化，但上一节提到，这一思路在频率理论里并未得到真正贯彻和深化。"不管"和 be going to 语法化的临界环境实例分别以(7)和(1)为代表。(8a)和(8b)是 be going to 的两个当代英语的临界环境实例。

(7) a. 忘机不管人知否，自有沙鸥信此心。

（宋·夏竦《狎鸥亭诗》）

b. 但是它都不管天地四方，只是理会一个心。

（《朱子语类·释氏》）

(8) a. I'm going to marry Bill.

b. She is going to borrow a book.

由"不+管"演变为连词"不管"的临界环境要求"不+管"出现在前一分句，而且两个分句之间有可能构成条件关系。如(7a)的"不+管"原本是动词短语，但因为"忘机不管人知否"句可以理解为"自有沙鸥信此心"句的条件，就为"不+管"语用推理为连词"不管"创造了条件。又如(8a)可以解读为 I am leaving/travelling in order to marry Bill。由于 to marry Bill 这一事件发生在 going 之后，be going to 可能被推理为 marry Bill 这一事件发生在将来的标记，形成助动词(参 Hopper and Traugott, 2003:2)。再如，以下是"把"语法化临界环境的两个实例：

(9) a. 却思城外花台礼，不把庭前竹马骑。

（《敦煌变文集新书·维摩诘经讲经文》）

b. 醉把花看益自伤。

（白居易《花前有感兼呈崔相公刘郎中》）

二句中的"把"原本都是"持，握"义动词。(9a)中的"把庭前竹马"和"骑"构成了连动式，其中"把"的宾语"庭前竹马"又是"骑"的逻辑宾语。"骑庭前竹马"的行为是通过"把庭前竹马"的方式进行的。(9b)中的"把花看"也是一个连动式，"把"的宾语"花"同时也是"看"的逻辑宾语。同样,"看花"和"把花"也可以理解为行为和其实现方式的关系。很明显,"把庭前竹马骑"和"把花看"都具备了把动词"把"解读为处置标记"把"的语用语义条件。总之,语法化项在这些临界环境实例里的高频率出现,为语法化创造了最重要条件。

7.3.1.2 "临界频率假设"的提出

把笼统频率二分为临界频率和非临界频率,是揭示"频率—语法化"关系的一个关键步骤。这种二分使得前面提到的"高频率的语言单位未必会发生语法化"这一现象有了合理解释的可能性。一种可能是,笼统频率和临界频率并不成正比:笼统频率高不一定意味着临界频率高,也未必意味着语法化项被语用推理出目标义这一过程的频次高;而笼统频率低不一定意味着临界频率低,也未必就意味着"语法化项被语用推理出目标义"这一过程的频次低。如高频率未必导致"人称代词+的""的+人"和"的+事"的语法化,可能是因为这些语串的临界频率低;而"的+话"的频率相对较低反而发生语法化变化,可能是因为其临界频率达到了一定数量。从同一语法化过程的不同临界环境实例,可以归纳出共同的临界性特征。因此,这些临界环境实例的每一次出现,都会引发相同的语用推理,产生相同的目标义。从这个意义上说,临界频率实为"语法化项因相同临界性特征而被语用推理出目标义"这一过程反复发生的频率。这是彭睿(2011b)所提出"临界频率假设"的基本思路。

临界频率假设

i. 临界环境实例的高频率出现引发相同语用推理的反复进行,导致语法化的发生。

ii. 语法化发生的几率和临界环境实例的频率高低成正比。

其中(i)说明的是临界频率推动语法化演变的机制,图示如下:

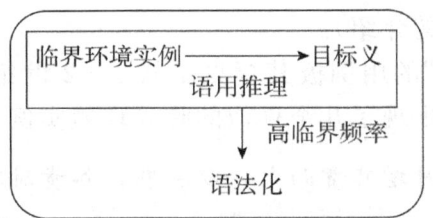

图 7.1 临界频率推动语法化的机制

其中小框表示，每一个临界环境实例都可能语用推理产生目标义。但这种语用推理是即时的，可能被取消。大框表示，语法化项高频率地出现在不同临界环境实例中，使这种语用推理反复发生，足够的临界频率使得目标义（即新的语法意义）和语法化项的即时性联系固定了下来，语法化演变最终完成。

7.3.2 个案分析

彭睿（2011b）从两个角度来论证临界频率假设的合理性。一是以从时间名词"时"到假设助词"时"的演变为例，说明临界频率的增长如何影响语法化，二是以非结构语串"因+而"在和"因+以"的竞争中胜出的例子，来说明高临界频率是语法化的关键条件。该文章指出，"假定两个语言单位（或两个非结构的源构素语串）在句法和语义特征上都高度相似，而且都具有演变为功能相似的虚词的临界环境，但临界频率不同。如果其中临界频率相对较高的语言单位（或源构素语串）发生了语法化，而临界频率较低的语言单位（或源构素语串）却始终没有发生这样的演变，就说明高临界频率是语法化的一个必要条件"。

7.3.2.1 时间名词"时"＞假设助词"时"

假设助词"时"源自时间名词"时"（江蓝生，2003：185）。由时间名词"时"到假设助词"时"的语法化临界环境可形式化为"VP_1 时 VP_2"，其临界性特征主要包括两个方面：（i）"时"出现于第一个动词短语 VP_1 之后，表示"动作或事态是没有实现的"（江蓝生，2003：189）；（ii）VP_1 和 VP_2 之间原本是时间关系（前者是后者的背景时间），但同时又可以理解为条件关系（前者是后者发生的条件)(也参第六章的介绍)。

先秦"VP时"的用例极其罕见。从1—2世纪开始"VP时"用例大幅增加,并出现了几个疑似的临界环境实例,如:

(10) 以谷贱时增其贾而籴,以利农,谷贵时减贾而粜。

(《汉书·食货志》)

以"谷贵时减贾而粜"句为例。对"减贾而粜"这一行为的施行,作者一方面没有预设一个季节时日意义上的时间点,另一方面也没有明确其为过去还是未来事件。作者说的显然是一般的道理。所以作者说"谷贵"是"减贾而粜"的时机,实际上表述的是"减贾而粜"的施行以"谷贵"为合适条件。既然作者说的是一般道理,"谷贵"就很自然地可理解为一种假设条件。总之,(10)这样的例子具备了把时间名词"时"解读为假设助词"时"的临界性特征。彭睿(2011b)通过对1—2世纪约2,715,000字的语料中"VP时"的笼统频率和临界频率的统计,见表7.3:

表7.3 1—2世纪部分文献"VP时"的笼统频率和临界频率

	A	B	C	D	E	F	G	H	I	J	K	L	总计	频率
笼统频次	48	4	25	9	18	7	3	0	0	0	0	0	114	42.0/pmc
临界频次	0	0	1	0	2	0	0	0	0	0	0	0	3	1.1/pmc

* 频率的统计以百万字为单位($pmc = per\ million\ characters$)
A 论衡　B 新论　C 太平经　D 前汉纪　E 汉书　F 风俗通义　G 孔雀东南飞　H 佛经选[①]
I 佛说般舟三昧经　J 佛说四十二章经[②]　K 古诗十九首　L 献帝春秋

到了六朝以后,临界频率逐渐增加。4—6世纪约3,030,800字的语料中"VP时"的笼统频率和临界频率统计见表7.4:

[①] 摘自CCL语料库,下同。
[②] 彭睿(2011b)把《佛说四十二章经》列为1—2世纪的文献,有误。有专家指出此书当属伪托东汉时期的作品。

表 7.4　4—6 世纪部分文献"VP 时"的笼统频率和临界频率

	A	B	C	D	E	F	G	H	I	J	K	L	M	N	O	P	Q	R	总计	频率
笼统频次	2	17	4	2	8	12	35	7	4	385	67	0	0	0	0	0	0	0	543	179.2/pmc
临界频次	0	11	0	0	0	1	2	2	0	101	10	0	0	0	0	0	0	0	127	41.9/pmc

A 全刘宋文　B 齐民要术　C 西京杂记　D 华阳国志　E 世说新语　F 搜神记　G 北凉译经　H 百喻经　I 抱朴子　J 佛本行集经　K 贤愚经　L 北魏译经　M 东晋译经　N 鸠摩译经　O 刘宋译经　P 西秦译经　Q 宝藏论　R 全梁文

从先秦到两汉(特别是 1—2 世纪),"VP 时"的笼统频率大幅增长,但"时"并没有语法化,可见笼统频率对"时"的演变没有直接推动作用。由 1—2 世纪到 4—6 世纪,一个显著的变化是临界频率的增加(1.1/pmc > 41.9/pmc)。假设助词"时"的语法化不早于六朝,而六朝正好是时间名词"时"的临界频率大幅增长之际。这不是一种巧合,而是临界频率直接影响语法化的一个证据。

7.3.2.2　"因+而"和"因+以"的竞争

从先秦到两汉魏晋,汉语中并存着"因+而+VP"和"因+以+VP"两种连动结构,二者结构和功能相同。其中"因"为动词,"而"和"以"都是连词。"因+而"中的"因"原义为"乘势、顺应、凭借、借机、利用"等(董秀芳,2002:275—276),"因+以"中的"因"与此相同。"因+而"最终演变为双音节连词,但"因+以"没有。"因+而"和"因+以"所分布的连动式分别以(11)和(12)为代表:

(11) a. 舟之侨谏而不听,遂去。因而伐郭,遂破之。

　　　　　　　　　　　　　　　　　(《战国策·秦策》)

　　 b. 仪遂使楚。至,怀王不见,因而囚张仪,欲杀之。

　　　　　　　　　　　　　　　　　(《史记·楚世家》)

(12) a. 秦欲伐楚,楚因以起师言救韩,此必陈轸之谋也。

　　　　　　　　　　　　　　　　　(《战国策·韩策》)

　　 b. 公令胥童以兵八百人袭攻杀三郤。胥童因以劫栾书、中行偃于朝。　　　　(《史记·晋世家》)

两组句子中及物动词"因"的宾语都承前省略。"因+以"和"因+而"的分布环境可以分别更具体地形式化为"S_i,[因 e_i]以[VP]"和

"S_i,[因 e_i]而[VP]",二者的平行性可从(13)中清楚看到:

(13)明君之道,使智者尽其虑,而君因以断事,故君不穷于智;贤者敕其材,君因而任之,故君不穷于能。

(《韩非子·主道》)

其中"因以断事"意为根据"智者"的智慧来对事情做决断,"因而任之"意为根据"贤者"的才干来任用他们,在结构和语义关系上一样。这在(14)两句中可以得到进一步证实:

(14)a. (阴识)其先出自管仲,管仲七世孙修,自齐适楚,为阴大夫,因而氏焉。 (《后汉书·樊宏阴识列传》)

b. 其先魏之支别,食菜冯城,因以氏焉。

(《后汉书·朱冯虞郑周列传》)

依董秀芳(2011)的推断,连词"因而"的产生时期应当不晚于魏晋南北朝。因为语料的局限性,要从形式上确定连词"因而"产生的年代不太容易。一般来说,如果"因而"出现在句子主语的前面,就可以确定"因"不再能理解为动词了。在"S_i,[因 e_i]而[VP]"框架中,S_i 是 VP 这一行为/事件发生所凭依的一个条件。连词"因而"的功能是表结果,因此"因+而 > 因而"演变的临界环境必须具有可以产生这种歧义的临界性特征:S_i 既可以理解为 VP 的发生所凭依的条件,也可以理解为 VP 发生的原因,即 S_i 和 VP 之间构成因果关系。这种临界环境实例以(15)两句为代表:

(15)a. 然,夫凡洞无极之表里,目所见,耳所闻,蠕动之属,悉天所生也,天不生之,无此也。因而各自有神长,命各属焉。 (《太平经·方药厌固相治诀》)

b. 韩信遂平齐,乞自立为齐假王,汉因而立之。

(《史记·田儋列传》)

(15a)的"因+而"有两种理解方式,一是"因"仍然是一个动词,其主语(即"各自"的先行词)和宾语(即"然……无此也"句所描写的情况)均承前省略;二是"因而"已经发展成为一个表结果的连词。从上下文看,"然……无此也"句可以理解为"各自有神长"(或者包括"命各书焉"句)这种情况产生的原因,所以把"因+而"解读为表结果的连词也很自然。(15b)按照"因+而"语串的源义来理解,该句的意思是,韩信已经平定"齐"地,请求被立为该地的"假王",那么汉室顺势准允。其中动词"因"的宾语承前省略,应当是"韩信遂平齐,乞自立为齐假王"句。从另一个角度看,明显地"韩信请求被立为王"是因,"汉室准允韩信的请求"是果。与(15a)相似,"因+而"语串可以进一步语用推理出表结果的连词的功能。两汉时期有了"因+而>因而"语法化的临界环境实例,也说明这一时期具备了发生这种演变的条件。

反观非结构语串"因+以",虽然与"因+而"的构成方式平行,却无法语法化为连词。其原因不外有三种:(i)笼统频率低,(ii)缺乏临界环境,或者(iii)有临界环境,但临界频率低。以下我们将逐一讨论这三种可能。

"因+而"和"因+以"在CCL语料库约1,639,700字的汉以前文献中的频次统计结果列于表7.5[①]:

表7.5 汉以前文献中"因+而"和"因+以"语串的笼统频次

	A	B	C	D	E	F	G	H	I	J	K	L	M	总计
因+而	2	3	1	3	1	5	1	2	6	6	2	0	0	32
因+以	2	2	0	2	1	3	9	2	5	4	1	1	1	33

A 国语 B 墨子 C 孙子 D 左传 E 公羊传 F 吕氏春秋 G 庄子 H 礼记 I 管子
J 韩非子 K 鬼谷子 L 战国纵横家书 M 荀子

---

① 例句的挑选排除了无关的情形,如"因+而"语串中"因"为名词及"因+以"语串中"以"明显地是动词/介词的情形:

(i)a. 臣闻明月之珠,夜光之璧,以暗投人于道路,人无不按剑相眄者。何则?无因而至前也。 (《史记·鲁仲连邹阳列传》)
　　b. 因以十月为年首,色上赤。 (《汉书·郊祀志》)

(ia)中"因"是一个名词,(ib)中"以"是介词,所以这里的"因+而"和"因+以"与本文的讨论无关。董秀芳(2011:268)指出表结果连词"因而"的源头"因"应该具有"乘势、顺应、凭借、借机、利用"这样的意思,而不是"沿袭、因袭"义的动词"因"。我们赞同这样的观点,但在统计"因+而"频次的时候,并不对两类严加区别,以检验频率理论的解释力。

可见汉代以前文献中两个语串的笼统频率很接近。前2世纪到前1世纪之间两个语串的笼统频次统计，见表7.6：

表7.6 前2世纪－前1世纪前后"因＋而"和"因＋以"语串的笼统频次

	史记	新序	淮南子	新书	法言	总计
因＋而	33	2	7	4	0	46
因＋以	21	1	6	0	0	28

到了1－2世纪，"因＋以"的笼统频率略高于"因＋而"，见表7.7：

表7.7 公元1－2世纪"因＋而"和"因＋以"语串的笼统频次

	新论	论衡	汉书	太平经	前汉纪	风俗通义	总计
因＋而	1	2	14	35	8	0	60
因＋以	2	8	28	29	7	5	79

先秦"因＋而"和"因＋以"的笼统频率很接近，到了1－2世纪后者的笼统频率甚至略微超过了前者。"因＋而"正是在此后一个时期内完成了语法化，而"因＋以"并没有进一步发展，可见推动前者语法化的并不是笼统频率。"因＋以"所在框架为"S_i，[因 e_i]以[VP]"，其中 S_i 同样是 VP 这一行为/事件发生所凭依的一个条件。"因＋以"语串如果要演变成表结果的连词"因以"，也必须具有相应的临界环境，其临界性特征与"因＋而"相同，即 S_i 既可以理解为 VP 的发生所凭依的条件，又可以理解为 VP 发生的原因。我们在语料中发现了此种临界环境实例：

(16) 不韦贤之，任以为郎。李斯因以得说。

（《史记·李斯列传》）

"李斯因以得说"可有两种理解方式：李斯凭借吕不韦的任用而得以"说"，以及因为吕不韦任用了李斯，所以李斯得以"说"。后一理解方式可能导致"因＋以"被解读为表结果的连词。语料显示，(16)这样的临界环境实例不止一例。所以，"因＋以"因为没有相应的临界环境而无法演变为表结果连词的可能性应予排除。我们

第七章 频率和语法化的关系

再来看看"因+以"的临界频率。"因+而"和"因+以"的临界环境实例最早都出现于先秦时期。以下是 CCL 语料库中约 1,639,700 字的语料中这两个语串的临界频率统计结果,见表 7.8:

表 7.8 先秦"因+而"和"因+以"的临界频率

	A	B	C	D	E	F	G	H	I	J	K	L	M	总计	临界频率
因+而	1	1	0	1	0	2	1	1	0	1	0	0	0	8	4.9/pmc
因+以	0	0	0	1	0	1	2	0	3	2	0	0	0	9	5.5/pmc

A 国语　B 墨子　C 孙子　D 左传　E 公羊传　F 吕氏春秋　G 庄子　H 礼记　I 管子
J 韩非子　K 鬼谷子　L 战国纵横家书　M 荀子

两个语串在这一时期的临界频率相差无几,但都极低,不足以引发"因+而"和"因+以"的语法化。在前 2 世纪—前 1 世纪前后约 918,200 字的语料中,两个语串的临界频率统计,见表 7.9:

表 7.9 前 2 世纪—前 1 世纪前后"因+而"和"因+以"的临界频率

	史记	新序	淮南子	新书	法言	总计	临界频率
因+而	7	1	6	0	0	14	15.2/pmc
因+以	3	0	0	0	0	3	3.3/pmc

我们也统计了两个语串在 CCL 语料库中 1—2 世纪前后约 2,715,000 字的文献中的临界频率:

表 7.10 1—2 世纪前后"因+而"和"因+以"的临界频率

	A	B	C	D	E	F	G	H	I	J	K	L	总计	临界频率
因+而	1	0	27	5	4	0	0	0	0	0	0	0	37	13.6/pmc
因+以	3	0	9	1	2	1	0	0	0	0	0	0	16	5.9/pmc

A 论衡　B 新论　C 太平经　D 前汉纪　E 汉书　F 风俗通义　G 孔雀东南飞　H 佛经选
I 佛说般舟三昧经　J 佛说四十二章经　K 古诗十九首　L 献帝春秋

可见,在前 2 世纪—2 世纪期间"因+而"保持了相对稳定的临界频率(15.2/pmc 和 13.6/pmc),与先秦时期(4.9/pmc)相比有了较大幅度的增长。在从先秦到 1—2 世纪期间,"因+以"语串的临界频率一直比较稳定，三个时期内分别为 $5.5/pmc$，$3.3/pmc$ 和 $5.9/pmc$，其中后两个时期的临界频率远远低于同时期"因+而"的临界频率。"因+而"正是在 3 世纪以前完成了向连词"因而"的演变，可见其相对较高而且稳定的临界频率是关键。

两汉以后"因+以"开始衰落。这种衰落似无法简单归因为"以"的衰落；因为和"以"一样，"而"在口语中也逐步走向衰落。我们的看法是，"因+以"因临界频率相对较低而在与"因+而"的竞争中处于劣势，最终被淘汰。

7.3.2.3 小结

时间名词"时"语法化为假设助词"时"的临界环境早在1—2世纪左右即已出现，但临界频率仅为 $1.1/pmc$；这一演变一直到六朝以后临界频率增加到 $41.9/pmc$ 时才发生。可见临界频率的增加是"时"语法化的重要因素。临界频率在"因+而"和"因+以"的竞争中也起了关键性作用。一方面，"因+而"的语法化发生在其临界频率由先秦的 $4.9/pmc$ 增加到两汉的 $15.2/pmc$ 和 $13.6/pmc$ 之后；另一方面，"因+而"和"因+以"其他条件完全相同或相似，唯一差别是，前者的临界频率稍高于后者。这同样说明临界频率对语法化具有影响。这些事实都从不同角度支持了临界频率假设，即语言单位的临界频率越高，越容易语法化。

7.4 关于频率和语法化关系的进一步思考

7.3 节的讨论显示，同样的语言单位只有在临界频率增加的情况下才能语法化，而相互竞争的语言单位也只有临界频率高的才有机会获得新语法意义。彭睿(2011b)在此基础上提出的一个问题是，语法化演变的临界频率是不是具有一定的"门槛"(threshold)，即一个语法化项的历时演变所需求的反复使用是不是有一个最低限度。就是说，无论是"时"临界频率的增加，还是"因而"相对"因以"的高频率，是不是都一定要达到某种数量标准，才有可能引发语法化，否则新语法意义无法真正在语法化项身上固定下来。

7.4.1 "共时强度"和"历时厚度"

"临界频率假设"主张,临界环境实例的不断出现引发同一语用推理过程的反复,最终导致语法化的发生。这种统计语法化项在一定共时平面上的临界频率的做法,实际上是假定"由临界环境实例经语用推理产生目标义"这一过程只是发生在一定共时平面上,也有些把问题简单化了。7.3节的讨论显示,无论是由时间名词"时"到假设助词"时"的演变还是由非结构"因+而"到连词"因而"的演变,这种语用推理都经历了相当的历时跨度,即在不同共时平面上反复进行,而且频率不断增加。如"时"演变的临界环境实例始见于两汉,但直到六朝以后才发生语法化;"因+而"演变的临界环境实例始见于先秦,直到两汉以后才语法化为连词"因而"。这就是说,从两汉到六朝以后,由时间名词"时"到假设助词"时"的语用推理一直在人们的言语交际中进行着,而从先秦到两汉以后,由非结构"因+而"到连词"因而"的语用推理也一直在人们的言语交际中进行着。可见,与临界环境相关的语用推理除了共时因素也有历时因素。因此,彭睿(2011b)提出了临界频率"二维性"这一概念,假设临界频率可由"共时强度"和"历时厚度"两个参数来衡量,具体表述如下:

> 共时强度:
> 语法化项临界环境实例在一定共时平面里大量出现,导致相似语用推理过程在该共时平面里反复发生,形成语用推理的共时强度。
>
> 历时厚度:
> 语法化项临界环境实例在多个连续的共时平面里持续出现,导致相似语用推理过程历时性反复发生,形成语用推理的历时厚度。

共时强度越高,相似语用推理在共时平面里重复发生的次数越多,推理义(或目标义)惯常化的程度也就越高。历时厚度越大,相似语用推理及其结果(即推理义)越能在人们心理认知上积累和传承。

临界频率二维性有助于解释为什么低临界频率能够推动语法化,那就是,相当厚度的临界频率如果达到一定的共时强度,语法化就会发生。临界频率两个维度对语法化的共同作用在"因+而"和"时"的演变中则体现得很明显。以"时"为例,其临界频率的两个维度可以图示如下:

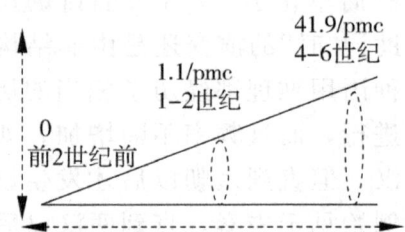

图7.2　时间名词"时"语法化临界频率的两个维度

公元前2世纪前、1－2世纪和4－6世纪三个共时平面跨越了超过800年的历史,应该说"时"的临界频率积累了相当的历时厚度。"时"的语法化发生于4－6世纪,当其临界频率激增至 $41.9/pmc$ 后。两种因素结合起来,就促成了从时间名词"时"到假设助词"时"的演变。"因+而"演变的三个共时平面是公元前2世纪前、前2世纪－前1世纪和1－2世纪,临界频率分别为 $4.9/pmc$、$15.2/pmc$ 和 $14.6/pmc$,历时厚度超过400年。考虑到双音节化因素,如果以单词为统计单位,1－2世纪的临界频率应高于前一个共时平面。因此,"因+而"的语法化也符合这样的规律,即由相当历时厚度和一定共时强度的临界频率引发。

结合临界频率的二维性,彭睿(2011b)把"临界频率假设"修正如下:

修正的临界频率假设

i. 语法化的前提是由临界环境实例的不断出现而引起的相似语用推理过程的反复。

ii. 临界频率如果积累了相当历时厚度,并达到一定共时强度,就可能导致语法化。

概括起来，就是临界频率凭借"共时强度"和"历时厚度"两种量的变化来推动语法化。该文章进一步指出，即使是高临界频率（包括共时和历时两个维度）对语法化的影响也不是绝对的，因为语法化不一定发生，而且导致语法化的因素往往是多元而不是单一的，临界频率只是其中的一个必要条件，而非充分条件。

7.4.2 临界频率假设未能解决的问题

临界频率假设强调的是临界频率和语法化之间的相互关联，修正的临界频率假设则补充说明了临界频率从共时强度和历时厚度两个维度对语法化产生影响。这个假设初步地回答了为什么高频率的语言单位不一定语法化，而低频率的语言单位反倒可以语法化的问题，但显然并没有能解决所有的问题。比如，从彭睿（2011b）涉及的仅有的几个语法化个案的统计结果来看，笼统频率和临界环境之间似乎大致上存在着一种正比关系：笼统频率越高，临界频率也越高，反之亦然。如果这种笼统频率和临界频率之间的正比关系具有普遍性，等于说高笼统频率同样是语法化的重要指标和条件，那么临界频率假设（包括其修正后的版本）的意义就会大打折扣。再比如，彭睿（2011b）虽然提到了临界频率的门槛问题，但没有展开说明。临界频率的门槛到底有多高，以及是不是有一个普遍适用的标准，都是需要面对的问题。

7.4.2.1 笼统频率和临界频率之间有无正比关系

这个问题可以从两个方面来看，一是临界频率是不是具有必然性，二是笼统频率和临界频率之间是不是一定具有正比关系。

高频率和语法化之间没有必然联系，这已经是一个非常清楚的事实了。一个语言单位无论笼统频率有多高，理论上都可能不出现在任何临界环境里，即临界频率为0，或者其临界频率低到可以忽略不计。Peng(2012)对比了"的+话"和"的+事"两个语串的频率。表条件假设的助词"的话"19世纪以后才产生，其来源是"的+话"语串（张谊生，2001；江蓝生，2004）。另一个常见的语串是"的+事"。这两个语串从12世纪到20世纪在CCL语料库里出现的频次统计如下：

表 7.11 "的+话"和"的+事"的频次

	12—14 世纪	15—17 世纪	18—20 世纪
的事	33	1086	4150
的话	27	616	3782

在三个时期里,"的+事"的频率都比"的+话"高。然而,最终是频率低的后者发生语法化,频率高的前者则直到现代汉语里仍然只是个高频率的语串。"的+话"能出现在临界环境里(详细讨论见张谊生,2001)。语料显示,"的+事"几乎不会出现在临界环境里,也就没有可能因语用推理而获取新的语法意义。"的+话"和"的+事"两个语串并不相互竞争,但这个结果能够说明笼统频率和临界频率之间没有必然的关联,也有助于说明语用推理和笼统频率之间没有必然的关联。

为了进一步检验笼统频率和临界频率的关系,Peng(2012)对"再说"和"再讲"语法化过程中不同类型的频率做了统计和分析。和"再说"一样,"再讲"也有句末助词(再讲$_1$)和连词(再讲$_2$)两种用法。第五章所举的几个现代汉语"再说"的例子都可以换成"再讲":

(17) a. 工作的事开完会再讲。
  b. 作业的问题就谈这些。现在再讲考试的事情。
  c. 给读者的回信以后再讲。
  d. 我们还有一点钱,花出去再讲!
  e. 我恨他干什么?再讲,他也不值得我恨。

其中(17d)和(17e)中的"再讲"分别是"再讲$_1$"和"再讲$_2$"。第五章提到,"再说$_1$"和"再说$_2$"是动词短语"再说"循不同路径、在不同语用推理条件的推动下产生的。Peng(2012)和 Peng(2014)则指出,"再讲$_1$"的来源是动词短语"再讲",从后者到前者的演变路径和"再说>再说$_1$"是一致的;但是"再讲$_2$"为"再说$_2$"类推扩展结果的可能性更大。

Peng(2012)对"再说$_1$""再说$_2$"和"再讲$_1$"在演变过程中不同环境的频率进行了统计。

这三个虚词都产生于 19 世纪前。虽然最早的动词短语"再+说"和"再+讲"[意义都是"然后再(继续)做某事"或"随后再处理某事"]最早可以分别追溯到 12 世纪和 14 世纪,但它们直到 15 世纪之后才较为普遍使用。因此,该研究的调查对象主要是 14—18 世纪的白话小说和话本,具体说,包括 14—16 世纪的五部作品,17 世纪的九部作品和 18 世纪的十一部作品。① 统计结果显示:

i. 所有类型"再说"词串的总频率从每百万字 67.8 次降至 60.5 次;"再讲"的总频率从每百万字 0.5 次增至 4.5 次。

ii. 作为"再说$_1$"的直接来源的"再+说"词串的非临界频率和作为"再讲$_1$"的直接来源的"再+讲"的非临界频率分别由每百万字 5.7 次增加到 18.1 次,以及由每百万字 0.5 次增加到 3.5 次。

iii. 作为"再说$_1$"的直接来源的"再+说"词串的笼统频率和作为"再讲$_1$"的直接来源的"再+讲"的笼统频率分别由每百万字 6.2 次增加到 19.3 次,以及由每百万字 0.5 次增加到 4.5 次。

iv. 作为"再说$_2$"的直接来源的"再+说"词串的笼统频率由每百万字 61.6 次降低到 41.2 次,其非临界频率频率由每百万字 61.6 次降低到 40.2 次。

v. "再说$_1$""再说$_2$"和"再讲$_1$"的临界频率都有不同幅度的增长。

一个最重要的信息是,虽然"再说$_1$"和"再讲$_1$"的笼统频率和临界频率都呈增长趋势,但是"再说$_2$"的笼统频率降低但临界频率增加。这说明,笼统频率和临界频率呈正比的情形并不普遍。

概括起来,既然高笼统频率并不能保证语言单位一定会出现在临界环境,很自然地,语法化的界定性特征(defining feature),即新语法意义的产生,就不必然是高笼统频率的产物了。

7.4.2.2 关于临界频率的门槛的再思考

彭睿(2011b)把新语法意义的产生分为两个步骤,一是会话

---

① 这些作品包括:14—16 世纪的《朴通事》《元话本选集》《水浒传》《五代秘史》和《西游记》,17 世纪的《二刻拍案惊奇》《今古奇观》《初刻拍案惊奇》《包公案》《喻世明言》《警世通言》《醒世恒言》《续英烈传》和《金瓶梅》,18 世纪的《醒世姻缘传》《野叟曝言》《绿野仙踪》《红楼梦》《歧路灯》《明珠缘》《型世言》《好逑传》《水浒后传》《西游补》和《醋葫芦》。

中的语用隐含在临界环境中的出现,二是这种语用隐含的习用化。其中,第二个步骤是由临界频率驱动的。每一个具体的临界环境实例都可能推理出语用隐含来。那么,问题就是,是不是需要临界频率达到一定的数量,这种语用隐含才可能被习用化为新语法意义。如果答案是肯定的,那么这种临界频率的最低限度是什么呢?

Peng(2012)归纳了八个汉语虚词语法化过程中的笼统频率和临界频率。这八个汉语虚词包括"所以"、"之所以"、系词"是"、条件假设助词"时"、"因而"、情态助词"再说$_1$"、连词"再说$_2$"和情态助词"再讲$_1$":

表7.12 笼统频率和临界频率(pmc)

	所以	之所以	是	时	因而	再说$_1$	再说$_2$	再讲$_1$
笼统频率	961.7	294.5	337.2	179.2	38.1	19.5	41.2	4.4
临界频率	72.0	58.8	51.2	41.9	23.5	1.4	1.0	0.9

我们可以从两个角度来观察。首先,各虚词的临界频率高低差距很大,介于 0.9/pmc("再讲$_1$")和 72.0/pmc("所以")之间。其次,临界频率和笼统频率的比值差距也很明显,介于 2.4%("再说$_2$")和 61.7%("因而")之间。这说明,不仅临界环境并没有一个统一的门槛,而且临界频率和笼统频率之间的比值也是因个案而异的。

总的来说,以上八个虚词的临界频率都非常低,特别是"再说$_1$"(1.4/pmc)、"再说$_2$"(1.0/pmc)和"再讲$_1$"(0.9/pmc)三者。如此之低的临界频率却能引发语法化演变,应该是一个值得注意的现象。我们不妨先回到临界频率的含义本身。前面介绍过,彭睿(2011b)把临界频率看成文本频率的一个特殊类别,是相同或者相似语用推理过程重复的次数。语用推理过程的每一次重复,都具有强化新语法意义和语法化项之间关联的效果。正因为临界频率对语法化项的这种直接影响,即使是低临界频率,也能够在一定程度上促使语法化项产生新语法意义。对此,Peng(2012)的说法是，这种现象实际上很好地解释了临界频率和非临界频率之间的差异性。非临界频率，用 Bybee(2006：715)的话说，需要达到一定高度才能产生保守效应，但需要达到极高的高度才能产生自主化效果。该文章也认识到，关于低临界频率引发语法化的解释，只是尝试性的；进一步的解释有赖于对跨语言语料的分析。

7.5 总结

传统的频率理论主张频率在语法化中扮演重要角色，但却无法清楚解释为什么高频率并不必然引发语法化变化的现象。彭睿(2011b)提出了临界频率假设，区分了临界频率和非临界频率，主张只有前者对语法化产生直接影响。这一假设得到了汉语语法化个案的支持。Peng(2012)关注的是为什么低临界频率可以导致语用含义习用化为语法化项的新语法意义，并从临界频率的性质上给予了初步解释。关于频率和语法化之间的关系，尚有许多课题需要深入研究。临界频率假设的提出只是探讨频率和语法化关系的初步工作，而这一假设也是粗略性的，有待进一步打磨。比如说，区分语法化项在有语用推理条件的环境中的频率（临界频率）和在没有语用推理条件的环境中的频率（非临界频率）无疑是一个正确的方向；更进一步地，语法化项在非临界环境（典型环境、孤立环境和习用化环境）的频率，分别对语法化过程有何种影响，也是一个值得认真思考的问题。

第八章 语法化规律的跨语言性

8.1 引言

本章以汉语(特别是汉语标准语)为个案,讨论个别语言语法化的"特色"问题。

一个常见的说法是,跨语言地,语法化特色有"共性"和"个性"之分。宏观地看,语法化变化存在具有普遍适用性的规律和原则。比如说,一些观察,包括语法化以语用推理为驱动力、以类推和重新分析为机制,语法化的单向性以及与之相关的几个附带现象,如 Hopper(1991)提到的语法化原则,即"专门化""裂变""更新"和"并存"等等,都获得了跨语言事实的支持。这些规律和原则不仅是跨语言的,也具有跨范畴的预测性。举个例子,刚刚提到的这几个语法化原则,一方面,不仅对印欧语适用,对汉语来说同样有解释力;另一方面,不仅对介词的语法化适用,对体标记的形成过程同样有解释力。实际上学界对具体某种语法化规律和原则的呈现方式以及普遍意义也存在不同看法。比如说,第一章谈到,学者们对一些基本问题,如语法化到底是形式上的演变还是功能上的演变,以及语法化的参数(或语法化程度的判断标准)是什么,都没有达成共识。这种分歧要么根源于学者们方法论上的不同,要么和被观察的语言分布于不同地域而且具有不同类型学特征这些事实有关。举个例子,学界普遍认可的一种说法是,印欧语大多属屈折语,而汉语是典型的孤立语。屈折语具有屈折语素、词形屈折变化,并且有性、数、格等语法范畴的变化。孤立语最重要的特征则包括具有大量单语素词(单纯词)、缺乏屈折形态,而且语素和语素之间的界限比较清晰稳定等。很自然地,人们也关注这种地域性和类型学特征的差异会不会给语法化带来不同个性色彩(见 Bisang,2008a,2008b,2008c,2010 等)。目前的语法化理论(包括窄化观和扩展观)主要是建立在对印欧语观察的基础上的,是不是适合汉语的情形,也逐渐引起了学者们的关注(见 Bybee,Perkins,and Pagliuca,1994;Bisang,2008a,2008b,2010;Traugott,2010;Traugott and Trousdale,2013;等等)。

  语法化的共性也体现在微观层面上。我们知道,语法化演变路径往往具有跨语言性,这在 Heine and Kuteva(2002a)里面有比较详尽的介绍。比如说,由表完成义动词演变为完成体或完整体标记的语法化路径在很多语言里面都存在,包括汉语、雅贝语(Yabem)、散戈语(Sango)、埃维语(Ewe)、印京尼语(Engenni)、拉玛语(Rama)、巴瑞语(Bari)、西班牙语(Spanish)、斯若伊语(Siroi)等语言(Heine and Kuteva,2002a:135—137);由使役(dative)到定语标记①的语法化路径在亚美尼亚语(Amenian)、北部瑞典语(Northern Swedish)、标准挪威语(Standard Norwegian)、迪亚里语(Diyari)、阿兰达语(Aranda)以及巴卡语(Baka)等语言里都有发现(Heine and Kuteva,2002a:103—104)。再比如,文献里也提到,跨语言地看,由时间域到原因/条件的语法化现象十分普遍(Heine and Kuteva,2002a:291—293)。如 Traugott and König(1991:195—197)提到了一组由时间域到原因的语法化演变,包括:

古高地德语 *dia wila so* 'so long as' > 德语 *weil* 'because'
拉丁语 *posteaquam* 'after' 'ever since' > 法语 *puisque* 'since',致使标记;
            法语 *quand* 'when' 'because'

---

① Heine and Kuteva(2002a:24)所用的术语是 A-possessive,包括了 marker of attributive (nominal)possession;genitive case,associative,connective,nominal possessive 等几种标记。

汉语里也存在一条由时间域到条件的演变现象，如江蓝生（2003）提到的汉语"时"由时间词到假设条件标记的演变。依据对项梦冰（1997）的研究结果的分析，江文断定福建连城客家话里也存在类似的语法化路径。

本章的讨论只涉及第一个层面。就是说，我们所关注的，不是汉语里存在不存在完全不同于其他语言的语法化路径，而是汉语语法化有没有不符合普遍规律和原则的现象。就这一问题，已经有学者开始深层次地开展了讨论（如Bisang，2004，2008a，2008b，2008c，2008d，2010；吴福祥，2005；董秀芳，2008；江蓝生，2016；等等）。如果汉语语法化现象不符合理论预测，一方面说明汉语语法化现象在微观层面存在某些有特色的地方，另一方面，倒不如说是目前的语法化理论（主要是基于对印欧语的观察）有不周延的地方。事实上，既有的语法化理论流派的确存在这样的情形。比如，我们在第一章提到，Bisang（2004，2008a，2008b）认识到，Lehmann（1995/1982）提出的语法化六个标杆参数并不完全适用于东亚及东南亚大陆语言。Traugott（2010）和Traugott and Trousdale（2013）等一针见血地指出，这些参数是建立在对印欧语的观察基础上的，在形态丰富的语言里容易操作，但对于形态不丰富的语言，比如汉语和当代英语，这些参数不都适用。所以说，语法化标杆理论并不具有普遍意义。从理论上说，语法化理论的不周延还可能包括如下两种可能性：

i. 汉语的某些语法化现象在动因、机制和驱动力等方面超出了目前理论的预测。

一种可能情形是，汉语中存在一些按照目前的各家定义都可以视为语法化演变的个案，但这些个案在动因、机制和驱动力等方面异于我们所熟知的理论模式，比如，不以语用推理为驱动力或者不以重新分析和类推为机制的语法化演变方式。这种情形如果存在，就说明目前的语法化理论的建立主要依据的是对印欧语语法化现象的梳理和概括，其解释和预测能力不足以覆盖所有汉语语法化现象。

ii. 汉语的某些语法化现象与现有语法化理论概括的规律原

则相抵牾。

一种可能的情形是,汉语中某些按照目前的各家定义都可以视为语法化演变的个案显示,目前的语法化理论在单向性和/或语法化原则等方面的预测不完全正确。

以上两种假设的情形得出的结论是一样的,就是目前的语法化理论尚有进一步完善的空间。

汉语语法化路径似乎也存在异于普遍规律的情形。例如,吴福祥(2005)讨论了三种具有类型学特征的汉语语法化模式,包括关系名词的语法化模式、伴随介词的语法化模式和语法词/附着词的语法化模式。以关系名词的语法化模式为例,跨语言地,领属结构中的关系名词一般会循两种路径发生语法化变化。小句语序为SVO,通常演变路径为"关系名词＞前置词";而如果小句语序为SOV,则演变路径多为"关系名词＞后置词"。吴文发现,汉语是SVO语言,但其关系名词的语法化路径却是"关系名词＞后置词"。对此,吴文的解释是,汉语虽然小句语序为SVO,但其领属结构语序为"领属语＋关系名词",这恰恰不同于一般的SVO语言而与SOV语言相同。这种情形并非汉语独有,比如埃维语(Ewe)就和汉语一样。因此,吴文最后的结论是,"人类语言的语法化模式或路径的类型变异与共性特征也并非完全对立";汉语语法演变模式的三个类型特征,"在一定程度上与跨语言的语法化共性仍是相通的"。再如,董秀芳(2008)和Bisang的系列文章都提到了汉语动词转为名词的普遍性,而且视之为汉语语法化的重要特色。而我们的观察表明,这一特色,只是在部分汉语语法化现象中体现出来,并不宜被看成汉语语法化的一般性特色。

"语法化特色"实际上包括两个层面,一是个别语言因其类型学特征的影响而呈现出来的语法化特色,二是特定语法范畴或者语法化项类型在语法化过程中所体现出来的个性化的特征。本章将把重点放在类型学及地域性特征对汉语语法化的影响这一问题上。我们的基本立场是,目前学者们所认知的这些汉语语法化特色并不真正和普遍规律原则相矛盾。相反,这些特色都是因汉语类型学特征而产生的,是汉语语法化现象与普遍性规律相联接、运用普遍性机制过程中的辅助手段。特定语法范畴或者语法化项类型的语法化特色,将是第九章的讨论对象。

8.2 类型学及地域性特征对语法化的制约

语法化过程中的相似性关系——"形式-意义"共变现象,一直是学界感兴趣的课题。学者们对语法化过程中意义变化伴随着形态句法、功能以及语音变化的观察由来已久。除了 Lehmann(1995/1982)的语法化标杆理论,Heine and Reh(1984)、Heine,Claudi,and Hünnemeyer(1991)、Bybee,Perkins,and Pagliuca(1994)以及 Hopper and Traugott(2003)等有影响的语法化理论论著都有这方面的讨论。①特别地,形式-意义共变规律在 Bybee,Perkins,and Pagliuca(1994:106-115)中被总结为"平行紧缩假说"(parallel reduction hypothesis)。这一假说的普遍性意义一直是一个热门话题。

8.2.1 平行紧缩假说

通过对一些相互无关联的语言的考察,Bybee,Perkins,and Pagliuca(1994)发现,语法化项/语法化成项②由松到紧的语音连续统(phonetic continuum)和语义紧缩连续统(continuum for semantic reduction)之间存在着一种平行关系。简单表述起来,就是语法化项/语法化成项在语义进一步泛化的同时,也会发生形式上的变化,包括两种情形,即(i)语音实体(phonetic bulk)的紧缩或丢失,以及(ii)自主性的丢失。衡量语音紧缩的参数既包括音段特征的紧缩(如元音的缩短,辅音的缩短、浊化以及丢失第

---

① 根据 Schiering(2010:74)的考察,这种形式-意义共变的理念最早可以追溯到 Gabelentz(1969/1901)。

② Bybee,Perkins,and Pagliuca(1994:2)提到,在这部著作里所有类型的语法性成分(包括附缀、词干变化、重叠形式、助动词、小品词复杂结构)都被称为"语法素"(grammatical morpheme,简为 gram)。为统一本书的风格,我们在引述这部著作的内容时,视情况而定,将以"语法化项""语法化成项"或者"语法性成分"来称说这些语言单位。

二性特征等；元音和辅音的完全丢失），也包括超音段特征的紧缩（如丢失重音和变为轻声等）。语音紧缩的一个后果是，语法化项的音段数量被缩短。自主性丢失的一个典型特征是语法化项对周围语音材料的依附性的增加。

　　长久以来，学者们一直对平行紧缩假说的跨语言预测能力持不同看法。Bybee, Perkins, and Pagliuca（1994：2—3）提到，这一假说主要是建立在对和动词相关联的语法化项/语法化成项，特别是以形态方式来标记的时态、体貌和情态的观察基础上的。作者认识到，语言的类型学特征对语法化具有制约作用；和语法化标杆理论一样，平行紧缩假说对印欧语来说是十分适用的，但是，以汉语为代表的孤立语的语法化现象没能如综合语（包括屈折语和黏着语）那样走得太远。具体说，孤立语不仅没有发展出词缀，也没有发展出综合语的那种具有抽象、泛化等意义特征的语法性成分（1994：118）。因此，在孤立语的语法化过程中，语法化项在形式上不一定会发生诸如以紧缩为特征的变化。汉语语法化项形式上可能发生变化，最常被拿来举证的汉语例子是"了"和"着"。从动词"了"（liao）到体标记"了"（le）出现了元音弱化的现象。从动词"着"（zhuo/zhao）到体标记"着"（zhe）的语音紧缩更为明显，不仅元音弱化，而且辅音可能浊化。然而，对于汉语来说，更加普遍的情形是，语法化项的形式特征并不发生变化。比如，从动词"把"到处置标记"把"以及从动词"被"到被动标记"被"，类似的情形并未发生。这表明，至少从孤立语的角度看，平行紧缩假说的普遍适用性的确有限。Bisang 的系列研究（2008a，2008b，2008c，2008d，2010 等）也证实了这一点。

　　Ansaldo and Lim（2004）对汉语族语言（Sinitic languages）在语法化过程中的形式变化做了专门研究。通过对粤语和闽南语的分析，作者认为，汉语族语言语法化过程中形式上的变化主要并不体现为形态上的紧缩（morphological reduction），而是体现为语音时长（duration）的缩短和元音的溶蚀。比如说，粤语的动词"过"（gwo）和比较级标记"过"（gwo）在语音上的差异既体现在时长上，也体现在元音上。动词 gwo 的平均时长为 0.224 秒，而比较级标记 gwo 的平均时长为 0.141 秒。相比语法标记 gwo，动词 gwo 的元音位置更低也更靠后(Ansaldo and Lim, 2004: 353)。该文章指出，在汉语族语言这样的有声调的孤立语里，因为受到音节之间的离散的界线和音位制约(phonotactic constraints)这两个因素的影响，音节紧缩的可能性基本上被排除了(2004: 345)；但这并不妨碍这些语言发生语法化演变。因此，在有声调的孤立语里，语法化的形式变化更多地表现在超音段特征上面。特别地，对这些语言而言，最显著的形式变化表现为韵律溶蚀(prosodic erosion)(2004: 346)。

8.2.2 语音紧缩不是语法化变化的区别性特征

关于语法化项的形式变化，学者们关注最多的是语音紧缩，而且较为一致地对语法化过程中语音紧缩的普遍性提出了质疑(如 Ansaldo and Lim, 2004; Schiering, 2006, 2007, 2010; Bisang, 2008a; Arcodia, 2013; 等等)。比如，Schiering(2006)在对跨语言的附缀化(cliticization)系统性调查的基础上，对语法化项语音溶蚀问题进行了重新评估。附缀化是一种语法化现象，包括形态句法、功能以及语音变化。作者把音韵分为三类，即"基于重音的音韵"(stress-based phonologies)(如英语、俄语、阿拉伯语)、"基于音节的音韵"(syllable-based phonologies)(如法语、意大利语)和"基于短音节的音韵"(mora-based phonologies)(如日语、芬兰语)，三者依序形成一个连续统。特别地，只有在以重音为基础的语言里，语音溶蚀才能和语法化形成对应关系。Schiering(2010: 85—90)也指出，语音溶蚀，包括语音材料的紧缩和丢失，不过是附缀化的数种选择之一，而不是语法化过程中普遍性的伴随现象。该文章进一步主张，基于重音的语言最有可能发生溶蚀，而在基于音节音韵和基于短音节音韵的语言里，语音紧缩仅限于音渡环境(junctural context)。Schiering(2006)和Schiering(2010)的共同结论是，语音紧缩并非语法化的界定性属性(defining property)。Arcodia(2013)的结论是，语法化过程中的语音紧缩实际上是独立于语法化过程的，是一个"形态－语音"

(morphophonological)过程。就是说,语法化项的语音变化并不是由形式变化引起的。这和 Schiering 的观察是相容的。

有意思的是,学者们对这种根据韵律特征分类所依据的具体参数标准等都不尽相同(详见 Schiering,2007:338—342),所以具体语言的类型归属也不完全相同。比如,Lin and Wang(2007)证明,汉语具有基于音节的音韵,但 Schiering(2007,2010)则提到汉语标准语属于具有基于重音的音韵的语言。撇开这种差异性,Schiering 所提出的观点,即语音紧缩不是语法化的根本属性,对本章余下的讨论非常关键。

8.2.3 不同类型语言语法化项形式变化的差异

就语法化的形式变化而言,包括汉语言在内的东亚及东南亚大陆语言到底在多大程度上和印欧语不同?Arcodia(2013)的研究至少部分地回答了这个问题。该研究的主要考察对象为汉语部分官话方言及晋方言中从完成义动词"了"发展出来的语法标记。作者一方面肯定了 Bisang 关于东亚及东南亚大陆语言中因为强制性范畴的缺乏而使得语用推理变得十分重要的说法,另一方面也质疑了他对于这些语言里语法化项形式上变化受到地域及类型学特征限制的观点。Arcodia(2013)发现,在他所考察的官话方言及晋方言中,这些语法标记都有语音紧缩、依附性增加以及融合的形式特征,这和 Bybee,Perkins,and Pagliuca(1994)所提到语法化项形式变化方式是吻合的。比如说,晋方言中词汇根(lexical root)可以通过数种手段来获得语法功能,包括韵律变化、变调、拉长和/或降低主要元音舌位、儿化,以及这些手段的结合。作者特别提到,根据一些学者的研究(如陈鹏飞,2004;辛永芬,2006;柯理思,2009),这些手段都是形态标记和词汇根融合的产物;因此,所谓汉语言具有稳定的音节以及语素之间具有稳定界限的说法,都是不可靠的(Arcodia,2013:152)。作者进一步主张,Bisang 的系列研究提到的包括汉语在内的东亚及东南亚大陆语言的语法化所受到的类型学限制,或许对汉语标准语以及南方方言适用,但在一些官话方言和晋方言中,语法化过程中的形式变化程度，如音节融合和语素融合，和印欧语的情形相差不多。

关于形式变化和意义变化的关系，Arcodia(2013)注意到两个关键事实，即在他所考察的汉语官话方言和晋方言中，(i)不同语法标记的紧缩方式相同，(ii)语法标记的紧缩和融合并没有带来意义上的变化，作者由此提出的一个重要观点是，语法化项形式上的变化或许是由语法化触发的，但这种形式变化在初步阶段之后可以独立于语法化过程，如上文提到的，这是一个"形态—语音"过程。这和Schiering(2006，2010)的观点是一致的。综观东亚及东南亚大陆语言，语法性成分的语音紧缩和融合不如屈折语那样普遍，这的确是一个事实，个中原因值得深入探究。Bisang的系列研究证明了东亚及东南亚大陆语言缺乏强制性范畴，因此即便是意义高度泛化的语法标记，也未必如印欧语的语法标记那样高频率出现；Bybee及其他学者的研究，已经证明了高频率对语音紧缩和融合的推动。因此，Arcodia(2013：150—151)指出，相对低频率是导致东亚及东南亚大陆语言语法性成分缺乏语音紧缩和融合的一个原因。

李小军(2016)注意到语法化不必然导致语音弱化的问题，并且把这种情形归因于词汇项的新语法意义的产生和主观性的增强。作者依据对汉语语料的分析，指出和语法化变化相关的语音弱化不是整齐划一的，而是"因时因地甚至因人而异"(2016：12)，同时把语法化中的音变分为三种类型，即语音"弱化""分化"和"强化"。这种三分法颇有新意，也值得进一步探讨。

8.3 地域及类型学特征与东亚及东南亚大陆语言语法化

有学者主张，包括汉语在内的东亚及东南亚大陆语言的语法化，都在一定程度上受到了地域及类型学因素的影响。学者们对这一课题的研究涵盖了语音及形态句法等诸多方面。如Bisang(2008a)总结道，和印欧语相比较，东亚及东南亚大陆语言的语法化呈现出三种特色(2008a：15)：

i. 缺乏强制性范畴，因此语用推理的作用特别显著；
ii. 存在严格的句法范式（语序范式）；
iii. 缺乏或者仅存在有限的形式—意义共变关系。

这里"范畴的强制性"采用的是 Lehmann(1995/1982)的术语。Bisang(2008a)指出，如果某一范畴需要说话人使用专门标记来指明，该范畴就具有强制性；因为缺乏这种强制性，在印欧语里已经习用化的抽象语法概念，包括"时态"(tense)、"有定性"(definiteness)等等，在东亚及东南亚大陆语言里往往只能靠语用推理来判断。而且，在这些语言里，同样的语法标记可能因情形不同或者所在结构的不同而表达不同的语法概念。东亚及东南亚大陆语言存在少量的非强制性语法标记，但这些标记意义很广，必须从语境中推理出来。Bisang 在其研究里（2008c，2008d）都举了高棉语(Khmer)动词 baːn 'come to have' 的例子：

(1) Chnam nih   yɤːŋ   baːn   sroːv craən nas.
    year   this we   come to have rice   a lot very
    'This year we came to have a lot of rice.'

动词 baːn 既可以分布于动词前，也可以用在动词后和小句末。和其他东亚及东南亚大陆语言里表同样意义的动词一样，语法化了的高棉语(Khmer) baːn 如果出现在动词前，根据不同预设条件，可能通过语用推理得出不同的意义诠释来，如例(2)（转引自 Bisang, 2008d: 19）：

(2) Khɲom   baːn   tɤːu   phsaː(r)
    I   come to have   go   market
    a. 能力或准允：'I was able to go to the market.'/'I was allowed to go to the market.'
    b. 过去时：'I went to the market.'
    c. 真实性：'I do go/really go to the market.'

作者的观察包括如下几个方面。首先，高棉语没有强制性的时—体—情态标记。baːn 作为一个语法标记有时候可以省略，但句子仍然符合语法。其次，类似 ba∶n 这样的语法标记的意义是根据其所在环境推理出来的。此外，ba∶n 的不同意义之间并不能构成某种斜坡（cline）或路径（pathway）；它们既不能被看成一个词之间的多义性，也不能被看成语义变化的结果；相反，这些意义来源相同，是在不同语境下依据不同预设条件所做的不同语用推理的结果。最后，尽管出现在语法标记的位置上并且表达语法功能，ba∶n 的语音并不发生变化（Bisang，2008d：20）。

关于东亚及东南亚大陆语言语法化的特色，Bisang（2008d：16—17）进一步提出了几个有意思的观点。包括：

　　i. 强制性范畴的缺乏并没有妨碍东亚及东南亚大陆语言产生语法化程度高的语法标记，这些标记属于相对封闭的类，而且受制于严格的句法范式，按照 Lehmann（1995/1982）的标准，语法化程度较深。这些语法标记所表达的语法概念都是语用推理的结果。

　　ii. Ansaldo and Lim（2004）针对汉语所观察到的两个语法化形式变化特点，即语音时长的缩短和元音质量的溶蚀，也适用于东亚及东南亚大陆语言；这两个特点，再加上作者自己所主张的"强制性范畴的缺乏"以及"单一语法标记的多功能性"这两种因素，共同阻遏了东亚及东南亚大陆语言发展出印欧语那样的形态范式，使得这些语言在形式—意义共变关系中，语法化项的紧缩程度大多数都不如印欧语强烈。

　　iii. 前面提到的东亚及东南亚大陆语言的三种特色，语法化理论并不能完全予以解释。一个假定是，跨语言地存在不同语法化类型；对不同语法化类型而言，所倚重的策略不同——在东亚及东南亚语言里，占主导地位的是语用推理。作者推测，受地域性特征影响的东亚及东南亚语言包括如下具体范围：

孟—高棉语族（Mon-Khmer）　　（南亚语系 Austroasiatic 的一个分支）

泰语族（Tai）　　（侗台语系 Tai-Kadai 的一个分支）

汉语族（Sinitic）　　（汉藏语系 Sina-Tibetan 的一个分支）

苗瑶语族(Hmong-Mien)

基于以上观察，作者提到，几种最有影响的语法化理论模式，包括 Lehmann(1995/1982)、Heine, Claudi, and Hünnemeyer(1991)、Bybee, Perkins, and Pagliuca(1994)以及 Hopper and Traugott(2003)，视角不同，也各有优缺点，关键是都不适用于东亚及东南亚大陆语言。作者对这些理论模式的评价简短归纳如下(Bisang, 2008d: 25—30):

Lehmann(1995/1982):

Lehmann(1995/1982)的语法化标杆理论的核心就是语言符号的自主性，由聚合和组合方面的六项参数来决定(见第一章的有关介绍)；语法化程度的增加是由自主性的降低引起的。六项参数中，只有组合变异性适用于东亚及东南亚大陆语言，这是因为，功能词在这些语言里的使用也必须遵循严格的语序规则。

Heine, Claudi, and Hünnemeyer(1991):

该研究把语法化定性为"解决问题"(problem solving)的过程，即以既有语言资源(sources)来表达新功能。这种"旧瓶装新酒"似的新功能发展体现在两个层面，一是宏观结构层面，以不同语义域之间的隐喻过程为特征，二是微观结构层面，主要是转喻过程，即基于环境的语用推理；其中隐喻过程是占主导地位的。这一主张应用于东亚及东南亚大陆语言存在两个问题。首先，在这些语言里，隐喻并非最主要的语法化手段，语用推理更重要，但不一定会导致语法化链。就是说，即使一个词项能表达多种认知域的功能，这些功能是各自从不同环境里推理出来的，并不依序形成不同层级。其次，Heine, Claudi, and Hünnemeyer(1991)这一理论模式主要关注的是认知和语义，忽略了语法功能与其在结构式中的形态句法表达方式的对应关系；而这种结构式对导致重新分析的会话含义来说是不可或缺的。

Bybee, Perkins, and Pagliuca(1994):

该研究主张语用推理比隐喻更重要，也把语法化项所在的结构式纳入了考量。这一模式认为，隐喻只是在语法化初期起作用，而语用推理则贯穿语法化整个过程；语法化项所在的结构式之所以重要，是因为语法化结构通常是由结构式的意义或者结构式的构成成分的意义决定的。对东亚及东南亚大陆语言来说这一理论模式有两个方面明显不合适。首先，语法化项的形式—意义共变在这个理论里被认为是理所当然的事情。其次，语法化被理解为一个渐变的斜坡，语法标记经由不同功能阶段发展而成。然而，高棉语的 ba∶n 个案显示，这种语法性斜坡并不是解释语法功能的必要前提。

Hopper and Traugott(2003)：

这一理论模式是以隐喻和转喻为基础的，二者被视为语用过程。其中转喻过程又是基于会话隐含的，而隐喻过程是基于不同语义域之间的类比这种习用性隐含(conventional implicature)，因此，前者优先于后者。这一模式对于理解东亚及东南亚大陆语言的语法化有几个优势：(i)转喻以及语用推理优先；(ii)不倚重形式和意义的共变；(iii)并不假定语法化(初期)必然是一个渐变的语义虚化过程。然而，其缺陷也是明显的，即刚刚提到的这些方面都只适用于语法化初期；而按照这一模式，语法化初期之后，隐喻过程及习用性隐含都会扮演一定角色，形式—意义共变的情形也会或多或少出现。这同样和东亚及东南亚大陆语言的语法化现象不符合。因此，Hopper and Traugott(2003)这一理论模型也不完全适合于这些语言。

总结起来，Bisang 的基本看法是，东亚及东南亚大陆语言的语法化具有十分强烈的特色，目前最具影响力的语法化理论模式无一能予以准确预测和描写。

8.4 影响汉语语法化的类型学特征

在接下来的讨论中，我们将重点分析汉语语法化的情形，看看 Bisang 及其他学者所观察到的汉语语法化特色和语法化普遍规律之间，到底是什么样的关系。

8.4.1 "前范畴性"和"隐性复杂性"

具体到汉语，Bisang 指出，在上古汉语晚期（即公元前 5－前 3 世纪），汉语语法化受到两种类型学特征的推动。第一种特征是词项在句法层面上具有灵活性，就是相同语言单位可能被赋予不同的词性，即"前范畴性"（precategoriality）（Bisang，2008a，2008b，2008c，2008d，2010）。请看如下几个例子（转引自 Bisang，2008a）：

(3) a. 修士者未必智，智士者未必信。　　（《韩非子·八说》）
　　b. 人皆信之。　　（《孟子·尽心上》）
　　c. 无道得小人之信也。　　（《韩非子·南面》）

"信"在(3a)里处在不及物动词位置，意思是"值得信赖"；在(3b)中处在及物动词位置，意思是"相信"；在(3c)中处于名词短语核心位置，意为"信任"（Bisang，2008a：569）。"信"的这三种用法并无显性标记来予以区隔。董秀芳(2008)也有类似的观察：因为缺乏形态标记，上古汉语的动、名两个语法化范畴之间没有形式上的区隔，甚至在功能上能够实现动和名之间的对转。汉语动、名之间的这种关系在董文中被称为汉语"动转名的无标记性"。董文指出，汉语的动转名所采用的最常见方式是转类（conversion）或说零派生（zero derivation），这一特点"深刻地影响了汉语的句法，造成了汉语的词类与句子成分的不对应"(2008:191)。

第二种特征是，和其他东亚及东南亚大陆语言一样，这一时期汉语的强制性语法标记相对稀少，而且语法标记可能有多重功能，必须从语境中推理才能得出。因此，同样一个表层结构可作不同的句法分析，即"隐性复杂性"（hidden complexity）（如 Bisang，2008c，2010）。Bisang 的多项研究（如 2008c 和 2010）都举了一个作者自拟的例子，即"病不幸"。作者指出，在上古汉语里，"病不幸"可以有四种不同的理解方式，包括"病痛是不幸的""生病的人是不幸的""他生病的事是不幸的"以及"因为他生病了，所以他是不幸的"，所以体现了隐性复杂性。作者指出，晚期上古汉语并不缺乏语法标记，但这些标记都不是强制性的；如果其功能都能够由语境推理出来，它们往往可以省略，使同一构式可能有不同理解方式。这和之前介绍的东亚及东南亚大陆语言所受的类型学特征限制是一致的。但是，这些研究都没有明确地举出一个汉语语法标记的多重功能须从语境中推出的典型例子。我们只能依据作者对其他东亚及东南亚语言相关现象的描述（如他在多项研究里都提到的高棉语 *ba:n* 的不同功能）来理解这一情形。例如，根据王力（1989：153）的说法，"与"在上古汉语除了动词用法外，还有连词和介词用法，分别以（4a）（4b）和（4c）为例（均转引自王著）：

(4) a. 日月逝矣，岁不我与。　　　　　　　　（《论语·阳货》）
　　 b. 富与贵，是人之所欲也。　　　　　　　（《论语·里仁》）
　　 c. 古之人与民同乐。　　　　　　　　　　（《孟子·梁惠王上》）

类比其对 *ba:n* 的不同功能之间关系的描述，Bisang 应该认为连词"与"和介词"与"是分别从不同环境里语用推理出来的；而且，一经推理出来，就是成熟的语法标记。隐性复杂性理论十分强调的一点是，汉语（及东亚和东南亚语言）的同一语法标记的不同功能是分别由语用推理产生的，彼此之间并没有源流关系；这些功能未必能用一个语法化斜坡或者路径来相互联系，相反，它们是在预设各异的不同环境里由同一源概念推理而来的，一如前面提到的高棉语 *ba:n* 的情形。

Bisang（2010）指出，因为这两种类型学特征的存在，（复合型）构式成为了汉语语法化的推动力；构式里的句法位置对了解汉语语法化过程至关重要，因为这些句法位置往往是决定词项语法功能的唯一手段。

8.4.2　前范畴性和隐性复杂性影响的局限性

Bisang（2010）认为，前范畴性和隐性复杂性从根本上推动了汉语的语法化。但作者在讨论这两个特点的时候，特别强调了"上古汉语晚期"这一历史阶段，认为汉语标准语不再具有前范畴性，同时其隐性复杂性也减弱了，但仍会再发生(Bisang，2010：246)。然而，正如董秀芳(2008)指出的那样，动转名的无标记性(即前范畴性)所造成的后果，如词类和句子成分的不对应，从古至今都是一致的。因此，以下的讨论将不限于上古汉语晚期这一时间范围。我们发现，即使是上古汉语，不论是前范畴性还是隐性复杂性的影响都是有限的；而如果着眼于由上古汉语到现代汉语的整个形态句法历时发展过程的话，这两个特征对汉语语法化的影响更是微弱，甚至不存在。

8.4.2.1 前范畴性对汉语语法化的影响

Bisang 的系列研究在讨论上古汉语晚期的前范畴性时，并没有以完整的具体个案来详细解释这种特征是如何影响语法化的。董秀芳(2008)的说法是，汉语动转名具有无标记性，并且具体地提到了和这种无标记转换相关联的汉语语法化的三种模式，包括"及物动词＞连词""及物动词＞副词"和"话题结构＞复句"。根据董文的说法，在动转名的无标记性的驱动下，汉语里名词化了的动词性成分可以出现在名词性成分的句法位置。其中一种特别的情形是，这一句法位置与语法化过程中同构项位置重叠。例如，(5)两例中，名词短语"其利"和"数十创"是作为语法化项的动词"被"的同构项(转引自董文)：

(5) a. 万民被其利。　　　　　　　　　(《墨子·尚贤》)
　　b. 身被数十创。　　　　　　(《史记·魏其武安侯列传》)

而在(6)的两例中，名词化了的动词"攻""侵"和"辱"也是"被"的同构项(转引自董文)：

(6) a. 国一日被攻，虽欲事秦，不可得也。
　　　　　　　　　　　　　　　　　　(《战国策·齐策》)
　　b. 今兄弟被侵，必攻者，廉也；知友被辱，随仇者，贞也。　　　　　　　　　　　　　　　　(《韩非子·五蠹》)

这些同构项均经历了无标记性的动转名，为"被"的语法化创造了重要条件。此外，表追加的并列连词"加上"、"X 是"形式的连词

(如"若是")、"否定词+动词"构成的连词("不论、无论"等)以及副词"已经"等的语法化,都与汉语的动词性成分可以无标记地转变为名词性成分这一特征密切相关。董文的一个结论是,汉语中这种由动词性成分到名词化的动词性成分的扩展在一些语法化过程中起到了诱因的作用。彭睿(2017)指出,这一结论揭示了汉语语法化的一种独特现象,即在一些语法化个案中,动词性成分的名词化会成为促成其语用推理的关键因素之一。

前范畴性对汉语语法化的影响在公元前3世纪以后也仍然能看到。例如,第三章指出,非结构语串"极+其"原本所在的结构为"[极][其 NP]",而副词"极其"的分布环境是"[极其][VP]"或"[极其][AP]"。这要求"[极][其 NP]"中 NP 具有被解读为 VP 或 AP 的可能性。"[极][其 NP]"的意义是"把某人/物的特征 NP 扩大到极点";"扩大"行为是一个动态过程,如果把其施力程度看成一种刻度表,那么这个框架义表述的就是刻度表的最高点,是把施力程度最大化。"极+其"语串语法化的临界环境以(7)为代表:

(7)臣子入朝,自然<u>极其恭敬</u>,也自和。

(《朱子语类·论语·学而篇》)

"极其恭敬"中的"恭敬"既可作名词理解,也可作动词理解。"极其恭敬"意义是"把恭敬这种态度扩大到极点",名词"恭敬"指称一种静止的状态。如果把"恭敬"理解为动词核心,描写一种动态的行为,那么"极其恭敬"就意为"最大程度地实施恭敬这一行为"。这就为"极+其"语用推理为表最高程度义副词创造了条件。(也参董秀芳,2011)。

前范畴性对汉语语法化的影响可以从"质"和"量"两个标准来衡量。质的标准,即左右汉语语法化的能力大小,也就是前范畴性在语法化环境临界性特征(即能够由源义语用推理出目标义的语义语用和形态句法特征,详见彭睿,2008)中的重要性。前范畴性对语法化的影响并非没有限制条件。董秀芳(2008)在讨论汉语动转名的无标记性促发汉语语法化的现象时,提到了一个特别条件,那就是在汉语名词化的动词性成分出现在名词性成分的句法位置时,这一句法位置必须恰好与语法化项的同构项位置重合,比如(6a)和(6b)都是如此。按照彭睿(2017)的说法,这一特别条件表明,动转名的无标记性只是这些语法化个案演变环境的临界性特征中的一个,而非充要条件。既然只是语法化临界性特征之一,动转名的无标记性也就无法成为汉语语法化的最根本推动因素。量的标准,指的是受到这种特征影响的语法化个案所占比例的大小。从统计学的角度说,受到前范畴性影响的语法化现象在汉语中并不占优。彭文指出,前范畴性或者无标记性的动转名,是作为孤立语的汉语的一种显著个性化特征,与此类特征相关的同构项变化都只是汉语语法化现象中的特殊个案,而非一般情形。众多的汉语语法化个案,如人们所熟知的处置式标记"把"和"将"的产生,被动标记"让""教"和"给"的出现,助词"了""得"和"过"的历时形成,以及由名词到名量词的演变等等,都与无标记性动转名这一汉语类型学特征无涉;而这些语法化现象在汉语中更常见,也更具代表性,是无标记性的。

8.4.2.2 隐性复杂性对汉语语法化的影响

Bisang(2008a)指出,上古汉语晚期隐性复杂性体现在两个方面:

i. 有相对来说较少量的非强制性语法标记,但这些标记意义广泛,须从语言环境中推理出;

ii. 语言表达表层结构简单,但可能代表多种不同结构。

根据Bisang(2008a:31)的说法,语法化通常有两个阶段,一是从词汇单位到语法性单位,二是从语法性单位到语法性程度更高的单位(即我们所说的语法化的两个典型过程);但东亚及东南亚大陆语言的许多语法化个案似乎是"一站模式"(one-stage model)的,即限于从词汇性到语法性单位,而且后者的语法化程度难以判断。Bisang(2008a)把这种情况归因于语用推理在这些语言里的普遍应用。其实,着眼于汉语的各个发展阶段的话,由语法性单位到语法性程度更高(或者具有新功能)的单位的演变个案并不少见,比如量词"个"到助词"个"的语法化(见张谊生,2003)、表完毕义的动态助词"过$_1$"到表过去曾经义的"过$_2$"的语法化（见如彭睿，2009b）等等。撇开这一点不说，有关汉语语法化一站模式的说法，至少在语用推理的内涵和条件以及同一源头的不同功能之间关系这两个问题上存在可议之处。以下我们分别来看看这两个方面。

第一个方面：语用推理及其在汉语中的应用。

我们在第一章介绍过，根据目前理论界的主流看法，语用推理是语法化的驱动力（见 Heine, Claudi, and Hünnemeyer, 1991; Bybee, Perkins, and Pagliuca, 1994; Heine, 2002; Diewald, 2002; Hopper and Traugott, 2003; 等等）。我们这里稍稍回顾一下。比如，前文提到，Heine, Claudi, and Hünnemeyer(1991)认为，语法化项（新）语义功能的获得发生在两个层面，即宏观结构和微观结构。其中宏观结构以隐喻过程为特征，而微观结构以转喻过程为特征。微观结构的转喻过程即基于环境的语用推理，是一个"环境引发重新诠释"的过程。经过重新诠释，会话隐含被习用化，成为语法化项语义的一部分。Hopper and Traugott(2003)所讨论的语用推理是"隐含推理"，也即通常所说的"蕴含"，以"格莱斯会话原理"中的第二条（即言者只提供最少信息，听者扩大理解言者语义意图）为理论依据。两位作者特别指出，多数会话蕴含都是以逆向推理为逻辑基础的（Hopper and Traugott, 2003: 78—79）。

我们无从判断 Bisang 所说的语用推理和以上学者所说的语用推理的内涵和诱发条件是否完全一致，作者自己没有说明，也无例释。如果内涵一致，那么关于语用推理在汉语中具有普遍性应用的说法就是个伪命题，因为狭义语法化本来就是语用推理驱动的；而且，这一论断对语法化的两种典型过程都适用，即既适用于从词汇单位到语法性单位的演变，也适用于从语法性单位到语法性程度更高的单位的语法化。说到语用推理，不能不提语法化连续环境理论，因为推动语法化的语用推理发生在特定环境里。按照 Heine(2002)和 Diewald(2002)的说法，在语法化的连续环境中，只有临界环境具有语用推理条件。语法化发生于临界环境，但实际上到了孤立环境才算完成。我们在前面提到了上古汉语"与"的例子,并推测 Bisang 的主张是,连词"与"和介词"与"是在不同环境里语用推理出来的,而且这种语用推理分别就发生在如"富与贵,是人之所欲也"和"古之人与民同乐"这样的句子中。如果 Bisang 的语用推理和 Heine(2002)以及 Diewald(2002)等的相同概念内涵和条件一致,那么问题就来了:前面提到的含"与"的两句都无歧解性,而且看不出"与"的连接功能("富与贵,是人之所欲也"句中)和介词功能("古之人与民同乐"句中)和两句会话蕴含的关系。也就是说,从语法化连续环境的角度看,这两句中的"与"都到了孤立环境阶段,是语用推理完成后的状态。

  研究表明,上古汉语晚期的语法化其实和跨语言的规律并无矛盾之处。一个证据是,这一时期并不缺乏遵循一般规律的普通语法化个案。比如田范芬(2004)和彭睿(2011a)等讨论了非结构"以及"的语法化过程,陈松霖(2012)研究了"所以"的形成;这两个演变过程的关键证据就是临界环境的存在。非结构语串"以＋及"语法化为连词"以及"的过程的起始阶段以(8)为例:

(8)忧以及其身。是以天下之庶民,属而毁之。

               (《墨子·天志下》)

(8)中的划线部分并不具备产生并列连词"以及"的临界性特征,而更大的范围,即全句,也没有这样的条件。"以＋及"语串的临界环境以下面两例为代表(转引自田范芬,2004:54):

(9)a. 夫国人恶公子纠之母,以及公子纠。

           (《吕氏春秋·慎大览·不广》)

  b. 老吾老,以及人之老。   (《孟子·梁惠王上》)

(9a)和(9b)高度相似,都可以进一步形式化为"$[V\ NP_1]_i$,以 e_i ＋及 NP_2",牵涉两个单句,其意义可概括为"把 NP_1 所关涉的状态或过程 V 推及 NP_2"。从这个意义上看,NP_1 是与 NP_2 并列相关的另一名词短语。既然 NP_1 所关涉的状态或过程 V 被推及 NP_2,V 自然也为 NP_2 所关涉。这是进一步语用推理的重要前提之一。

NP_1是行为 V 涉及的对象，所以 NP_2 也可能被视为 V 所涉及的对象。这样，NP_1 和 NP_2 就被看作并列的名词短语，作为一个整体成为 V 涉及的对象，这是进一步语用推理的语义语用基础。同时，两者都可能被理解为 V 的宾语。从表层形式上看，NP_1 和 NP_2 一前一后，分别紧邻"以＋及"语串，这是进一步语用推理的形态句法基础。把 NP_1 和 NP_2 都看作 V 的宾语，就意味着把"以＋及"原来的分布环境"V NP_1，以＋及 NP_2"重新分析为"V＋[NP_1 以及 NP_2]"。这样，"以＋及"语串必得被解读为 NP_1 和 NP_2 之间的连接词（田范芬，2004）。比如，这样的语用推理过程在(9a)中体现得很清楚：该句原意为国人讨厌公子纠的母亲，并且把这种厌恶态度推广到了公子纠身上；"公子纠"因获厌恶态度的对待而具有了与"公子纠之母"相同的地位，而它在句子中的位置也不妨碍它被理解为"恶"的宾语，"公子纠"和"公子纠之母"就形成了并列关系。这样，"以＋及"就必须被看作"公子纠"和"公子纠之母"之间的连接词。

我们再来看"所以"的情形。连词"所以"来源于宾语提前的介宾短语"所＋以"，而这一短语是用来追问原因或解释原因的（王力，1989：159），如下面两例（转引自王著）：

(10) a. 此心之所以合于王者，何也？　《孟子·梁惠王上》
　　　b. 是非之彰也，道之所以亏也。　《庄子·齐物论》

其中(10a)句和(10b)句分别为追问原因和解释原因的例子。根据陈松霖(2012)的统计，"所以"在《论语》《孟子》和《孝经》里总共出现了 29 次，其中有 19 次为介宾短语。特别地，这 19 次介宾短语的用法中，有几例可以同时被解读为表因果关系的功能。请看如下两句（转引自陈文）：

(11) a. 必先苦其心志，劳其筋骨，饿其体肤，空乏其身，行拂乱其所为。所以动心忍性，曾益其所不能。人恒过，然后能改。　《孟子·告子下》
　　　b. 教以孝，所以敬天下之为人父者也。教以悌，所以敬天下之为人兄者也。　《孝经·广至德章》

陈文指出，(11a)句的"所以动心忍性"有两读：一是把"所"看成对"劳其筋骨……乱其所为"的指代，"以"为介词；二是把"所以"看成连词，"劳其筋骨……乱其所为"部分为原因，"所以"的功能是承接上下文，表示因果关系。(11b)句的情形类似：一是把"所以"看成介宾结构，"所"指代"教以孝"这件事；二是把"所以"看成连词，即"教以孝"为因，"敬天下之为人父者也"为果。这两个例子可以看成是连词"所以"产生过程中的临界环境实例。

由"所以"和"以及"的个案可以看出，上古汉语晚期和汉语其他时期一样，存在着循正常途径演变、经由连续环境的语法化个案。上古汉语的一些语法标记在历史文献中缺乏完整的演变证据，而一些东亚及东南亚大陆语言的语法标记都只有共时语料。这或许是人们难以厘清这些语法标记的语法化不同阶段的原因，并进而认为它们是循一站模式产生的。从语法化连续环境理论角度看，这些语法标记都是成熟的用法（即语法化孤立环境的语法化成项）。

按照 Bisang(2010：255)的说法，"隐性复杂性强化了同一词项在不同构式中的分析，并且增强了其重新分析及语法化的潜力"。那么隐性复杂性是怎样增强词项的重新分析及语法化潜力的呢？作者并没有清楚地予以说明。理论上，既然语法化是语用推理驱动的，那么隐性复杂性如果对汉语语法化有什么样的影响，应当是同一复杂构式意义具有多重解读的可能性，创造了某种语用推理的条件，或者助推了语用推理的发生，从而导致了语法化演变。具体说，应该是这样的情形：汉语因为缺乏强制性语法标记，所以一个语串往往可以（但不一定）作不同语义和句法解读，而其中一种不同于原义和原结构的解读方式所具备的特征，可能成为其中某个成分发生语法化的语用推理条件。事实上，作者并没有能够明确举出这样的一个例证。我们的研究表明，这种情形其实十分罕见。如前面提到的"所以"和"以及"的例子，都和隐性复杂性无直接关联；这两个连词的语法化临界环境的临界性特征中，那种和隐性复杂性有关的多重解读方式并不是特别凸显。

第二个方面：关于相同来源的不同功能之间的关系。

上古汉语晚期语法化的一站模式说，基本上排除了同一形式的不同功能之间存在源流关系的可能性。这一观点反复强调的汉语（及东亚和东南亚语言）语法化的一个"特色"，就是同一词汇性单位可以产生不同语法功能，而这些功能之间并不存在相互关联的语法化路径或者语法化斜坡。这种说法在理论/方法论上存在的可商榷之处，可以从如下几个角度来看。

首先，如何看待一个语言形式的多重功能和意义，这在理论界是一个尚未获得统一认知的课题。Hopper and Traugott(2003：77—78)归纳了学界的几种处理方式。一种做法是让这些功能区别最大化，强调同音词(homonymy)。如 McCawley(1968：126)提出了这样的主张，即一个"词项"(lexical item)是单一意义解读与单一语音形式和单一句法范畴以及一组依据规则的独特表现方式的描写(specification)的结合。根据这样的假定，表能力、可能性以及准允的 can 在语义上没有关联。另一种做法是让相似性最大化，强调单义性(monosemy)。如 Groefsema(1995)主张情态词的不同意义是不确定的，应该被分析为单一的不具体意义。因此，can 只有一个。另有一些学者主张多义性(polysemy)，如 Lakoff and Johnson(1980)和 Sweester(1990)等。Bybee 也是这一主张的支持者。例如，她(1985)提出，can 在当代英语(PDE)里具有多重意义，而这些意义都是相关联的：

i. Mental ability：如 *I can read German.*
ii. Physical ability：如 *I can swim a mile.*
iii. Root possibility：如 *This word can be used in many contexts.*
iv. Permission：如 *I can take books out for two weeks.*

特别地，Hopper and Traugott(2003)指出，语法化由一系列变化组成，而这些变化相互之间的结构关系和关联通常是由语法来编码的，因此，语法化通常会牵涉多义性问题；语法化研究在方法论上非常关键的一点是，不管语言符号(form)是否属于相同句法范畴，如果存在某种似乎有理据(plausible)的语义关系，都宜假定它们属多义性。Bisang 的语法化一站模式说不认同这一观点，但并没有给出充分的理据来。

其次，Bisang 否定了由同一词汇单位产生的不同功能之间存在源流关系的可能性，但并没有能够提出正面、有说服力的证据。我们再以高棉语 *ba：n* 的三种功能的来源及其相互关系为例来说明这一点。理论上说，如下两种可能性都无法排除：

i. 三种功能依循语法化变化的一般规律，分别地由动词*ba：n*发展而来，三种变化赖以发生的临界环境各不相同。每一种功能的产生过程都是独立的。

ii. 某两种功能或者全部三种功能之间具有源流关系。

不论是情形(i)还是情形(ii)，三种功能的用法以及其动词用法都可能在同一共时平面出现，是语法化项裂变之后语法化项和语法化成项长期并存的现象。我们在第二章里介绍过，在 Heine 和 Diewald 各自的语法化连续环境理论模式里，都有着一个同时具有源义和目标义两种理解方式的第二阶段，即临界环境或桥梁环境；而且这种源义和目标义的并存阶段并不是两位学者的新发现——有关语义变化的文献早就提到，在从源义到目标义的变化过程中，存在一个多义的过渡阶段，这个阶段同时具有源义和目标义两种解读方式（见 Wilkins，1981，1996；Sweetser，1990；Heine，1997；Evans and Wilkins，2000；等等）。而根据 Evans and Wilkins(2000：549)的说法，这种观念几乎成了有关语义演变的一个"标准假定"。第六章指出，临界环境既然是语法化的必由阶段，就可能被用来证实具体语法化演变过程的存在。没有运用连续环境理论来证实或者证伪那些源自同一词汇性单位的不同功能之间的源流关系，却径直认定这些功能之间不存在相互关联，不能不说是汉语语法化一站模式说在方法论上的一个明显不足。

再次，前面提到，上古汉语的一些语法标记或许在历史文献中缺乏完整的演变证据，而一些东亚及东南亚大陆语言的语法标记也是如此。这些语法标记的诸多功能如果无法依靠历时证据来还原其演变脉络和条件，根据第六章的讨论，一个有效的解决方式是尝试对后现语料进行分析，然后重构历时演变过程。没有尝试通过某一共时平面的语料来推溯上古汉语那些语法标记的不同功能之间的关系，应该说是汉语语法化一站模式说在方法论上的又一值得商榷的地方。

8.5 总结

本章的核心观点包括：(i)个别语言，如汉语，其语法化从驱动力、语法化条件以及机制等方面看，并无有别于普遍规律之处；(ii)一些被学者们所提及的"汉语语法化特色"，实际上是"汉语语法特色"，是受制于普遍规律的语法化的后果。对个别语言语法化现象的探讨，非常重要的一点是厘清它们和普遍规律之间相互关联的实质，从而准确把握语法化的共性和个性的关系。当我们谈论一种语言的语法化特色的时候，一个关键问题是如何准确定位这些特色，即判断它们是无标记性的还是有标记性的。那么个别语言的语音、词汇和形态句法特色，以及类型学上的特征，是不是对该语言的语法化没有丝毫影响？我们的理解是，有影响，但影响力有限。

首先，一种语言的语音、词汇、形态句法以及类型学等方面的特色，肯定在一定程度上对该语言内发生的语法化演变有影响，或者推动、或者阻遏语法化的发生。比如说，学者们提到的前范畴性这一特色，不可避免地影响到一些汉语语法化个案。这些语法化个案有一个共同点，就是动转名的无标记性这一特色，为这些语法化的发生提供了(形态句法)条件，甚至成为这些语法化个案的临界性特征的一个组成部分，因而对演变的发生具有促进作用。再比如，Ansaldo and Lim(2004)等注意到，在汉语语法化过程中，语法化项的形式变化具有两个特点，包括语音时长的缩短和元音质量的溶蚀；Bisang 的系列研究发现，汉语(及其他东亚及东南亚大陆语言)都有强制性范畴的缺乏以及单一语法标记的多功能性这两个特点。Bisang(2008)的结论是，这些特点共同阻遏了东亚及东南亚大陆语言发展出印欧语那样的形态范式,使得这些语言在形式－意义共变关系中,语法化项的紧缩程度大多数都不如印欧语高。

其次,必须认识到特定语言的语音、词汇、形态句法以及类型学等方面的特色给语法化所带来的影响是有限的。这种有限性也可以从三个层面来讲:

i. 个别语言的特色往往属于有标记性的特征,而非通常性的原则和手段。这里,所谓"有标记性的特征"的功用并不表现为语法化实现的机制这一层面,而是从助推语用推理因素的角度来说的。比如,在那些和前范畴性相关的汉语语法化现象中,前范畴性也只是语用推理的辅助条件。就是说,即使是在涉及前范畴性的那些语法化个案中,这一特点也只是语法化临界环境的临界性特征的一个组成部分。具体说,语用推理是语法化具有普遍意义的驱动力,是以一定的临界性特征为前提而发生的;而前范畴性只是这些临界性特征中间的一个。

ii. 以个别语言的特色为临界性特征的语法化个案在数量上并不占优。以汉语为例,隐性复杂性直接左右语法化演变的个案十分罕见,比如在汉语体标记"着""了$_1$""了$_2$"和"过",以及动态助词"的"和"地"等的历时形成过程中,动转名的无标记性没有扮演任何形式的角色。换言之,汉语动转名的无标记性并不存在全局性影响。事实上,从目前的讨论可以得出的一个结论是,这一现象并非汉语(以及其他东亚和东南亚大陆语言语法化)的一个特色,而是这些语言的形态句法特色,是语法化结果,而无关语法化机制或者过程。

iii. 一些在特定语言中比较普遍地存在的现象,往往和语法化的普遍规律并不矛盾,是对普遍性存在的机制、驱动力等的一个补充。拿前面提到的汉语语法化项的紧缩程度大多数不如印欧语高来讲,严格说,这一特点虽然挑战了 Bybee, Perkins, and Pagliuca(1994)提出的语法化"平行紧缩假说",但并未影响其他更为核心的普遍规律,包括语法化以语用推理为驱动力、以重新分析和类推为演变机制等等——就我们的研究所及,尚未发现违背这些规律的个案。

  总结起来,我们强调普遍规律的重要性,并不是无视特定语言语法化过程中体现出来的个性特征,而是要指出,跨语言地看,"具有个别语言特色的语法化"这一提法并不合适。因类型学特征而产生的语法化个性是必然存在的,但这些个性很可能和跨语言的共性是相容的,是普遍规律的特殊呈现方式。因此,在研究汉语语法化现象时,应当在扎实的语料分析基础上,依据普遍规律来讨论具体演变过程。遇到具有汉语特色的情形,最重要的是弄清楚这些特色是如何与普遍规律发生关联的,而不应该预先主观假定"汉语语法化和其他语言语法化不相同"——以此为出发点,就如同过度强调语法化个案或者特定范畴语法化项演变过程的独特性一样,实际上反而不利于准确、全面理解汉语语法化的特色。

第九章 语法化规律的跨范畴性

9.1 引言

第八章谈到了汉语语法化特色问题，本章继续讨论语法化的个性和普遍规律的关系问题，但把重点放在不同语法化项的语法化特色上。我们在第一章提到，语法化项具有多种类型，既可能是实词性的，也可能是虚词性的；既可能是语素和词，也可能是短语和从句或句子。特别地，还有一种跨语言存在的非结构语串的语法化项。我们关注的话题包括，(i)不同范畴或者类型语法化项的特征，是不是对这些语法化项的语法化演变有影响，(ii)如果有影响，这种影响到底有多大，以及(iii)这种影响和普遍规律之间的关系是什么。本章拟不采取对比各种类型语法化项的语法化过程的方式来讨论这些话题，而是以彭睿(2011a)的研究为基础，特别地讨论汉语的非结构语法化个案。非结构的语法化是一个非常有意思的跨语言现象。非结构语串的两个源构素之间既没有形态句法关系，也没有语义相关性，不符合人们对语法化项的一般认知，因此其语法化过程往往会让人觉得异乎寻常。然而，彭睿(2011a)的研究表明，非结构语法化项的语法化过程的确有不同于一般语法化项的地方，但从动因和机制上看，和一般语法化项并无二致，也完全符合普遍性规律。非结构语串语法化项是一个较为极端的例子，这种语法化项的语法化过程符合普遍规律，充分说明语法化变化中共性的东西不仅具有跨语言性，而且也有跨范畴性。

9.2 关于非结构语法化的基本假设

第一章提到，语法化是一个外部条件（临界环境）和内部依据（语法化项自身的语义语用特征）相互作用的语用推理过程。严格说，非结构语串并不具备语法化条件，因为它们缺乏语法化内部依据。换言之，非结构语串并不能如同其他语法化项一样"正常地"发生语法化演变，而是必须经过一个获取语义语用特征的过程。这一过程往往是有关非结构语串语法化的研究所没有认识到的。非结构既然跨语言地存在，也应该有一种能够预测和解释这种跨语言现象的理论模式。从既有的研究看来，过去学者们的注意力，主要集中于对非结构语法化的个案分析，并没有建立起一个统一的理论方法来。既有的研究比较关注的，是非结构的两个源构素形成一个组块的过程，并且大都把这个组块化过程大略地等同于整个语法化过程。其中最常见的一种解释依据是频率理论。比如，我们在前面章节提到，汉语话题标记"的话"的来源是结构助词"的"和泛指义名词"话"的跨层结合（江蓝生，2004），而连词"以及"的来源是介词"以"和动词"及"的跨层结合（田范芬，2004）。按照频率理论来解释的话，就是这两对源构素都因高频率毗邻共现而结合成词。这种解释过于简单化。按照第七章的说法，高频率能够助推这些源构素结合成组块是没有疑问的，但不可能是形成的组块获取语义语用功能的动因；高频率说也无法清楚解释"的"和"话"以及"以"和"及"之间既然没有理据性，"的话"的话题标记功能和"以及"的连词功能的来源和产生机制是什么。总之，源构素结合成组块，应该是非结构语法化一个十分重要的步骤，但并不涉及语法化的外部条件和内部依据的获得，所以应该不是非结构语法化最核心的内容。彭睿（2011a）指出，源构素的组块化，是非结构语串获得语法化外部条件和内部依据的一个前提条件，也只是整个语法化过程中一个最基本的层面。

建构非结构语法化的统一解释模式，一个最大困难是找到跨语言的非结构现象的共同特征。非结构现象看似无序，往往给人一个印象，即其历时演变机制必定是无规律可循的。例如，"否则""因而"和"而已"这三个虚词的源头，分别是非结构语串"否＋则""因＋而"和"而＋已"。这三个语串的区别是明显的，至少体现在如下三个方面：

i. 分布环境："否＋则"出现于篇章结构，而"因＋而"和"而＋已"都出现于复杂动词结构。

ii. 源构素的特点：这三个非结构语串都有一个虚词性源构素。但是，"否＋则"和"因＋而"的后一个源构素为虚词，而在"而＋已"里面，虚词性源构素"而"位于动词"已"之前。

iii. 分布位置："而＋已"通常出现于句末，而"否＋则"和"因＋而"都不能出现于这一位置。

以上区别，非常容易给人杂乱无章、不同个案各循其道的感觉。仔细观察非结构语串，我们至少可以得出如下两点：

i. 非结构现象背后实际上有很多共性的东西。比如说，从共时语料里面可以清楚看到，任何一个非结构语串通常都只分布于特定的框架（可以看成一种复合型局部图式性构式）。

ii. 不同非结构虚词形成过程的差异性只体现在两个非本质的方面，即非结构语法化外部条件（临界环境）的特征的不同，以及外部条件和内部依据之间相互制约的具体方式的不同。

事实证明，第一点对建构非结构语法化统一解释模式十分关键。而第二点也说明，非结构语法化的共同规律的归纳并非不可企及，因为临界环境特征的差异和"外部条件－内部依据"相互制约方式的差异，对不同语法化个案来说是正常的情形，也不妨碍非结构语法化统一解释模式的构建。

构建非结构语法化的统一解释模式，最重要的思路是，"非结构语法化也是语法化"。就是说，应该在非结构的个性和语法化的普遍规律之间找到交汇点。非结构语法化项的最大个性就是缺乏语义语用特征,也即语法化的内部依据。因此,关键就在于这种语法化项如何获得这种依据。基于这样的思路,彭睿(2011a)假设,非结构语法化作为一种跨语言的历时现象,受制于如下共同机制:

非结构语法化的层次性
a. 组块化层次:非结构源构素结合成组块
b. 赋义化层次:非结构组块获得语义语用特征
c. 语用推理层次:非结构组块演变为非结构虚词

具体说,非结构语串由高频率推动而结合为一个组块,并从框架中获得语义语用特征,即语法化所需的内部依据;然后,与普通的语法化项一样,受临界环境的诱发,非结构组块发生语用推理,形成非结构虚词。三层次有机地结合在一起,构成了非结构语法化的全过程。

9.3 非结构框架和非结构语串的语义信息

非结构语法化的三个层次都受制于非结构框架。

9.3.1 非结构框架的构成

一般地,一个非结构语串只能分布于特定的框架中,而且是其中的"常项"。非结构框架是复合型局部图式性的,可形式化如下:

$\{[X(<...>_x)] [Y(<...>_y)]\}_z$

a. X 和 Y 代表源构素;"X+Y"即非结构语串,是框架中的唯一"常项";
b. 关联成分 $<...>_x$ 和 $<...>_y$ 都属变项,分别与 X 和 Y 形成稳定的形态句法或篇章关系,形成框架的"低层内部关系";
c. $[X(<...>_x)]$ 和 $[Y(<...>_y)]$ 之间具有理据性,形成框

架的"高层内部关系";

d. "框架义"z 是以源构素 X 和 Y 各自的意义或功能为基本信息,依据低层和高层内部关系推导出来的抽象语义。

这一框架包含三个重要因素,即"常项""内部关系"和"框架义"。其中〈 〉号表示变项$<...>x$ 和 $<...>y$ 可能是空项或被省略。"常项"是实体性的,而"变项"是图式性的,这是二者最根本的区别。以"以+及"语串为例,其所在框架可形式化为 $\{(S_i)[以\ e_i][及\ NP]\}_z$,其中介词"以"的宾语 e_i 承前省略。该框架的高层内部关系是"介宾结构[以 e_i]修饰动宾结构[及 NP]",其框架义则可概括为"把特征/行为 S_i 推广到 NP";"以+及"语串是常项,而关联成分 S_i 和 NP 都是变项。所有非结构框架都可以循此模式进行描写,如表 9.1:

表 9.1 非结构框架

非结构语串	框架	框架义
否+则	$\{[否][则\ VP]\}$	不满足某种条件就会出现后果 VP
极+其	$\{[极][其\ NP]\}$	把特征 NP 最大化
因+而	$\{(S_i)[因\ e_i]而[VP]\}$	利用条件 S_i 或顺应情势 S_i 采取行动 VP
而+后	$\{[VP_1]而[后\ VP_2]\}$	事件/行为 VP_1 完毕之后开始事件/行为 VP_2

框架义是独立于具体词项的抽象意义,也就是框架作为复合型局部图式性构式的构式义。框架义最显著的特征有二:

守恒性:受制于 X 和 Y 的意义或功能以及框架固定的内部关系,框架义是相对稳定的。

概略性:由于变项 $<...>x$ 和 $<...>y$ 的语义信息的缺失,框架义虽完整,但模糊而不具体。

稍后我们将看到,框架义正是非结构语串语法化所需内部依据的来源。

每一个框架都具有一定的能产性,具有数量不等的"实例"。如(1)三例都是 $\{(S_i)[以\ e_i][及\ NP]\}_z$ 框架的实例:

(1)a. 老吾老,<u>以及</u>人之老。　　　　　　(《孟子·梁惠王上》)

　　b. 孤不天,不能事君,使君怀怒<u>以及</u>敝邑。

(《左传·宣公十二年》)

　　c. 一朝之忿,忘其身,<u>以及</u>其亲,非惑与?

(《论语·颜渊》)

(2)三例则都是 $\{[否][则\ VP]\}_z$ 框架的实例:

(2)a. 学则正,<u>否则</u>邪。　　　　　　　　(《法言·学行》)

　　b. 得志则慎虑而从之,<u>否则</u>孰虑而从之。

(《礼记·表记》)

　　c. 义则进,<u>否则</u>奉身而退。　　(《左传·襄公二十六年》)

框架实例都有具体语义内容,称为"实例义",是抽象框架义的具体化。如 $\{S_i,[以\ e_i][及\ NP]\}_z$ 的框架义在(1a)中具体化为"(孝敬自己的双亲),把这种孝行推广到别人的双亲"。

9.3.2　非结构语串的不自足性

前文指出,非结构语串因缺乏语义语用信息而不能成为语法化项。和结构性语串相比,非结构语串具有如下两个特征:

ⅰ　对框架的依赖性强

结构性语串通常(不排除例外)可以具有多种分布方式。如现代汉语副词"随时"来源于动宾短语"随+时"这一结构性语串。"随+时"语串可以分布在两个不同框架中,既可以是句子的唯一核心(如3a),也可以是连动式的第一个动词短语(如3b):

(3)a. 亏盈<u>随时</u>。　　　　　　　　　　　(刘智《论天》)

　　b. 畜食草饮水,<u>随时</u>转移。　　　　　(《史记·匈奴列传》)

(3a)的框架 $\{[亏盈][随时]\}_z$ 是主谓关系;而(3b)的框架 $\{[随时][转移]\}_z$ 是连动关系。

和结构性语串不同,非结构语串不仅是框架的常项,而且以该框架为唯一分布环境，所以非结构语串和框架之间形成了一一对应关系。如"否＋则"语串只能出现在{[否][则 VP]}$_z$框架中，而"因＋而"语串只能出现在{(S_i)[因 e_i]而[VP]}$_z$框架中。

ⅱ 双重不自足性

结构性语串可以与其他语言单位构成合法组合关系，所以具有"形态句法自足性"。如(3b)中"随＋时"和"转移"之间构成连动式。同时，结构性语串因其源构素之间的语义相关性而自然地形成一个语义单位，负载完整而清晰的语义信息，所以具有"语义信息自足性"。如"随＋时"意为"随着时间的流逝"。这两种自足性都是非结构语串所不具备的。非结构语串在形态句法上具有附着性，不能作为一个整体与其他语言单位发生合法组合关系。如(1b)"以"的宾语承前省略，"及"和"敝邑"构成动宾关系，但"以＋及"语串无法与其它成分构成形态句法关系。非结构语串也不具有语义信息上的自足性，不能构成具有完整语义信息的语义单位，如"以＋及"在离开框架后其意义是不明确的。

表9.2 两种语串的自足性比较

	结构性语串	非结构性语串
形态句法自足性	＋	－
语义信息自足性	＋	－

准确说，所谓"语义信息非自足性"指语义信息的残缺不全，但不等于语义信息的完全缺乏。非结构语串的源构素或实或虚，都在框架中担当一定的语义或形态句法角色，并不是全然没有意义或功能的语音单位。所以严格说，非结构语串虽然不能构成通常意义上的语义单位，但或多或少仍能够提供些微语义信息。与其源构素的类型有关，不同非结构语串的语义信息自足程度存在级差。如果两个源构素都为实词性或接近实词性，则它们构成的非结构语串的语义信息自足程度就较高。如"以＋及"的源构素中介词"以"的意义为"拿"，动词"及"的意义为"推及"。这一语串可以提供一些语义信息，即"把某特征推及其他事物"，但"某特征"

和"其他事物"是其中不确定的部分。另一些非结构语串的语义信息自足程度较低。如"从＋而""因＋而""极＋其"和"而＋已"等，都由一个实源构素和一个虚源构素构成。其中虚源构素功能性强而语义信息量极微弱，所以这些语串作为一个个整体的语义信息都极其不完整。以"从＋而"语串为例，"从"为动词，意为"跟从"；"而"为连词，只有连接功能而不能提供具体的语义信息。因此，"从＋而"语串提供的语义信息是"跟从（某人/物）然后……"，其自足程度极低。

非结构语串语义信息的不自足与框架义的概略性是两码事。前面提到，框架义是建立在其固定内部关系基础上的。如 $\{(S_i)[以\ e_i][及\ NP]\}_z$ 的框架义"把特征/行为 S_i 推广到 NP"，是依据"以"和 e_i 之间、"及"和 NP 之间的低层内部关系以及[以 e_i]和[及 NP]之间的高层内部关系推导出来的。这个框架义虽因 S_i 和 NP 的语义信息的缺失而模糊，但却是完整和自足的。框架义的概略性其实就是一种泛性，是语法化项的重要条件之一。所谓非结构语串"以＋及"的语义信息不自足，体现为离开框架关系，由单独的两个源构素"以"和"及"无法推导出符合语言习惯和常理的意义。

9.4 非结构语法化的三个层次

本节将对非结构语法化的三个层次逐一加以讨论。为方便起见，我们将分别以{X＋Y}和 XY 来表示组块化的语串和语法化了的非结构组块（即非结构虚词）。{ }表示框架，即 $\{[X(<...>_x)][Y(<...>_y)]\}_z$。组块化的非结构语串"X＋Y"在获取了框架义之后，就用{X＋Y}来表示。

9.4.1 非结构语串的组块化

这里的"组块化"特指形式上的结合，即非结构源构素由松散的语串演变成相对稳定的整体的过程，是非结构语法化最基本的层次。促使两个语言单位结合的最自然的原动力，往往是二者之

第九章 语法化规律的跨范畴性

间的理据性(包括语义相关性和形态句法上的合法性)。非结构语串内部缺乏理据性,所以促使两个源构素形成组块的只能是某种外在的力量。

前面指出,非结构语串通常以特定框架为唯一分布环境,并且是该框架的常项;这种框架往往具有一定的能产性,可产生无数实例。这说明非结构语串的存在是系统性的而不是孤立的。以下是"因＋而"和"极＋其"语串的实例(例5的两句均转引自张谊生,2007:65):

(4) $\{(S_i)[因\ e_i][而[VP]]\}_z$
    a. 主有所憎,臣<u>因而</u>毁之。　　(《韩非子·奸劫弑臣》)
    b. 不如<u>因而</u>立之,使自为守。　　(《史记·高祖本记》)
    c. 仪遂使楚。至,怀王不见,<u>因而</u>囚张仪。
                                         (《史记·楚世家》)

(5) $\{[极][其\ NP]\}_z$
    a. 夫千里之远,不足以举其大;千仞之高,不足以<u>极其</u>深。　　(《庄子·秋水》)
    b. 当年不能<u>极其</u>变,终身不能究其业。　　(《法言·寡见》)

语串往往因高频率而被自主化,成为一个整体(Bybee,2002:112),这是有道理的,但有些笼统。非结构语串的组块化实际上是高频率引发的一种心理和认知效应,可描述如下:

组块化层次
  i. 源构素 X 和 Y 之间关联程度的强化
    X 和 Y 在框架中相毗邻,具备了一体化的条件。因高频率共现,X 和 Y 的关联不断强化。
  ii. "X＋Y"语串和框架之间关联程度的强化
    在高频率的推动下,$\{[X(<...>x)][Y(<...>y)]\}_z$ 框架的两层级内部关系被淡化,而常项"X＋Y"在框架中的地位被强化,被视为框架的标志性构件。

{X＋Y}组块继承了非结构语串"X＋Y"的特点,一方面其内部仍维持低融合度而且缺乏理据性,另一方面在框架中仍维持双重不自足性,没有获得独立的形态句法地位,所以仍未真正成为一个语言单位。如{以+及}尽管变成了一个固定的组块,并不能作为一个功能词而自由分布。

高频率的作用最直接地体现在对非结构语串组块化的推动。组块化只是非结构语法化的第一步,是量变而非质变。但我们注意到,不少研究都把这一量变现象和非结构语法化整个过程(特别是产生句法功能的步骤)划上了等号。

9.4.2 非结构组块的赋义化

非结构组块通过对框架变项语义信息的吸收而获得框架义,从而和一般的语法化项一样,具有了语法化的内部依据。文献中对这一层次的探讨十分鲜见。

9.4.2.1 赋义化的可能性

结构性组块因其语义上的自足性,不需要也不可能再吸收任何外来语义信息。如{随+时}所在框架之一为连动式$\{[随时][VP]\}_z$,(6)是一个实例:

(6)冬稌夏穑,<u>随时</u>代熟。　　　　　　　　(张衡《南都赋》)

$\{[随时][VP]\}_z$的框架义可以概括为"随着时间的推移发生/开展行为 VP 或出现状态 VP",其中"随着时间(的推移)"是{随+时}提供的语义信息。副词"随时"的意义为"在任何时候"。"随着时间(的推移)"可看成由无数时点构成的动态时间轴,而"在任何时候"是无定指的具体时点,二者可构成转喻关系。因为"随+时"已经具备了这种语用推理的内部依据,无需吸收任何外在语义信息;只要具备合适的条件,这种转喻推理即可发生。

相反,非结构组块在语义上不自足,要具备语用推理的内部依据,只能吸收外来语义信息,最便捷的途径是获取变项所隐含的语义信息。前文提到,X 和 Y 分别与变项$<...>_x$和$<...>_y$具有稳定的句法或篇章关系。变项所隐含的语义信息,是指变项在这种低层内部关系中可能担任的语义角色。这样,非结构语法化的赋义化层次可描述如下：

赋义化层次

i. 非结构组块"吸收"变项语义信息

人们在心理和认知上激活框架的低层内部关系$[X(<\ldots>x)]$和$[Y(<\ldots>y)]$，并进一步激活框架的高层内部关系$\{[X(<\ldots>x)]\,[Y(<\ldots>y)]\}$。

ii. 非结构组块负载框架义

两层级内部关系的激活引发框架义 z 的浮现，$\{X+Y\}$ 组块成为其载体或表征。

组块化通过淡化框架的两层级内部关系而凸显$\{X+Y\}$在框架内的标志性构件地位；赋义化则通过激活两层级内部关系而使$\{X+Y\}$能够表征框架义。形式上的标志关系投射为意义上的表征关系，这就是赋义化。"赋义化"更通俗的表述方式是：由于非结构语串和框架之间的对应关系，人们由前者联想到后者（意义、结构等），也就是把前者当作后者的替代形式。例如"以＋及"语串让我们觉得是有意义的，是因为它让我们联想到"老吾老，以及人之老"这样的句子——当我们由"以＋及"联想到这种句子的时候，赋义化已经发生了。从这个意义上说，组块化是赋义化的前提。

具体看一个例子。$\{(S_i)[以\,e_i][及\,NP]\}_z$框架中变项$e_i$和NP分别与"以"和"及"构成介宾/动宾关系，其语义信息就分别是"某种特征或状态"（即S_i）和"（特征或状态推广所及的）人或事"。$\{以+及\}$组块在吸收了e_i和NP这两部分语义信息后，就完全获得了框架义"把特征/状态S_i推广到NP"。再如$\{(S_i)[因\,e_i]$而$[VP]\}_z$框架中$\{因+而\}$组块在吸收了e_i的信息"某种条件"或"某种情势"（即S_i）以及VP的信息"采取行动"之后，也获得了框架义"利用某种条件或顺应某种情势采取行动"。表 9.3 是部分非结构组块的语义信息和变项语义信息：

表 9.3 非结构组块和变项语义信息

组块	组块语义信息	框架义	变项语义信息
{否+则}	不这样就…	不满足某种条件就会出现某种后果	条件；后果
{极+其}	竭尽(某人/物的…)	把人/物的某特征扩大到极点	特征
{进+而}	进到(某处)	进到某处开展另一行动	处所；开展行动

赋义化层次也很容易通过这几个非结构组块得到验证，在此不赘。

9.4.2.2 赋义化的必要性

一个关键问题是，框架义是否有可能成为语法化的内部依据？如果答案是否定的，赋义化层次就不能使非结构组块成为真正的语法化项。

框架义和非结构虚词的功能之间可以形成潜在语用推理关系。以框架义"把特征/状态 S_i 推广到 NP"为例，"推广特征/状态"的结果，是多个人、事物或行为共有该特征/状态，具备并列的条件。而连词"以及"的功能正是并列连接，二者之间可能形成转喻关系。所以，{以+及}组块要语法化为连词"以及"，前提条件是获得这样的框架义。再如，框架义"利用条件 S_i 或顺应情势 S_i 采取行动 VP"所包含的信息可以分解为"条件/情势"和"行动"两部分。这种明显的"条件一结果"关系最终隐喻推理为表结果的连词完全合乎一般规律。同样，{因+而}组块要演变为连词"因而"，也必须先获得这一框架义。

前文提到，框架义是概略性的，即具有泛性，符合语法化项对语义特征的一般要求。被赋予框架义的非结构组块，反映的是涉及两个以上个体的状态或过程，所以可以归纳为语法化项中的"源命题"一类。

另一个关键问题是，不自足语义信息自身是否足以成为语法化内部依据？如果答案是肯定的，赋义化层次就属多余。

表 9.4 所列是部分汉语非结构组块的语义信息、框架义以及

相应的非结构虚词的语义语用特征或形态句法功能的对比:

表 9.4 组块语义信息、框架义和非结构语义功能的比较

组块	组块语义信息	框架义	非结构虚词语义语用特征或形态句法功能
{以+及}	拿……推广到……	把某特征/状态推广到其他人、事物或行为	并列连接
{否+则}	不这样就……	不满足某种条件就会出现某种后果	如果不是这样
{极+其}	竭尽某人/物的(……)	把人/物的某特征扩大到极点	非常;极端
{因+而}	利用/顺应……然后……	利用某条件或顺应某情势采取行动	结果
{进+而}	进到……然后……	进到某处开展另一行动	在已有基础上进一步

组块义和框架义之间的差别十分明显,前者残缺不全,后者完整而抽象。下面我们再以"以及"和"因而"为例,来看看能否凭依不自足语义信息来进行语用推理:

"以及":其功能是连接具有某些相似特征的人、事物或行为。

在产生连词"以及"的语用推理内部依据里,最关键的信息是"特征相似的人、事物或行为",因为"以及"的功能是连接两个并列项。在 $\{(S_i)[以\ e_i][及\ NP]\}_z$ 框架中,{以+及}组块的语义信息"拿……推广到……"是不完整的,缺失了"推广"这一行为所涉及的三个参与者的信息,即(i)施行推广行为的人,(ii)被推广的特征(S_z)和(iii)这种特征推及的人、事物 或行为("及"的宾语 NP),同时也缺失了(iv)被推广的特征的来源,即原本具备或涉及这些特征的人、事物或行为这个信息。(iii)和(iv)的缺失,就意味关键信息的缺失。因此,要在"拿……推及……"这样的不自足语义信息和连词"以及"连接并列项的功能之间建立起隐喻或转

喻推理关系，十分勉强。

"因而"：其功能是在因果关系中表结果。

一个普遍规律是，产生因果义连词的临界环境通常涉及两个事件/行为，二者依序发生，而且可能存在事理因由上的关联。在$\{(S_i)[因~e_i]而[VP]\}_z$框架中，$\{因＋而\}$组块的语义信息主要由动词"因"提供，即"利用……"；连词"而"意义虚灵，对组块语义信息的贡献甚微。"利用……"这一语义信息并不包括以下两个内容：(i)被利用的具体条件，(ii)基于这个条件的后续事件/行为。后者的缺失，使得$\{因＋而\}$组块中不含"依序发生，而且可能存在事理因由上的关联的两个事件/行为"这样的特征，所以不具备语用推理产生连词"因而"的条件。

一句话，撇开非结构框架和框架义，在非结构组块自身语义信息和非结构虚词之间难以建立起有效的语用推理关系。赋义化层次因此是必要的。赋义化层次的可能性，我们将在9.5节里进一步讨论。

9.4.3 非结构组块的语用推理

语法化既然是外部条件和内部依据相互作用的语用推理过程，那么单纯内部依据的获得并不意味着语用推理的必然发生。非结构组块对外部条件的依赖更为明显。外部条件就是临界环境，具有临界性特征，可以诱发语法化项出现歧解，语用推理产生源义以外的理解方式。

> 语用推理层次
> 赋义化的非结构组块获得了语法化所需的内部依据，在一定的外部条件(临界环境)中发生语用推理，演变为非结构虚词。

显然，赋义化层次是语用推理层次的前提。

框架实例不一定都具有临界性特征。先来观察连词"以及"的产生。(7)中的$\{以＋及\}$组块所在的句子就不具备产生并列连词"以及"的临界性特征：

第九章 语法化规律的跨范畴性

(7) 今恩足以及禽兽,而功不至于百姓者,独何与?

(《孟子·梁惠王上》)

这是因为在"今恩足以及禽兽"句中,被推广至"禽兽"的特征/状态 S_i 是"恩",但"恩"的来源(即产生"恩"的人或事物)这种信息未予提及,也就是缺少可能和名词短语"禽兽"并列相关的另一个名词短语。在这种句子里,虽然{以+及}具备转喻为连词"以及"的内部依据,但这个语用推理因没有适宜的条件而无从启动。{以+及}组块的临界环境以(1a)为代表,(8)是另一个例子(转引自田范芬,2004:54):

(8) 夫国人恶公子纠之母,以及公子纠。

(《吕氏春秋·慎大览·不广》)

(8)和(1a)高度相似,都可以进一步形式化为{[V NP$_1$]$_i$,[以 e$_i$][及 NP$_2$]}$_z$,其框架义可概括为"把 NP$_1$ 所关涉的状态或过程 V 推及 NP$_2$"。明显地,与 NP$_2$ 并列相关的另一名词短语是 NP$_1$。既然 NP$_1$ 所关涉的状态或过程 V 被推及 NP$_2$,所以 V 也为 NP$_2$ 所关涉。NP$_1$ 是 V 的宾语,所以 NP$_2$ 也可能被视为 V 的宾语。这样,NP$_1$ 和 NP$_2$ 就被看作并列的名词短语,作为一个整体充当 V 的宾语。从表层形式上看,NP$_1$ 和 NP$_2$ 一前一后,分别紧邻{以+及}组块。把 NP$_1$ 和 NP$_2$ 都看作 V 的宾语,就意味着把原框架重新分析为{V[NP$_1$ 以及 NP$_2$]}$_z$。这样,{以+及}组块必得被解读为 NP$_1$ 和 NP$_2$ 之间的连接词(参田范芬,2004)。这样的语用推理过程在(8)中体现得很清楚。(8)句原意为国人讨厌公子纠的母亲,并且把这种厌恶态度推广到了公子纠身上。"公子纠"因获厌恶态度的对待而具有了与"公子纠之母"相同的状态,而它在句子中的位置也不妨碍它被理解为"恶"的宾语,这样"公子纠"和"公子纠之母"就形成了并列关系。在这种情况下,{以+及}就必须被看作"公子纠"和"公子纠之母"之间的连接词。{以+及}组块在被赋予了"把特征/状态 S_i 推广到 NP"的框架义之后,转喻为并列连词"以及"是顺理成章的事。

再来看一看{因+而}组块的情形。产生表结果连词"因而"的临界环境必须牵涉两个事件、行为或状态，一个可能被推理为"因"，另一个可能被推理为"果"。这在(9)中不存在：

(9)留侯曰：不如因而立之，使自为守。

（《史记·高祖本纪》）

(9)的"因而立之"只有一种理解方式，就是"顺应（这一）情势立（韩信）为王"，这个"情势"到底是什么，虽可以从上文读出，但在句中并未出现。这样，(9)就不具备语用推理出连词"因而"的条件。"因+而>因而"的临界环境以(10)为代表（转引自董秀芳，2011：268）：

(10)其先周仲山甫，封于樊，因而氏焉。（《后汉书·樊宏传》）

"封于樊"和"氏焉"之间原本是条件和结果的关系，"封于樊，因而氏焉"的本义是"受封于'樊'地，利用这一条件择'樊'为姓氏"。"条件－结果"关系语用推理为"原因－结果"关系十分普遍，所以该句也可以理解为"受封于'樊'地，所以择'樊'为姓氏"。这样，{因+而}组块就被解读为表结果的连词。{因+而}组块获得了框架义"利用某条件或顺应某情势采取行动"之后，已经具备了转喻为这种表结果连词的内部依据。

9.5 关于语法化项意义或者功能的获得的可能性

非结构语法化项从其所在框架中获得意义，从而具备语法化的内部依据，这是一般语法化项不需要经由的一个步骤。最重要的一个问题，是这一步骤在理论上是否站得住脚。其实，从所在环境中获得意义或者功能，并非非结构语法化项所独有。Bybee, Perkins, and Pagliuca(1994)和 Bybee(2010)等提到的"语境吸收"(absorption of contextual meaning)，顾名思义，也是从所在环境中获得意义或功能的一种现象。以下内容主要依据的是彭睿(2018)的讨论。

文献中对语境吸收的讨论十分简略和笼统。Bybee, Perkins,

and Pagliuca(1994)和 Bybee(2010)等论著对语境吸收现象并没有给予清楚的定义,只是指出这种现象有着严格的限制条件。从语境中获取语义或功能特征在语法化变化中较为常见,Bybee 等学者所讨论的只是其中的部分类型。彭睿(2018)把 Bybee 等学者讨论的情形称为"狭义语境吸收",而把包括非结构赋义化在内的其他情形成为"广义语境吸收"。同时,为表述的方便,该研究又把从语境中吸收语义特征的语言单位或语串称为"语义吸收项",而把语义吸收项从语境中获得的语义或功能特征称为"吸收义"。彭睿(2018)特别指出,在狭义语境吸收过程中,吸收义无需语用推理的助力就内化为语义吸收项的语义或功能特征。相反,在广义语境吸收过程中,吸收义必须通过语用推理才能变成语义吸收项的语义或功能特征。因为语法化是语用驱动的,所以我们说狭义语境吸收并不发生于典型的语法化过程中,也不是语法化中语义变化的主要机制。

Bybee, Perkins, and Pagliuca(1994:296)提到,狭义语境吸收是一种极端的语义转移(radical meaning shifts)现象,是高度受限而且可预测的。这种语境吸收只能发生在两种条件下,一是语法化较晚阶段,二是语义吸收项已经因原本意义的虚化而无法抵挡外部影响的阶段。Bybee(2010:176)进一步指出,语法性单位(原文为 grammatical morpheme)在语法化的不同阶段对其所在结构的意义有着不同的贡献:

"在(语法化)早期,语法性单位自身具有语义特征而且为其所在结构提供部分意义。然而,随着语义特征越来越虚化,语法性单位变得只是习用性地成为其所在结构的一部分,同时,不但不能为整个结构做出语义上的贡献,反过来从结构中衍生出语义特征来。"

在 Bybee 看来,语义特征的虚化是语境吸收的关键。然而,跨语言的材料显示,符合上面谈到的两个条件的语法性单位并不都从语境中吸收语义特征,而是通过更普遍的方式——语用推理来获得新的语义功能,所以可以断定的是,语义特征虚化并非狭义语境吸收的充要条件。

对于狭义语境吸收的类型，Bybee 等人并没有予以详细讨论。根据这些学者所举的例子，在狭义语境吸收中，语义吸收项从语境中获取语义功能的方式可以粗分为两大类。

第一类以 Bybee, Perkins, and Pagliuca(1994：230—236)所举的亚美尼亚语(Armenian)和阿拉伯语(Arabic)中由陈述(indicative)到情态(modal)的语义变化的例子为代表。作者指出，这种语境吸收的例子大都发生于新旧表达形式相互竞争、旧形式被限制于特定环境的情形当中。新形式占据核心功能后，旧有形式往往在相当长的时间内保留那些边缘性的用法。按照作者的说法，因为周遭的语义材料含情态内容，旧有形式也开始和情态发生关联。文中所举的一个例子是古亚美尼亚语的进行时态(progressive)。在古亚美尼亚语向现代亚美尼亚语发展的期间产生了一种迂回式的进行时形式，由非限定性主动词(non-finite main verb)和"to be"义动词的不同形式构成。这种进行时的迂回形式包括现在时和过去时两种。旧有的现在时陈述形式仍然存在，但已经不再用于陈述功能，而是出现在五种不同的虚拟环境当中。另一个例子是亚美尼亚语的简单现在时形式(simple present form)。如今，当这些形式出现在主句时，不再用于现在时态的陈述，而是被用来表达"弱义务"(weak obligation)或者"劝告"(hortative)情态。作者的观点是，简单现在时形式之所以产生这种新功能，是因为它曾出现在表义务及目的的从句中，并且从此类从句中吸收了这样的功能。从作者的描述可以看出，这里的"语境"指的是语义吸收项所在的结构。值得注意的是，根据作者的描述，在这种狭义语境吸收方式中，语义吸收项并不是其所在从句功能（如表义务或表目的）的一种临时性的编码方式。所以说，语义吸收项是"感染"了从句特有的语义功能。

第二类狭义语境吸收以 Bybee(2010)所举的法语否定词 pas 获得否定意义的过程为代表。原本 pas 所在否定短语只能修饰移动动词(motion verb，可记为 V移动)，意为"not(go)a step"。很多名词都可以出现在 pas 的位置，如古法语 mie 'crumb', gote 'drop',amende 'almond'等。如今 pas 在这个否定短语里已经完全失去了先前的名词意义,可以独立地表达否定意义,如在 pas beucoup 'not much'里。最初 pas 出现在 ne V_{移动} 之后表示强调,后来逐渐成为否定形式 ne(V_{移动})pas 的一部分。当这一形式修饰的动词扩展到非移动动词时,ne(V) pas 就成了一般性的否定形式。ne 在口语中逐渐脱落,因此否定的功能就落到了 pas 的身上。也就是说,pas 承继了 ne(V)pas 的功能。这种语境吸收的语义特征来源是以语义吸收项为构成部分的整体项,是对整体项既有功能的承继。准确说,在这种方式里,语义吸收项在功能和形式上都直接取代了业已语法化了的整体项。

以上两类狭义语境吸收方式大不相同,其主要差别体现在如下几个方面:

第一,语义吸收项语义功能(即吸收义)的来源不同。在第一种方式里,语义吸收项从其所在环境的语义关系中获取了语义功能。在第二种方式里,语义吸收项实际上承继了以它为构成部分的整体项的语义功能。

第二,在第一种方式里,语义吸收项自身有意义,但这一意义在特定语义关系框架中被弱化或者边缘化了,所以并不是真正的吸收义;真正的吸收义来自语境。在第二种方式里,语义吸收项已经丢失了自身语义特征,吸收义是整体项的语义功能。

第三,"语境"的含义不同。在第一种方式里,语境指的是语义吸收项所在的环境。而在第二种方式里,语境则是以语义吸收项为构成部分的已经固定的惯用结构体。

第四,语义吸收项获得吸收义的机制不同。在第一种方式里,语义吸收项因感染而获得其所在环境的功能特征。而在第二种方式里,语义吸收项以转喻方式获得以它为构成部分的整体项的语义功能。

两种类型的区别是十分明显的,足见所谓狭义语境吸收现象是非均质的。这证实 Bybee 等学者并没有给狭义语境吸收现象以清楚的界定。

狭义语境吸收的性质,可以从其和语用推理的关系上看出来。

Bybee等学者把"隐喻扩展""推理"(或"语用义的习用化")"语义泛化""和谐"和"语境吸收"并列为语义变化的机制,实际上是挑明了狭义语境吸收无需语用推理就能实现。狭义语境吸收的两种方式都和上面谈到的这种语用推理没有关联。如亚美尼亚语简单现在时形式之所以获得"弱义务"或者"劝告"情态用法,并不是因为其所在环境具备了语用推理得出这些功能的条件。也就是说,从亚美尼亚语简单现在时形式所出现的环境中无从窥见言者指向弱义务或劝告的会话隐含。弱义务意义也好,劝告意义也罢,都是来自这种形式所出现的表义务和表目的的从句,是直接从这些从句意义特征里获得的。法语否定词 pas 获得否定功能的过程具有较强的转喻性质。ne(V)pas 作为一个整体具有了否定功能以后,逐渐地,ne 在口语中脱落,pas 担负起否定功能。这是一种典型的由局部(part)转喻整体(whole)的过程,与言者的会话隐含毫无关系。临界环境是语法化的必经阶段,那么狭义的语境吸收过程是不是也存在诸如此类的原义和目标义两可的阶段呢?狭义语境吸收既然没有语用推理的介入,自然也就不存在具有歧解性的阶段。Bybee,Perkins,and Pagliuca(1994)和 Bybee(2010)都没有提到这种可能性,而是称狭义语境吸收为极端的语义转移。

  Bybee对语境吸收现象做了严格限制,即只发生在语法化较晚阶段,而且语义吸收项原本的语义特征已经高度虚化。实际上,语言单位或语法表达式从语境中获取语义功能的情形也发生在其他语法化现象中,而且较为常见,即广义语境吸收现象。彭睿(2018)把广义语境吸收现象大致分为两种类型,一类是本章提到的非结构的赋义化,另一类是第三章谈到的语义关系临时编码功能的固化。第三章指出,一种跨语言存在的语法化现象是,语法化项由某种语义关系框架的临时编码项演变为这种关系的专门语法标记,即"临界环境—语法化项"关系模式中的第一种基本模式,形式化为[... X/X'...]λ 环境和孤立环境,λ 代表恒定的框架关系,X 和 X'分别为语法化项和语法化成项。X 因担任临时编码角色,其词汇义逐渐虚化,最终演变成这种恒定框架关系的专门语法标记 X'。这个语法化项进一步语法化后,就可以出现在不同环境里。从另外一个角度看,这一过程也可以理解为语法化项"吸收"了框架意义。一个典型例子是汉语系词"是"的产生,以下是其临界环境实例:

(11) 知而使之,是不仁也。　　　　　　　《孟子·公孙丑下》

因为类似(11)这样的临界环境实例的频繁出现,"是"的等同关系临时编码项的功能被固化。蒋绍愚(2014)提到的汉语几个语境吸收的例子,如"斯"从指示代词到连词、"要"从情态动词到连词的演变,实际上都属于这种广义语境吸收方式。比如,以下三个例子代表了"斯"在不同发展阶段所处的环境(例句均转引自蒋文):

(12) a. 子张曰:"何谓惠而不费?"子曰:"因民之所利而利之,斯不亦惠而不费乎!"　　　　　　　《论语·尧曰》
　　　b. 子张问于孔子曰:"何如斯可以从政矣?"子曰:"尊五美,屏四恶,斯可以从政矣。"　　　　　　　《论语·尧曰》
　　　c. 冉有问:"闻斯行诸?"子曰:"闻斯行之!"

《论语·先进》

蒋文指出,在(12a)里,"斯"是一个指示代词。在(12b)里,"斯"也是指示代词,但其指示代词的性质已经淡化。"斯"正是在(12b)中"尊五美,屏四恶,斯可以从政矣"这样的环境中获得连词功能的。这是因为"尊五美,屏四恶"和"可以从政矣"之间构成因果关系,"斯"虽然仍是指示代词,回指"尊五美,屏四恶"的行为举措,但吸收了这种因果关系之后,也就有了被理解为连词的可能性了。

总之,狭义语境吸收以及语义关系临时编码功能的固化这种类型的广义语境吸收,和非结构的赋义化层次的共同点,是语法化项都从其所在环境获得语义或者功能特征。本节介绍这一内容的目的,是说明非结构的赋义化过程并非一个突兀的设想,而是在理论上完全站得住脚的。

9.6 总结

非结构语法化既然是一种跨语言的现象，就必定存在具有跨语言特征的机制和规律；而非结构语法化除了其个性化的东西以外，也必然符合语法化的普遍规律。这是本章讨论的基本假定。

本章主要论点可以归纳为如下几点：(i)非结构语法化分三个层次，即组块化、赋义化和语用推理；(ii)非结构组块因其不自足信息而缺乏语用推理的内部依据；(iii)非结构语串通过赋义化层次获得框架义，而框架义和非结构虚词的功能之间存在潜在的语用推理关系；(iv)语用推理层次以赋义化为前提，以临界环境为外部条件。

非结构语法化三层次说的解释力如何，和语法化普遍规律之间有怎样的关联呢？

一种分析模式的优劣取决于其解释力的强弱。目前的非结构语法化三层次说是建立在汉语非结构现象的个案基础上，其解释力必须接受跨语言事实的检验。仅就目前的汉语语料而言，这一模式就似乎碰到了困难。问题主要出在赋义化层次，因为一些非结构组块似乎自身就具备了语用推理的内部依据。这种现象又可分两种类型。第一种类型牵涉一些能产性低的非结构模式，以{极+其}组块为代表。"极"为及物动词，"其"为领属性代词，功能性强但意义较虚。{极+其}语义信息为"竭尽某人/物的(……)"，是一种动态的行为。{极+其}所获取的框架义"把某人/物的特征扩展到极点"和副词"极其"的表程度功能之间构成潜在的语用推理关系。然而，{极+其}组块自身的不自足信息"竭尽某人/物的(……)"和"极其"的功能之间也可以建立起隐喻或转喻关系。但这种语用推理关系完全基于其中一个源构素的语义特征，并不具有普遍性，无法类推到其他非结构组块。第二种类型和较高产的非结构模式有关，如汉语的{而+X}和{X+而}等。一些{而+X}和{X+而}组块也似乎无需赋义化，就能与对应的虚词"而X"和"X而"建立起语用推理关系。副词"俄而"和连词"而况"

是其中的典型代表,二者的功能分别为表述时间和以反问语气表述更进一步的意义,分别与非结构源构素"俄"和"况"的语义特征十分接近,对{俄+而}和{而+况}来说赋义化过程似乎多余。我们的理解是,{而+X}和{X+而}组块模式在汉语中相对高产,所以不排除虚词"俄而"和"而况"的出现是这种模式类推扩展的结果。这一说法尚有待于进一步证实。两种情形都不足以动摇非结构语法化三层次说。

  以往学者们对非结构语串语法化个案的探讨,兴趣主要集中在其独特性方面。这种独特性包括四个方面,一是非结构语串作为一个类别相比一般性语法化项的独特性,二是不同非结构语串相比较各自体现出来的独特性,三是非结构语串语法化过程的独特性,四是不同非结构语串语法化过程的独特性。这种探讨是十分有益的,但局限性也非常明显,就是忽略了语法化规律(动因、机制等)的普遍意义。就是说,如果我们把"非结构语串演变为功能性语言单位"这一过程看作语法化变化,就意味着这一过程根本性地有别于普通语法化变化的可能性不高。比如说,其中的"功能性"的获得,依据目前理论界的主流看法,似乎只能从语用推理上找原因。所以,探讨非结构语串的语法化,更重要的是如何在这四方面独特性背后找到共性的东西。我们的研究显示,非结构语串的演变,在本质上和普通语法化变化是一致的,最主要地体现为对语用推理环境和机制的依赖。非结构语串和普通语法化项的最大不同,就是缺乏语法化的内部依据(自足的语义语用特征)。因此,非结构语串要演变为功能性单位,不可避免地要以某种方式获得这种内部依据,从而具备语法化项的条件。而一个非结构语串要获得自足的语义语用特征,首先必须从跨层的两个相邻源构素变成一个整体。这三个步骤,按照我们的提法,分别是非结构语串语法化过程中的"语用推理层次""赋义化层次"和"组块化层次"。这是三层次说和以往非结构语法化研究的最大不同。非结构语串在组块化和赋义化之后,就成为了普通语法化项。成为了普通语法化项的非结构语串,不论是演变的驱动力还是机制,都符合语法化的普遍规律。从驱动力上看,非结构语串语法功能的最终获得,是通过语用推理实现的;从机制上看,非结构语串也先经过了重新分析的机制,而语法化了的非结构虚词语义语用环境以及同构项范围的扩展,都是类推所致。因此,三层次说和语法化普遍规律之间的高度相容性表明,即便是非结构语串这种具有强烈独特性语法化项,其演变过程也不能违逆语法化普遍规律。换个角度,也可以说语法化普遍规律显示了极强的预测和解释能力,其基本原则和规律是任何类型的语法化项都必得遵循的。

非结构语法化的例子的一个启示,在分析不同语法化个案的时候,考察其独特性的同时,应该思考这些独特性背后可能存在的共性,以及它们与普遍规律发生关联的可能性以及方式。一味强调语法化个案或者特定类型语法化过程的独特性,有两方面后果:首先是不利于总结出能够预测所有非结构语法化个案的共同规律来,因为,要总结出这样的共同规律,离不开对语法化普遍规律的认知;其次是失去以更广阔视野(跨语言、跨范畴)以及从理论高度(普遍规律)来准确诠释语法化个案的可能性。

第十章 图式性构式的历时演变

10.1 引言

彭睿(2016)指出,传统语法化的两个路子,即语法化窄化观和语法化扩展观,都是以探讨实体性语法化项的演变为目的的,都不适用于研究图式性构式的历时演变。构式方法的兴起,促使学者们开始尝试在语法化研究实践中对构式语法的理念和方法加以运用,以期有所突破。这一方法即"历时构式语法"(diachronic construction grammar)。至少在其初期,这种方法是以图式性构式的演变为中心议题的。而根据 Noël(2007)的总结,语法化理论和构式语法学说的结合,不论在理论上还是实践上都非易事(详见彭睿,2016;也见第一章的介绍)。在这种背景下,Traugott and Trousdale(2013)提出了构式化理论。构式化理论对构式理念的贯彻最为彻底。它一方面充分借鉴语法化(以及词汇化)研究的成果,另一方面又澄清并摒除了语法化(以及词汇化)学说中的欠合理的部分。比如,传统的语法化研究要么专注于语法化项形式上的变化,如 Lehmann(1995/1982)、Haspelmath(1998,2004)等,要么以语法化项语义及语用上的变化为考察对象,如 Heine, Claudi, and Hünnemeyer(1991)和 Bybee, Perkins, and Pagliuca(1994)等(Traugott and Trousdale,2013:96—100)。构式化理论的目标是"重新审视并整合先前的语法化和词汇化研究,从构式角度来解释与这些研究有关的问题"(Traugott and Trousdale,2013:1—2),其重要创新之一是区分了"构式化",

即创造"新形式一新意义"组配的过程,和"构式性变化",即单纯的形式变化或意义变化。

本章特别感兴趣的是构式性变化,特别是图式性构式形成之后如何继续发展。历时地看,一个图式性构式可以准入(sanction)两类新实例(或构例)。借用 Langacker(1987,2008,2009)的术语,一类是"示例"(elaboration),在形式和意义上和该图式性构式没有差异,但显示出更多更细特征。另一类是"扩展"(extension),和该图式性构式的特征有不相同之处,但因"关联性(association)"或"可见的相似性(perceived similarity)"而被准入该图式性构式(2008:18)。从这个意义上说,扩展是一种"局部性准入"(partial sanction),其特点是所准入新实例在一定程度上偏离(deviate)了图式性构式的形式和意义特征(1987:68—69)。在以下讨论中,我们将以"扩展"这一术语来指称图式性构式的构式性变化,以便和我们的既有的研究保持一致。我们将先以汉语溯因兼语句为个案,来讨论图式性构式的形成和实体性构式语法化之间的差别,然后以汉语隐现句历时发展为个案,探讨图式性构式扩展的规律。

10.2 图式性构式的形成和实体性构式的语法化[①]

汉语溯因兼语句的历时演变,可以很清楚地说明图式性构式(特别是复合型图式性构式)的形成过程和实体性构式的语法化之间的差别。汉语溯因兼语句以下列句子为代表(1a 转引自史有为,1992/1988):

(1)a. 我喜欢他老实。
b. 老师骂小王懒。

溯因兼语句可形式化为 $V_1 NV_2$,其直接来源是嵌入句 $V_1 [NV_2]$

[①] 本节的讨论以 Peng(2013)为基础。

(彭睿，2012；Peng，2013)。溯因兼语句的语义解释是，V_2是V_1所描述的行为发生或状态出现的原因(李临定，1986；史有为，1992/1988；吕冀平，2003)。关于嵌入句$V_1[NV_2]$，我们得从"V_1+N+V_2"语串的结构特点谈起。最早的"V_1+N+V_2"语串见于甲骨文，其中的V_1是"感官—认知—言说"动词(perception-cognition-utterance verb，记为V_{PCU})，如(2)(转引自张玉金，2001：144)：

(2) 王其观[日出]。　　　　　　　　　　　　(屯南2232)

因为V_{PCU}的语法和语义特点，尽管缺少标句词，"$V_{PCU}+N+V_2$"语串仍然只能理解成$V_{PCU}[NV_2]$这样的结构方式。张玉金(2004：231)注意到，另一种结构$V_{PCU}[N之V_2]$在公元前11—6世纪出现，开始和$V_{PCU}[NV_2]$竞争。例如(转引自张玉金，2004：231—232)：

(3) a. 知[子之好之]。　　　　　　　　(《诗经·女曰鸡鸣》)
　　b. 莫知[我艰]。　　　　　　　　　　(《诗经·北门》)

$V_{PCU}[N之V_2]$和$V_{PCU}[NV_2]$功能相同，这在例句(4)里体现得十分清楚(转引自何乐士，2004/1989：76)：

(4) 伯有闻[郑人之盟己]也，怒；闻[子皮之甲不与攻己]也，
　　喜。　　　　　　　　　　　　　　　　(《左传·襄公三十年》)

句中$V_{PCU}[N之V_2]$和$V_{PCU}[NV_2]$平行对举。"V_1+N+V_2"语串和$V_1[N之V_2]$构式的V_1都不限于V_{PCU}。语料显示，情感动词($V_{情感}$)也可以出现在这一位置上。

(5) a. 哀[吾君不免于难]。　　　　　　(《晏子春秋·内篇杂上》)
　　b. 哀[南夷之莫吾知]兮。　　　　　　(《楚辞·涉江》)

$V_{情感}[NV_2]$和$V_{情感}[N之V_2]$的竞争是溯因兼语句产生的关键。和V_{PCU}不同的是，通常一个情感动词并不能决定"$V_{情感}+N+V_2$"语串的结构。就是说，"$V_{情感}+N+V_2$"语串既可以解读为嵌入句，

即 $V_{情感}[NV_2]$，也可以解读为兼语句，即 $V_{情感}NV_2$。$V_{情感}$ 表达的是主语对宾语小句 NV_2 所表述的行为或状态的态度。由于 $V_{情感}$ 的特征，这一语串的意义可以从两个角度来诠释。第一个角度是 $V_{情感}$，即主语的情感行为是就"$N+V_2$"这一事件或过程而言的（$V_{情感}[NV_2]$）。第二个角度是，主语以 $V_{情感}$ 的方式来反映对 N 的态度（$V_{情感}NV_2$）。这种歧解性解读对 $V_{情感}[NV_2]$ 这种嵌入句来说是普遍性的。以（1a）为例，两种解读方式都是可以接受的，即"我喜欢他老实这个事实"和"我喜欢他，因为他老实"。再如（5a）句，因为动词"哀"的句法和语义特征，对"吾君不免于难"这一事实的哀伤，可以作另一种解读，即"哀吾君"，因为吾君"不免于难"。这样，例（5a）就产生了歧解性。

尽管"$V_{情感}+N+V_2$"语串可以作两种解读，至少两汉之前，作为图式性构式，这一语串却应该解读为 $V_{情感}[NV_2]$。究其原因，$V_{情感}[N 之 V_2]$ 的存在阻遏了与之结构平行、功能相等的 $V_{情感}[NV_2]$ 的重新分析。根据王洪君（1987）和张雁（2001）的研究，从公元前 2 世纪开始，"N 之 V"语串开始衰落，最终在 5 世纪以后从口语中消失。$V_{情感}[N 之 V_2]$ 构式自然也是如此。$V_{情感}[N 之 V_2]$ 的衰落，意味着它对 $V_{情感}[NV_2]$ 重新解读的阻力开始减弱甚至消失。Peng（2013）的观点是，当 $V_{情感}[NV_2]$ 在数量上优于 $V_{情感}[N 之 V_2]$ 时，图式性构式 $V_{情感}NV_2$ 就产生了。根据该研究的数量统计，公元前 3 世纪以前，$V_{情感}[N 之 V_2]$ 比 $V_{情感}[NV_2]$ 更为常见，而公元前 2 世纪之后，$V_{情感}[NV_2]$ 出现的频次开始高于 $V_{情感}[N 之 V_2]$。这与王洪君（1987）和张雁（2001）的观察是相符的。就是说，从公元前 2 世纪到公元 5 世纪，"$V_{情感}+N+V_2$"语串是有歧解性的。溯因兼语句中的评鉴类（$V_{评鉴}NV_2$）的产生过程和情感类的产生过程是一样的，也是直接来源于嵌入句（$V_{评鉴}[NV_2]$），而且这种嵌入句的重新分析也是由主动词的句法和语义特征来决定的。[①]

从溯因兼语句的演变过程来看，图式性构式（特别是复合型图式性构式）的形成至少在如下两个方面明显地有别于实体性构式的语法化：

首先，图式性构式的形成实际上包含了两个过程（或阶段）。如溯因兼语句的形成，一个过程是早期溯因兼语句实例的产生，二是图式性溯因兼语句的产生。这两个过程性质不同：前者是一个语用推理诱发的重新分析过程，后者则是不断由语义语用类型增加而提升图式性的过程。溯因兼语句最早的两个大类——"情感类"（$V_{情感}NV_2$）和"评鉴类"（$V_{评鉴}NV_2$）的实例，最初是由 $V_{情感}$[NV_2]和 $V_{评鉴}$[NV_2]实例重新分析而来的。之后溯因兼语句不断扩展其语义语用类型，然后陆续产生了其他语义语用类别。这两个过程一起促成了图式性构式的包容性成长（inclusive growth），即语义类型的多元化。实体性构式的语法化过程，从起始阶段到最后的习用化阶段，按照 Himmelmann(2004)的说法，是以三个层次的环境扩展（同构项、句法环境、语义语用环境）为特征的，而这三层次环境扩展都不牵涉语法化项自身的图式性问题。我们再来看看本书反复提到的汉语"把"的例子。根据彭睿(2008)的研究，汉语处置标记"把"的语法化经历了同构项和语义—语用环境的扩展。"把"的同构项由指称可持拿的具体物的名词(6a)扩展到指称不可持拿的具体物的名词(6b)，最后到指称抽象事物的名词(6c)。

[①] 彭睿(2012)把溯因兼语句细分为七个大类，包括情感类、评鉴类、祝贺类、欺负类、惩罚类、殴打类和蒙骗类。该研究对母语者进行了调查，结果显示，前三类的歧义程度最高；其他四类也不同程度地显示了歧义性。这个现象可以从这样几个角度进行解释：(i)和情感类一样，评鉴类溯因兼语句也来源于嵌入句，即 $V_{评鉴}$[N 之 V_2]和 $V_{评鉴}$[NV_2]，因此也保留了嵌入句的特点。(ii)祝贺类的主动词（如"祝贺""恭喜"等），都既可能带小句宾语，也可以带名词性宾语，因此这类溯因兼语句都可能有嵌入句的理解方式。(iii)其他四类的主动词都不可能带小句宾语，这些溯因兼语句的嵌入句理解方式应当是受到了其他三类的影响；情感类和评鉴类的类型频率远远高于其他类别。

(6) a. 醉把花看益自伤。

(白居易《花前有感兼呈崔相公刘郎中》)
   b. 悠然放吾兴，欲把青天摸。（皮日休《初夏游楞伽精舍》）
   c. 大把忧煎与改移，广将贫困令除扫。

(《敦煌变文集新书·双恩记》)

引用冯春田(1999)的语料和观察，彭睿(2008)指出，唐代开始，处置式标记"把"的语义语用环境由"动作性处置"(6b)扩展到"意愿性或认识性处置"(7a)。元明时期，处置式可以表达受事者因受支配或影响而产生某种结果或变化(7b)（以下两例均转引自冯著）：

(7) a. 有人把椿树，唤作白栴檀。   （《寒山子诗集》）
   b. 晁源在京中坐监的时节，瞒了爹娘，偷把他住在下处。

(《醒世姻缘传》43回)

"把"的语义—语用环境的扩展的总体趋势是处置义渐弱而致使义渐增。有意思的是，如果把"把"字句（即处置标记"把"所在的直接结构环境）看成一个复合型半图式性构式，那么这一构式经历了和溯因兼语句一样的包容性增长；但这一结论显然不适用于处置式标记"把"本身。

其次，实体性构式在语法化过程中必须经过一个歧解性的阶段，这种歧解性主要是由构式所在的直接结构环境（更具体地，临界环境）所具备的语用推理条件所引发的。第二章提到实体性构式语法化需要三类环境。对图式性构式的形成过程来说，其中的直接结构环境是不存在的。有意思的是，汉语溯因兼语句的产生也有一个歧解性阶段。按照Peng(2013)的说法，这种歧解性是语用推理的结果，但语用推理的条件来自构式内部，即情感动词和评鉴类动词自身的语义和句法特征。就是说，这种歧解性是溯因兼语句内部成分造成的，和外部条件无直接关联。如前面提到的，"$V_{情感}+N+V_2$"语串既可以解读为嵌入句，即 $V_{情感}[NV_2]$，也可以解读为兼语句，即 $V_{情感}NV_2$。这种歧解的产生或许和语言学习者对特定语言的整体认知及上下文语境都有关联，但其最直

接的诱发因素是 $V_{情感}$ 的句法即语义特征。"$V_{评鉴}+N+V_2$"的情形与此相似。

单从以上两点来看，实体性构式的语法化和图式性构式的演变在性质和特征上很难简单地划等号。目前的历时构式语法化理论和构式化理论在这个问题上都着墨不多，而是假定两者可以用相同理论模式来描述和归纳。两者的共性和个性的认定，必须以跨语言的调查为基础。本章不就这个问题展开讨论，而是把重点放在图式性构式的扩展自身的特点问题上。

10.3 图式性构式的扩展[①]

Goldberg(2006，2009)以及 Bybee(2010，2013)等的共同主张是，图式性构式的扩展是由语义驱动的。关于图式性构式扩展的机制，学者们已经提出了一些主张。以下我们将先简单介绍 Langacker(2008)和 Bybee(2010)就论元构式(argument construction)的历时扩展所提出的方法，然后介绍 Peng(2013)所主张的图式性构式扩展的"二维循环"说。

10.3.1 既有研究

在 Langacker(2008)看来，动词可以从其所在构式获得意义。例如，最核心的双及物构式是由具有"转移"(transfer)意义的动词引领的，如 *give*、*bring*、*send* 和 *tell* 等，比如在如下两句中：

(8) a. *She gave him an apple.*
　　b. *Tell me a story.*

能够充当双及物构式的动词范围逐渐向那些原本不具有"转移"义的动词扩展，如 *make*、*peel*、*find* 等(转引自 Langacker，2008：246)：

(9) a. *She made him a kite. They build us a porch. I knitted*

[①] 10.3节和10.4节的内容以 Peng(2016)为基础；部分提法做了修正。

  her a sweater. 〔创造〕
 b. *He wrote me a check. She baked them a pie. Peel me another orange.* 〔准备〕
 c. *I bought him a clock. Find us some old rages. She got you a fancy car.* 〔获得〕

这些动词缺乏"转移"义,但因为在双及物构式里高频使用,最终获得了转移义。而如(9)这样的例子的不断出现,可能导致双及物构式新图式的产生;这种新的图式已经在一定程度上偏离了双及物动词的原型,可以准入意义上离"转移"义更远的动词,比如 *sculpt*、*skin*、*stole* 等(Langacker,2008:248)[(10)中例句均转引自 Langacker,2008:248]:

(10) a. *She sculpted him an elephant.* 〔创造〕
 b. *Skin me another cat.* 〔准备〕
 c. *I stole her a diamond ring.* 〔获得〕

图式性双及物构式正是以这样的方式逐步建立起来的。

  Bybee(2010)的角度不同。作者主张,构式的扩展特别适合用范例模型(exemplar model)来解释。出现在构式的同一图式性空位上的单位是受语义制约的(2010:78);语义上相似的词项以高频率的范例为核心簇聚(cluster),而这个范例可以被视为一个预制品(prefab),因为它代表了特定意念表达的惯常性方式(2010:81)。进一步地,作者主张,一个复合图式性构式的所有图式性空位上的成分都可能扩展;图式性构式的扩展是就具体词项而言的,而且以词项语义特征为基础。然而,对构式的特定空位来讲,并不存在一个足以概括可以出现在这一空位所有词项的抽象特征。相反,出现在同一空位的词项可能依据具体语义特征而簇聚为不止一个类别,每一个类别都呈现出原型结构(2010:88)。

  对于 Langacker(2008)和 Bybee(2010)的方法,Peng(2016)的评论是,两者各有优缺点:前者从探讨图式性构式新成员的准入这个角度来说有一定价值,但似乎对解释何种词项可以准入特定空位缺乏解释力;后者的特点是可以依据某一词项和范例之间的语义关联来判断它是否能出现在特定的空位。两种方法的最重要局限性是相同的，即都以具体词项（特别是主动词）而非整个构式为观察视角。这种做法是以"图式性构式的扩展以具体空位的词项类型增加"这一假定为前提的。事实上，这一前提的合理性并没有获令人信服的证据的支持。

Goldberg(2006)和 Bybee(2010)等的图式性构式扩展模式，依据的都是对共时语料的观察。这些模式都无法解释如下两种跨语言现象：

现象一：新实例准入的先后顺序受到制约
现象二：新实例的范围受到一定的限制

第一种现象指的是这样的情形，即图式性构式实例和该构式核心（或范例）成员之间的语义差距，与这些实例被准入的时间先后相一致。第二种现象几乎是普遍性存在的，即任何图式性构式的包容性增长都是有限度的：一些创新可以为母语者所接受，而另一些创新则不被母语者认可。第一种现象的一个典型例子，就是溯因兼语句各主要类别的产生顺序的不同。Peng(2013)的一个观察是，溯因兼语句越晚准入的实例和最早实例在语义上的距离就越大。但该研究并没有更深入地探讨这一观察的理论意义。[①] 学者们对"语言创新受到限制"这种现象的关注由来已久。以汉语溯因兼语句为例，语言创新受限的现象，简单地说，就是并非所有动词都可以成为这种构式的主动词。归纳起来，既有研究对此的解释是，一方面，语言学习者知晓一个论元构式是否可以扩展到新动词，从而避免过度推广（overgeneralization）(Goldberg，2006：93)（即过度创新）；另一方面，语言在实际选择范围上会受到各种功能认知限制(De Smet，2013：5)。目前学者们讨论的焦点是，

[①] 类似现象在有关语言创新的文献中已经有所讨论。关于第一种现象，学者们的观察是，创新成分(innovation)和现存构式之间的相似性起着非常关键的作用。例如，De Smet(2012，2013)通过对重新分析之后的实现(actualization)过程的考察，得出一个结论，重新分析项(reanalyzed item)不同用法的出现先后顺序，强烈地受到人们对这些新用法的熟悉程度(familiarity)的制约，而人们的熟悉程度又受制于这些新用法在句法和搭配上的相似程度。

母语者到底是怎样做到避免在创新中对图式性构式过度创新的，主要是从儿童语言学习的角度来探讨的。在迄今提出的各种分析方案中，最具影响力的当属"统计优先"(statistical preemption)说(Goldberg，1995，2006，2009；Marcotte，2005；Boyd and Goldberg，2011；等等)。所谓"优先"(preemption)指的是这样的情形：说话人期待在某种语境中听到语言格式(formulation)A，但却频频听到语言格式B，因此认为B是这一语境中的合适格式，而A不是(Boyd and Goldberg，2011)。就是说，优先是语言习得中的一种间接的反面证据(negative evidence)。根据这一理论，统计优先和语言格式的开放程度(degree of openness)(即可出现于这一语言格式的语言项的多元程度)是把过度创新降至最低程度的关键因素(Goldberg，2009)。统计优先说(以及其他方案)的解释力如何是一回事，儿童语言学习和历时语言演变之间有无平行关系，则是更深层次的另一回事。迄今为止，以儿童语言学习为基础来诠释语言变化，仍然是历史语言学的一个重要研究方法。笃信儿童语言学习在语言历时发展中扮演着重要角色，是一部分形式学派和功能认知学派学者的共同认知。然而，对此学界也一直存在着质疑的声音。例如，Bybee(2010)指出，儿童语言学习和语言历时演变既有相似点，也有不同点，体现在语音、构词法和句子三个层面上。Bybee引用了Baron(1977)的说法，即影响语言历时发展的因素和影响儿童语言学习的因素并不完全等同。Diessel(2012)进一步认为，语言历时发展和儿童语言学习之间的关联只是一种巧合：两种变化之所以有一定的相似之处，是因为二者背后的机制是类同的(如类推、固化和范畴化等)。作者的看法是，儿童语言学习并非语言历时发展过程的简单映射，这是因为二者平行关系的不均衡性：在屈折范畴上最明显，在语法标记和复合构式上稍弱，在语音发展方面最弱。作者断定，没有迹象表明儿童语言和语言历时演变之间有因果关联。

Peng(2013)是一篇以汉语为观察对象来探讨图式性构式历时扩展理论模式的文章。该研究虽然也涉及了一些语法化观念，但力求摆脱语法化路子，在方法上主要有两个特点：

首先，在图式性构式的定位上，借用了 Taylor(1995,1998)的"特征集"的做法，即用一组特征来描述一个图式性构式的不同图式性层级在特定历史阶段的句法和语义限制条件。由不同时期的比较，查检原始限制条件的变化。例如，宏观层级的溯因兼语句在公元 3 世纪以前的语义特征包括六个方面，到了 8 世纪以后，这些特征就只剩下两个方面了。

	公元 3 世纪		公元 8 世纪
i.	V_2是V_1发生的导火线	i.	V_2是V_1发生的导火线
ii.	V_1是情感行为		——
iii.	V_1不包括言说行为		——
iv.	V_1不包括动作行为		——
v.	V_1不包括社会行为	v.	V_1不包括社会行为；
vi.	N 限于人类		——

这种以特征集定位图式性构式并观察其演变规律的做法，在 Peng(2016)和 Peng(2017)等研究中也有尝试。

其次，首次运用了构式层级(见 10.4.2 节的介绍)比较的方法。图式性构式任何特定历史阶段的分类及构式层级都可以以图表形式描写。通过不同时期构式层级的比较，就能清楚地看到图式性构式多层次的语义类别和图式性程度两个维度的变化轨迹。

关于图式性构式历时扩展的规律，Peng(2013)的主要结论包括三个方面：

i. 图式性构式的扩展以原始形态句法和语义语用限制条件的放宽为特征。

ii. 图式性构式的扩展包括"层级化"(即图式性程度的提升)和"包容性增长"(即语义类别的增加，或说语义多元化)两个变化维度。

iii. 层级化和包容性增长互为前提，循环性相互促进("二维循环")。

这三个方面预测性很强，但都只是对总体特征最基本的观察。该研究未能厘清的东西很多。例如，"原始限制条件放宽"的说法，忽略了一个重要事实，即历时地看，各层级构式在丢失旧限制条件的同时，也会获取新限制条件。新限制条件的获取（准确说，新旧限制条件之间影响力的此消彼长）是如何影响图式性构式扩展过程的，在 Peng(2013)里未予讨论。层级化和包容性增长及其二维循环关系，揭示了图式性构式的语义多元性和图式性程度之间的互动关系，但没有解释语义多元性特征以及不同语义类型之间原型结构关系的来龙去脉。这种"二维循环"的观念，和语法化扩展观关于语法化最根本特征是语法化项语义语用环境的扩展这一看法是高度契合的。彭睿(2016)指出，这种层级化和包容性增长的二维循环说预测性很强，一般来说图式性构式的扩展阶段都不例外；但二维循环只是对构式的图式化程度提升和语义多元性增加之间的互动关系的初步刻画，并未真正触及图式性构式扩展的根本动因和机制。

10.3.2 理论框架和假设

Peng(2016)以汉语隐现句为个案，建立了一个针对前面提到的两种现象的解释模式，并初步总结了图式性构式扩展的规律性东西。该研究重点讨论了图式性构式扩展过程的推动和阻遏因素，主张图式性的扩展是一种范畴化（categorization）过程，也与范畴学习（category learning）密不可分。因此，其主要理论框架都和范畴学习理论以及相关学说有关。

10.3.2.1 原型理论和范例理论

学界长久以来的一个争议是，范畴表征（category representation）到底是什么（见 Lin and Murphy, 1997；Murphy, 2002；Vanpaemel and Storms, 2008；等等）。范畴化理论中"原型模式"（prototype model）和"范例模式"（exemplar model）共存。原型是"整个范畴的概括性表征"，而范例则是"范畴的代表性个体实例"（Lin and Murphy, 1997：1153）。原型理论认为，一个范畴可以抽象地由已知成员的中心取向（central tendency）来表征。范例理论则主张,一个范畴的表征应由其成员群体来承担。不少学者认为范例理论优于原型理论(见 Murphy,2002),但事实上,两种理论都有为人们所诟病之处。例如,原型理论的缺陷是,作为范畴表征的原型并不具有范畴的足够信息;研究表明,人们记忆中储存的不只是范畴成员特征的中心取向,而是对学习中所遭遇的所有范畴实例的信息都十分敏感。对于范例理论,学者们的主要批评是它缺乏一种"认知上的简约"(cognitive economy),因为这种理论假定人们在记忆中储存所有的遭遇的实例,而且每次在为新实例归类时,都要获取这些实例来作为归类所依据的模块(Vanpaemel and Storms,2008:732;也见 Murphy,2002)。有鉴于此,学者们开始探讨能够同时兼顾范畴实例具体信息和抽象性的理论模式(可参考 Goldberg,2006 对相关讨论的梳理),其中一个是 Vanpaemel and Storms(2008)所提出的"范畴化的弹性抽象化模式"(varying abstraction model of categorization,VAM)。这种模式结合了简约和信息量两个方面,强调"部分抽象性"(partial abstraction)在范畴学习中扮演的重要角色。具体说,弹性抽象性模式认为,范例说和原型说实际上代表了范畴表征连续统的两极:范例表征对应最低抽象性,而原型表征对应最高抽象性;两极之间可以有多种可能的范畴表征方式,从而平衡简约和信息量的双重压力(Vanpaemel and Storms,2008:732)。按照这一模式,这种范畴表征既不由所有范例组成,也不由单一的原型构成,而是由一组"次原型"(subprototype)构成;次原型又是由一些范畴成员混合组成的(2008:172)。这种理论在一定程度上弥补了原型模式和范例模式的缺陷,也获得了语言学家的正面回应,如 Goldberg(2006)对此持肯定态度,而根据 Goldberg(2006:48—49)的介绍,其他一些学者如 Langacker(1987)和 Taylor(1995)等,也在研究中采用了类似模式。

10.3.2.2 知识效应

范畴学习理论文献关注的一个热点是"早前知识"(prior knowledge)或者"背景知识"(background knowledge)(Murphy,1993,2002;Heit,1994,1997,1998,2001;Lin and Murphy,1997;

Rehder and Murphy，2003；Harris and Rehder，2011；等等）。学者们认识到，范畴化理论应当把早前知识对范畴化学习的影响纳入考量(Heit，2001：156)。取决于具体的范畴化模式，人们对早前知识的性质和特征的理解不尽相同。Heit(2001：172—173)指出，早前知识可以由早前接触的实例、原型、关联方式、图式甚至规则等构成，其范围可能从具体信息到概括性信息。对 Lin and Murphy(1997：1153)来说，早前知识是"能为概念和特征之间提供因果关联的互联关系集合"。作者所举的一个例子是"汽车"(*car*)这一概念。作者指出，"有轮子""有门""有窗户""有发动机"以及"运载人或物"等，都存在于人们对"汽车"的普遍记忆中；而诸如"发动机推动轮子使得汽车移动，而能够四处移动则是汽车的关键性功能"等，也是人们关于"汽车"的早前知识的一部分(1997：1153)。

  我们再来看看"知识效应"(knowledge effects)假说。知识效应指的是人们带入范畴学习的"有关实物或者事件的早前知识的影响"(Murphy，2002：146)，相关的代表性理论包括"知识共鸣模式"(knowledge resonance，KRES)和"整合模式"(integration model)，两者分别以原型和范例理念为基础。Peng(2016)所采纳的理论框架是 Heit(2001)所提出的整合模式。这一模式最为核心的观点是：当一个人研判 X 是否属于新学习的范畴 A 的时候，X 同时被拿来与对范畴 A 的实际观察结果以及该范畴的早前知识相对照。正如 Murphy(2002)所指出的那样，早前知识不仅仅影响一个概念的最初学习，而且也参与较晚阶段范畴化实践的判断。就是说，早前知识在影响概念的最初编码之后，也会影响范畴化过程；人们会"正面地范畴化那些与其知识相吻合的实例"，而"排除那些与其知识不相符的实例"(2002：172—173)。从这个意义上说，范例为新实例提供模板，因而是创新的推动者；早前知识可能排除过于偏离范例的新实例，也就是在一定程度上扮演着阻遏创新的角色。

10.3.2.3 图式性构式扩展的整合模式假设

  Peng(2016)有两个重要假定。首先，要建构起有效的图式性构式扩展理论模式,如果不把原型和范例两个范畴化的理论思潮整合起来,是不会有成效的。其次,关于图式性构式的方法,如果假定语言学习者对特定构式的总体理解(早前知识)不会影响该构式新实例的准入,其解释力将大打折扣。

如果认定图式性构式的早前知识对新构式准入有影响,那么一个关键问题就是这些早前知识包括哪些方面。对语言学习者来说,图式性构式的早前知识首先可以部分地定义为他们对这种语言的综合性认知。用 Gerritsen and Stein(1992:7)的话说,这种认知即一个语言系统的内在的特定共时状态或者从中产生的特征和关系(也见 Fischer,2007:31)。此外,这种早前知识也可以部分地定义为关于特定图式性构式的认知(简为"构式性早前知识")。为简便起见,我们的讨论将只涉及构式性早前知识。构式性早前知识不能独立于构式实例的形态句法和语义语用特征,因为每一个早先遭遇的实例都会对人们的构式性早前知识有一定影响,即加深其对该构式的理解。因此,构式性早前知识可以被描写成所有构式实例的共同特征,包括个别成分知识(item-specific knowledge)及其概括化。按照 Goldberg(2009:98)的说法,这类知识构成了一个"整合以及有目的性的网络"(an integrated and motivated network)。

受到 Heit(2001)的知识效应理论的启发,Peng(2016)提出了一个图式性构式扩展的整合模式,其主要观点是,图式性构式扩展以范例和构式性早前知识的交互作用(interaction)为驱动力。一方面,范例的吸引作用可以导致创新;另一方面,构式性早前知识制约着创新。换言之,因为构式性早前知识的"锚定角色"(anchoring role),图式性构式扩展中的创新在一定程度上是保守的。关于这一整合模式,该研究强调了如下几点:

第一,范例(即次原型意义上的)由不同的既有范畴成员组成,而且这些成员限于高文本频率者。范畴学习的理论研究显示,文本频率能够为范畴化提供重要基础(见 Nosofsky,1988)。语言学研究也揭示了文本频率高低和成为范例的可能性之间的密切关系(见 Goldberg,2006;Bybee,2010;等等)。具体说,范畴成员的文本频率越高，越容易形成为范畴化新实例的基础。

第二，图式性构式范例的信息表征（informational representation）和构式性早前知识一样，都可以具体化为一组整合的语义—语用特征。范例是图式性构式的一个特殊的次范畴。按照 Bybee（2010：79—80）的说法，因为其高频率以及相应的高可及性（accessibility），范例更容易凸显，其信息表征也是如此。范例信息表征相对具体而细微，但按照 Vanpaemel and Storms（2008）的说法，保持着简约和信息量之间的平衡。相反，构式性早前知识更为基本和笼统，是包括范例在内的所有实例特征的抽象的结果。因此，对语言学习者来说，范例的信息表征和构式性早前知识是可以分开的。

第三，范例的信息表征和构式性早前知识都会发生变化。这是因为，历时地看，图式性构式及其范例都会不断地准入新实例，引起其语义—语用特征概括性及语义包容性的增加。

Peng（2016）通过对汉语隐现句的历时演变过程的讨论，对图式性构式扩展整合模式的合理性进行了初步验证。

10.4　汉语隐现句的分类和构式层级

汉语隐现句直到 20 世纪 80 年代才被学界看成一种独立的句型（李临定，1986；崔建新，1987；宋玉柱，1987；谭景春，1996；等等）。隐现句可以形式化为"地点（Location）＋动词（Verb）＋名词短语（NP）"（L＋V＋NP）。以下为代表性例句（11a、11b 和 11d 转引自李临定，1986；11c 转引自谭景春，1996；11e 转引自李杰，2009；11f 转引自郭继懋，1990）：

(11)a. 在信纸上渐渐地浮现出一个面孔来。
　　 b. 小李家里跑了一只鸽子。
　　 c. 内蒙来了客人。
　　 d. 脑袋上磕了一个大包。
　　 e. 路边翻了一辆车。

  f. 他开始掉头发了。

以李临定(1986)、崔建新(1987)及宋玉柱(1987)等的说法为基础,这些句子的共同语义解释可以这样概括:在地点 L,NP 所指以行为 V 的方式或者作为行为 V 的结果而出现或者消隐。特别地,(11d)和(11e)的隐现义不太直观,而且和主动词并无直接关联。在(11d)中,"大包"的出现是由动词"磕"引起的,而在(11e)里面,隐现义已经十分边缘化。

10.4.1 关于汉语隐现句范围

  汉语隐现句的范围问题向来有争议。通常学者们广泛认可的隐现句仅限于那些主动词具有隐现义以及和隐现义有关联的例子。这些动词以"出现""消失""来""去""走进来""跑出去"等为代表(崔建新,1987;也见李临定,1986;宋玉柱,1987;谭景春,1996;李杰,2009;宣恒大,2011),如(11a)(11b)和(11c),其隐现义都比较直观,和主动词有关。对于那些含"损毁""翻倒"以及"领属"等意义的句子是否属于隐现句,人们迄今没有一致的看法。含"损毁"义的句子的主动词以"磕""撕"等为代表,例如(11d)。谭景春(1996)把这类句子看作隐现句的一种。根据李杰(2009)的观察,"翻倒"义句子的主动词一般由"瞎""翻""好""坏"等充任,例如(11e)。这类句子的共同意义是:NP 所指以行为 V 的方式偏离或回到正常状况,或者从不正常状态中恢复过来。以(11e)为例,车身四轮朝天,明显偏离了停车的正常状态,因此其意义可以解读为一辆正常状态的车子隐喻性地隐去。(11f)属于郭继懋(1990)所称"领主属宾句",其主动词以"死""掉""少""多"等为代表,其中 NP 为 L(主要是人称代词或指人名词)所领有。对于领主属宾句是否应归入隐现句,学者们的讨论非常热烈(见郭继懋,1990;石毓智,2007;帅志嵩,2008;李杰,2009;任鹰,2009;宣恒大,2011;等等)。其实,跨语言地看,"领属者"和"地点"这两个概念是紧密相连的(见 Foley and Van Valin,1984;Lambrecht,1988;Blake,2001)。一旦一种事物出现在特定地点,该事物就和该地点之间建立起了领属关系；而一旦该事物从这一地点消失，这种领属关系也就不复存在。这意味着在领属句里隐现意义是以隐喻方式编码的。

Peng(2016)把"翻倒""损毁"和"领属"意义的句子都归入隐现句，原因是这些句子都在一定意义上和隐现意义相关联。领主属宾句的意义和隐现之间是隐喻性关联，而在"翻倒"和"损毁"这两种句子中，这种关联是转喻性甚至隐喻和转喻相结合的。Peng(2016)的一个重要假设是，这些句子的产生都是典型隐现句历时扩展的结果。

10.4.2　图式性构式的分类和构式层级

前面提到，图式性构式的扩展是由语义驱动的。为了追溯图式性构式的历时语义扩展过程，我们可以依据语义特征把该构式的实例分成若干类别（taxonomy），并在此基础上建立构式层级（constructional hierarchy）。Peng(2013)已经证实，这种分类和构式层级对研究图式性构式的历时演变非常有效。

按照Hilpert(2013：5)的说法，构式在语言使用者心理上呈现为一个图式性征的连续统。Traugott(2007，2008a)提出了一个四分的构式层级，包括

宏观构式（macro-construction）：	具有高度抽象性和图式性
中观构式（meso-construction）：	相关联的构式类型的网络；抽象而且在句法语义上相似
微观构式（micro-construction）：	单个的构式类别
构例（construct）：	微观构式的实例

四者的图式性程度不同，共同构成了图式性构式的构式层级。必须注意到，图式性构式的层级是一个连续统，以上等级只是其中的四个；根据实际情形，一个图式性构式的层级可多可少。表10.1和表10.2分别是Peng(2013：70)和Peng(2017：68)所例举的溯因兼语句和操控兼语句的不同层级（略有调整）：

表 10.1　溯因兼语句的层级举例

图式层	举例	特征
宏观	溯因兼语句	完全图式性
中观 I	$V_{评鉴}NV_2$	完全图式性；主要类别
中观 II	"命令"次类（下辖"命令""要"等动词引领的句子）	完全图式性；次要类别
微观	[骂＋NV_2]	主动词为实体性
构例	张三骂李四懒。	完全实体性

表 10.2　操控兼语句的层级举例

图式层	举例	特征
宏观	操控兼语句	完全图式性
中观 I	$V_{强迫}NV_2$	完全图式性；主要类别
中观 II	"命令"次类（下辖"命令""要"等动词引领的句子）	完全图式性；次要类别
微观	[要＋NV_2]	主动词为实体性
构例	老师要我多读书。	完全实体性

关于图式性论元构式的语义分类，学者们一直在争论的问题是，对构式的语义诠释影响最大的到底是构式自身还是其中的主动词。有的学者主张，主动词起着承载整个论元构式的语义信息的作用（如 Hale and Keyser，1987；Pinker，1989；Grimshaw，1990；Levin，1993；Croft，2001）。另一些学者，如 Langacker(2008)、Goldberg(2006，2009)等，都认为论元构式自身对其语义解释影响最大。例如，Langacker(2008：245)指出，构式图式"是有意义的，并且能对复杂结构的语义做出关键贡献"。Goldberg(2006，2009)也认为，虽然动词和论元构式都能传达一个句子的总体意义，句子的总体意义并不能可靠地由动词的意义以及/或者句法信息来决定(2006：6—9)，而论元构式作为一个整体对语义信息的贡献是显著的(2009：105)。Peng(2016)的观点是，

主动词虽然并不能单独决定整个复合型图式性构式的意义，但能够为构式具体实例之间的意义区别提供重要线索；因此，依据主动词之间的语义相似特征，构式实例可以被划分为不同类别，而依据更为具体的语义相似特征，又可以把同一个类别内的成员分成更小的类。之前 Peng(2013，2016，2017)的研究已经清楚表明，根据主动词语义特征为图式性构式进行多层次分类的做法是可行而且有效的。

图 10.1 是兼语句宏观层级结构(摘自 Peng，2017：69)。

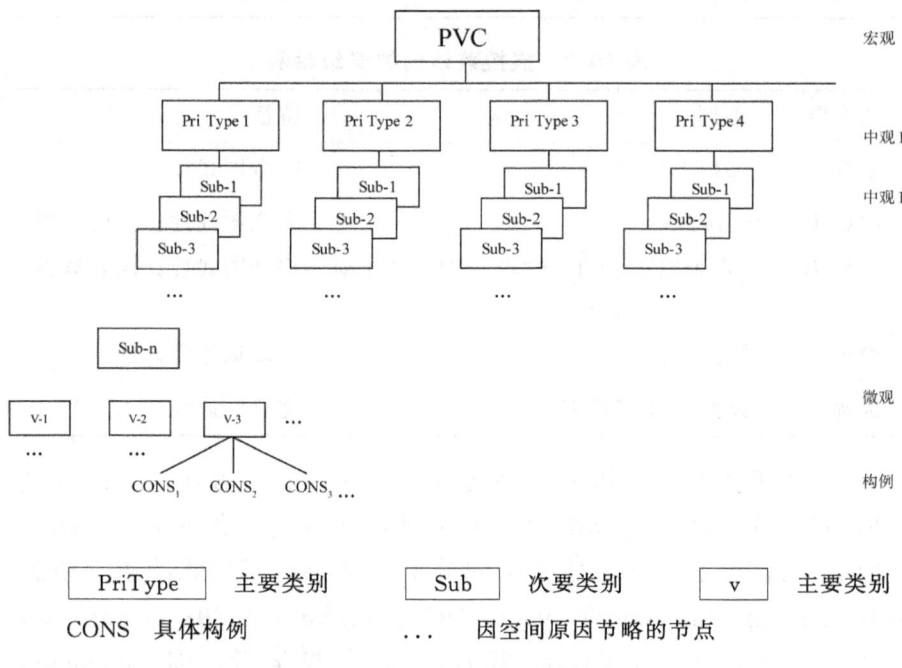

图 10.1　兼语句宏观层级结构

10.4.3　隐现句的主要类别和次要类别

前面指出，隐现句在语义上可以解释为"在地点 L，NP 所指以行为 V 的方式或者作为行为 V 的结果而出现或者消隐"。因此，隐现句实例之间的区别主要体现为 NP 所指出现或者消隐方式之间的不同。根据这一标准，Peng(2016)把汉语隐现句分为八个主要类别，而且把前面提到的"翻倒""损毁"以及"领属"意义的句子分散于各类别中。这些类别的名称、语义解释和简略形式列于表 10.3：

表 10.3　汉语隐现句主要类别的名称、语义解释和简略形式

名称	语义解释	简略形式
现隐	NP 所指在地点 L 以行为 V 的方式出现或者消隐。	LV$_{现隐}$NP
放射	NP 所指（主要是声、光、味、火等）在地点 L 或从地点 L 放射出来。	LV$_{放射}$NP
降落	NP 所指（主要是雨、雪、雹等或者其他物件）在重力吸引下自由落下。	LV$_{降落}$NP
增减	NP 所指移至或增添至地点 L 或者从地点 L 移除或减去。	LV$_{增减}$NP
移动(水平)	NP 所指通过行为 V 位移至地点 L 或者位移离开地点 L。	LV$_{移动}$NP
衰变	NP 所指（置放于或者属于地点 L）经受了 V 这样的质变（包括变好和变坏）。	LV$_{衰变}$NP
破损	NP 所指通过行为 V 出现在 L（通常为非液状物体）的表面；V 引起 L 的破损。	LV$_{破损}$NP
坍塌	NP 所指以行为 V 的方式在地点 L 倒塌或者脱落。	LV$_{坍塌}$NP

在后面的讨论中我们会看到，这些隐现句主要类别之间以原型结构的方式相互关联。依据更具体的语义特征，每个主要类别又可以进一步分化为若干次要类别。

LV$_{现隐}$NP 的次类

LV$_{现隐}$NP 可以进一步分为八个次要类别，包括"出现"（主动词以"出现""露出"为代表）、"出生"（主动词以"生""诞生"为代表）、"生长"[主动词以"长""起（鸡皮疙瘩、疹子等）"为代表]、"消失"（主动词以"消失""消隐"为代表）、"丢失"（主动词以"丢""损失"为代表）、"中断"（主动词以"断""中断"为代表）、"死亡"（主动词以"死""死亡"为代表）和"发生"（主动词以"发生""爆发"

为代表)。(12a)(12b)(12c)和(12d)分别是"生长""发生""丢失"和"死亡"次类的实例:

(12) a. 秦安脑子里长了东西。　　　　　　　　(《秦腔》)
　　　b. 他家乡发生了一大场瘟疫。　(《梁冬对话罗大伦》)
　　　c. 村里丢了一头牛。　　　(《新华社新闻报道》2001)
　　　d. 我们村死了一个老太太。　　(转引自李临定,1986)

LV$_{放射}$NP 的次类

LV$_{放射}$NP 共有五个次要类别,包括"发声"(主动词以"发""响起"为代表)、"发光"(主动词以"亮""发出"为代表)、"出味"(主动词以"飘出""散发"为代表)、"燃烧"(主动词以"燃起""点起"为代表)和"熄灭"(主动词以"熄""灭"为代表)。(13a)和(13b)分别为"发生"和"出味"的实例:

(13) a. 从小炉匠那里发出了低沉而胆怯的喊声。
　　　　　　　　　　　　　　　　　　　(《林海雪原》)
　　　b. 车子里散发出一阵阵臭味。　(《中华上下五千年》)

LV$_{降落}$NP 的次类

这一主要类别有三个次类,包括"雨雪"(主动词以"下""落"为代表)、"落下(趋向)"(主动词以"落""掉下"为代表)和"落下"(远离)(主动词以"落""掉下"为代表)。三个次类分别以(14a)(14b)和(14c)为例:

(14) a. 北部山区下了场雨。　　　　　　(《郭德纲相声集》)
　　　b. 突然从高空落下一块直径 10 多厘米的石头。
　　　　　　　　　　　　　　　　　　(《新华社新闻报道》2003)
　　　c. 我身上落下一条毛虫。　　　　　　(《李教有话说》)

其中"落下(趋向)"和"落下(远离)"类句首的地点 L 分别指称 NP 降落的始点和终点。LV$_{降落}$NP 和隐现意义之间的关联不是直接的,而是隐喻性或者转喻性的。

LV$_{增减}$NP 的次类

LV$_{增减}$NP 只有两个次类，分别以(15a)和(15b)为例：

(15)a. 眼角上方多了一道深深的伤痕。

(《从普通女孩到银行家》)

    b. 屋子里少了个人。   (《陆小凤传奇》)

(15a)属"增添"类，这一类的主动词以"多""添"为代表，而(15b)属"减损"类，其主动词包括"少""减少"等等。LV$_{增减}$NP 和隐现义之间的关联是转喻性的。"多"和"少"的状态分别是 NP 的出现和消失的后果。

LV$_{移动}$NP 的次类

LV$_{移动}$NP 的次类有五个。其中"到来(趋向)"和"到来(远离)"以及"离开(趋向)"和"离开(远离)"分别相对，句首地点 L 分别指称 NP 移动的终点和始点。"到来(趋向)"和"到来(远离)"分别以(16a)和(16b)为代表，其主动词相同，包括"来""进来""过来"等：

(16)a. 从外面进来了一个十多岁的姑娘。

(《野火春风斗古城》)

    b. 我家来了一个50岁上下的瘦高男人。

(《读者》合订本，摘自 CCL 语料库)

"离开(趋向)"和"离开(远离)"分别以(17a)和(17b)为代表，其主动词也相同，包括"离开""走""出去"等：

(17)a. 我发现他的苹果园里进去了两头鹿。 (《邓友梅选集》)

    b. 围墙外面像是飞走了一群乱叫的小鸟。 (《黑骏马》)

在"经过"类，地点 L 既非 NP 位移的起点也非其终点，而是经由之地。LV$_{移动}$NP 的隐现意义很直观。这一次类的主动词包括"飞过""走过""越过"等：

(18)树林上面飞过一只斑鸠。   (《野鸭·鹌鹑·斑鸠》)

LV$_{破损}$NP 的次类

LV$_{破损}$NP 可细分为四个次类,包括"撞破""破烂""鼓起"和"蹭溅"。"撞破"这一次类的意义是"NP 所指(破洞、裂痕等)以 V 的方式创制于地点 L(通常为某物体的表面)",其主动词 V 以"撕""划破""撕开"等为代表。如(19a)。在"撞破"实例中,主动词 V 是 NP 所指的破洞、裂痕等创造的方式,而在"破烂"类,主动词(如"破""破开""烂"等)所代表的正是 NP 变化后的状态,如(19b)。因此,"破烂"类的意义可以归纳为"NP 所指(破洞、裂痕等)在地点 L 因为 L 自身以 V 的方式发生变化而出现"。

(19) a. 衣服撕了一个口子。　　　　　　　　(转引自郭继懋 1996)
　　　b. 脊梁上破了个三角口子。　　　　　　　　(《红旗谱》)

"鼓起"次类实例的共同语义诠释可以归纳为"NP 所指(通常为凸起物)因行为 V 而产生并出现于地点 L",其主动词 V 以"鼓""鼓起""烫起"等为代表,如(20a)。"蹭溅"次类的意义是"NP 所指因为行为 V 而出现于地点 L 或者黏附于地点 L",如(20b)。这一次类的主动词 V 以"蹭""溅""沾"等为代表。

(20) a. 小腿上烫了个小红点。　　　　　　　　　　(《三里湾》)
　　　b. 她的两只胶鞋上头溅了很多泥。　　　(《残雪自选集》)

在 LV$_{破损}$NP 实例中,行为 V 并不是 NP 所指出现过程本身,而是这一过程的原因。因此,这一主要类别和隐现意义之间的关联是转喻性的。

LV$_{衰变}$NP 的次类

LV$_{衰变}$NP 共有五个次类,"变质""坏损""病害""伤残"和"改善"。"变质"的主动词 V 包括"坏、烂、湿"等,其意义可以概括为"NP 所指在品质上出现(负面)变化"。"坏损"的主动词 V 包括"摔、碎"等,其意义可以概括为"NP 所指经受物理意义上的损坏"。"病害"实例的共同意义是"NP 所指经受生理上的病痛",其主动词 V 包括"病、醉、晕(倒)"等。"伤残"次类实例的意义可以概括为"NP 所指经受伤残",其主动词 V 包括"瞎、聋、伤"等。"改善"类的主动词 V 包括"好、痊愈"等,其意义可以概括为"NP 所指从病痛或其他不愉悦的状态中恢复过来"。(21a)和(21b)分别为"变质"和"病害"的例子:

(21) a. 电厂里坏了一架马达。　　　　　　　　　(《子夜》)
　　 b. 我们厂病了一百多号。　　　　　　　　　(《无人喝彩》)

LV$_{衰变}$NP 和隐现意义之间的关联也是转喻性的。

LV$_{坍塌}$NP 的次类

LV$_{坍塌}$NP 可以细分为三个次类,"倒塌""断折"和"剥落"。"倒塌"次类的意义是"NP 所指(通常是 L 的局部)从物体 L 剥离",其主动词 V 包括"塌、倒、垮"等。"断折"的主动词 V 以"折、断"等为代表,其实例的语义解释可以概括为"NP 所指(通常是 L 的局部)从物体 L 断裂开"。"剥落"的主动词 V 以"落、脱、剥落、擦脱、磨掉"为代表,其实例的共同语义解释可以概括为"NP 所指(通常为物体 L 的表面或一个小局部)从 L 剥离"。

(22) a. 屋顶塌了三处,横梁垮了一根,砖墙倒了一幅。
　　　　　　　　　　　　　　　　　　　　　　　(《苦斗》)
　　 b. 锁链突然断了一节。　　　　　　　　　　(《人之窝》)
　　 c. 他胳膊内侧磨掉了一层皮。　　　(《人民日报》1995 年)

LV$_{坍塌}$NP 和隐现意义的关系更为复杂。通常 NP 从 L 剥落是由行为 V 引起的。例如(22c)中"一层皮"与"胳膊内侧"的分离是"磨"这一行为的后果。这一主要类别只和"隐"的意义相关联,隐喻化和转喻化共同作用造成了这种关联。一方面,"NP 从它作为其中一部分的 L 上剥离"和"一个物事从其所在地点离开"之间有着较为清晰的隐喻关联。另一方面,"NP 从 L 剥离"意义的表达既非句法性的也非词汇性的;因为主动词 V 所指的行为是引起 NP 所指剥离的原因,所以 NP 所指的隐去是藉由这个原因转喻性地表达出来的。

现代汉语隐现句的主要类别和次要类别可以概括于表 10.3。

语法化理论的汉语视角

在表 10.3 的分类基础上,我们可以建立起现代汉语隐现句的构式层级。与 Peng(2013)的做法一致,Peng(2016)也用图示方法来显示现代汉语隐现句的构式层级,列于图 10.2。

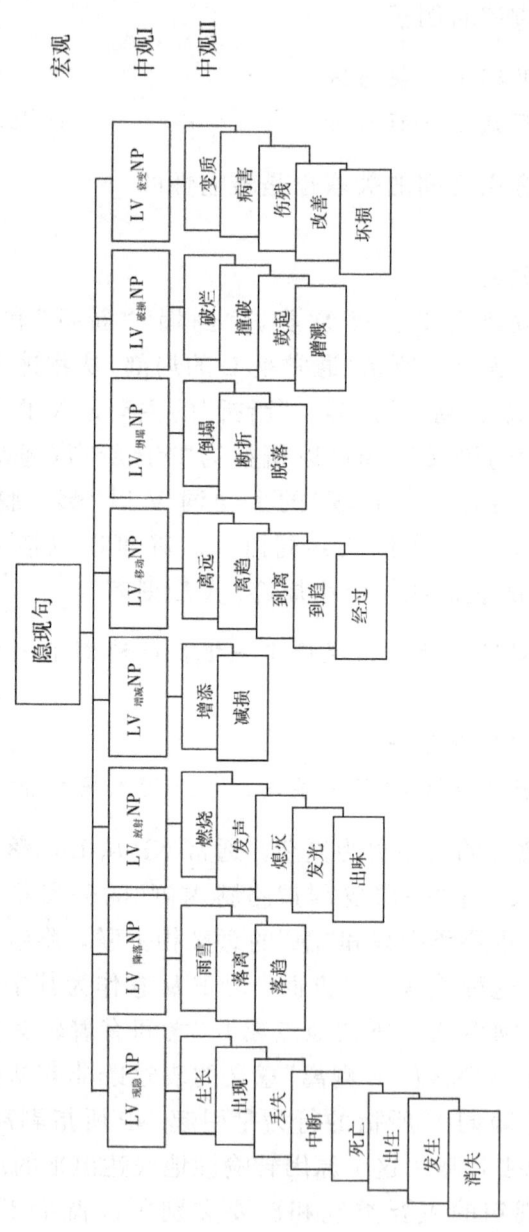

图10.2 现代汉语隐现句构式层级

因为空间的限制，实际上图 10.2 只是列出了宏观、中观 I 和中观 II 三个层级。在这一构式层级里，八个主要类别为中观 I 层次上的姊妹节点，而每个主要类别内的次要类别是中观 II 层次上的姊妹节点。在中观 I 和中观 II 两个层次上，姊妹节点都依照历时产生的顺序排列。用同样的方法，我们可以建立起汉语隐现句在任何历时阶段的构式层级。通过对隐现句在不同历时阶段的分类和构式层级的对比，我们可以重建这种构式的历时演变路径。

现代汉语隐现句主要类别、次要类别及其代表性主动词列于表 10.4。

表 10.4 现代汉语隐现句主要类别、次要类别及其代表性主动词

主要类别	次要类别	次要类别简称	代表性主动词	
LV$_{现隐}$NP	出现	出现	露出	出现
	发生	发生	发生	爆发
	出生	出生	生	诞生
	生长	生长	长	起
	消失	消失	消失	消隐
	丢失	丢失	丢	损失
	中断	中断	断	中断
	死亡	死亡	死	死亡
LV$_{放射}$NP	发声	发声	发（声）	响起
	发光	发光	发出	亮
	出味	出味	散发	飘出
	燃烧	燃烧	燃起	点起
	熄灭	熄灭	灭	熄
LV$_{降落}$NP	雨雪	雨雪	下（雨）	落（雪）
	落下（趋向）	落趋	落	掉下
	落下（远离）	落离	落	掉下

续表

主要类别	次要类别	次要类别简称	代表性主动词	
LV$_{增减}$NP	增添	增添	多	添
	减损	减损	少	减少
LV$_{移动}$NP	到来(趋向)	到趋	来	跑过来
	到来(远离)	到离	来	跑过来
	离开(趋向)	离趋	去	跑过去
	离开(远离)	离远	走	飞走
	经过	经过	飞过	跑过
LV$_{衰变}$NP	变质	变质	烂	馊
	坏损	坏损	枯	干
	病害	病害	病	醉
	伤残	伤残	瞎	伤
	改善	改善	好	痊愈
LV$_{坍塌}$NP	倒塌	倒塌	塌	倒
	断折	断折	折	断
	脱落	脱落	脱	磨掉
LV$_{破损}$NP	撞破	撞破	撕	撞破
	破烂	破烂	烂	破
	鼓起	鼓起	鼓	烫起
	蹭溅	蹭溅	蹭	溅

10.4.4 隐现句的构式性早前知识和范例信息表征

Peng(2013)指出，图式性构式的语义-语用特征可以被看成该构式意义方面的限制条件。这些条件为该构式的所有构例所共有。Peng(2016)进一步指出，隐现句的限制条件是一个整合的特征集(an integrated feature set)，包括两个方面：(i)隐现句每个构成部分(即地点 L、主动词 V 和 NP)的范围和语义语用特征；(ii)不同构成部分相互之间的关联。任何一个图式性程度的构式的限制条件，都可以用这两个方面来概括。现代汉语宏观层次隐现句及其中观 I 层次中 LV_{现隐}NP 的限制条件可以分别概括为表 10.5 和表 10.6。

表 10.5　隐现句宏观层次的限制条件

a. NP 所指以行为 V 的方式在地点 L 出现或消隐。
b. 构式可能隐喻性或者转喻性地和隐现意义相关联，也可能以隐喻性和转喻性相结合的方式和隐现意义相关联。
c. L 既可能是一个具体的立体空间，也可以是一个隐喻的空间。
d. V 要么含隐现义，要么转喻性或隐喻性地和隐现义相关联。

表 10.6　LV_{现隐}NP 的限制条件

a. NP 所指以行为 V 的方式在地点 L 出现或消隐。
b. NP 所指隐现这一意义可以直观地解释。
c. L 是行为 V 发生的地点或者状态 V 出现或消隐的地点。
d. L 既可能是一个具体的立体空间，也可以是一个隐喻的空间。
e. V 直接影响 NP 所指的可见性（visibility）或即现性（availability）。
f. V 是非意愿性的。
g. V 具有隐现意义。
h. NP 所指在地点 L 变得可见或者不可见。
i. NP 所指既可能是实物性的，也可能是抽象的。
j. NP 所指既可能具有生命性，也可能具有非生命性。
k. NP 所指不是 L 的局部。

表 10.5 所列限制条件是对所有现代汉语隐现句实例的共同特征的概括；这些限制条件构成了现代汉语隐现句的构式性早前知识。在后面讨论中我们将看到，在历史上，LV_{现隐}NP 的文本频率一直是所有主要类别中最高的。因此，这一主要类别可以被看成隐现句历时扩展中的范例。表 10.6 所列是现代汉语里所有 LV_{现隐}NP 实例特征的概括，也就是现代汉语隐现句范例的信息表征。

10.5　汉语隐现句的历时发展

最早的汉语隐现句可以追溯到甲骨文、《诗经·商颂》以及

《周易》。公元前16世纪—前6世纪这一期间的隐现句例极少,是图式性隐现句的起始阶段。我们的考察表明,公元前5世纪—前1世纪这一期间也没有新的隐现句主要类别和次要类别的出现。因此,本章将讨论如下五个历时时期隐现句的发展状况:公元前16世纪—前6世纪、1—6世纪、7—13世纪、14—18世纪和19世纪至今。

10.5.1　公元前16世纪—前6世纪

语料显示,在其起始阶段,隐现句有两个主要类别,LV$_{降落}$NP 和 LV$_{现隐}$NP。如(23a)和(23b)分别属于 LV$_{降落}$NP 类的"雨雪"和"落离"小类:

(23)a. 其自东来雨?其自南来雨?

(甲骨文,转引自张玉金,2001)

b. 自天降康。　　　　　　　　　　　　　　(《商颂》)

(24a)(24b)和(24c)分别属于 LV$_{现隐}$NP 类"生长""出现"和"丢失"小类。

(24)a. 地中生木。　　　　　　　　　　　　　(《周易》)

b. 山下出泉。　　　　　　　　　　　　　　(《周易》)

c. 西南得朋,东北丧朋。　　　　　　　　　(《周易》)

以上两个主要类别及其次要类别构成了这一时期隐现句的分类体系。在此基础上,我们可以建立起隐现句的最早构式层级:

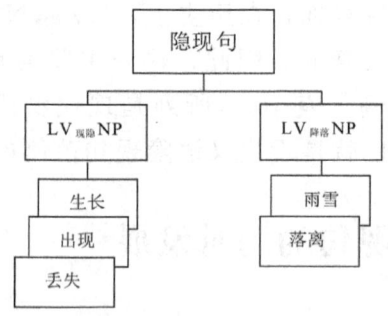

图 10.3　前 16 世纪—前 6 世纪隐现句构式层级

Peng(2016)特别提到,这一时期隐现句的出现是"多元继承"(multiple inheritance)的结果。多元继承指的是一个构式可以追溯到不同源构式的现象(详见 Trousdale, 2013; Van de Velde, De Smet, and Ghesquière, 2013; 等等)。多元继承既可能是宏观层次的,即两个完全不同的发展脉络(lineage)的结合,也可能是微观层次的,即同一发展脉络中不同分支的结合。LV$_{降落}$NP 和 LV$_{现隐}$NP 共有"L+V+NP"这一表层形式,而且在语义上有着一定的联系。至少从目前的语料看来,并没有足够证据证明这两个类别可以追溯到同一源头。一个合理推断是:二者有着不同的源头,在这一时期以多元继承的方式结合在一起,形成了最早的隐现句图式,其限制条件是两个类别所有实例所共有的语义特征。在下面的讨论中我们也将看到,公元前 6 世纪以后,LV$_{降落}$NP 和 LV$_{隐现}$NP 各自继续扩展,分别准入更多新实例。余下的六个大类出现于不同的历史时期。就目前的语料看来,我们尚无证据证明这六个主要类别分别有自己独立于隐现句的历史;它们应当是在早期 LV$_{降落}$NP 和 LV$_{隐现}$NP 的基础上建立起来的图式性隐现句扩展的结果,而非作为独立构式与既有隐现句发生多元继承这样的变化。

10.5.2　1—6 世纪

这一时期出现了两个新类别,LV$_{增减}$NP 和 LV$_{放射}$NP。LV$_{增减}$NP 的最早次类是"增添":

(25) 夏台增寒。　　　　　　　　　(梁·张绾《龙楼寺碑》)

LV$_{放射}$NP 的所有五个次类,包括"发光"(26a)、"熄灭"(26b)、"发声"(26c)、"燃烧"(26d)和"出味"(26e),在这一时期都出现了。

(26) a. 从其面门放五色光。　　　　　(《大方便佛报恩经》)
　　 b. 桑间绝响。　　　　　　　　　(班婕妤《捣素赋》)
　　 c. 棺中翕然作雷霆之音。

(《搜神记》卷五,转引自王建军,2003:201)

d. 见路旁小屋燃火。 （《搜神后记》）

e. 地起泥香。 （梁·王增儒《中寺碑》）

与此同时，既有的主要类别继续准入新实例。LV$_{现隐}$NP 在这一时期出现了一个新次类，"中断"，如下例：

(27) 空谷绝探荣之辙。 （《宋书·顾恺之列传》）

这一时期隐现句的构式层级图示如下：

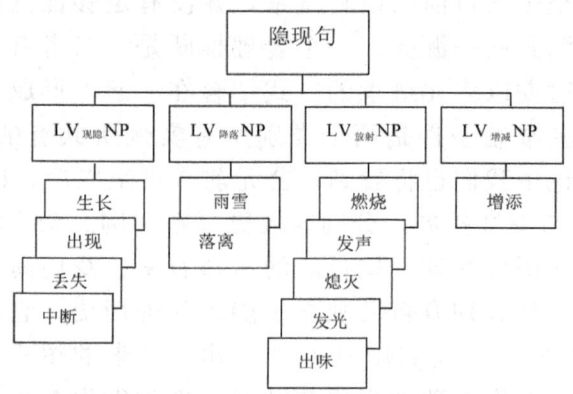

图 10.4 1—6 世纪隐现句构式层级

10.5.3 7—13 世纪

这一时期只产生了一个新类别，即 LV$_{移动}$NP，如(28)两句，都属于其中的"离远"次类。

(28) a. 甕里何曾走却鳖？ （《五灯会元·枢密徐俯居士》）

b. 林中走出一队军来。 （《三国志平话》）

既有主要类别继续准入新实例。LV$_{现隐}$NP 产生了两个新的次类，"死亡"和"出生"，分别以(29a)和(29b)为例：

(29) a. 城中煞却四千余人。

（《入唐求法巡礼行记》，转引自王建军，2003：209）

b. 其田主家生一牛。 （《太平广记·报应》）

LV$_{降落}$NP 的第三个次类"落趋"和 LV$_{增减}$NP 的第二个次类"减损"

也在这一时期出现,分别以(30a)和(30b)为例:

(30)a. 江上落英如雪。 (谢邁《如梦令·人似已圆孤月》)
   b. 此边减却一个庶征。 (《朱子语类·尚书·洪范》)

7—13世纪隐现句的层级构式示于图10.5:

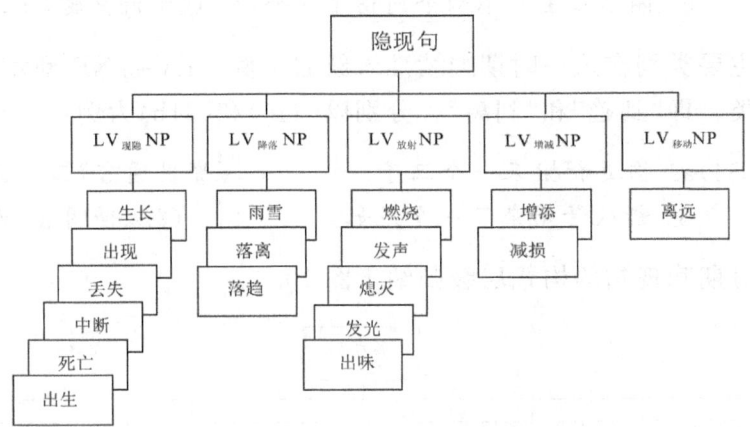

图10.5 7—13世纪隐现句的构式层级

10.5.4 14—18世纪

这个时期出现了三个新类别,即LV_{破损}NP、LV_{坍塌}NP和LV_{衰变}NP。其中LV_{破损}NP的次类有三个,分别是"破烂""鼓起"和"蹭溅",分别以(31a)(31b)和(31c)为例:

(31)a. 从胁下裂个窟窿。 (《西游记》五十三回)
   b. 宝玉左边脸上烫了一溜燎泡出来。
                           (《红楼梦》二十五回)
   c. 履上沾了血迹。 (《包公案》四十二回)

这一时期LV_{坍塌}NP的三个次类全部出现,如(32a)(32b)和(32c)分别为"倒塌""断折"和"脱落"的例子:

(32)a. 飞云阁塌了一梁。 (《封神演义》二回)
   b. 琴弦断了一根。 (《警世通言》卷一)
   c. 额角上抹脱了一片油皮。 (《水浒全传》三十九回)

273

另一个主要类别 LV_{衰变}NP 也出现三个次类，即"变质""病害"和"伤残"，分别以(33a)(33b)和(33c)为例：

(33) a. 大嫂坏了个眼。　　　　　　　　　(《醒世恒言》八十五回)
　　　b. 闻知唐朝病了秦琼。(《全元曲·功臣宴敬德不伏老》)
　　　c. 闻达心里只恐两个内伤了一个。　　(《水浒全传》十三回)

既有主要类别在这一时期继续准入新的实例。LV_{移动}NP 新增了两个次类，即"到趋"和"到离"，分别以(34a)和(34b)为例：

(34) a. 临近新搬来一个汉子。　　　　　　(《警世通言》三十五回)
　　　b. 新从景州来了一个尼姑。　　　　　(《醒世明言》九回)

这一时期隐现句的构式层级归纳于图 10.6。

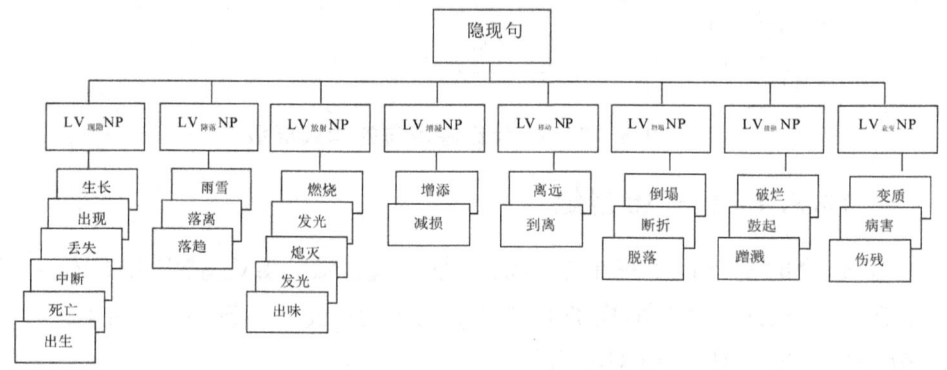

图 10.6　14—18 世纪隐现句的构式层级

10.5.5　19 世纪至今

19 世纪以后，隐现句进一步扩展。没有新的主要类别出现，但既有主要类别继续准入新实例。LV_{破损}NP 的"撞破"次类在语料中被发现，如(35a)。LV_{衰变}NP 则增添了两个次类，即"改善"和"坏损"，分别如(35b)和(35c)：

(35) a. 窗上撕了一个窟窿。　　　　　　　(《三侠五义》六十九回)
　　　b. 他已经好了一条腿了。　　　　　　(转引自李杰，2009:69)
　　　c. 文书湿了一个尖角。　　　　　　　(《济公全传》七十八回)

语料显示，LV移动NP 也增添了两个次类，"离趋"和"经过"：

(36) a. 屋中进去人啦！ 　　　　　　　（《三侠五义》七回）
　　　b. 眼角边忽然飞过一个人影。　　（《孽海花》十九回）

LV现隐NP 增添的两个新次类是"消失"和"发生"，分别以(37a)和(37b)为代表：

(37) a. 地球上又消失了一只活化石。　（《报刊精选》1994 年）
　　　b. 庵中究竟发生何事？　　　　　（《续济公传》四十二回）

10.5.6　小结

隐现句在各历史时期的主要类别及次要类别的数量列于表 10.7：

表 10.7　各历史时期隐现句主要类别和次要类别数量

	LV现隐NP	LV降落NP	LV放射NP	LV增减NP	LV移动NP	LV坍塌NP	LV破损NP	LV衰变NP
前16—前6世纪	3	2	0	0	0	0	0	0
1—6 世纪	4	2	5	1	0	0	0	0
7—13 世纪	6	3	5	2	1	0	0	0
14—18 世纪	6	3	5	2	3	3	3	3
19 世纪至今	8	3	5	2	5	3	4	5

很显然，主要类别和次要类别的数量都在逐渐增加。从起始时期到现代汉语，最重要的变化是隐现句的语义类型逐步多元化。比如说，LV放射NP 的主动词隐喻性地和隐现意义相关联。历时地看，这一主要类别在 1—6 世纪期间被准入后，隐现句的图式性程度提高了。最为深刻的变化始于 LV坍塌NP、LV破损NP 和 LV衰变NP 在 14 世纪之后的相继出现。三个类别的主动词都和隐现意义没有直接关联，所以都只能用转喻、隐喻或者二者相结合的手段来表达这样的意义，从而使得隐现句作为一个宏观构式的语义诠

释更为抽象。Peng(2013)所提出的图式性构式历时扩展的二维性特征，即层化(图式化层级的提高)和包容性增长(语义多元性程度的增长)，在隐现句的历时发展过程中也体现得十分明显。

Peng(2016)发现，$LV_{现隐}NP$ 的文本频率在各个历史时期都是所有主要类别中最高的。这可以从 CCL 语料库中 1—6 世纪、7—10 世纪(唐代)和 14—17 世纪(明代)的语料统计中看出：

表 10.8　各主要类别的文本频率统计

	$LV_{现隐}NP$	$LV_{降落}NP$	$LV_{放射}NP$	$LV_{增减}NP$	$LV_{移动}NP$	$LV_{坍塌}NP$	$LV_{破损}NP$	$LV_{衰变}NP$
1—6 世纪	212	5	19	6	0	0	0	0
7—10 世纪	310	35	51	32	0	0	0	0
14—17 世纪	949	34	88	37	37	11	4	34

因此，历史上，$LV_{现隐}NP$ 一直是隐现句中的范例，稳定地扮演着为新实例的准入提供语义模板的角色。

10.6　隐现句扩展的规律

Peng(2013)曾观察到，溯因兼语句准入的新实例在语义语用特征上离最早的类别越近，其产生的历史时期就可能越早。Peng(2016)对隐现句的考察也发现了类似的情形。比如，$LV_{坍塌}NP$、$LV_{破损}NP$ 和 $LV_{衰变}NP$ 都以"转喻＋隐喻"的方式和隐现意义(也就是和范例 $LV_{现隐}NP$)相关联，而这几个主要类别的产生时期是最晚的。Peng(2016)的另一个观察是，一个动词在历史上最早出现的时期总是早于该动词所引领的隐现句主要类别的产生时期。例如，语料显示，动词"增"和"减"在公元前 5 世纪的文献中就已经出现，如(38a)，而 $LV_{增减}NP$ 直到 5—6 世纪才产生。这种时间差在 $LV_{坍塌}NP$、$LV_{破损}NP$ 和 $LV_{衰变}NP$ 三类中体现得更加明显。这三个主要类别都是 14 世纪以后才产生；然而，6 世纪以前的语料中就能发现"裂"和"毁"(可以做 $LV_{破损}NP$ 的主动词)、"倒"(可以做 $LV_{坍塌}NP$ 的主动词)以及"病"和"醉"(可以做 $LV_{衰变}NP$ 的主动词)等作动词的用例,如(38b)。

(38) a. 世增其业。　　　　　　　　　(《左传·昭公三十二年》)
　　　b. 裂冠毁冕。　　　　　　　　　(《左传·昭公九年》)

因为 LV$_{坍塌}$NP、LV$_{破损}$NP 和 LV$_{衰变}$NP 与 LV$_{现隐}$NP 的语义差别比 LV$_{增减}$NP 和 LV$_{移动}$NP 等更为明显,我们可以得出一个结论,那就是隐现句的主要类别和 LV$_{现隐}$NP 的语义差别越大,其产生时期和其主动词的产生时期之间的距离也越大。这进一步说明,图式性构式新实例的准入受到一定因素的限制。

10.6.1　图式性隐现句限制条件的放宽

Peng(2013)注意到,图式性溯因兼语句在历史上持续性地准入新实例,导致了"原始限制条件"(简称为"原始条件")在不同图式性层级的逐步放宽。以下的讨论将检验同样的规律是不是能够在隐现句历史上出现。我们将重点观察宏观层次和中观 I 两个层次的情形;其中,在中观 I 层次上我们将只讨论 LV$_{现隐}$NP 的个案。

10.6.1.1　宏观隐现句限制条件的放宽

最早的宏观层图式性隐现句是建立在起始阶段 LV$_{现隐}$NP 的三个次类"出现""成长"和"丢失"以及 LV$_{降落}$NP 的两个次类"雨雪"和"落离"的基础上的。这些次类的实例的共同语义语用特征就是宏观层图式性隐现句的原始条件,列于表 10.9:

表 10.9　隐现句的原始限制条件

a. NP 所指以行为 V 的方式在地点 L 出现或者消隐。
b. 整个构式和隐现义的关联不是转喻性的。
c. L 指称 NP 所指隐现的地点(起点或者止点)。
d. L 是具体的立体空间。
e. V 要么具有隐现义,要么和这一意义相关联。
f. V 并非一种意愿性的位移行为。
g. V 和隐现义的关联不是转喻性的。
h. V 和隐现义是兼容的。

i. NP 所指在地点 L 出现或者消隐。
j. NP 所指是物质性的，而且限于固态和液态。
k. NP 的隐现并非由行为 V 所引起。

表 10.9 所列原始条件随着隐现句的扩展而逐步放宽。在 1—6 世纪，隐现句最重要的变化是 LV$_{增减}$NP 和 LV$_{放射}$NP 的产生。前者的主动词，如"增"，转喻性地和"出现"义相关联。而且，LV$_{增减}$NP 允许 L 为隐喻性的地点。因此，LV$_{增减}$NP 的出现标志着原始条件"d"和"g"的放宽。同时，LV$_{放射}$NP 的五个次类的出现，诸如"光""音""火"以及"香"等名词开始出现在 NP 的位置，表明 NP 所指的范围已经扩展到了所有具体事物，其物理状态不受限制。相应地，原始条件"j"消失了。

7—13 世纪期间出现的唯一主要类别是 LV$_{移动}$NP。一般地，这个类别的主动词（含动趋短语）所指动作是意愿性（volitional）的移动，如"走却"和"走出"等，意味着这一时期的隐现句不再受原始条件"f"的制约。在 14—18 世纪期间，隐现句最大的变化是 LV$_{坍塌}$NP、LV$_{破损}$NP 和 LV$_{衰变}$NP 的出现；三类的共同点是主动词和隐现意义不相容，这意味着原始条件"e"和"h"的放宽。特别地，在 LV$_{破损}$NP 的实例中，NP 所指为破损的痕迹，是 V 所造成的后果，标志着原始条件"k"已经不复存在。

宏观层图式性隐现句原始条件的放宽归纳于表 10.10。

表 10.10　图式性隐现句原始限制条件的放宽

	a	b	c	d	e	f	g	h	i	j	k
公元前 16—6 世纪	＋	＋	＋	＋	＋	＋	＋	＋	＋	＋	＋
1—6 世纪	＋	＋	＋	－	＋	＋	－	＋	＋	－	＋
7—13 世纪	＋	＋	＋	－	＋	－	－	＋	＋	－	＋
14—18 世纪	＋	＋	＋	－	－	－	－	－	＋	－	－
19 世纪至今	＋	－	＋	－	－	－	－	－	＋	－	－

总结起来，每个历史阶段都有原始条件消失；那些保留下来的原始条件就成了这一历史时期的隐现句的限制条件。例如，在1—6世纪，共有8个原始条件保留下来，它们是"a""b""c""e""f""h""i"和"k"；而在14—18世纪，只有4个原始条件得到保留，包括"a""b""c"和"i"。这8个原始条件和4个原始条件分别构成了这两个历史时期隐现句的限制条件。

10.6.1.2 LV$_{现隐}$NP限制条件的放宽

LV$_{现隐}$NP这一主要类别的起点是产生于公元前6世纪以前的三个次类"出现""生长"和"丢失"。三个次类的实例的共同语义语用特征，构成了图式性LV$_{现隐}$NP扩展的原始条件：

表10.11　LV$_{现隐}$NP的原始限制条件

a. NP所指以行为V的方式出现或者消隐。
b. L指称NP所指出现或者消隐的地点。
c. 行为V影响NP所指的可见性和即现性。
d. 行为V要么具有隐现义，要么隐喻性地和隐现义相关联。
e. 行为V如果有消隐的意义或者跟这一意义相关联，并不意味着NP所指的生命机能的终止。
f. NP所指如果是物质性的，限于固态或者液态。
g. NP所指如果是有生性的，限于人类。
h. NP所指不是地点L的局部。
i. NP所指如果是非物质性的，不是一个事件。

例句(39a)出现于公元前1世纪，属"出现"次类。在这个例子中，NP所指是"色"，说明在这个时期LV$_{现隐}$NP已经不再受原始条件"f"的限制了。"中断"次类出现于1—6世纪，并没有给LV$_{现隐}$NP这一主要类别带来任何重要变化。然而，"中断"次类的实例中存在NP所指是地点L的局部这样的例子，如(39b)，其中NP所指为生长于L(即"体内")的"疽"。这标志着原始条件"h"的消失。

(39) a. 天出五色。

(《史记·龟策列传》，转引自王建军，2003：113)

b. 其时体内发疽。

(《杂鬼神志怪》，转引自王建军，2003：199)

原始条件"e"和"g"消失于 7—13 世纪这一时期。"死亡"次类的主动词一般都有"杀死"义（如"煞"）。这一次类的产生意味着 LV$_{现隐}$NP 不再受限制条件"e"的制约。这一时期的语料中也出现了 NP 所指为非人类的实例，如前文提到的(29b)，表明限制条件"g"已经消失。"发生"这一次类产生于 19 世纪以后。这一次类的特点是 NP 所指限于行为或者事件。这意味着限制条件"i"已经不复存在。

表 10.12 LV$_{现隐}$NP 原始限制条件的放宽

	a	b	c	d	e	f	g	h	i
公元前 16—6 世纪	＋	＋	＋	＋	＋	＋	＋	＋	＋
1—6 世纪	＋	＋	＋	＋	＋	－	＋	－	＋
7—13 世纪	＋	＋	＋	＋	－	＋	－	＋	＋
14—18 世纪	＋	＋	＋	＋	－	－	－	－	＋
19 世纪至今	＋	＋	＋	＋	－	－	－	－	－

LV$_{现隐}$NP 限制条件放宽的现象代表了隐现句所有类别的普遍情形。

10.6.1.3 不同历史时期相对独立的限制条件

表 10.10 和表 10.12 显示，在每一个历史时期，宏观隐现句和 LV$_{现隐}$NP 都有数个限制条件留存。以下我们以 1—6 世纪和 14—18 世纪这两个时期为例来说明这一点。

宏观层图式性隐现句的 11 个原始条件里，分别有 7 个和 3 个在 1—6 世纪和 14—18 世纪存留。这些特征构成了宏观图式性隐现句在这两个时期的限制条件，分别见于表 10.13 和表 10.14。

表 10.13 1—6 世纪宏观隐现句的限制条件

a. NP 所指以行为 V 的方式在地点 L 出现或者消隐。
c. L 指称 NP 所指隐现的地点（起点或者止点）。
e. V 要么具有隐现义，要么和这一意义相关联。
f. V 并非一种意愿性的位移行为。

续表

h. V 和隐现义是兼容的。
i. NP 所指在地点 L 出现或者消隐。
k. NP 的隐现并非由行为 V 所引起。

表 10.14　14—18 世纪宏观隐现句的限制条件

a. NP 所指以行为 V 的方式在地点 L 出现或者消隐。
c. L 指称 NP 所指隐现的地点（起点或者止点）。
i. NP 所指在地点 L 出现或者消隐。

在 $LV_{现隐}NP$ 的 9 个原始条件里，各有 7 个和 5 个在 1—6 世纪和 14—18 世纪这两个时期存留，分别列于表 10.15 和表 10.16。

表 10.15　1—6 世纪 $LV_{现隐}NP$ 的限制条件

a. NP 所指以行为 V 的方式出现或者消隐。
b. L 指称 NP 所指出现或者消隐的地点。
c. 行为 V 影响 NP 所指的可见性和即现性。
d. 行为 V 要么具有隐现义，要么隐喻性地和隐现义相关联。
e. 行为 V 如果有消隐的意义或者跟这一意义相关联，并不意味着 NP 所指的生命机能的终止。
g. NP 所指如果是有生性的，限于人类。
i. NP 所指如果是非物质性的，不是一个事件。

表 10.16　14—18 世纪 $LV_{现隐}NP$ 的限制条件

a. NP 所指以行为 V 的方式出现或者消隐。
b. L 指称 NP 所指出现或者消隐的地点。
c. 行为 V 影响 NP 所指的可见性和即现性。
d. 行为 V 要么具有隐现义，要么隐喻性地和隐现义相关联。
i. NP 所指如果是非物质性的，不是一个事件。

从以上表格可以得出两个结论。首先，隐现句的各个图式性层次在每个历史时期都受制于一组独特的语义语用限制条件。其次，历史时期越晚，限制条件越少。我们在前文指出，宏观隐现句的限制条件构成了隐现句的构式性早前知识，而 LV$_{现隐}$NP 是隐现句历时扩展中的范例，其限制条件是隐现句范例的信息表征。因此，宏观隐现句在每个时期的构式性早前知识都可以具体化为一组相对独立的限制条件，而隐现句范例在每个时期的信息表征也可以具体化为一组相对独立的限制条件。这两个结论可以推广及所有图式性构式。

10.6.2　构式性早前知识和范例信息表征的交互作用

Peng(2016)试图弄清图式性构式扩展的推动因素和阻遏因素分别是什么。这个问题可以从对先前提出的两个具体现象的解释中获得启示：(i)新用法或者实例在语义上越偏离范例，其出现时期就越晚；(ii)图式性构式的创新受到限制。下面我们看看汉语隐现句的历时演变能够提供什么样的线索。

我们先从图式性构式创新的受限谈起。前面提到，按照 Murphy(2002)的说法，早前知识除了影响概念的最初学习，也在往后的范畴化判断问题上扮演重要角色——与早前知识不相符的实例会被排除或者否定。构式性早前知识在提供图式性构式的总体信息(包括各构成部分的特征及其相互之间的关系)的同时，也为可能的创新扩展划定了界限。就是说，当新实例依循范例的模式被创造出来的时候，其偏离程度总是会受到构式性早前知识的限制。换言之，构式性早前知识(即语言学习者对于图式性构式内化了的印象)可以起到锚固的作用，避免新用法或新实例偏离太远。从这个意义上讲，构式性早前知识在创新中是一种限制力量。一个图式性构式的构式性早前知识因历史时期不同而有差异。由于其限制条件的持续性放宽，隐现句的构式性早前知识受到越来越少的制约。这可以从 1—6 世纪以及 14—18 世纪这两个历史时期清楚看到。这两个时期的隐现句构式性早前知识分别具体化为表 10.13 和表 10.14 所列限制条件。就是说，在不同历史时期，创新会受到不同强度的限制力量的制约。一个总趋势是，历史时期越晚，构式性早前知识的概括性就越高，因此限制力量的强度也就越弱。这解释了为什么尽管受到构式性早前知识的限制，图式性构式的语义类型仍越来越多元化。

我们再来看看新用法或者实例在语义上偏离范例越远,其出现时期就越晚这一现象。Bybee(2010:59—71)指出,早前遭遇的实例对新实例具有"吸引模板"(attraction template)的作用;不仅在语言变化中如此,在语料库研究(如 Boas,2003;Bybee and Eddington,2006)、儿童语言习得(如 Lieven,Pine, and Baldwin, 1997;Tomasello,2003)以及实验(如 Krott,Baayen, and Schreuder, 2001)中类似现象都得到了证实。实例中的范例因为高频率,其吸引模板的作用更为突出。不例外地,在图式性构式的扩展过程中,范例正是扮演了这样的推动力量的作用。

隐现句包括范例 $LV_{现隐}NP$ 在内的中观 I 构式都经历了持续的变化。从最早时期到现代汉语,隐现句范例的信息表征(具体化为 $LV_{现隐}NP$ 的限制条件),在持续地概括化。例如,表 10.15 和表 10.16 所列的限制条件,分别是 1—6 世纪和 14—18 世纪范例 $LV_{现隐}NP$ 的信息表征的具体化。总体趋势是,历史时期越晚,制约这一范例的条件也越宽松。范例信息表征以及构式性早前知识的不断变化,意味着在任何一个历史时期,新实例的准入同时受到独特的吸引模板的推动以及独特的构式性早前知识的制约。一方面,创新以所受限制不断放宽的范例为吸引模板,另一方面,制约创新的构式性早前知识不断概括化。在这种情况下,较早时期受到阻遏的创新在较晚时期才有可能实现。这也解释了新准入的实例为什么可能越来越偏离范例。

10.7 总结

本章首先在 Peng(2013)的基础上,初步探讨了实体性构式演变和图式性构式演变的差异性,然后介绍了 Peng(2016)以汉语隐现句历时发展为个案对图式性构式扩展的推动和阻遏因素的探讨。Peng(2016)的主要观点是,图式性构式的扩展受到构式性早前知识和范例信息表征的交互作用的影响。这一观点和 De Smet (2013)提到的"类推链"(analogical chains)的观念是相符的。根据

De Smet(2013:8)的说法,扩散性变化(diffusional change)(类似于我们所说的扩展)是依照这样的原则进行的,那就是每一个类推性扩展都在一定程度上改变了进一步的类推性扩展的条件。具体到图式性构式的扩展,每一个具体化了范例信息表征的限制条件以及每一个具体化了图式性构式的构式性早前知识的概括化,都会改变新实例的准入基础。因为新实例的准入是同时受到范例的推动力量以及构式性早前知识的限制力量的影响,我们的进一步主张是,图式性构式是沿着这两股力量的交互影响这一链条扩展的。

  Peng(2016)认识到,构式性早前知识绝非阻遏图式性构式扩展的唯一因素。相反,构式性早前知识有可能和其他因素(如统计优先等)共同起作用。这一课题十分重要,也牵涉更广的知识领域,有待于进一步研究。

第十一章　语法化理论的运用：以汉语助词的语法化为例

11.1　引言

　　本章将重点讨论语法化理论方法在汉语语法化研究中的运用问题。我们不妨把这个话题细分为两个方面，一是语法化方法和汉语历时形态句法研究的关系，二是汉语语法化研究中牵涉理论运用的其他问题。前者旨在探讨如何把传统的汉语历时形态句法研究和语法化理论方法结合起来，后者涉及目前的研究中和语法化理论运用相关的其他常见问题。

　　学者们对语法化理论方法的运用经历了一个逐步深化的过程。以汉语动态助词"了$_1$""着"和"过"、事态助词"了$_2$"以及结构助词"的""地"和"得"的历史形成的研究为例，学者们不同程度地对语法化理论方法进行了运用，但完全以语法化模式为基础来解释这些历时现象的研究较为鲜见。前人的研究基本上分为两种路子，一种是从句式变化入手、以语法化理论方法为辅助手段来观察这些助词的产生，另一种干脆是以句式发展为主要线索来探讨这些助词的形成。对句式的倚重是有道理而且有必要的，因为句式变化是助词赖以形成和发展的关键条件之一。前一种路子总体上是合理的，其局限性是对语法化普遍原则和规律的运用不够彻底。后一种路子的优点是对相关句式的形成和演变有清楚的梳理，但是因为语法化研究方法的缺失，无法真正摸清这些助词产生的脉络。我们在第十章提到，词或语素的语法化和相关句式的产生和扩展过程之间的关系比较复杂，迄今人们的理论认知都只是初步和概略的。但有一点是肯定的，即词或语素的语法化和相关句式的变化是同步发生的，二者可能互为（因果）条件。以句式变化为线索来研究汉语助词等的产生过程本无可厚非，但如果不同时从语法化演变的一般规律入手，恐难以全面准确把握汉语助词历时发展的规律。一个常见的现象是，学者们的研究手法非常相似，但在一些关键性具体问题上的观点很不一致。比如，学者们都以句式发展为线索，但对前面提及的汉语助词的演变过程、产生时期以及它们所赖以产生的具体句式的看法却差异很大。这种情形固然可以归因于汉语形态句法演变的复杂性、语料的缺失等，但也在一定程度上说明早前的研究方法上或许有值得反思的地方。语法化有其自身的原则和规律，语法化研究方法有其不可代替的价值和效用；探讨汉语助词的语法化，应该从语法化自身规律入手。句式变化等线索无疑是非常重要的，但毕竟只是语法化临界性特征的一个组成部分（外部条件之一）。因此，我们感兴趣的是，如果让语法化观念成为主要理论方法，而非补充性、附从性解释手段，是否有助于厘清这些汉语助词的演变脉络。

前人对以上汉语助词历史演变的探讨是十分有价值的，也已经厘清了很多疑难问题。本章将以既有研究为基础，对事态助词"了$_2$"的语法化个案进行重新检视。不同于一般性的语法化个案分析，我们将不专注于语料及事实的罗列，而是把重点放在研究方法的讨论上，其目的是提供一种基于语法化理念的研究思路。

11.2 "了$_2$"的语法化

"了$_2$"的功能，按照吕叔湘主编（1984：314）的说法，就是"用在句末，主要肯定事态出现了变化，或即将出现变化，有成句作用"。"了$_2$"的来源以及演变过程，也是学界十分关注的一个问题。和"着"语法化的讨论一样，迄今为止学界对"了$_2$"的来源的讨论，多建立在形态句法证据之上；语义语用条件虽也有所涉及，但基本处于次要地位。学者们似乎把"了$_2$"的形成看成形态句法变化的一个自然后果。缺乏对语用推理因素以及临界性特征的分析，应当是人们观点难于取得一致的关键原因。

11.2.1 既有研究

归纳起来,文献中关于"了₂"的来源以及演变过程的讨论,主要有三种观点(参蒋绍愚、曹广顺,2005):

观点一:"了₂"是"了₁"进一步语法化的结果(太田辰夫,2003/1958①;王力,1980/1958,1989)

观点二:"了₂"和"了₁"一样,都直接由动词"了"语法化而来(曹广顺,1987,2014/1995;方霁、孙朝奋,2009)

观点三:"了₂"来自"了也"合音(刘勋宁,1985)

刘勋宁的讨论是建立在现代方言和历史文献的比较的基础上的。具体证据是,陕西清涧以及山西、河北和山东等地,"了₁"和动词"了"在语音上有源流关系,而"了₂"则和"了"双声,和"也"叠韵,构成整齐的对应关系。根据蒋绍愚、曹广顺(2005:237—238)对数位学者研究的归纳,刘文的推论有一些不能令人信服之处,主要是在历史文献语料中所出现的种种疑点。在以下的讨论中,我们暂不对"了也"合音说予以探究。"了₂"来源于"了₁"说,从既有的研究看,并无扎实的语料支持。我们也曾尝试探讨"了₁>了₂"的可能性,但二者之间很难建立起语用推理关系来。太田辰夫的研究完全没有涉及语法化理念,而是从"了"所在的句法格式及其与"也"的替换关系等方面来判断"了₂"的形成。王力(1980/1958,1989)提到了"虚化"的概念,但没有真正从语法化的原则和规律出发来展开讨论,比如对这种虚化究竟是如何发生的,并没有给出详细的讨论。我们接下来的讨论将把焦点放在第二种观点上,重点介绍曹广顺(1987,2014/1995)以及方霁、孙朝奋(2009)的观点。它们都有启发性,但也不乏可商榷之处。曹广顺的研究无论从语料方面还是从对"了"的特征等方面看,都较前人有长足的进步。但其研究视角仍然是句法格式及相应的语义变化。方

---

① 在蒋绍愚和徐昌华的译本中,"了₁"和"了₂"分别被称为"后助动词"和"助词"。为方便读者阅读理解,我们在这里按照蒋绍愚、曹广顺(2005)的做法,仍以了₁和了₂来称说。

霁、孙朝奋(2009)在研究思路上颇有新意,也很好地贯彻了语法化方法,但对临界环境以及临界性特征的判断上似乎还应进一步斟酌。

11.2.1.1 曹广顺(1987,2014/1995)的看法

曹广顺(1987,2014/1995)的分析概括起来,就是"了₂"的形成经历了两个步骤:首先是完毕义动词"了"获得表达事态变化功能,然后这个表事态变化的动词"了"语法化为助词。这两个步骤是清晰的。然而,作者有几个关键点没有交代清楚,比如完毕义动词"了"是如何获得表事态变化的功能的,以及晚唐五代的新句式"动+却+宾+了"的形成是如何进一步促成"了₂"的产生的。

曹广顺(2014/1995)注意到,魏晋前后,动词"了"和"已、讫、毕、竟"等动词都可以出现在"动(+宾)+完成动词"的格式里,表示完成貌,如:

(1)公留我了矣,明府不能止。 (《三国志·蜀志·杨洪传》)

"了"的功能是表示前一个动作所表达的动作、事态变化的完成。这种"动(+宾)+完成动词"格式有一个明显的限制,即一般只用于复句的前一分句末尾,而不用于全句之末。唐代"动(+宾)+完成动词"中的完成动词逐渐以"了"数量占优。"动(+宾)+了"格式的使用大量增加,从而逐渐获得了用于句末的自由,如:

(2)其设斋不遂一处,一时吃饭,一时吃了。

(圆仁《入唐求法巡礼行记》)

用于句末这种变化,加强了"了"表达事态状况的作用。曹文认为此种用法的"了"仍然是动词。一个可质疑之处在于,作者对"动(+宾)+了"格式频率的增加与这种格式获得用于句末的自由之间为什么会有因果关系,并未能清楚地说明。作者指出,唐代出现了另一个表达完成貌的新格式,即"动+却+宾",例如:

(3)菜头出土胶入地,山庄取粟埋却车。

(卢仝《苦雪寄退之》)

与"动(+宾)+完成动词"不同的是,"动+却+宾"主要表示动作的完成。后来"却"逐渐为"了"所代替,后者发展为"了$_1$";而"动+却+宾"和"动(+宾)+了"并存的结果,是晚唐五代一种新的句式"动+却+宾+了"的形成,而这种句式进一步促成了"了$_2$"的产生。

在曹文的以上分析中,"了"居于句末(即具有结句功能)和"动+却+宾+了"格式的形成被当作了"了$_2$"产生的两个重要推动因素。居于句末的"了"是对全句的一种陈述,表示句子所表达的事态变化已经实现、完成了(曹广顺,2014/1995:110)。句末位置和结句功能之间的关系是十分清楚的,但是,这一位置和"了"表达事态能力的增强之间为何有因果关系,作者并没有予以明确交代。最为关键的是,"动+却+宾+了"格式是如何推动"了$_2$"的产生的,作者也没有提出十分强有力的理据来。其实,换一个角度,我们有理由相信,"动+却+宾+了"这种格式的产生恰恰是"了$_2$"形成(成熟)的标志,是果而非因。

11.2.1.2 方霁、孙朝奋(2009)的看法

两位作者提出,"了$_2$"来源于东汉时期的完毕义动词"了",其语法化过程始于北魏,共分三个步骤:

步骤一:完成动词"了"出现在句末,并且具有结句功能;

步骤二:句末的完成动词"了"或者用于瞬间动词(如"死")或者另一个完成动词(如"毕""竟""讫")之后,并在此语境中获得表"变化的状态"的功能,开始语法化成"了$_2$";

步骤三:"了$_2$"经推广开始出现在其他环境,标志着其用法的成熟。

和曹广顺(1987,2014/1995)不同的是,方霁、孙朝奋(2009)尝试从语法化角度来讨论"了$_2$"的产生过程,讨论了其语法化条件和过程,并且对"了$_2$"语法化的临界性特征有所涉及。比如,完成动词"了"用于瞬间动词之后(如22a)或另一个完成动词之后(如22b)获得表示"变化的状态"的功能的说法,在作者看来,就是"了$_2$"赖以产生的临界环境:

(4)a.（其人白王。）父已死了。（我终不用此婆罗门以为父也。） 　　　　　　　　　　　　　　　　　　　　　　　《贤愚经》

b.（复将种种杂妙香华。供养彼塔。尊重赞歌。）承事毕了。　　　　　　　　　　　　　　　　　　　　　　《佛本行集经》

根据作者的说法，这两种情形的共同特点是具有歧义，因为这种歧义，完成动词"了"已经开始语法化为"了$_2$"。但作者也指出，这两种情形产生歧义的原因不同。具体来说，"瞬间动词+句末'了'""既可表达一种改变了的状态，也可表达一个瞬间完成的动态过程，但由于瞬间完成的动态过程起点和终点重合，没有持续时间，因而其过程结构很容易被忽视，并且由于瞬间结束的动态过程一定会导致一种状态的改变（如'死'的过程结束一定导致某种状态的改变），'改变了的状态'的意思很容易在这种语境中彰显出来。"（方霁、孙朝奋，2009：188—189）而"完成动词+句末'了'"的情形稍异，其中的"了"读作完成动词时是冗余的，因此其完成义很容易被位置在它之前而且同样表示完成义的另一个完成动词所削弱，并且因此而失落。一个事件的完成，也意味着该事件状态的改变。因此，作者认为，这种语境也容易引申出"改变了的状态"的语法意义；句末是表达这种语法意义的"无标记"位置，因此"了"就成了"改变了的状态"这一语法意义的标志。作者讨论的核心是"状态的改变"，似乎和"了$_2$"所表达的"事态变化"并非全然是一回事；前者一方面是动作完成的直接后果，另一方面是后者的前提。作者在提及"瞬间动词"的时候，谈到的是这种动词本身的语义特征和语义结构可能引发的一种理解方式。显然，这种可能的理解方式是可以脱离环境而发生的。也就是说，作者并没有明确指出"瞬间动词+句末'了'"如何因语用推理而导致歧解性的产生。

从语义上说，或许"完成动词+句末'了'"产生歧解性的可能性更大。就是说，由"动作完成"到"事态完成"的转变，在"完成动词+句末'了'"的情况下相对容易发生。语料显示，事实上，同义词相组合的例子在中古汉语里不鲜见，包括两个完毕义动词的组合。对于这种两个完毕义动词之间的自由组合,我们的理解是,实际上是为满足双音节化的要求而发生的。换言之,"完成动词$_1$+完成动词$_2$"组合更像是相对凝固的双音节单位。而且,语料显示,这种"完成动词$_1$+完成动词$_2$"组合中两个完成动词的选择和搭配方式都是非常自由的。以下是一些东汉六朝时期的例子:

(5)a. ……拒捍余直,垂及周年,犹不毕了,昧利苟得,无所顾忌。　　　　　　　　　　　　(《宋书·颜延之列传》)

b. 刘晔构君,朕有以迹君;朕心故已了。
(《三国志·魏书·桓二陈徐卫卢传》)

c. 此有似于贫人负官重责,贫无以偿,则身为官作,责乃毕竟。　　　　　　　　　　　　　(《论衡·量知》)

d. 今摄皇帝背依践阼,宜异于宰国之时,制作虽未毕已,宜进二子爵皆为公。　　　　　　　(《汉书·王莽传》)

e. 止猛兽所食,骨肉了已,狐狸所啮,不归故乡。
(《太平经·有过死谪作河梁诫》)

既然"完成动词$_1$+完成动词$_2$"组合是因韵律目的而起,"V(O)+(完成动词$_1$+完成动词$_2$)"结构重新分析为"[V(O)+完成动词$_1$]+完成动词$_2$"的可能性不大。关键是,作者同样没有指明其中真正意义上的语用推理是什么以及怎样发生的。

11.2.2 "了$_2$"产生的临界环境和临界性特征

"了$_2$"的功能是"用在句末,主要肯定事态出现了变化,或即将出现变化,有成句作用"。我们的理解是,其中的核心特征应该是"事态出现了变化,或即将出现变化";成句功能是次要的,是一个附随功能,并非影响"了$_2$"形成的主要因素。"了"表示"事态出现了变化,或即将出现变化"这一功能产生的条件和过程,才是"了$_2$"语法化的关键。前人时贤的研究尽管也是围绕这一问题展开的,但根据前面的介绍,迄今还没有一项研究令人信服地论证了这一核心功能是如何产生的。有意思的是,前人的讨论中,无论是主张"了₂"来自"了₁"还是主张"了₂"来自动词"了",都是依据句法和语义上的理据;即便是都主张"了₂"来自动词"了",提出的理由也大不相同。究其原因,是因为学者们都没有真正触及"了₂"产生所依赖的临界环境和临界性特征。我们同意曹广顺(1987,2014/1995)以及方霁、孙朝奋(2009)等的观点,主张"了₂"直接来自动词"了"。我们的主张是,包括完成动词的替换以及"V(O)＋完成动词"等格式的变体的出现都只是语法化的"外围条件"。换言之,它们或许是"了₂"语法化的条件的一部分,但不是全部,更不可能代替"了"因语用推理而演变成"了₂"的过程;同时,"了₂"的语法化无例外地依循语法化连续环境规律。

11.2.2.1 "事态变化"的特征和条件

"事态变化"和"动作完成"之间关系密切;事态的变化往往是以和事态相关的动作行为的变化为前提和先导的——前者往往是后者的一个自然后果,而后者往往蕴含前者。从这个意义上说,"V(O)＋完成动词"格式(不论"完成动词"具体是哪一种)都蕴含着事态变化。准确说,事态变化的语法标记的形成过程应该包括两个步骤,一是事态变化这一意义被激活的过程,二是这一意义由专门的语法标记来编码的过程。完成动词"了"和"了₁"都表完成,但似乎"了₂"来自"了₁"的证据不足,比如,二者的产生时间相近(见曹广顺,2014/1995)。因此,事态变化的最初(或者临时)编码方式就是完成动词;事态变化专职标记的形成,应该就是完成动词的语法化过程。"V(O)＋完成动词"中的完成动词在唐代最终归为"了"(见曹广顺,2014/1995),因此"了"成为表事态变化专职标记的最佳候选。

"VO＋完成动词"格式产生于汉代以后(见曹广顺,2014/1995),如(例句转引自曹文):

(6)a. 充便饮讫,进见少府,展姓名。　　　　(《搜神记》)
  b. 公留我了矣,明府不能止。

(《三国志·蜀志·杨洪传》)

  c. 谢公与人围棋,俄而谢玄淮上信至,看书竟,默然

第十一章 语法化理论的运用：以汉语助词的语法化为例

无言。 (《世说新语·雅量》)

学者们通常认为，有别于"V+完成动词"，"VO+完成动词"中完成动词是对 VO 的陈述(见曹广顺，2014/1995：21)。这种认识主观臆测的意味很浓，并无可靠的依据。至少"V+完成动词"和"VO+完成动词"这两种格式在蕴含事态变化这一问题上并无实质性区别；更重要的是，没有证据显示两种格式中事态变化含义被激活、凸显的几率有何不同。"V(O)+完成动词"格式能出现在小句末：

(7) a. 慈引马至城下堑内，植所持的各一，出射之，<u>射之毕</u>，径入门。 (《三国志·吴书·刘繇太史慈士燮传》)

b. 酿炙白鱼法：白鱼长二尺，净治，勿破腹。<u>洗之竟</u>，破背，以盐之。 (《齐民要术·炙法》)

c. 伟能即宫。<u>宫读书已</u>，曰："果也，欲姊弟擅天下！……" (《汉书·外戚传》)

按照曹广顺(2014/1995：106)的说法，中晚唐以后，随着"V(O)+了"格式的频率高过其他"V(O)+完成动词"的使用频率，前者能够较为自由地出现在句末：[①]

(8) a. 皇帝答问头，此时只用六字便<u>答了</u>。
(《敦煌变文集新书·唐太宗入冥记》)

b. 师曰："适来有一个僧未得吃饭，汝供养得摩？"对曰："<u>供养了</u>。" (《祖堂集》卷十四)

在学者们的研究中，"完句功能"和"处于句末"都是考量"了$_2$"产生的重要因素。这两个条件的确都应该是讨论"了$_2$"的产生时应予考量的，但不应该成为主要判断标准，更不能成为讨论的重点。我们在前文提到，完句功能只是一个附随功能，并非核心东西；而"处于句末"也并不是成为事态助词的必要条件，因为编码"事态

---

① 我们的调查结果表明，虽然"了"的用例在增加，总体上其他完成动词的用例并没有明显减少；但是，总的态势是，"V(O)+了"的频率远远高于其他用例。

出现了变化,或即将出现变化"这种功能的词项并不需要处于句末,也不需要具有完句功能——人们之所以把"处于句末"当成一个判断的条件,似乎主要是因为"了$_2$"的典型位置就是处于句末。并没有证据证明"V(O)+了"蕴含的事态变化意义在句末比在分句末更容易被激活而凸显出来。曹广顺(2014/1995:108)主张,晚唐五代出现、更多用于宋代的"V却O了"格式,推动了"了$_2$"的形成。准确说,这一格式的出现,是"了$_2$"形成的重要标志,而非推动条件;这个格式表明,完毕义已经由"却"来负担,而"了"可以转而担任其他功能了。

11.2.2.2 "了$_2$"赖以产生的语义语用条件

"V(O)了"格式中V的形态句法和语义语用特征,肯定对"了$_2$"的形成有很大影响。那么,临界环境中V的类型和范围是什么呢?如前所述,"瞬间动词"说和"完成动词"说不同程度地存在可质疑之处。我们采用方霁、孙朝奋(2009)的说法,即用"了$_2$"的句子表达的是"非动态的状态",而非"动态过程"(2009:186)。我们的假设可以归纳如下:

> "非动态的状态"就是一种静态。从这个意义上说,完毕义动词"了"和"了$_2$"之间是动态和非动态的区别;那么"了$_2$"演变的临界环境,应该具备让完毕义动词"了"实现从动态到静态转变的语义语用条件。

如果"了$_2$"演变的临界环境是"V(O)了"格式的实例,那么这种条件在很大程度上取决于V的语义语用特征。换言之,这里的V应该是可使"V(O)+了"作动态/静态双重理解的动词,或者说,能激活该格式的"事态改变"义的动词。

我们再来看看事态助词"了$_2$"的功能到底应该如何理解。考虑一下如下几个例子(转引自吕叔湘主编,1984):

(9) a. 刮风了 (已经开始刮风)
　　b. 小明也喜欢跳舞了 (已经开始喜欢)
　　c. 他同意我去 (已经开始同意)

不论是"已经开始刮风""已经开始喜欢"还是"已经开始同意",实际上都可以理解为"新事态/状态已经开始而且在说话时还在延续"。比如,(9a)和(9b)可以分别解读为"刮风状态已经开始,而且这种状态在说话时还在延续"和"小明喜欢跳舞的状态开始了,而且该状态在说话时还在延续"。(9c)可以解读为"我去某处获他同意的状态已经开始了,而且该状态在说话时还在延续"。① 因此,"了$_2$"所表达的意义中非常重要的一点就是"新状态的延续"。这为我们讨论"了$_2$"的来源提供了关键线索。

汉语里存在一种"定位动词"(顾阳,1997;任鹰,2000;等等),如"写、画、挂、修、种、贴、穿、戴"等。定位动词同时具有动态和静态两种用法,后者往往表达的是前者造成的遗留状态。比如:

(10)a. 他在黑板上写了两个字。
　　 b. 黑板上写了两个字。

明显地,(10a)的"写"是一个动态过程,其后果是两个字出现在黑板上;而(10b)的"写"是静态的,整个句子表述的是那两个字存留于黑板上的状态,也就是动态过程"写"所引发的状态的遗留。汉语中具有动、静两种用法的动词其实不限于定位动词,"姿势动词"(如"坐、站、躺、睡"等)也有同样的特点。归纳起来,汉语中具有动、静两种用法的动词可大致分为六类:

A 制、修、建、造、做、盖
B 盖、披、穿、挂、埋、铺

---

① Li and Thompson(1981:240)认为"了$_2$"的功能是标志"当前相关状态"(currently relevant state),也即"就一些具体情形来讲,某一状态具有特别的当前相关性"。作者指出,如果没有提及其他情形,这一"具体情形"通常和"现在"相连接,也就是和言者及听者的当下说话语境有关。但如果另一种情形被显性地提及,那么"了$_2$"所表达的状态就和这种情形相关。试比较(例句引自 Li and Thompson, 1981):
　　(i)a. 他出去买东西了。
　　　b. 那天他出去买东西了。
明显地,(ia)属当前相关状态,而(ib)表述的状态则和"那天"相关。

C 坐、站、躺、睡、跪、靠
D 长、结、生、种、栽、植
E 画、写、涂、抹、刻、雕
F 挖、掘、钻、开、凿、砸

其中 A 类的特点是行为动作有制作结果，B 类的特点是行为动作所关涉的物事滞留于特定位置，C 类的特点则是相关人/物保留行为动作引起的姿势，D 类牵涉植物或其果实的生长，E 类产生某种结果，而 F 类则往往会造成洞孔之类后果的产生。比如说，A 类的"建"既可以是建造的过程，也可以是建造出来的实物遗留的状态，如(11)；B 类的"埋"既可以是掩埋的过程，也可以是之后所遗留的某物被掩埋的状态，如(12)；C 类的"坐"既可以是坐下的动作，也可以是之后保持下来的坐的状态，如(13)；D 类中"结（花/果）"既可以是花/果产生的过程，也可以是花/果存在的状态，如(14)；E 类中"写"既可以表达动作产生结果的过程，也可以表达动作结果存留的状态，如(15)；F 类的"挖"既然可以表述挖掘过程，也可以表述挖掘的结果的存留，如(16)。六类动词中只有 C 类的动作本身是可持续的。

(11) a. 工人们把桥建在酉水河上面。
　　 b. 酉水河上面建了一座桥。
(12) a. 张三把一块石头埋在树下。
　　 b. 树下埋了一块石头。
(13) a. 主席团在台上坐了下来。
　　 b. 台上坐着主席团。
(14) a. 那颗桃树昨天开始结了一些桃子。
　　 b. 那棵桃树结着一些桃子。
(15) a. 我在黑板上写了个大字。
　　 b. 黑板上写着个大字。
(16) a. 他在墙上挖了个洞。
　　 b. 墙上挖了个洞。

这六类动作行为的遗留状态都具有"显性"的特点，即往往都是某种状态以相关人/物占据特定物理空间的方式存留下来。为方便讨论，我们暂且把以上六类动词合称为"状态遗留动词"（简为"状态动词"），这类动词形成一个封闭的类，其成员可以列举。状态动词具有动态和静态两种用法的特点，可以通过和其他动词（如"吃、喝、走、看、说"等）的比较来清楚看到。严格说，任何动作/行为都必然引起状态的改变。比如"吃"前和"吃"后，"看"前和"看"后的状态当然不同。换言之，这些动作行为都会引起某种新状态的出现。但是，这些新状态都不以显性的"动作遗留状态"为特征，也就不属于前面提到的"某种状态以相关人/物占据特定物理空间的方式存留下来"这种类型。

11.2.3 "了$_2$"的产生

隋唐之际，完毕义动词"了"处于分句末或者全句末的情形已经十分常见，如：

(17) a. 师与密师伯过木桥，师先过了，拈起木桥曰："过来。" （《筠州洞山悟本禅师语录》）
b. 画人卢珍看壁了，明日下手。 （《六祖坛经》）
c. 供主行香，不论僧俗男女，行香尽遍了。
（圆仁《入唐求法巡礼行记》）
d. 问：塔成未？奉答已了，便云：不可同佛涅槃之日。
（《楞伽师资记·唐朝蕲州双峰山幽居寺大师》）

但这些例子都没有让"了"语法化成为"了$_2$"的条件，因为其中的"V(O)+了"没有被解读为"状态的延续"的可能性。我们的观点是，"了$_2$"的产生和完毕义动词"了"与状态动词的搭配使用有着十分密切的关系；而且，在"了$_2$"的两个功能"事态出现了变化"和"事态即将出现变化"之间，前者的出现要早于后者，后者是前者环境扩展的结果。按照前面的说法，状态动词的特征归纳起来，就是既可以表述动作行为的动态过程，也可以表述动作行为所造成的状态的遗留。"遗留状态"就是一种新事态，这和"了$_2$"的重要功能，即表达"新状态的延续"，十分契合。所以，问题的关键，就是看能否从历时语料中找到动作行为的动态过程和状态遗留之间在语义语用上的关联方式。首先，我们的语料显示，唐五代时期，有不少状态动词能进入"V(O)＋了"格式：

(18)a. 具说汉书<u>修制</u>了，莫道词人唱不真。
　　　　　　　　　　　　（《敦煌变文集新书·捉季布传文》）
　　b. 秋末既能<u>安葬</u>了，春间暂请赴京都。
　　　　　　　　　　　　（《敦煌变文集新书·王昭君变文》）
　　c. 锦帐已<u>铺</u>了，绣褥未曾收，刺史但之下，双双宿紫楼。　　（《敦煌变文集新书·侠女(夫)词一本》）
　　d. 大僧、沙弥、俗人、童子、女人依次<u>列坐</u>了。
　　　　　　　　　　　　（圆仁《入唐求法巡礼行记》）
　　e. 幸<u>结</u>白花了，宁辞青蔓除。　　（杜甫《除架》）
　　f. 遂处分武士，令出王城七里，东西南北高下各<u>堀</u>七步……须史奏对，火坑堀了。
　　　　　　　　　　　　（《敦煌变文集新书·悉达太子修道因缘》）

其中(18a)的"修制"属于 A 类，(18b)的"安葬"和(18c)的"铺"都属于 B 类，(18d)的"列坐"属于 C 类，(18e)的"结"属于 D 类，而(18f)的"堀"则属于 F 类。这些"V(O)＋了"实例要么分布于分句末（如 18a、18b、18c 和 18e），要么分布于全句末（如 18d 和 18f）。此外，除(18e)为"VO＋了"格式以外，其余各句均为"V＋了"格式；在这些"V＋了"中，如果 V 是及物动词，其所关涉的 O 都可以在文句中找到。

不论是在分句末还是在全句末，也不论是"VO＋了"格式还是"V＋了"格式，"V(O)＋了"格式的抽象意义是"动作行为 V（或涉及对象 O）的过程完结"，这是一个完整的事件。因为 V 是状态动词，其描述的行为动作的完结，往往造成某种状态以相关人/物占据特定物理空间的方式存留下来。以(18a)为例，因为"修制汉书"过程的完成，"汉书"的存在，就是一种新状态的存留。再来看(18e)，"结白花"过程完成的直接后果，是"白花"挂在枝头，

第十一章　语法化理论的运用：以汉语助词的语法化为例

一种新状态的出现。一句话，"新状态的出现"是"V(O)＋了"的后果，逐渐成了以状态动词为V的这种格式的会话隐含义，也是进一步语用推理的基础。那就是，"了"因为在"V(O)＋了"中的常项地位，逐渐产生了标志新状态出现的功能。这种功能最初只是一种语用义，之后随着状态动词为V的"V(O)＋了"实例的增加，"了"逐渐成了这一功能的专门标记，即演变成了"了$_2$"。

"V(O)＋了$_2$"首先经历了类推扩展，即V的范围从状态动词逐渐扩大到其他动词，也就是"了$_2$"的同构项范围逐渐扩大的过程。以下是《朱子语类》中的几个例子：

(19) a. 然看得系辞本意，只是说那"动而未形有无之间者几"底意思。几虽是未形，然毕竟是<u>有个物了</u>。

　　　　　　　　　　　　　　　　　　（《朱子语类·易·纲领》）

　　b. 如舜汤举伊尹皋陶，不仁者远，自是小人皆不敢为非，被君子夹持得，<u>皆革面做好人了</u>。

　　　　　　　　　　　　　　　　　　（《朱子语类·易·泰》）

　　c. 说后妃多，<u>失却文王了</u>。

　　　　　　　　　　　　　　　（《朱子语类·诗·周南关雎》）

　　d. 有人眼病，尝见狮子。伊川教他见狮子则捉来。其人一面去捉，捉来捉去，捉不着，遂<u>不见狮子了</u>。

　　　　　　　　　　　　　　　　　（《朱子语类·程子之书》）

这几个例子中，"了"都是"了$_2$"，但V都不是状态动词。之后，"了$_2$"的功能从最初的"事态出现了变化"扩展到"事态即将出现变化"。我们在元代语料里找到了一些典型例子，如：

(20) a. 我馈你二两银。若肯便卖。若不肯你就赶了去罢。你不要只说二两银子。你若再添五钱。我就<u>卖与你了</u>。

　　　　　　　　　　　　　　　　　　　　（《老乞大新释》）

　　b. 郑夫人哭道："妈妈，不是奴家贪生怕死，只为有九个月身孕在身，若死了不打紧，我丈夫就<u>绝后了</u>。"

　　　　　　　　　　　　　　　　　　　（《警世通言》卷十一）

因此，最迟至元代，"了$_2$"表达"事态即将出现变化"的功能已经产生。这是"V(O)＋了$_2$"格式语义语用环境进一步扩展的结果。

总结起来，导致"了$_2$"产生的最重要的临界性特征有两个方面，一是完毕义动词"了"所在格式"V(O)＋了"出现于分句末或者全句末，二是 V 是状态动词，其特征是可以导致某种状态以相关人/物占据特定物理空间的方式存留下来。"了$_2$"最初只用于与说话时间相关的新状态的出现，后来因为语义语用环境的扩展，才开始用于标记与其他时间相关的新状态。我们前面的讨论中，并没有提及"了$_2$"的"成句"功能是如何产生的。我们的看法，"了$_2$"的这一功能实际上是一种附带现象——因为"了$_2$"位于句末，逐渐产生了标记完句的功能。严格说，这也是一种转喻过程，也具有语法化的色彩。

11.3 总结

本章对事态助词"了$_2$"的发展进行了重新梳理。我们重提这一个案的目的，是为了说明完全的语法化视角对历时形态句法演变的解释力。前人时贤的研究路子基本上可以概括为历时形态句法研究，和真正语法化角度研究是有不同程度的区别的。"历时形态句法研究"，指的是对语法化项的分布特征、形态句法环境和搭配关系演变史等的探讨。这种分析是语法化研究非常重要的一环，但不能代替语义语用分析这一关键环节。比如，语法化项搭配关系的一个重要方面是同构项的搭配。根据 Himmelmann (2004)的说法，语法化项同构项的变化，实际上是语法化过程的附带现象，是处于附随地位的——语法化项的同构项往往因为语法化的不断深入而发生变化。形态句法的历时演变，特别是特定句式的发展，严格说并不是语法化研究最重要的环节。语法化项的形态句法环境的变化和语法化的关系比较复杂。前者为后者创造必要条件，而后者反过来促进前者。二者是相辅相成的关系。形态句法史研究和语法化理论并不矛盾，后者可以看成前者的一

第十一章　语法化理论的运用：以汉语助词的语法化为例

种特别的理论视角和方法。传统的形态句法史研究和语法化研究是可以互相结合的。但如果在讨论语法化的时候，在分析语法化项形态句法环境的同时，着力探究其语义语用特征，更容易触及语法化的核心。

第十二章 汉语语法化研究与普遍理论的联结

12.1 引言

　　本书的目的是双重性的,即以语法化理论方法来观照汉语历时形态句法变化,同时用汉语历时形态句法变化现象来检视语法化理论方法。汉语语法化研究的开始,若以清晰的"语法化"理念为标志,可以追溯到 20 世纪 80 年代,其显著发展是 2000 年之后的事情。从语法化理论引进之初到现在,汉语语法化研究的主要路子,就是运用语法化相关理论来探讨和解释汉语历时形态句法现象,成果颇丰,已经成为语法化研究大家庭中的重要成员。不可讳言的是,目前的汉语语法化研究也有不足之处,集中体现在两个方面。第一个方面,汉语语法化研究尚未做到全面运用语法化理论。目前的语法化理论方法,严格说无一是依据在对汉语事实的归纳演绎基础上得出的。但不可否认的是,这些理论方法,无论是宏观理论观念还是针对具体现象的规律总结,都相当程度地适用于汉语语法化现象;即使是语法化窄化观这样的观念,也未必全然和汉语事实不相容。这可以归因于语法化理论自身建设的不足。比如我们在第一章提到,一些理论假定和方法有缺失,其赖以建立的基础有局限(如以印欧语为主要观察对象),难以很好地用来解释汉语现象。同时,不可否认,迄今为止汉语学界对相关理论模式的引介和追踪相对迟缓,且无系统性。理想的情形是在语法化研究中既合理地运用那些宏观理论观念,如语法化"扩展观"和"窄化观",又准确地结合那些针对具体现象而有广泛影响的规律总结，如"语法化连续环境理论"和"语法化链理论"等，使这些理论观念成为汉语语法化研究中的惯常性理论框架和研究方法。第二个方面是汉语语法化研究最为薄弱的一环，即缺乏立足于汉语语言事实对语法化理论进行的思考或者修正。就是说，长期以来，汉语语法化研究偏重的是借助普遍理论来解释汉语语法化现象，而鲜少反过来主动参与普遍理论的建设、为语法化理论作贡献。充分描写汉语语法化现象十分重要，但如果缺少对语法化理论的回馈，也就无法真正让汉语语法化研究得到深化。

12.2　汉语语法化研究如何与理论相联结

汉语语法化研究与理论相联结，指的是深刻理解和全面、准确运用语法化普遍理论。归纳起来，包括如下几点：

i. 贯彻语法化理念

长期以来，汉语历史形态句法研究走的主要是结构主义的路子，功能认知观念的引进是较晚的事情。结构主义观念的引进，如对语法化项的分布特征、形态句法环境和搭配关系演变史等的探讨，是汉语历史形态句法研究的一个里程碑。结构主义方法在梳理汉语形态句法演变历史方面居功至伟，可以说硕果累累。语法化理论和结构主义观念是相容的，但特别地和功能认知方法有十分密切的关联。粗略地说，语法化理论和历时形态句法研究的关系可以从两个角度来看。首先，取决于其价值取向，语法化理论不同流派的重要方面在传统历史形态句法研究中未必都能够获得关注。例如前面章节介绍的，语法化扩展观把语法化定位为三个层面的环境扩展，包括语法化项的同构项扩展、句法环境扩展和语义语用环境扩展。传统历史形态句法研究和前两种环境扩展关系紧密，但对语义语用环境变化涉及不多，而语法化扩展观恰恰把语义语用环境扩展视为语法化这种演变的最重要特征。从这个意义上说，传统历时形态句法研究并没有触及语法化扩展观的核心。其次，语法化理论也并不能涵盖历时形态句法研究的所有领域。比如说，我们在第一章提到过，形态句法的历时演变，特别是特定句式的发展，严格讲并不是传统语法化研究的范畴。因此，必须意识到，结构主义观念的历史形态句法研究和以语义语用分析为重要特征的语法化研究，彼此不能简单替代。

传统的历史形态句法研究和语法化方法并不矛盾，两者是可以结合起来的。比如说，一种做法是在历史形态句法研究中贯彻语法化理念。如果不在传统历史形态句法研究基础上运用语法化方法，有的研究问题难以真正得到解决。举个例子，第十一章指出，文献中对"了$_1$"和"了$_2$"的来源及二者关系的研究，都没有从临界环境、临界性特征以及语用推理方式和过程等方面入手，而是以相关的形态句法条件的变化为主要依据，其着力点是"V 了 O"和"VO 了"以及南北朝、唐代等时期的"动＋补＋宾"和"动＋宾＋补"这类句式的发展。学者们通过详实的语料梳理和分析，追踪了相关句式的演变脉络，并且对动词"了"的语义和句法特征及其变化进行了细致考察。这些讨论十分有意义，其价值最主要地体现在对"了$_1$"和"了$_2$"历史的描写方面，但无法真正解释"了$_1$"和"了$_2$"的形成原因。"V 了 O"和"VO 了"以及南北朝、唐代等时期的"动＋补＋宾"和"动＋宾＋补"这些句式的发展和动词"了"的语法化息息相关，但是，"V 了 O"和"VO 了"的变化并不等同于"了"的语法化过程，而只是"了"语法化的外部条件中的一部分。无论是"了$_1$"的产生还是"了$_2$"的发展，都不完全是这些外部条件直接引发的。因为未能涉及语法化的核心条件，学者们对"了$_1$"和"了$_2$"各自的产生路径以及有无源流关系等问题，都得出了不同的答案，要么认为"了$_2$"是动词"了"直接语法化而来，要么认为"了$_2$"是"了$_1$"进一步发展的结果。有的研究虽然结论一致，但其论据和论证过程都不相同。例如，有的学者主张"了$_1$"来自"了"，然后进一步发展成为"了$_2$"，实际上是认为"了""了$_1$"和"了$_2$"依序形成一个语法化链。不论是证实还是证伪这一假设，除了在语料中确定"了＞了$_1$"以及"了$_1$＞了$_2$"的临界环境及临界性特征等以外，必不可少的一件事是比较"了""了$_1$"和"了$_2$"三者的形态句法及语义语用特征，从中来看三者是不是符合语法化链不同历时阶段/共时环节的条件。这种比较并没有在相关研究中看到。究其原因，这些研究的共同点是并未真正涉及"了"语法化的核心，其主要理论框架也不是语法化方法。无论是研究"了$_1$"和"了$_2$"各自的发展，还是探讨二者之间的关系，都必须紧紧扣住语用推理及促成这种推理的条件等问题，才有可能真正弄清这两个助词的产生过程，并准确判断其产生时期。

类似的例子不止于"了"这一个案，在此不赘。一句话，传统历史形态句法研究和语法化方法的结合是必要的，也是可能的。

ii. 树立跨语言意识

语法化演变和人类共同的认知过程相关，因此受制于共同的机制和原则，呈现出一些共同的规律和相同/相似的特征，除了前面提到的普遍理论（如动因、机制、原则等）以外，还包括其他跨语言的共性（如相似条件、相似路径、相似临界性特征等）。我们这里姑且只谈谈语法化演变路径的跨语言共性问题。例如我们在第八章提到，Heine and Kuteva(2002a)指出，由表完成义动词演变为完成体或完整体标记的语法化路径，在很多语言里都有例证，如汉语、雅贝语(Yabem)、散戈语(Sango)、埃维语(Ewe)、印京尼语(Engenni)、拉玛语(Rama)、巴瑞语(Bari)、西班牙语(Spanish)、斯若伊语(Siroi)等。再如，跨语言地看，由时间域到原因/条件的语法化现象十分普遍。如 Traugott and König(1991)提到了一组由时间词到表原因的语法标记的语法化演变，包括古高地德语(Old High German)的 *dia wila so* 'so long as' 到德语 *weil* 'because' 的变化，以及拉丁语的 *posteaquam* 'after''ever since' 到法语 *puisque* 'since' 和 *quand* 'when''because' 的变化。而根据江蓝生(2003)的研究，汉语里也存在类似的演变路径，如"时"由时间词演变为假设条件标记。

跨语言共性的存在可以在语法化研究中合理地加以利用。就是说，我们应当树立跨语言意识，并且在进行个别语言的个案分析的时候进行跨语言的横向比较。再举一个汉语的例子。"着"在现代汉语里有持续体标记和进行体标记两种用法，其演变过程引起了学界的广泛关注，前人时贤的讨论是深刻而有价值的，相关研究成果也是十分丰富的。我们注意到两个问题。首先，这些成果对"着"语法化的条件及过程的看法存在非常明显的差异。如王力(1980/1958)、太田辰夫(2003/1958)、梅祖麟(1988)、蒋绍愚(1994,2006)等主张"着"的持续体标记用法源自其汉魏六朝"在"义用法,而曹广顺(1986,2014/1995)则主张,持续体标记"着"来源于用在动词之后表示结果的用法。其次,这些学者在讨论中几乎都没有尝试从跨语言共性中获取证据。那么和"着"的持续体标记用法来源相关的跨语言共性是什么呢?有研究表明,"保留"(remain)范畴和"持续"(durative)范畴之间存在着十分密切的关系。如 Heine and Kuteva(2002a:254—255)提到,跨语言地存在一种由"保留"域到"持续"域的演变过程,这在越南语、德语和葡萄牙语等语言的文献中都有所体现。比如,葡萄牙语的动词 ficar 'remain'语法化成了表持续的助动词(durative auxiliary)ficar (a fazer),如(1a);科克语(Kxoe)的动词 ér 'remain'语法化为持续或意图(intensive)派生性后缀-ér,如(1b)(两句均转引自 Heine and Kuteva,2002a):

(1) a. *fico   toda a noite a pensar*
Remain:1:SG whole the night to think
que não durmo.
that not sleep:1:SG
'The whole night I keep thinking so that I can't sleep.'
b. //*oàβà- nà- éi- yé tè.*
cover- II- DUR- I- PRES
'(She)covers(him)solidly.'

这种由保留范畴到持续范畴的跨语言演变现象,对探讨汉语"着"持续体标记功能的来源有着一定的启示作用。王力等先生认为"着"的持续体标记用法源自其汉魏六朝"在"义用法。此种"在"义就是附着义——"保留"和"附着"之间的区别只是观察角度的不同,二者实际上都具有"实物滞留或状态停留于特定空间或时点/时段"的核心意义。从保留范畴到持续范畴的演变具有跨语言性,虽然我们并不能据此完全排除持续范畴来源于其他范畴的可能

第十二章 汉语语法化研究与普遍理论的联结

性,但无疑对王力等先生的观点来说是一个有力的旁证,从跨语言的角度为我们提供"着"的持续体标记用法的义源线索。遗憾的是,这一旁证和线索在前人的研究里并没有被提及,更谈不上合理利用了。

必须强调两点。首先,事实上,并非所有语法化个案都能得到跨语言共性的佐证。其次,对于那些有跨语言共性佐证的个案,我们也必须谨慎对待。跨语言共性的作用是为汉语语法化研究提供旁证和思考线索,并不能代替与汉语语法化个案直接相关的语料所提供的证据。换言之,基于直接相关语料的分析是最关键、最可靠的;跨语言共性所提供的旁证的价值,不是直接证实或证伪对语法化个案的判断,而是强化我们的论证或者修正甚至否定我们的思路。

iii. 准确理解和运用语法化理论

和语言学其他领域一样,语法化研究中也存在一些常见的理论误区。以下我们将以语法化机制和语法化原则为例,来说明准确理解和运用语法化理论的必要性。

语法化机制(重新分析和类推)和语法化驱动力容易混为一谈,把前者(特别是重新分析)看成语法化演变的动因,在语法化研究中十分常见。"因为重新分析,A 语法化为 A'"或者"经过类推,A 语法化为 A'"之类说法并不鲜见。重新分析只是语法化的实现手段甚至后果,而类推则是语法化变化所带来的新规则的推广手段;二者都不是语法化背后的驱动力,相反,它们都是语用推理的副产品。正如我们在前面章节介绍的那样,根据目前学界的主流看法,语法化的驱动力是语用推理(Heine, Claudi, and Hünnemeyer, 1991; Bybee, Perkins, and Pagliuca, 1994; Hopper and Traugott, 2003; 等等)。准确说,重新分析的发生是以语用推理条件的出现为前提的。这种语用推理条件就包括语法化的临界性特征。重新分析是语用推理的后果——之所以发生重新分析,正是因为听话人根据语用推理对说话人的"语法"进行了重组。以处置式标记"把"为例,"把"在"把花看"("醉把花看益自伤")这样的临界环境实例里之所以能够被重新分析为介词,就是因为这类例子已经具备了这样的语用推理条件：(i)"花"同时是"把"和"看"的论元；(ii)持握某实物的同时对它采取进一步行动的行为，可能被进一步理解为"处置"该实物；(iii)"把"是这类结构中的唯一常项，有可能被转喻为这种"处置"义的编码方式。具备这些条件的例子达到一定数量，相同的语用推理达到一定频次，就可能使这种"处置义编码方式"这一语用义被语义化，即变成"把"的意义的一部分。在这个过程中，听话人所做的就是语用推理出来"把"的新语义语用特征，即语义上的重新分析。"把"有了新语义语用特征，才有可能被赋予相应的形态句法特征，包括改变了其搭配关系和句法地位，即形态句法上的重新分析。关于"把"的语法化，准确的表述是，动词"把"在特定语义语用条件下被语用推理为处置式标记，或者，因为语用推理而演变为处置式标记，"把"及其所在的连动式相应地发生了重新分析。类推的发生要晚于重新分析，是对经重新分析产生的新规则的推广——重新分析是类推的前提，后者也就更不可能成为语法化的动因了。我们再拿"把"来说明这个问题，语法化后的"把"继续发展，最明显的变化是其同构项范围的继续扩大，这是类推的一个重要表现。事实上，因为重新分析的隐形特征，人们并不能意识到语法化的发生。当"把"的同构项扩展到不可持握的实物或者抽象物的时候，如"徒把凉泉掬"以及"图把一春皆占断"这样的情形，"把"的语法化才有了显性标志。而语法化早在这一阶段之前就已经发生。

我们在前面章节里数次提及语法化裂变原则和并存原则。这两个原则密切相关，而且时常被研究者忽略。按照裂变原则和并存原则，语法化发生之后，语法化源形式 A 不一定马上消失，而是可以和语法化成项 A'长期共存，源形式 A 既可以按照一般的词汇演变规律发生进一步演变，也可能在特定条件下发生新的语法化，即多重语法化的现象。我们在第六章用"把"的例子清楚诠释了这两个原则。容易出现的偏误认识有两种，即(i)"A'的产生就意味着 A 的消失"，以及(ii)"A 仍然存在，所以 A>A'这一语法化过程尚未发生"。明显地，第一种说法认为语法化必然牵涉源形式 A 的消失，把源形式 A 的存在和语法化成项 A'的存在对立了起来,继而依据 A 仍然存在的事实,否定 A'已经出现的可能性。第二种说法更为流行,和语法化发生之后语法化成项的分布限制以及同构项的局限性有密切关系。

在语法化发生之后的一段时间里,有两种情形比较常见。第一种情形是,有可能在历时语料中干脆找不到容易清楚辨识的语法化成项的例子。这也和重新分析有关系。语法化理论说得非常清楚:重新分析对形态句法规则的改变是隐性的,往往只有当这种新规则被类推到明显地与初始语法化环境不同的新环境时,才能被清楚意识到(参 Hopper and Traugott,2003 等)。第二种情形是,能找到语法化成项的例子,但往往数量稀少。在两种情形里,语法化源形式 A 都在数量上占优,也很容易让研究者得出"语法化尚未发生"这样的结论,或者至少是让研究者对发生语法化的历史时期的判断出现误差。再以第十一章讨论的"了$_2$"为例,从完毕义动词"了"到"了$_2$"的语法化发生于居于分句末或者全句末的"V(O)+了"格式,其中的 V 是状态动词。最初的发展是 V 类推扩展到非状态动词,"了$_2$"仍然和说话时间相关联,表达的是以说话时间为参照的事态变化。之后"了$_2$"又可以标志以将来时间为参照的事态变化。实际上,在能够标志以将来时间为参照的事态变化之前,从完毕义动词"了"到"了$_2$"的语法化是否真正发生,是没有明显的形式标记可资参照的,更何况完毕义动词"了"出现于分句末或者全句末的"V(O)+了"格式的情形一直存在。最有可能的是,人们认为"了$_2$"直到可以表达"事态即将变化"时才出现。这种情形十分常见,也需要研究者综合多种因素来做出准确的判断。

iv. 准确定位个别语言和特定语法化项语法化的特色

语法化研究的另一个常见情形,是在对个别语言及特定语法化项语法化的个性化特征和普遍规律之间关系的理解上出现偏差。从其本质上说,语法化演变不是一种个别语言因其各方面特色(如语音、词汇和形态句法方面的个性化特征以及类型学上的特征)或者特定语法化项因特殊条件(如语义语用特征、形态句法特征或其所在环境的特殊性)所引发的"异变"。所谓异变,就是规律之外的东西，不可预测，也无跨语言跨范畴的共性。如果语法化演变具有异变的属性，即在动因、机制和条件等方面不仅因语言而不同，而且因语法化项所属范畴而不同，那这种历时变化就是无序的。然而，语法化有普遍适用的动因、机制和原则，这是跨语言研究已经证实了的。因此，做语法化研究，必须处理好普遍规律与个别语言和特定语法化项语法化特色之间关系的问题。漠视个别语言或特定语法化项语法化的个性化特征肯定是不对的。以特定语法化项为例，其个性化特征很有可能（但不一定）成为语法化临界性特征的一部分，而不是全部，也即非充分条件。即使其个性化特征突出，这些语法化项的演变也往往会按一般性机制和原则来进行——那些个性化特征并不构成遵循普遍规律的障碍。过分强调个别语言或特定语法化项语法化的个性化特征，相信这些特征与普遍规律相矛盾，并进而认为个别语言或特定语法化项的语法化系由特殊因素驱动、以独有机制进行，都是对语法化演变的误读。

我们先来看个别语言的语法化特色问题。以汉语为例，关于汉语语法化的独特性和语法化普遍规律的关系问题，我们在第八章有详细的讨论，其中的核心观点有二，即（i）汉语语法化从驱动力、语法化条件以及机制等方面看，并无有别于普遍规律之处；（ii）一些被学者们提及的"汉语语法化特色"，实际上是"汉语语法特色"，是语法化的结果。对汉语语法化的这些看法，可以推及其他语言的语法化。那么一种语言的语音、词汇和形态句法特色，以及类型学上的特征，难道对该语言的语法化就没有丝毫影响？我们的理解是，有影响，但这种影响不应被夸大。

首先，一种语言的语音、词汇、形态句法以及类型学等方面的特色，肯定在一定程度上对该语言内发生的语法化演变有影响，或推动或阻遏语法化的发生。例如，文献中提到的汉语的前范畴性（特别是动转名的无标记性）这一特色，不可避免地和一些汉语语法化个案有关联。这些语法化个案的语法化项，既可能是一般性的，也可能是非结构语串，其共同特点是，动转名的无标记性这一特色为这些语法化的发生提供了（形态句法）条件，从而促成了这些演变。再比如，Ansaldo and Lim(2004)等注意到汉语语法化过程中，语法化项的形式变化具有两个特点，包括语音时长的缩短和元音质量的溶蚀；Bisang 的系列研究发现，汉语（及其他东亚及东南亚大陆语言）都有强制性范畴的缺乏以及单一语法标记的多功能性这两个特点。Bisang 的结论是，这些特点共同阻遏了东亚及东南亚大陆语言发展出印欧语那样的形态范式，使得这些语言在形式—意义共变关系中，语法化项的紧缩程度大多数都不如印欧语高。

其次，必须认识到，特定语言的语音、词汇、形态句法以及类型学等方面的特色给语法化所带来的影响是有限的。这种有限性也可以从两个层面来讲。第一个层面，在这些语言中通常并非所有语法化个案都受到这些特色的影响。就拿动转名的无标记性来讲，真正以这一特色为重要条件的汉语语法化个案实际上数量不多。换言之，汉语动转名的无标记性并不存在全局性影响，因为汉语中的语法化个案最主要地并不是靠这一特色来推动的。第二个层面，一些在特定语言中比较普遍地存在的现象，往往和语法化的普遍规律并不矛盾，是对普遍性存在的机制、驱动力等的一个补充。拿前面提到的汉语语法化项的紧缩程度大多数不如印欧语高来讲，严格说，这一特点虽然挑战了 Bybee，Perkins，and Pagliuca(1994)提出的语法化项形式—意义"平行紧缩假说"，并未影响其他更为核心的规律起作用，包括语法化以语用推理为驱动力、以重新分析和类推为演变机制等等。

再次，类型学特征到底以何种方式、在多大程度上影响语法化，恐不是一个简单的问题。例如，汉语是教科书般的孤立语或分析语，其最常被提及的类型学特征包括(i)"词"的构成简单，要么由单个语素构成，要么由多个词根构成，要么由词根和词缀构成；(ii)语法关系由"语序"和"虚词"表达；(iii)由各自独立且意义完整的单词通过单纯的叠加构成文句。德语是典型的屈折语，其特点包括(i)语法关系由词的形态变化表达，以及(ii)每个形态可以表达多个语法意义，每个语法意义又可以由多个形态来表达等。那么汉语和德语是不是因为这些类型学特征上的差异而呈现出完全不同的语法化特点来呢？至少从语法化动因、机制、临界环境、临界频率及单向性等宏观性规律来看，这种差异是不存在的。如果类型学特征对语法化有影响，应当体现在微观方面，而不大可能导致汉语和德语语法化在这些宏观方面出现分野。我们的观察是，类型学特征在微观方面的影响，最常见的就是使得那些宏观规律的具体体现方式不同——以不同微观方式体现相同宏观规律，更证实了语法化普遍规律的存在是根本性的。

我们再来看准确定位特定语法范畴/个案语法化的个性的问题。把注意力集中在特定语法化项在语义语用、形态句法及其所在环境的个性特征，本无可厚非。但如果专注于这一语法化项的特异方面，也不免同样会走入误区。针对这一问题，我们在第九章举了汉语非结构语法化的例子。学界在汉语非结构语法化研究上的一个重要特点，就是对个案描写的专注。与此相应，研究者多强调两个层次的个性，包括具体个案语法化过程的独特性，即不同非结构语法化过程在具体语义语用和/或形态句法条件方面的不同，以及非结构语法化总体上的独特性，即非结构语串发生语法化在条件及过程上和普通语法化项演变的不同。过于强调非结构语串语法化的独特性，给人的印象是，非结构语法化就是异变和例外。我们的认知是，非结构语串的语法化的确有不同于普通语法化项演变的条件和特征——事实上，任何语法化个案以及语法范畴的语法化过程，都可能有其独特的条件和特征，但这些条件和特征并不必然和语法化普遍规律（如语法化项的条件、语法化的驱动力和语法化机制等等）相矛盾。第九章讨论的非结构语法化的三层次说，与语法化普遍规律是高度相容的。非结构语法化三层次说的核心，就是(i)非结构语串首先必须获得语法化的内部依据，成为一般性的语法化项，(ii)成为了一般性语法化项的非结构语串，在语法化条件、驱动力和机制等方面，都符合语法化的普遍规律。这说明，即便是非结构这样的具有鲜明特异性的语串，其语法化过程也不能违逆一般性规律。分析语法化个案，在考察其独特性的同时，更应该思考这些特异性与普遍规律发生关联的可能性以及方式。独特性往往是表象，共性才是本质。

总之，在研究个别语言的语法化个案的时候，如果绕过普遍规律，着力去论证这些语言或者语法化项的特色性东西如何以特殊方式引发语法化，势必难以厘清这种演变过程的实质。更合理的做法，是去探讨那些特色是如何与普遍规律相容和互动的。

12.3 汉语语法化研究能否做出理论贡献

普遍理论对汉语形态句法演变研究有着十分重要的指导意义，这是毋庸置疑的；过去二十多年来汉语语法化研究的丰硕成果，就是最好的说明。然而，有过运用语法化理论来讨论汉语语法化现象这种实践的学者，都常常会碰到一些困惑，最常见的包括：

i. 语法化理论的一些现有原则规律，并不完全符合汉语的实际情况；

ii. 汉语语法化现象的一些特征，目前的语法化理论并不能完全概括。

造成以上两种困惑的重要原因，除了理论方法本身的局限性以外，恐怕就是目前的各种语法化理论思潮，最主要地都是在观察印欧语现象基础上发展起来的。语法化理论家们虽然以总结普遍性规律为目标，但毕竟启其思考、发其深究的主要是印欧语事实，其结论和预测等的偏颇、误判在所难免。上一节指出，类型学特征对语法化过程的影响主要体现在微观层面。不可否认的是，作为观察对象的语言的类型学特征对研究者总结规律的思路和过程都有一定的导向性。这种情形，正是汉语语法研究调整目前的"用理论解释现象"这种单一做法、增强理论意识、参与语法化普遍理论建构的动力和契机。

我们所说的以汉语现象来检视语法化理论，指的是从汉语事实出发，可以以两种形式对现有语法化理论做出贡献：一是"纠偏"，二是"增补"。纠偏即检验既有原则规律的普遍性程度以及理论方法的合理性，增补就是发现和总结目前语法化理论所未能概括的原则规律；二者相辅相成。在汉语语言事实基础上思考或者修正语法化理论，有两个优势。首先，汉语具有悠久的历史，历时语料丰富；各种形态句法演变过程的不同阶段语料记录相对完整。这些条件使得我们有可能较为准确地追溯形态句法演变过程，从而窥见语法化现象的全貌。相比较，一些印欧语并无丰富、可靠的历史书面记载；为梳理形态句法历时演变，学者们采用的往往是以后现语料推溯历时演变的研究方法。因为语言是不断变化的，后现语料虽然是历时演变的遗留，但未必能够完全真实地反映历时原貌。从这个意义上说，由后现语料推溯历时发展固然有其方法论上的特殊意义，但毕竟其全面性和准确性无法得到绝对保证，不同程度失真的情形在所难免。其次，目前的主流语法化理论基本上是建立在印欧语基础上的；印欧语主要是屈折语，而汉语是典型的孤立语。把对汉语及其他孤立语或分析语的历史形态句法发展演变现象纳入考量，避免印欧语现象、特征对理论研究者的单一影响，可以对目前各种语法化理论思潮进行重要补充，大大提升这些理论学说的概括和预测能力。

拿本书来说，以汉语现象为观察对象，我们在多方面对既有的语法化理论方法进行了反思，或者依据汉语事实推论了新的规律。我们这里只稍稍回顾其中的几点。

i. 语法化环境问题

Heine(2002)和 Diewald(2002)分别地构建了语法化连续环境理论。我们注意到，两位学者都对语法化项和临界环境之间的关系模式问题着墨不多。结合汉语以及其他语言的语法化现象，我们对这一问题进行了初步探讨，总结出两种基本模式和一种非基本模式。这至少是在这个问题上开了个头。针对学者们在临界环境的必然性、必要性和歧解性等问题上的争论，我们指出，语法化环境的确如 Traugott 及其他学者所说的具有多样性，更重要的是这些不同环境具有层次性，不同层次交互作用，共同促使语法化的发生。我们的核心观点是：(a)这些环境当中和语法化关系最密切的当然是临界环境；(b)依据具体语法化个案，临界环境所体现出来的歧解性或显著或不显著；(c)临界环境的定义性特征或许不是具有歧解性,而是具有语用推理条件;(d)既然语法化是语用推理驱动的,临界环境在语法化演变中就是必然和必要的,是语法化的必由阶段。

ii. 临界环境和语法化项关系问题

语法化连续环境理论描述了语法化项和环境之间的共变关系。在具体每一个阶段里,环境和语法化项之间如何相互影响,迄今并没有一个很深入的了解。我们主要讨论其中一个重要问题,即连续环境中最为关键的一环——歧解性环境到底以怎样的方式影响语法化项的演变。我们的研究表明:目标义产生的环境不是均质的;语法化环境对语法化演变的影响有两种基本模式,即环境直接诱发语法化的发生,以及特定成分的语义及形态句法特征诱发环境的歧解。兼具两种基本模式特征的情形也颇为常见,称为非基本模式。这些问题在语法化连续环境理论中并没有涉及。我们对以汉语个案为主的研究对象的考察结果,使得语法化项和环境之间的共变关系问题变得更清晰了,也为进一步的讨论打下了扎实的基础。

iii. 频率和语法化的关系问题

一方面,频率理论家们在"频率推动语法化"这一问题上始终无法提出真正令人信服的论据来。另一方面,反对这一说法的学者们似乎也没有找到问题的症结之所在,其质疑声始终显得软弱无力。我们先是主张问题的关键是既有理论中所讨论的频率的笼统性,继而提出了"临界频率假设"。具体说来,就是依据语法化演变的阶段,语法化项的频率可以大致分为临界频率和非临界频率,其中临界频率特指语法化项在具备语用推理条件的环境(也就是临界环境)中的频率;真正对语法化有推动作用的是临界频率的高低。我们讨论了几个汉语语法化个案,初步地证实了临界频率假设的合理性。

iv. 后现语料的运用问题

纵观语法化理论文献,以后现语料为基础来探讨语法化原则方法的做法并不罕见。对这种做法的合理性,学者虽有提及,但也都只是零碎和不全面的。我们的主张是,首先,以语用推理条件为特征的临界环境是语法化的必由阶段；而临界环境既然是语法化演变的必由阶段，就可以被利用来追溯历时演变的轨迹。其次，语法化链既然同时有历时和共时两个相对应的维度，那么历时－共时维度之间的对应关系也可以被用来重构语法化过程。这两种做法的可行性都得到了汉语语法化个案的证实。我们也清楚地认识到，由后现语料来推溯历时演变，毕竟是在历时语料不充足的情况下的一种辅助手段，也不可能真正代替从历时语料出发探讨历时变化的做法。因为只是一种别无选择情况下的替代方案，这种方法的局限性是不可避免的。由后现语料推溯历时变化的做法究竟是否周延，以及如何进一步完善，都有待于跨语言研究的开展。

v. 图式性构式的历时发展问题

我们的讨论集中在四个核心问题上：(a)图式性构式的历时发展是不是具备语法化性质；(b)图式性构式的历时发展和实体性构式(即语法化文献中的语法化项)的语法化到底有什么区别；(c)图式性构式的历时发展的特征是什么；(d)图式性构式的历时发展的推动和阻遏因素分别是什么。对这四个问题的讨论，主要是建立在对汉语溯因兼语句和隐现句的个案分析基础上的。应该说，汉语历时语料的优势在这两个个案里体现得十分清楚。溯因兼语句和隐现句都可以溯源至约3000年以前，而且各历时阶段的例证丰富，发展脉络清晰，为我们探讨以上问题提供了语料上的保障。

总结起来，汉语研究(包括语法化及图式性构式历时发展等方面)参与普遍理论建设和完善既有必要性，也有可能性。一方面，汉语研究完全能够为普遍理论做出其独特的贡献；另一方面，普遍理论如果缺少了汉语研究的贡献，一定是不完整的，其概括性和预测性必将大打折扣。

12.4 结语

汉语语法化研究要获得长足进步，研究者不妨同时着手"深耕""浸染"和"转型"这三件事。深耕即进一步挖掘汉语现象,这是汉语研究长久以来的优良传统和优势,没有理由丢弃。浸染是一种吸收,意为全面、准确地运用语法化理论方法。转型则是指逐渐从纯粹的汉语事实描写以及单一用理论解释汉语事实提升到总结规律,主动参与理论建设,从而为语法化普遍理论的完善做出贡献。浸染和转型是汉语语法化研究目前最为欠缺的。做好了这三件事,就标志着汉语语法化研究在夯实研究基础的同时,在理论视野和理论意识上得到了实质性提高,整体上也就迈上了更高的台阶。

参考文献

曹广顺 1986《祖堂集》中的"底(地)""却(了)""着",《中国语文》第 3 期:192—203 页。

曹广顺 1987 语气词"了"源流浅说,《语文研究》第 2 期:10—15 页。

曹广顺 2014/1995《近代汉语助词》。北京:商务印书馆。

陈鹏飞 2004《豫北晋语语音演变研究》。延吉:延边大学出版社。

陈前瑞 2003《汉语体貌系统研究》,华中师范大学博士论文。

陈前瑞 2009 "着"兼表持续与完成用法的发展,吴福祥、崔希亮主编《语法化与语法研究》(四),1—22 页。北京:商务印书馆。

陈松霖 2012 现代汉语连词"所以"的语法化历程,《南大语言文化学报》第 7 期第 2 卷:113—170 页。

崔建新 1987 隐现句的谓语动词,《语言教学与研究》第 2 期:45—54 页。

董秀芳 2008 汉语动转名的无标记性汉语语法化模式的关联,《历史语言学研究》第 1 辑:191—200 页。

董秀芳 2011《词汇化:汉语双音节词的衍生和发展》(修订本)。北京:商务印书馆。

方　霁、孙朝奋 2009 "了₂"的来源及其语法化过程,《历史语言学研究》第 2 辑:183—195 页。北京:商务印书馆。

冯春田 1999《近代汉语语法研究》。济南:山东教育出版社。

顾　阳 1997 关于存现结构的理论探讨,《现代外语》第 2 期:18—27 页。

郭继懋 1990 领主属宾句,《中国语文》第 1 期:24—29 页。

郭锡良 1990 关于系词"是"产生时代和来源论争的几点认识,《王力先生纪念论文集》,106—123 页。北京:商务印书馆。

何乐士 2004/1989《左传虚词研究》。北京:商务印书馆。

洪成玉 1980 判断词"是"的来源——与王力先生商榷,《河北师院学报》第 1 期:26—32 页。

洪心衡 1964《孟子》里的"是"研究,《中国语文》第 4 期:285—294 页。

胡斌彬、俞理明 2010 "再说"的词汇化和语法化,《西华师范大学学报(哲学社会科学版)》第 2 期:33—37 页。

江蓝生 2003 时间词"时"和"後"的语法化,吴福祥、洪波主编《语法化与语法研究》(一),181—201页。北京:商务印书馆。

江蓝生 2004 跨层非短语结构"的话"的词汇化,《中国语文》第5期:387—400页。

江蓝生 2016 超常组合与语义羡余——汉语语法化诱因新探,《中国语文》第5期:515—525页。

蒋绍愚 1994《近代汉语研究概况》。北京:北京大学出版社。

蒋绍愚 2006 动态助词"着"的形成过程,《周口师范学院学报》第1期:113—117页。

蒋绍愚 2014 词义变化与句法变化,何志华、冯胜利主编《承继与创新:汉语语言文字学研究》(上卷),1—38页。香港:商务印书馆(香港)有限公司。

蒋绍愚、曹广顺主编 2005《近代汉语语法史研究综述》。北京:商务印书馆。

柯理思 2009 论北方方言中位移重点标记的语法化和句位义的作用,吴福祥、崔希亮主编《语法化与语法研究》(四),145—187页。北京:商务印书馆。

孔令达 1986 关于动态助词"过$_1$"和"过$_2$",《中国语文》第4期:272—276页。

李 杰 2009 试论发生句,《世界汉语教学》第1期:65—73页。

李临定 1986《现代汉语句型》。北京:商务印书馆。

李小军 2016《汉语语法化演变中的音变及音义互动关系》。北京:中国社会科学出版社。

林新年 2006《〈祖堂集〉的动态助词研究》。上海:上海三联书店。

刘 坚、江蓝生、白维国、曹广顺 1992《近代汉语虚词研究》。北京:语文出版社。

刘勋宁 1985 现代汉语句尾"了"的来源,《方言》第2期:128—133页。

刘勋宁 1990 现代汉语句尾"了"的语法意义及其与词尾"了"的联系,《世界汉语教学》第2期:80—87页。

刘月华 1988 动态助词"过$_2$过$_1$了$_1$"用法比较,《语文研究》(26):6—16页。

卢烈红 1998《〈古尊宿语要〉代词助词研究》。武汉:武汉大学出版社。

罗耀华、牛 利 2009 "再说"的语法化,《语言教学与研究》第1期:73—80页。

吕冀平 2003《汉语语法基础》。北京:商务印书馆。

吕叔湘主编 1984《现代汉语八百词》。北京:商务印书馆。

马玉汴 2005 趋向动词的认知分析,《汉语学习》第6期:34—39页。

梅祖麟 1988 汉语方言里虚词"著"字三种用法的来源,《中国语言学报》第3期:193—216页。

牛宝彤 1992《论语》"是"字简论,《首都师范大学学报(社会科学版)》第5期:86—92页。

彭 睿 2008 "临界环境—语法化项"关系刍议,《语言科学》第3期:278—290页。

彭 睿 2009a 语法化"扩展"效应及其相关理论问题,《汉语学报》第1期:50—64页。

彭　睿 2009b 共时关系和历时轨迹的对应——以动态助词"过"的演变为例,《中国语文》第 3 期：212—224 页。

彭　睿 2011a 框架、常项和层次——非结构语法化机制再探,《当代语言学》第 4 期：321—335 页。

彭　睿 2011b 临界频率和非临界频率——频率和语法化关系的重新审视,《中国语文》第 1 期：3—18 页。

彭　睿 2012 溯因兼语句的可接受度和意义调查,《中国语文》第 6 期：509—524 页。

彭　睿 2016 语法化·历时构式语法·构式化——历时形态句法理论方法的演进,《语言教学与研究》第 2 期：14—29 页。

彭　睿 2017 同构项变化的方式及其在语法化中的作用,《语言科学》第 2 期：142—157 页。

彭　睿 2018 语境吸收刍议,《语言学研究的多元视野——庆祝史有为教授八十华诞文集》,64—73 页。北京：商务印书馆国际有限公司。

任　鹰 2000 静态存在句中"V 了"等于"V 着"现象解析,《世界汉语教学》第 1 期：28—34 页。

任　鹰 2009 "领属"与"存现"：从概念的关联到构式的关联——也从"王冕死了父亲"的生成方式说起,《世界汉语教学》第 3 期：308—321 页。

沈家煊 1994 语法化研究综观,《外语教学与研究》第 4 期：17—24 页。

石毓智 2007 语言学假设中的证据问题——论"王冕死了父亲"之类句子产生的历史条件,《语言科学》第 4 期：39—51 页。

石毓智、李　讷 2001《汉语语法化的历程——形态句法发展的动因和机制》。北京：北京大学出版社。

石毓智、徐　杰 2001 汉语史上疑问形式的类型学转变及其机制——焦点标记"是"的产生及其影响,《中国语文》第 5 期：454—465 页。

史有为 1992/1988 混沌性：我喜欢他老实,《呼唤柔性——汉语语法探异》,179—190 页。海口：海南出版社。

帅志嵩 2008 "王冕死了父亲"的衍生过程和机制,《语言科学》第 3 期：259—269 页。

宋玉柱 1987 隐现句,《语言研究论丛》第 4 辑,192—201 页。天津：南开大学出版社。

[日]太田辰夫 2003/1958《中国语历史文法》(修订译本),蒋绍愚、徐昌华译。北京：北京大学出版社。

谭景春 1996 一种表破损义的隐现句,《中国语文》第 3 期：405—412 页。

田范芬 2004 连词"以及"的历史来源,《古汉语研究》第 1 期：54—57 页。

王洪君 1987 汉语表自指的名词化标记"之"的消失,《语言学论丛》第 14 辑：159—197 页。北京：商务印书馆。

王建军 2003《汉语存在句的历时研究》。天津：天津古籍出版社。

王锦慧 2015 时间副词"在"与"正在"的形成探究,《语言暨语言学》16(2)：187—212 页。

王　力 1937 中国文法中的系词,《清华大学学报》第 1 期：1—67 页。

王　力 1980/1958《汉语史稿》(中册)。北京：中华书局。

王　力 1989《汉语语法史》。北京：商务印书馆。

魏慧萍 2010 "再说"的词汇化及相关问题,《河北大学学报(哲学社会科学版)》第 4 期：10—15 页。

吴福祥 1996《敦煌变文语法研究》。长沙：岳麓书社。

吴福祥 2002 汉语能性述补结构"V 得/不 C"的语法化,《中国语文》第 1 期：29—40 页。

吴福祥 2004 也谈持续体标记"着"的来源,《汉语史学报》(第四辑)：17—26 页。上海：上海教育出版社。

吴福祥 2005 汉语语法化演变的几个类型学特征,《中国语文》第 6 期：483—494 页。

项梦冰 1997《连城客家话语法研究》。北京：语文出版社。

解植永 2012《中古汉语判断句研究》。成都：巴蜀书社。

辛永芬 2006《浚县方言语法研究》。北京：中华书局。

徐德庵 1981 上古汉语中的系词问题,《西南师范大学学报(人文社会科学版)》第 2 期：97—106 页。

徐时仪 2007《汉语白话发展史》。北京：北京大学出版社。

宣恒大 2011《现代汉语隐现句研究》,安徽大学博士论文。

杨永龙 2001《〈朱子语类〉完成体研究》。郑州：河南大学出版社。

杨永龙 2011 试说"连 X＋都 VP"构式的语法化,吴福祥、张谊生主编《语法化与语法研究》(五)，369—391 页。北京：商务印书馆。

易正中、王立杰 2011 "再说"的演化历程,《云梦学刊》第 2 期：132—134 页。

余诗隽、柳春燕 2006 句末"再说"的语法化倾向,《湖北教育学院学报》第 10 期：27—29 页。

张柏青 1980 汉语系词"是"出现时代新探,《安徽师范大学学报(人文社会科学版)》第 2 期：99—104 页。

张金圈、刘清平 2011 句法位置对短语词汇化和语法化的制约——以"再说"的词汇化和语法化为例,《齐鲁学刊》第 1 期：135—139 页。

张双棣、殷国光主编 2014《古代汉语词典》(第 2 版)。北京：商务印书馆。

张　雁 2001 从《吕氏春秋》看上古汉语的"主之谓"结构,《语言学论丛》第 23 辑:
    83—98 页。北京: 商务印书馆。
张谊生 2001 说"的话",[日本]《现代中国语研究》第 3 辑: 70—81 页。
张谊生 2003 从量词到助词——量词"个"语法化过程的个案分析,《当代语言学》第
    3 期: 193—205 页。
张谊生 2007 从间接的跨层连用到典型的程度副词——"极其"词汇化和副词化的演
    化历程和成熟标志,《古汉语研究》第 4 期: 64—70 页。
张玉金 2001《甲骨文语法学》。上海: 学林出版社。
张玉金 2004《西周汉语语法研究》。北京: 商务印书馆。
[日]志村良治 1995《中国中世语法史研究》,江蓝生、白维国译。北京: 中华书局。
Andersen, Henning. 1973. Abductive and deductive change. *Language* 49(4):
    765—793.
Ansaldo, Umberto and Lisa Lim. 2004. Phonetic absence as syntactic prominence:
    Grammaticalization in isolating in tonal languages. In Olga Fischer, Muriel
    Norde, and Harry Perridon (eds.) *Up and down the cline: The nature of
    grammaticalization* (Typological Studies in Language 59), 345 — 362.
    Amsterdam/Philadelphia: John Benjamins.
Arcodia, Giorgio Francesco. 2013. Grammaticalisation with coevolution of form and
    meaning in East Asia? Evidence from Sinitic. *Language Sciences* 40: 148—167.
Baron, Naomi S. 1977. *Language acquisition and historical change*. Amsterdam:
    North Holland Publishing Company.
Baronian, Luc V. 2006. Preposition contraction in Quebec French. In Patrick Saint-
    Dizier (ed.) *Syntax and semantics of prepositions*, 27 — 42. New York:
    Springer.
Bisang, Walter. 1996. Areal typology and grammaticalization: Processes of gramma-
    ticalization based on nouns and verbs in East and mainland Southeast Asian
    language. *Studies in Language* 20(3): 519—597.
Bisang, Walter. 2004. Grammaticalizaiton without coevolution of form and meaning:
    The case of tense-aspect-modality in East and mainland Southeast Asia. In Walter
    Bisang, Nikolaus P. Himmelmann, and Björn Wiemer (eds.) *What makes
    grammaticalization— A look from its fringes and its components*, 109—138.
    Berlin/New York: Mouton de Gruyter.
Bisang, Walter. 2008a. Precategoriality and syntactic-based parts of speech—The
    case of Late Archaic Chinese. *Studies in Language* 32(3): 568—589.
Bisang, Walter. 2008b. Precategoriality and argument structure in Late Archaic Chinese.
    In J. Leino (ed.) *Constructional reorganization*, 55 — 88. Amsterdam/Philadelphia:

John Benjamins.

Bisang, Walter. 2008c. Grammaticalization as an areal phenomenon—The case of East and mainland Southeast Asian languages and its consequences for complexity and maturation. 《语言学论丛》第 38 辑: 64—98.

Bisang, Walter. 2008d. Grammaticalization and the areal factor—The perspective of East and mainland South East Asian languages. In López-Couso, M. J. and E. Seoane(eds.) *Rethinking grammaticalization*, 13—35. Amsterdam/Philadelphia: John Benjamins.

Bisang, Walter. 2010. Grammaticalization in Chinese: A construction-based account. In Traugott, E. C. and G. Trousdale (eds.) *Gradience, gradualness, and grammaticalization*, 245—277. Amsterdam/Philadelphia: John Benjamins.

Bisang, Walter, Nikolaus P. Himmelmann and Björn Wiemer. 2004. *What makes grammaticalization-A look from its fringes and its components*. Berlin/New York: Mouton de Gruyter.

Blake, Barry J. 2001. *Case*. Cambridge/New York: Cambridge University Press.

Boas, Hans C. 2003. *A constructional approach to resultatives*. (Stanford Monographs in Linguistics). Stanford, CA: CSLI Publications.

Boyd, Jeremy K. and Adele E. Goldberg. 2011. Learning what not to say: The role of statistical preemption and categorization in a-adjective production. *Language* 87(1): 1—29.

Boye, Kasper and Peter Harder. 2012. A usage-based theory of grammatical status and grammaticalization. *Language* 88(1): 1—44.

Brinton, Laurel J. 1988. *The development of English aspectual systems: Aspectualizers and postverbal particles*. Cambridge: Cambridge University Press. (Cambridge Studies in Linguistics 49)

Brinton, Laurel J. and Traugott, Elizabeth C. 2005. *Lexicalization and language change*. Cambridge: Cambridge University Press.

Bybee, Joan L. 1985. *Morphology: A study of the relation between meaning and form*. Amsterdam/Philadelphia: John Benjamins.

Bybee, Joan L. 2002. Sequentiality as the basis of constituent structure. In T. Givón and Bertram F. Malle(eds.) *The evolution of language out of pre-language*, 109—134. Amsterdam/Philadelphia: John Benjamins.

Bybee, Joan L. 2003. Mechanisms of change in grammaticalization: The role of frequency. In Joseph Brian D. and Richard D. Janda (eds.) *The handbook of historical linguistics*, 602—623. Oxford: Blackwell Publishing.

Bybee, Joan L. 2006. From usage to grammar: The mind's response to repetition.

Language 82(4): 711—733.

Bybee, Joan L. 2010. *Language, usage and cognition*. Cambridge: Cambridge University Press.

Bybee, Joan L. 2013. Usage-based theory and exemplar representations of constructions. In Hoffmann, Thomas and Graeme Trousdale (eds.) *The Oxford handbook of construction grammar*, 49—69. Oxford: The Oxford University Press.

Bybee, Joan L. and Dan I. Slobin. 1982. Why small children cannot change language on their own. In Anders Ahlqvist (ed.) *Papers from the 5th international conference on historical linguistics*, 29—38. Amsterdam/Philadelphia: John Benjamins.

Bybee, Joan L. and David Eddington. 2006. A usage-based approach to Spanish verbs of 'becoming'. *Language* 82(2): 323—355.

Bybee, Joan L., Revere Perkins and William Pagliuca. 1994. *The evolution of grammar: Tense, aspect and modality in the languages of the world*. Chicago: University of Chicago Press.

Bybee, Joan L. and Joanne Scheibman. 1999. The effect of usage on degree of constituency: The reduction of *don't* in American English. *Linguistics* 37: 575—596.

Bybee, Joan L. and Sandra Thompson. 2000. Three frequency effects in syntax. *Berkeley Linguistic Society* 23: 378—388.

Bybee, Joan L. and Östen Dahl. 1989. The creation of tense and aspect systems in the languages of the world. *Studies in Language* 13(1): 51—103.

Casad, Eugene. 1984. Cora. In Langacker, Ronald W. (ed.) *Studies in Uto-Aztecan grammar* Vol. 4: *Southern Uto-Aztecan grammatical sketches*, 151—459. Dallas: Summer Institute of Linguistics.

Clark, Herbert H. 1975. Bridging, in *TINLAP' 75: Proceedings of the 1975 workshop on theoretical issues in natural language processing*, 169—174.

Clark, Herbert H. and Susan E. Haviland. 1977. Comprehension and the given new contract. In Roy O. Freedle (ed.) *Discourse production and comprehension* (Discourse processes: Advances in research and theory, Vol. 1), 1—40. Norwood, N.J.: Ablex.

Craig, Colete. 1991. Ways to Go in Rama: A case study in polygrammaticalization. In Traugott and Heine (eds.) *Approaches to grammaticalization* Vol. 2, 455—492. Amsterdam/Philadelphia: John Benjamins.

Croft, William. 2001. *Radical construction grammar: Syntactic theory in typological perspective*. Oxford: Oxford University Press.

参考文献

Croft, William and Alan Cruse D. 2004. *Cognitive Linguistics*. Cambridge: Cambridge University Press.

De Smet, Hendrik. 2012. The course of actualization. *Language* 88(3): 601—633.

De Smet, Hendrik. 2013. *Spreading constructions: diffusional change in the English system of complementation*. Oxford: Oxford University Press.

Diessel, Holger. 1999. *Demonstratives: Form, function and grammaticalization*. Philadelphia/Amsterdam: John Benjamins.

Diessel, Holger. 2012. New perspectives, theories and methods: Diachronic change and language acquisition. In Alexander Bergs and Laurel Brinton (eds.) *Historical linguistics of English: An international handbook*, 1599—1613. Berlin/New York: Mouton de Gruyter.

Diewald, Gabriele. 2002. A model for relevant types of contexts in grammaticalization. In Wischer and Diewald (eds.) *New reflections on grammaticalization—Proceedings from the international symposium on grammaticalization*, 17—19 June 1999, Potsdam Germany (Typological Studies in Language 49), 103—120. Amsterdam/Philadelphia: John Benjamins.

Diewald, Gabriele. 2006. Context types in grammaticalization as constructions, *Constructions*, SV1—9. http://elanguage.net/journals/index.php/constructions/article/viewFile/24/29.

Diewald, Gabriele and Gisella Ferraresi. 2008. Semantic, syntactic and constructional restrictions in the diachronic rise of modal particles in German: A corpus-based study on the formation of a grammaticalization channel. In Elena Seoane and María José López-Couso (eds.) *Theoretical and empirical issues in grammaticalization* (Typological Studies in Language 77), 77—109. Amsterdam/Philadelphia: John Benjamins.

Eckardt, Regine. 2006. *Meaning change in grammaticalization: An enquiry into semantic reanalysis*. Oxford: Oxford University Press.

Enfield, Nicholas J. 2005. Micro-and macro-dimensions in linguistic systems. In Sophia Marmaridou, Kiki Nikiforidou and Eleni Antonopoulou (eds.) *Reviewing linguistic thought: Converging trends for the 21st century* (Trends in Linguistics. Studies and Monographs 161), 313—325. Berlin/New York: Mouton de Gruyter.

Evans, Nicholas and David Wilkins. 1998. *The knowing ear: An Australian test of universal claims about the semantic structure of sensory verbs and their extension into the domain of cognition*. Cologne: Institut für Sprachwissenschaft.

Evans, Nicholas and David Wilkins. 2000. In the mind's ear: The semantic extensions of reception verb in Australian languages. *Language* 76(3): 546—592.

Fischer, Olga. 2007. *Morphosyntactic change: Functional and formal perspectives*. Oxford: Oxford University Press.

Fischer, Olga. 2008. On analogy as the motivation for grammaticalization. *Studies in Language* 32(2): 336—382.

Fischer, Olga. 2010. An analogical approach to grammaticalization. In Stathi, Katerina, Elke Gehweiler, and Ekkehard König (eds.) *Grammaticalization: Current views and issues*, 181 — 220. Amsterdam/Philadelphia: John Bennamins.

Fischer, Olga. 2013. An inquiry into unidirectionality as a foundational element of grammaticalization: On the role played by analogy and the synchronic grammar system in processes of language change. In De Smet, Hendrik, Lobke Ghesquière, and Freek Van de Velde (eds.) *Special issues of Studies in Language—On multiple source constructions in language change* 37(3): 515 —533.

Foley, William A. and Robert D. Van Valin. 1984. *Functional syntax and universal grammar*. Cambridge: Cambridge University Press.

Gabelentz, Georg von der. 1969/1901. *Die sprachwissenschaft: Ihre aufgaben, methoden und bisherigen ergebnisse*, Nachdruck der 2. Auflage von 1901 (Tübinger beiträge zur Linguistik 1). Tübingen: Vogt.

Gerritsen, Marinel and Dieter Stein. 1992. Introduction: on "internal" and "external" in syntactic change. In Gerritsen, M. and D. Stein(eds.) *Internal and external factors in syntactic change*, 1—15. Berlin: Mouton de Gruyter.

Gildea, Spike. 1993. The development of tense markers from demonstrative pronouns in Panare(Cariban). *Studies in Language* 17(1): 53—73.

Givón, Talmy. 1979. *On understanding grammar*. New York: Academic Press.

Goldberg, Adele E. 1995. *Constructions: A construction grammar approach to argument structure*. Chicago: University of Chicago Press.

Goldberg, Adele E. 2006. *Constructions at work: The nature of generalization in language*. Oxford: Oxford University Press.

Goldberg, Adele E. 2009. The nature of generalization in language. *Cognitive Linguistics* 20(1): 93—127.

Grice, H. Paul. 1975. Logic and conversation. In Cole, Peter and Jerry L. Morgan(eds.) *Speech acts*, 41—58. New York: Academic Press. (Syntax and Semantics Vol. 3)

Grimshaw, Jane. 1990. *Argument structure*. Cambridge: MIT Press.

Groefsema, Marjolein. 1995. *Can, may, must* and *should*: a Relevance theoretic account. *Journal of Linguistics* 31(1): 53—79.

Haiman, John. 1994. Ritualization and the development of language. In Pagliuca William (ed.) *Perspectives on grammaticalization*, 3 — 28. Amsterdam/ Philadelphia: John Benjamins.

Hale, Ken L. and Samuel J. Keyser. 1987. A view from the Middle, *Lexicon Project Working Papers* 10, Center for Cognitive Science, MIT, Cambridge, MA.

Hansen, Maj-Britt Mosegaard. 2008. *Particles at the semantics/pragmatics interface: synchronic and diachronic issues: A study with special reference to the French phrasal adverbs* (Current Research in the Semantics/Pragmatics Interface Vol. 19). Amsterdam: Elsevier.

Harris, Alice C. and Lyle Campbell. 1995. *Historical syntax in cross-linguistic perspective*. Cambridge: Cambridge University Press.

Harris, Harlan D. and Bob Rehder. 2011. The knowledge and resonance (KRES) model of category learning. In Pothos, Emmanuel M. and Andy J. Wills(eds.) *Formal approaches in categorization*, 274 — 298. New York: Cambridge University Press.

Haspelmath, Martin. 1998. Does grammaticalization need reanalysis? *Studies in Language* 22(2): 315—351.

Haspelmath, Martin. 2004. On directionality in language change with particular reference to grammaticalization. In Fischer, Olga, Muriel Norde, and Harry Peridon(eds.)*Up and down the cline—The nature of grammaticalization*, 17— 44. Amsterdam/Philadelphia: John Benjamins.

Heine, Bernd. 1992. Grammaticalization Chains. *Studies in Language* 16(2): 335— 368.

Heine, Bernd. 1993. *Auxiliaries, cognitive forces and grammaticalization*. New York: Oxford University Press.

Heine, Bernd. 1997. Grammaticalizaion theory and its relevance to African linguistics. In Robert K. Herbert (ed.) *African linguistics at the crossroads: Papers from Kwaluseni*, 1—15. Cologne: Köppe.

Heine, Bernd. 1999. Grammaticalization chains across langguages: an example from Khoisan. In Gildea Spike (ed.) *Reconstructing grammar: Comparative linguistics and grammaticalization*, 177—197. Amsterdam/ Philadelphia: John Benjamins.

Heine, Bernd. 2002. On the role of context in grammaticalization. In Wischer and Diewald(eds.) *New reflections on grammaticalization—Proceedings from the international symposium on grammaticalization*, 17 — 19 June 1999, Potsdam Germany (Typological Studies in Language 49), 83 — 101. Amsterdam/

Philadelphia: John Benjamins.

Heine, Bernd and Mechthild Reh. 1984. *Grammaticaliztion and reanalysis in African languages*. Hamburg: Buske.

Heine, Bernd and Tania Kuteva. 2002a. *World lexicon of grammaticalization*. Cambridge: Cambridge University Press.

Heine, Bernd and Tania Kuteva. 2002b. On the evolution of grammatical forms. In Alison Wray (ed.) *The transition to language*, 376 — 397. Oxford: Oxford University Press.

Heine, Bernd and Tania Kuteva. 2007. *The genesis of grammar: A reconstruction*. Oxford: Oxford University Press.

Heine, Bernd and Ulrike Claudi. 1986. *On the rise of grammatical categories: Some examples from Maa*. (Kölner Beiträ gezur Afrikanistik, 13.) Berlin: Reimer.

Heine, Bernd, Ulrike Claudi and Friederike Hünnemeyer. 1991. *Grammaticalization: A conceptual framework*. Chicago: University of Chicago Press.

Heit, Evan. 1994. Models of the effects of prior knowledge on category learning. *Journal of Experimental Psychology: Learning, Memory, and Cognition* 20: 1264—1282.

Heit, Evan. 1997. Knowledge and concept learning. In K. Lamberts and D. Shanks (eds.) *Knowledge, concepts, and categories*, 7 — 41. London: Psychology Press.

Heit, Evan. 1998. Influences of prior knowledge on selective weighting of category members. *Journal of Experimental Psychology: Learning, Memory, and Cognition* 24: 712—731.

Heit, Evan. 2001. Background knowledge and models of categorization. In U. Hahn and M. Ramscar (eds.) *Similarity and categorization*, 155 — 178. Oxford: Oxford University Press.

Hengeveld, Kees. 1992. *Non-verbal predication: Theory, typology, diachrony*. (Functional Grammar Series 15). Berlin/New York: Mouton de Gruyter.

Hilpert, Martin. 2008. *Germanic future constructions: A usage-based approach to language change*. Amsterdam/Philadelphia: John Benjamins.

Hilpert, Martin. 2013. *Constructional change in English: Developments in allomorphy, word-formation and syntax*. Cambridge: Cambridge University Press.

Himmelmann, Nikolaus P. 1998. Regularity in irregularity: Article use in adpositional phrases. *Linguistic Typology* 2: 315—353.

Himmelmann, Nikolaus P. 2004. Lexicalization and grammaticalization: opposite or orthogonal? In Bisang, W. , Himmelmann, N. , Wiemer, B. (eds.)*What makes grammaticalization—A look from its fringes and its components*, 19 — 40. Berlin/New York: Mouton de Gruyter.

Hoffmann, Sebastian. 2004. Are low-frequency complex prepositions grammaticalized? On the limits of corpus data—and the importance of intuition. In Lindquist, Hans and Christian Mair(eds.)*Corpus approaches to grammaticalization in English*, 171 — 210. Philadelphia/Amsterdam: John Benjamins.

Hopper, Paul J. 1991. On some principles of grammaticalization. In Traugott and Heine (eds.) *Approaches to grammaticalization* Vol. II. , 17 — 35. Amsterdam/Philadelphia: John Benjamins.

Hopper, Paul J. 2001. Hendiadys and auxiliation in English. In Bybee, Joan and Michael Noonan(eds.)*Complex sentences in grammar and discourse: Essays in honor of Sandra A. Thompson*, 145 — 173. Amsterdam/Philadelphia: John Benjamins.

Hopper, Paul J. and Traugott, Elizabeth C. 2003. *Grammaticalization*. Cambridge: Cambridge University Press.

Kabak, Barış and Renè Schiering. 2006. The phonology and morphology of function word contractions in German. *Journal of Comparative Germanic Linguistics* 9: 53—99.

Kiparsky, Paul. 1968. Linguistic universals and linguistic change. In Bach, Emmon and Robert T. Harms(eds.)*Universals in linguistic theory*, 171—202. New York: Holt, Rinehart and Winston.

Kiparsky, Paul. 2012. Grammaticalization as optimization. In Jonas, Whitman, and Andrew Garrett(eds.)*Grammatical change: Origins, nature, outcomes*, 15 — 51. Oxford: Oxford University Press.

Kölver, Ulrike. 1984. Local prepositions and serial verb constructions in Thai, AKUP Nr. 56.

König, Ekkehard and Letizia Vezzosi. 2004. The role of predicate meaning and the development of reflexivity. In Bisang, Himmelmann and Wiemer(eds.) *What makes grammaticalization-A look from its fringes and its components*, 213 — 244. Berlin/New York: Mouton de Gruyter.

Krott, Andrea, Harald Baayen and Robert Schreuder. 2001. Analogy in morphology: modelling the choice of linking morphemes in Dutch. *Linguistics* 39(1): 51—93.

Krug, Manfred. 1998. String frequency: a cognitive motivating factor in coalescence, language processing and linguistics change. *Journal of English Linguistics* 26: 286—320.

Krug, Manfred. 2000. *Emerging English modals: A corpus-based study of grammaticalization*. Berlin/New York: Mouton de Gruyter.

Krug, Manfred. 2002. Frequency, iconicity, categorization: evidence from emerging modals. In Bybee and Hopper(eds.) *Frequency and the emergence of linguistic structure*, 309—336. Amsterdam/Philadelphia: John Benjamins.

Krug, Manfred. 2003. Frequency as a determinant in grammatical variation and change. In Günter Rohdenburg and Britta Mondorf (eds.) *Determinants of grammatical variation in English*, 7 — 68. Berlin/New York: Mouton de Gruyter.

Kuryłowicz, Jerzy. 1976/1965. The evolution of grammatical categories. *Diogenes* 51 (1965), 55—71. Reprinted in J. Kuryłowicz *Esquisses linguistiques*, Vol. 2, 38—54. Munich: Fink.

Labov, William. 1994. *Principles of linguistic change: Internal factors*. Oxford: Blackwell.

Lakoff, George and Mark Johnson. 1980. *Metaphors we live by*. Chicago: University of Chicago Press.

Lambrecht, Knud. 1988. There was a farmer had a dog: Syntactic amalgams revisited. *Berkeley Linguistics Society* 14: 319—339.

Langacker, Ronald W. 1987. *Foundations of cognitive grammar*, Vol. I: *Theoretical prerequisites*. Stanford: Stanford University Press.

Langacker, Ronald W. 2008. *Cognitive grammar: A basic introduction*. Oxford: Oxford University Press.

Langacker, Ronald W. 2009. *Investigations in cognitive grammar*. Berlin/New York: Mouton de Gruyter.

Lehmann, Christian. 1995/1982. *Thoughts on grammaticalization*. Munich: Lincom Europa.

Lehmann, Christian. 1985. Grammaticalization: Synchronic variation and diachronic change. *Lingua el Stile* 20: 303—318.

Lehmann, Christian. 2002. New reflections on grammaticalization and lexicalization. In Wischer and Diewald (eds.) *New reflections on grammaticalization: Proceedings from the international symposium on grammaticalization*, 17—19 *June* 1999, *Potsdam*, *Germany* (Typological Studies in Language 49), 1—18. Amsterdam/Philadelphia: John Benjamins.

Levin, Beth. 1993. *English verb classes and alternations: A preliminary investigation*. Chicago/London: Chicago University Press.

Li, Charles N. and Sandra A. Thompson. 1977. A mechanism for the development of copula morphemes, in Li, Charles N. (ed.)*Mechanisms of syntactic change*, 419—444. Austin: University of Texas Press.

Li, Charles. N. and Sandra. A. Thompson. 1981. *Mandarin Chinese: A functional reference grammar*. Berkeley: University of California Press.

Lichtenberk, Frantisek. 1991. Semantic change and heterosemy in grammaticalization. *Language* 67(3): 475— 509.

Lieven, Elena, Julian M. Pine and Gillian Baldwin. 1997. Lexically-based learning and early grammatical development. *Journal of Child Language* 24: 187—219.

Lightfoot, David W. 1979. *Principles of diachronic syntax*. Cambridge: Cambridge University Press.

Lin, Emilie L. and Gregory L. Murphy. 1997. *Journal of Experimental Psychology: Human Perception and Performance* 23: 1153—1169.

Lin, Hua and Qian Wang. 2007. Mandarin rhythm: An acoustic study. *Journal of Chinese Linguistics and Computing* 17(3): 127—140.

Marcotte, Jean-Philippe. 2005. Causative alternation errors as event-driven construction paradigm completions. In Eve V. Clark and Barbara F. Kelly(eds.) *Constructions in acquisition*, 205—232. Stanford, CA: CSLI Publications.

McCawley, James D. 1968. The role of semantics in a grammar. In Bach, Emmon and Robert T. Harms(eds.) *Universals in linguistic theory*, 125 — 169. New York: Holt, Rinehart and Winston.

Meillet, Antoine. 1958/1912. L'évolution des forms grammaticales. In Antoine Meillet, *Linguistique historique et linguistique générale*, 130 — 148. Paris: Champion. [Originally published in *Scientia(Rivista di scienza)* XXII, 1912.]

Milroy, James. 1992. *Linguistic variation and change: On the historical sociolinguistics of English*. Oxford: Blackwell.

Murphy, Gregory L. 1993. Theories and concept formation. In I. Van Mechelen, J. Hampton, R., Michalski, and P. Theuns (eds.) *Categories and concepts: Theoretical views and inductive data analysis*, 173—200. New York: Academic Press.

Murphy, Gregory L. 2002. *The big book of concepts*. Cambridge, MA: MIT Press.

Noël, Dirk. 2007. Diachronic construction grammar and grammaticalization theory. *Functions of Language* 14. 2: 177—202.

Nosofsky, Robert M. 1988. Similarity, frequency, and category representations. *Journal of Experimental Psychology: Learning, Memory, and Cognition* 14: 54—65.

Peng, Rui. 2012. Critical frequency as an independent variable in grammaticalization,

Studies in Language 36(2): 345—381.

Peng, Rui. 2013. A diachronic construction grammar account of the Chinese cause-complement pivotal construction. *Language Sciences* 40: 53—79.

Peng, Rui. 2014. The diachronic development of *zaishuo* in Chinese: A case of polygrammaticalization chains. *Journal of Chinese Linguistics* 2: 351—386.

Peng, Rui. 2016. The integration of exemplars and prior knowledge in the extension of schematic constructions: Evidence from Chinese emerge-hide construction. *Language Sciences* 56: 1—29.

Peng, Rui. 2017. *Pivotal constructions in Chinese: Diachronic, synchronic, and constructional perspectives.* Amsterdam/Philadephia: John Benjamins.

Pérez, Aveline. 1990. Time in motion: Grmaticalisation of the *be going to* construction in English. *La Trobe University working papers in linguistics* 3: 49—64.

Pinker, Steven. 1989. *Learnability and cognition: The acquisition of argument structure.* Cambridge, MA: MIT Press.

Ravid, Dorit Diskin. 1995. *Language change in child and adult Hebrews: A psycholinguistic perspective.* New York: Oxford University Press.

Rehder, Bob and Gregory L. Murphy. 2003. A knowledge-resonance (KRES) model of category learning. *Psychonomic Bulletin and Review* 10(4): 759—784.

Rostila, Jouni. 2006. Storage as a way to grammaticalization. *Constructions* 1/2006. https://www.researchgate.net/publication/43647577_Context_types_in_grammaticalization_as_constructions (16.10.2019)

Saussure, Ferdinand de. 1986/1922. *Course in general linguistics.* Chicago and La Salle: Open Court.

Schiering, René. 2006. *Cliticization and the evolution of morphology: A cross-linguistic study on phonology in grammaticalization.* Konstanz: Konstanzer Online-Publikations-System, Bibliothek der Universität Konstanz. http://www.ub.uni-konstanz.de/kops/volltexte/2006/1872/(16.10.2019)

Schiering, René. 2007. The phonological basis of linguistic rhythm: Cross-linguistic data and diachronic interpretation. *Sprachtypologie und Universalienforschung* (STUF)60(4): 337—359.

Schiering, René. 2010. Reconsidering erosion in grammaticalization. In Stathi, Katerina, Elke Gehweiler, and Ekkehard König (eds.) *Grammaticalization: current views and issues* (Studies in language companion series 119): 73—100. Amsterdam/Philadelphia: John Benjamins.

Seiler, Hansjakob. 1977. *Cahuilla grammar.* Banning: Malki Museum Press.

Sung-Ock S. Sohn. 2002. The grammaticalization of honorific particle in Korean, in Wischer I. and G. Diewald (eds.) *New reflections on grammaticalization—Proceedings from the international symposium on grammaticalization*, 17—19 June 1999, Potsdam Germany(Typological Studies in Language 49), 309—325. Amsterdam/Philadelphia: John Benjamins.

Sweetser, Eve. 1990. *From etymology to pragmatics: Metaphorical and cultural aspects of semantic structure*. Cambridge: Cambridge University Press.

Taylor, John. 1995. *Linguistic categorization: Prototypes in linguistic theory*, 2nd edition. Oxford: Oxford University Press.

Taylor, John. 1998. Syntactic constructions as prototype categories. In Michael Tomasello(ed.) *The new psychology of language: Cognitive and functional approaches to language structure*, 177—202. Hillsdale NJ: Lawrence Erlbaum Associates.

Timberlake, Alan. 1977. Reanalysis and actualization in syntactic change. In Charles N. Li(ed.)*Mechanisms of syntactic change*, 141—177. Austin: University of Texas Press.

Tomasello, Michael. 2003. *Constructing language: A usage-based theory of language acquisition*. Cambridge, MA: Harvard University Press.

Traugott, Elizabeth C. 1988. Pragmatic strengthening and grammaticalization. In Axmaker, Jaisser, and Singmaster (eds.) *Berkeley Linguistics Society* 14: *General Session and Parassession on Grammaticalization*, 406—416. Berkeley, CA: Berkeley Linguistics Society.

Traugott, Elizabeth C. 2003. Constructions in grammaticalization. In Joseph B. D. and Richard D. J. (eds.) *The handbook of historical linguistics*, 624—647. Malden, MA: Blackwell.

Traugott, Elizabeth C. 2007. The concepts of constructional mismatch and type-shifting from the perspective of grammaticalization. *Cognitive Linguistics*18: 523—557.

Traugott, Elizabeth C. 2008a. Grammaticalization, constructions and the incremental development of language: Suggestions from the development of degree modifiers in English, in Eckardt, Regine, Gerhard Jäger, and Tonjes Veenstra(eds.) *Variation, selection, development: probing the evolutionary model of language change*, 219—250. Berlin/New York: Mouton de Gruyter:

Traugott, Elizabeth C. 2008b. The grammaticalization of *NP of NP* constructions. In Bergs, Alexander and Gabriele Diewald(eds.) *Constructions and language change*, 21—43. Berlin/New York: Mouton de Gruyter.

Traugott, Elizabeth C. 2010. Grammaticalization. In Silvia Luraghi and Vit Bubenik (eds.) *Continuum companion to historical linguistics*, 269 — 283. London: Continuum Press.

Traugott, Elizabeth C. 2012a. The status of onset contexts in analysis of micro-changes. In Merja Kytö(ed.)*English corpus linguistics: Crossing paths*, 221 — 255. Amsterdam: Rodopi.

Traugott, Elizabeth C. 2012b. On the persistence of ambiguous linguistic contexts over time: Implications for corpus research on micro-changes. In Magnus Huber and Joybrato Mukherjee (eds.) *Corpus linguistics and variation in English: Theory and description*, 231 — 246. Amsterdam: Rodopi.

Traugott, Elizabeth C. and Graeme Trousdale. 2013. *Constructionalization and constructional changes*. Oxford: Oxford University Press.

Traugott, Elizabeth C. and Ekkehard König. 1991. The semantics-pragmatics of grammaticalization revisited. In Traugott and Heine(eds.) *Approaches to grammaticalization* Vol. I, 189 — 218. Amsterdam/Philadelphia: John Benjamins.

Traugott, Elizabeth C. and Richard B. Dasher. 2002. *Regularity in semantic change*. Cambridge: Cambridge University press.

Trousdale, Graeme. 2008a. Constructions in grammaticalization and lexicalization: Evidence from the history of a composite predicate construction in English. In Trousdale, Graeme and Nikolas Gisborne (eds.) *Constructional approaches to English grammar*, 34 — 64. Berlin/ New York: Mouton de Gruyter.

Trousdale, Graeme. 2008b. Words and constructions in grammaticalization: The end of the English impersonal construction. In Fitzmaurice, S. M., Donka Minkova (eds.), *Empirical and analytical advances in the study of English language change*, 301 — 326. Berlin/ New York: Mouton de Gruyter.

Trousdale, Graeme. 2010. Issues in constructional approaches to grammaticalization. In Stathi, Elke Gehweiler, and Ekkehard König (eds.) *Grammaticalization: Current views and issues* (Studies in language companion series), 51 — 71. Amsterdam/ Philadelphia: John Benjamins.

Trousdale, Graeme. 2012. Grammaticalization, constructions, and the grammaticalization of constructions. In Davidse, Kristin, Tine Breban, Lieselotte Brems, and Tanja Mortelmans (eds.) *Grammaticalization and language change: New reflections*, 167 — 198. Amsterdam/Philadelphia: John Benjamins.

Trousdale, Graeme. 2013. Multiple inheritance and constructional change. *Studies in Language* 37(3): 491 — 514.

Van de Velde, Freek, Hendrik De Smet and Lobke Ghesquière. 2013. On multiple source constructions in language change. *Studies in Language* 37(3): 473—489.

Vanpaemel, Wolf and Gert Storms. 2008. In search of abstraction: The varying abstraction model of categorization. *Psychonomic Bulletin and Review* 15(4): 732—749.

Waldmüller, Estela Sophie Puig. 2008. *Contracted preposition-determiner forms in German: Semantics and pragmatics*. PhD dissertation, Pompeu Fabra University.

Werner, Heinz and Bernard Kaplan. 1963. *Symbol-Formation: An organismic-developmenttal approach to language and the expression of thought*. New York: Wiley.

Wiemer, Björn. 2004. The evolution of passives as grammatical constructions in Northern Slavic and Baltic languages. In Bisang, W., Himmelmann, N., and Wiemer, B. (eds.) *What makes grammaticalization-A look from its fringes and its components*, 271—331. Berlin/New York: Mouton de Gruyter.

Wilkins, David P. 1981. *Towards a theory of semantic change*. Canberra: Australian National University honours thesis.

Wilkins, David P. 1996. Natural tendencies of semantic change and the search for cognates. In Mark Durie and Malcolm Ross (eds.) *The comparative method reviewed*, 264—304. New York: Oxford University Press.

Wilson, Patricia R. 1980. *Ambulas grammar*. Ukarumpa, Papua New Guinea: Summer Institute of Linguistics.

Wischer, Ilse and Gabriele Diewald. 2002. *New reflections on grammaticalization—Proceedings from the international symposium on grammaticalization*, 17—19 June 1999, Potsdam Germany (TypologicalStudies in Language 49). Amsterdam/Philadelphia: John Benjamins.

Wolff, Ekkehard. 1983. *A grammar of the Lamang language (Gwàd Làmà)*. (Afrikanistische Forschungen 10.) Glückstadt: J. J. Augustin.

Ziegeler, Debra. 2004. Grammaticalisation through constructions: The story of causative *have* in English. *Annual Review of Cognitive Linguistics* 2: 159—195.

术语索引

包容性增长　246　249　251　252　276
编码项　66　69　71　72　73　74　75
　76　77　78　79　80　81　82　83
　127　236　237
变项　66　67　71　73　74　75　220
　221　226　227　228
标杆理论　9　192　194　195　201
标杆参数　9　14　192
并存　149　150　152　190　308
层级化　251　252
常项　66　67　71　72　74　80　81
　103　127　130　135　140　220　221
　222　225　299　308
词汇化　12　37　168　169　171　241
重构　41　65　111　114　144　147
　149　152　153　154　155　160　162
　214　316
重新分析　11　16　18　19　20　29
　44　54　56　62　72　74　81　89
　101　190　192　201　210　211　215
　231　240　244　245　249　291　307
　308　309　311
单向性　1　3　4　19　20　38　115
　142　149　190　193　312
典型语法化过程　5　117　118　120
　121　160
动转名的无标记性　203　205　206
　207　214　215　310　311

二维循环　247　251　252
范畴表征　252　253
范畴化　250　252　253　254　255
　256　282
范畴化的弹性抽象化模式　253
范例　19　20　248　249　252　253
　254　255　256　268　269　276　282
　283　284
泛化　10　11　20　23　89　194　195
　198　236
非结构　26　27　28　29　30　53　55
　57　58　60　76　147　148　168
　175　179　183　206　209　217　218
　219　220　221　222　223　224　225
　226　227　228　229　230　232　233
　236　237　238　239　240　310　312
非语法化项　38　68　69　70　71　73
　75　76　78　79　80　81　82　83
　84　107　108　109
赋义化　220　226　227　228　230
　233　236　237　238　239
复合结构　2　5　6　7　12　13　25
　26　37　38　117
附缀化　196
更新　149　190
功能变化　2　3　4　5　88　89
共变　13　66　86　90　91　102　109
　194　199　200　202　215　311　315

共时变体　152　153　154　155　160
　　161　162
共时参照平面　154　155　160　161
　　162
构例　242　258　259　260　268
构式
　　宏观～　258　275
　　实体性～　33　37　61　242　245
　　　246　247　283　316
　　图式性～　31　32　33　34
　　　35　36　37　49　50　53　61
　　　66　67　219　221　241　242
　　　244　245　246　247　248　249
　　　250　251　252　254　255　256
　　　258　260　268　276　277　282
　　　283　284　316
　　微观～　258
　　中观～　258
构式层级　251　256　258　266　267
　　270　272　273　274
构式化　31　35　37　42　241　247
构式性变化　31　35　242
构式性早前知识　50　255　256　268
　　269　282　283　284
构式语法　7　33　34　66　241
孤立语　49　172　190　191　195　196
　　207　311　314
惯常化　166　169　183
环境
　　非典型～　43　44　119　122　169
　　　171　172
　　孤立～　43　71　73　74　75　82
　　　119　122　128　130　150　169
　　　189　209　211　236
　　临界～　29　38　39　43　44　45
　　　46　47　48　49　53　54　55

56　57　58　60　62　63　64
65　66　67　68　69　70　71
72　73　74　75　76　77　78
79　80　81　82　83　84　85
102　103　104　105　106　107
108　116　117　119　122　123
125　126　127　129　130　131
133　135　138　139　141　142
144　145　146　147　148　150
151　152　154　157　158　160
162　169　170　171　173　174
175　176　178　179　180　181
182　183　184　185　186　187
188　189　206　208　209　211
213　215　218　219　220　230
231　232　236　237　238　246
288　289　291　292　294　304
307　312　314　315　316
桥梁～　42　43　44　45　46　47
　　48　49　60　63　64　65　117
　　169　170　213
习用化～　42　68　122　150　189
语用推理～　38　39　63　64　144
　　239
直接结构～　50　51　52　53　58
　　61　64　65　66　69　85　87
　　246
转换～　42　43　78
恒定性　38　66　68　69　74　75　82
　　83　84
会话隐含　14　15　16　45　119　202
　　208　236
机制　2　14　15　16　17　18　20　36
　　52　62　72　84　157　166　169
　　174　175　190　192　194　214　215
　　217　218　219　220　233　235　236

238 239 240 247 250 252 305
307 310 311 312
家族性相似 114
紧缩 7 8 9 28 29 37 39 86
164 166 172 194 195 196 197
198 200 215 311
聚合变异性 8 9 10 112
聚合度 8 9 10 112
跨层结构 26 148
框架 30 38 52 53 58 59 66
67 68 69 70 72 73 74 75
76 77 78 80 81 82 83 84
111 146 147 178 180 219 220
221 222 223 225 226 227 229
230 231 232 235
框架关系
 非恒定～ 68 69 70 75
 恒定～ 68 69 70 71 74 75
  77 79 236
框架义 53 55 56 206 221 222
224 226 227 228 229 230 231
232 238
扩展观 12 14 33 37 38 39 40
87 191 241 252 302 303
类推 11 16 17 18 19 20 21
36 89 94 95 121 133 186
190 192 215 238 239 240 250
299 307 308 309 311
历时构式语法 30 33 34 37 241
247
历时阶段 62 65 148 152 153
154 160 161 162 267 304 316
链化 113 114 117
裂变 43 149 150 152 190 213
308
临界频率假设 164 170 174 175

182 183 184 185 189 315
临界性 38 46 54 55 66 69 71
75 76 77 78 79 80 81 82
83 84 85 107 145 173 174
175 176 178 180 206 207 209
211 214 215 230 286 288 289
291 292 300 304 305 307 310
路径 8 14 15 113 114 115 116
117 124 125 126 133 141 142
161 186 191 192 193 200 204
212 267 304 305
锚定角色 255
门槛 182 185 187 188
模式
 非基本～ 71 79 81 82 83
  84 107 314 315
 基本～ 70 71 72 75 76 77
  78 79 80 81 82 83 84
  107 236 314 315
目标义 42 43 44 46 49 63 67
102 108 118 119 173 174 175
183 206 213 236 315
内部关系 220 221 224 225 226
227
内部依据 29 30 38 55 218 219
220 221 226 228 229 230 231
232 238 239 312
内向依附性 3 4 5 7 8 39 40
逆向推理 52 59 119 208
偏离 242 248 254 257 282 283
平行紧缩假说 194 195 215 311
歧解性 38 39 41 42 44 45 46
47 48 53 60 61 62 63 64
66 67 68 69 70 71 75 76
79 80 81 82 83 84 104 107
118 119 154 209 236 244 246

290 314 315

前范畴性 203 204 205 206 207
214 215 310

驱动力 38 41 52 60 63 87 141
165 169 190 192 208 214 215
239 255 307 310 311 312

屈折语 190 195 198 311 314

频率

  非临界~ 171 172 174 187
189 715

  类型~ 96 101 163 245

  临界~ 103 164 170 171 174
175 176 177 179 181 182
183 184 185 186 187 188
189 312 315

  笼统~ 169 174 176 177 179
180 185 186 187 188

  文本~ 163 164 188 255 256
269 276

普遍规律 51 52 192 193 202
214 215 216 217 220 230 238
239 240 309 310 311 312 313

普遍语法 19 21

认知源 22 24 26 27 29 30 31
32 33

上下文语境 48 50 51 52 53 58
64 87 246

特色 190 192 193 194 198 200
202 212 214 215 216 217 309
310 311 313

特征

  地域性~ 193 194 200

  类型学~ 10 49 102 190 191
193 195 197 198 202 203
204 207 216 311 312 313

同构项 12 13 14 38 39 40 86

87 89 90 91 92 93 94 95
96 97 98 99 100 101 102
103 104 105 106 107 108 109
129 131 141 155 156 157 161
205 207 240 245 299 300 308
309

同质性扩展 91 92 95 96 97 101
102 104 107 109

外部条件 29 38 218 219 230
238 246 286 304

维度

  共时~ 62 111 149 152 153
316

  历时~ 62 111 115 117 144
149 152 153

限制条件 11 19 50 51 90 93
95 96 206 233 251 252 268
269 271 277 278 279 280 281
282 283 284

效应

  扩展~ 7 12 37 39 86

  窄化~ 8 37 39 40 86

新语法学派 16 17

形式变化 2 3 4 5 20 195 196
197 198 200 214 242 311

形态句法关系 27 29 68 217 223

虚化 1 10 11 39 99 100 164
170 202 233 236 287

异质性替换 91 97 100 101 104
106 107 109

隐性复杂性 203 204 205 207 211
215

隐喻 10 14 15 16 36 54 88
94 95 96 121 123 135 139
155 156 157 160 172 201 202
208 228 229 236 238 257 258

262　265　269　275　276　278　279
281

语串　26　27　28　38　53　54　55
56　58　59　67　76　90　92　100
147　163　164　168　169　171　174
175　179　180　181　185　186　206
209　210　211　217　218　219　220
221　222　223　224　225　226　227
233　238　239　240　243　244　246
310　312

语法功能　3　4　5　13　14　38　39
89　91　99　117　136　140　149
197　200　201　202　204　212　239

语法化
　广义～　1
　狭义～　1　208

语法化成项　10　35　38　67　68　69
71　75　76　77　79　83　148　149
150　154　194　195　211　213　236
308　309

语法化观
　基于成分的～　6
　基于结构的～　7　12　86　87　91
　　109
　整合的～　36　38　40

语法化环境　7　18　37　39　41　42
46　48　49　50　51　57　64　86
87　108　133　147　169　170　206
309　314　315

语法化链
　单一～　120　121　122　130　137
　　141　142　153　160　162
　多重～　111　115　116　123　124
　　131　133　141　161　170
　复合～　120　121　122　124　125
　　142　153　160

最简～　117　118　119　120　121
语法化级差　112　114　120
语法化连续统　112　114
语法化项　2　3　4　6　7　8　9　11
12　13　14　15　21　22　23　24
26　27　29　30　31　33　36　37
38　39　43　45　48　50　51　52
53　60　62　63　64　65　66　67
68　69　70　71　72　73　75　77
79　82　83　84　85　86　87　88
89　90　91　92　93　96　97　98
100　101　102　107　108　109　111
115　116　117　119　120　121　142
149　150　152　153　161　164　165
166　169　170　171　172　174　175
182　183　188　189　193　194　195
196　197　198　200　201　202　205
207　208　213　214　215　216　217
218　220　222　224　226　228　230
232　236　237　239　240　241　245
252　300　301　303　309　310　311
312　313　314　315　316

语境吸收
　广义～　233　236　237
　狭义～　233　234　235　236　237

语料
　后现～　62　146　148　152　154
　　160　161　162　214　314　315
　　316
　共时～　43　154　160　161　162
　　211　219　249
　历时～　62　133　146　148　153
　　160　162　172　298　309　314
　　316

语言学习者　38　49　50　51　52　53
59　64　69　87　119　246　249

255　256　282

语义相关性　27　29　217　223　225

语义语用环境　37　38　39　57　94
　　109　129　138　139　141　240　245
　　246　252　300　303

语音紧缩　194　195　196　197　198

语用推理　14　15　29　30　38　39
　　41　47　48　49　50　51　52　53
　　54　55　56　57　58　59　60　63
　　64　65　69　70　71　73　74　77
　　84　85　87　91　102　103　104
　　105　106　107　108　109　116　119
　　122　123　124　125　126　127　129
　　135　142　144　147　151　157　158
　　165　166　167　169　170　171　173
　　174　175　179　183　184　186　188
　　190　192　197　199　200　201　202
　　204　206　207　208　209　210　211
　　215　218　220　226　228　229　230
　　231　232　233　235　236　238　239
　　240　245　246　286　287　290　291
　　292　299　304　305　307　308　311
　　315

语用推理条件　29　38　44　49　59
　　60　63　65　67　70　101　103　122
　　123　125　126　130　133　144　148
　　151　165　167　169　170　171　172
　　173　186　189　208　211　246　307
　　308　315

源概念　15　24　25　204

源构素　27　28　29　76　171　172
　　175　217　218　219　220　221　223
　　224　225　238　239

源命题　24　25　26　32　33　228

源义　42　43　44　46　49　53　67
　　88　102　108　118　119　179　206
　　213　230

原型　248　252　253　254　255　261

窄化　2　7　8　9　11　12　14　33
　　37　39　40　86

窄化观　8　10　14　33　37　38　39
　　40　191　241　302

知识效应　253　254　255

知识
　　背景～　50　51　59　253
　　早前～　49　50　51　253　254
　　255　256　268　269　282　283
　　284

准入　242　248　249　255　256　271
　　272　274　275　276　277　283　284

自主化　164　165　166　169　170
　　171　189　225

自主性　2　8　120　147　194　195
　　201

组合变异性　8　9　112　115　201

组合度　8　9　10　112

组合势　8　9　112

组块化　169　171　218　220　224
　　225　226　227　238　239

专门化　190

转喻　10　14　15　16　30　36　54
　　55　56　69　72　88　135　140　157
　　158　159　172　201　202　208　226
　　228　231　232　235　236　238　258
　　262　263　264　265　269　275　276
　　277　278　300　308

人名索引

曹广顺　94　124　147　155　287
　288　289　292　293　294　306
陈鹏飞　197
陈前瑞　124
陈松霖　209　210
崔建新　256　257
董秀芳　54　147　177　178　179　192
　193　203　205　206　232
方　霁　287　289　290　292　294
冯春田　88　161　246
顾　阳　295
郭继懋　256　257　264
郭锡良　72　123　127
何乐士　243
洪成玉　126
洪心衡　126
胡斌彬　57　124　132　133　137
江蓝生　144　145　175　185　192
　218　305
蒋绍愚　124　147　237　287　306
柯理思　197
孔令达　158
李　杰　256　257　274
李临定　243　256　257　262
李　讷　72　123
李小军　198
林新年　124　155　158
刘　坚　155

刘清平　132　133　138
刘勋宁　124　287
刘月华　158
柳春燕　132　134　137
卢烈红　157
罗耀华　57　124　132　137
吕冀平　243
吕叔湘　95　97　286　294
马玉汴　94
梅祖麟　124　306
牛宝彤　126
牛　利　57　124　132　137
彭　睿　7　28　29　30　31　33　34
　35　37　38　53　54　60　61　62
　66　70　85　86　88　89　93　94
　95　103　104　107　124　144　145
　146　147　152　154　155　157　161
　164　165　168　169　170　171　174
　175　176　182　183　184　185　187
　188　189　206　207　208　209　217
　218　220　232　233　236　241　243
　245　246　252
任　鹰　257　295
沈家煊　149
石毓智　72　123　128　257
史有为　242　243
帅志嵩　257
宋玉柱　256　257

人名索引

孙朝奋 287 288 289 290 292 294
太田辰夫 124 145 287 306
谭景春 256 257
田范芬 55 56 209 210 218 231
王洪君 244
王建军 271 272 279 280
王　力 72 73 123 124 126 127 145 146 155 204 210 287 306 307
王立杰 132 137
魏慧萍 57 124 132 133 137
吴福祥 99 106 124 155 192 193
项梦冰 192
解植永 128
辛永芬 197
徐昌华 287
徐　杰 128
宣恒大 257
杨永龙 94 95 155 157 158
易正中 132 137
俞理明 57 124 132 133 137
余诗隽 132 134 137
张金圈 132 133 138
张　雁 244
张谊生 97 105 185 186 207 225
张玉金 243 270
志村良治 147
Andersen, Henning 52
Ansaldo, Umberto 49 195 196 200 214 311
Arcodia, Giorgio 196 197 198
Blake, Barry J. 257
Baayen, Harald 283
Baldwin, Gillian 283
Baron, Naomi S. 250

Baronian, Luc V. 29
Bisang, Walter 9 10 15 49 191 192 193 195 196 197 198 199 200 201 202 203 204 205 207 208 209 211 213 214 311
Boas, Hans C. 283
Boyd, Jeremy K. 250
Boye, Kasper 31 34 35
Brinton, Laurel J. 6 13 14 23 26 27 29 35 39 41 87
Bybee, Joan L. 7 10 11 14 15 22 23 28 35 41 49 149 150 151 163 164 165 166 167 169 189 191 194 195 197 198 201 208 212 215 225 232 233 234 235 236 241 247 248 249 250 255 256 283 307 311
Campbell, Lyle 44 125
Casad, Eugene 125
Clark, Herbert H. 45
Claudi, Ulrike 1 3 4 14 15 16 21 24 25 27 30 32 33 43 112 113 117 120 165 166 167 194 201 208 241 307
Craig, Colete 113 115 117 170
Croft, William 32 34 35 36 259
Cruse, Alan D. 36
Dahl, Östen 23
Dasher, Richard B. 45 166
De Smet, Hendrik 271
Diessel, Holger 72 125 250
Diewald, Gabriele 42 43 44 45 46 49 53 62 63 64 65 67 102 109 170 208 209 213 314
Eckardt, Regine 45
Eddington, David 283

Enfield, Nicholas J. 46
Evans, Nicholas 42 44 45 46 49 63 213
Ferraresi, Gisella 46
Fischer, Olga 1 19 20 21 255
Foley, William A. 257
Gabelentz, Georg vonder 194
Gerritsen, Marinel 255
Givón, Talmy 8
Ghesquière, Lobke 271
Gildea, Spike 125
Goldberg, Adele E. 32 34 247 249 250 253 255 259
Grice, H. Paul 16
Grimshaw, Jane 32 259
Groefsema, Marjolein 212
Haiman, John 163 164 165
Hale, Ken L. 32 259
Hansen, Maj-Britt Mosegaard 45 46
Harder, Peter 31 35
Harris, Alice C. 44 125
Harris, Harlan D. 254
Haspelmath, Martin 3 4 7 8 88 149 164 241
Haviland, Susan E. 45
Heine, Bernd 1 3 4 7 14 15 16 21 22 24 25 26 27 29 30 31 32 33 42 43 44 45 46 48 49 62 63 64 67 73 77 78 86 102 111 112 113 114 115 116 117 118 119 120 121 125 131 144 147 149 152 163 165 166 167 169 170 191 194 201 208 209 213 241 305 306 307 314
Heit, Evan 253 254 255

Hengeveld, Kees 125
Hilpert, Martin 45 258
Himmelmann, Nikolaus P. 1 6 7 12 13 14 34 39 48 70 86 87 88 89 90 96 108 109 129 245 300
Hoffmann, Sebastian 165
Hopper, Paul J. 1 5 6 7 8 11 13 14 16 18 21 23 27 29 34 35 41 48 52 88 89 102 117 120 149 150 151 152 157 163 166 167 171 173 190 194 201 202 208 212 307 309
Hünnemeyer, Friederike 1 3 4 14 15 16 21 24 25 27 30 32 33 43 113 114 117 120 165 166 167 194 201 208 241 307
Kabak, Bariş 28
Kiparsky, Paul 2 3 4 19 20 21
Kaplan, Bernard 24
Keyser, Samuel J. 32 259
Kölver, Ulrike 112
König, Ekkehard 16 41 43 45 191 305
Krott, Andrea 283
Krug, Manfred 28 163 164 169
Kuryłowicz, Jerzy 3 6 11 41
Kuteva, Tania 4 22 86 125 165 167 191 305 306
Labov, William 49
Lambrecht, Knud 257
Langacker, Ronald W. 32 242 247 248 253 259
Lehmann, Christian 1 6 7 8 9 14 21 34 41 70 108 112 113 114 120 192 194 199 200 201

241
Levin, Beth 32 259
Li, Charles N. 72
Lichtenberk, Frantisek 88
Lieven, Elena 283
Lightfoot, David W. 44
Lim, Lisa 49 195 196 200 214
　311
Lin, Emilie L. 252 253 254
Lin, Hua 197
Marcotte, Jean-Philippe 250
McCawley, James D. 212
Meillet, Antoine 1 2 3 4 6 17
　18 19 21 41 88
Milroy, James 49
Murphy, Gregory L. 252 253 254
　282
Noël, Dirk 13 33 34 35 87 241
Nosofsky, Robert M. 255
Pagliuca, William 7 10 11 14 15
　23 41 49 166 191 194 195
　197 201 208 215 232 233 234
　236 241 307 311
Peng, Rui 31 36 49 50 60 61
　124 131 132 133 137 165 170
　185 186 188 189 242 243 244
　246 247 248 249 250 251 252
　254 255 256 258 259 260 266
　268 271 276 277 282 283 284
Perkins, Revere 7 10 11 14 15
　23 41 49 166 191 194 195
　197 201 208 215 232 233 234
　236 241 307 311
Pérez, Aveline 172
Pine, Julian M. 283
Pinker, Steven 32 259

Ravid, Dorit Diskin 49
Reh, Mechthild 73 112 125 149
　194
Rehder, Bob 254
Rostila, Jouni 31
Saussure, Ferdinand de 17
Scheibman, Joanne 163 164
Schiering, Renè 28 194 196 197
　198
Schreuder, Robert 283
Seiler, Hansjakob 125
Slobin, Dan I. 49
Stein, Dieter 50 255
Storms, Gert 252 253 256
Sung-Ock S. Sohn 79 81
Sweetser, Eve 44 46 49 63 213
Taylor, John 251 253
Timberlake, Alan 44
Thompson, Sandra A. 72 123 125
　163 164 295
Tomasello, Michael 35 283
Traugott, Elizabeth C. 1 3 4 5 6
　7 8 9 11 13 14 15 16 18
　21 23 26 27 29 31 34 35
　37 39 41 42 43 44 45 46
　47 48 49 50 52 57 61 64
　87 88 89 90 96 102 117 120
　149 150 151 157 163 166 167
　171 173 191 192 194 201 202
　208 212 241 258 305 307 309
　314
Trousdale, Graeme 7 9 13 14 31
　34 35 36 42 43 44 47 48
　49 50 57 61 64 87 88 89
　90 191 192 241 271
Van de Velde 271

Van Valin, Robert D. 257
Vanpaemel, Wolf 252 253 256
Vezzosi, Letizia 45
Wang, Qian 197
Werner, Heinz 24
Wiemer, Björn 9
Wilkins, David 42 44 45 46 48 49 63 213
Wilson, Patricia R. 125
Ziegeler, Debra 34

后　记

　　这本小书是我 2006 年开始在新加坡国立大学任教以来对语法化理论问题的一点思考。其中部分观点和相关论述已经在一些中英文期刊上呈现过，这次借整理成书之机又进行了重新打磨和修正，同时补充了一些新的内容。

　　开始构思这本书的时候，在内容的取舍和呈现方式上曾经费过一番心思。语法化理论思潮流派不少，更新也快，所以不可避免地，汉语学界对理论的引介是不全面而且滞后的。如果仅仅是为了引介语法化理论，可能最简单直接的办法就是翻译成册成本的经典文献，然后辅以汉语例证。这样做的一个后果就是让汉语沦为理论的说明书，意义大打折扣。事实上，汉语很难完美地诠释既有理论，问题出在那些理论本身，因为很多语法化规律原则用在汉语身上并不合适。这样，简单译介理论的想法就被放弃了。我这十年间一直围绕理论问题做文章，最主要原因是各种语法化理论中基本上看不到基于汉语的推演，而我最希望证明的，就是汉语视角能够为普遍理论做出贡献。语法化研究开展了这么多年，但理论家们反复争论的，并没有离开语法化的概念、原则、动因和机制等太远。我这些年来倾注心血最多的研究课题，也多和对这些基本方面的认识有关。构式语法的兴起，促使人们思考如何让传统语法化理论方法和构式理念相结合，以增强其解释和预测能力。我在这个问题的解决方案方面也作过初浅的尝试。因此，我最终的决定就是完成手头这么一本小书，既整理自己过去从汉语视角对语法化理论的反思，接受同行们的检视，又顺带把一些相关理论方法介绍给汉语读者。就我的了解，迄今尚无相同主题和视角的中、英文著作问世。

语法化理论的汉语视角

书里的不少想法，都是先在学术会议上报告，获同行反馈后再进一步思考，然后发展起来的。这里我特别要提到的是已经举办了十届的"汉语语法化问题国际学术讨论会"，我有幸参加了其中的五届。由中国社会科学院语言研究所主办的这个会议系列，过去二十年来一直是汉语语法化研究的最好平台，也是这一领域的最重要推手。说这个会议系列滋养了汉语语法化研究一点也不为过。我每次与会都收获满满，既和同行们交流了自己的学习心得，也从他们的研究中吸收了很多营养。完成这本小书，算是我向同行们的一种致敬。还有些思路，是在给新加坡国立大学中文系硕博士生们讲授语法化理论时形成的。语法化理论方法芜杂，为了准备好教学内容，常常需要对不同流派发展脉络进行梳理。有时候察同寻异之际，自己就有了点灵感。很想借这个机会，对这些年在我的课堂上忍耐过枯燥讲解、承受过繁重课业的学生们表达我的一点谢意和歉意。

我常常向同行友人吐槽自己的研究效率太低，成果数量甚少，同时又给自己找了一个借口：理论探讨宜缓，缓则圆，圆乃厚。尽力了，那些缓慢思考的结果是不是圆且厚，我倒不太在意了。倘若不至于太荒腔走板，就不枉这些年的冷板凳枯坐；要是还能给人些许启发，那应当算是一个惊喜了。语法化理论在不断深化和更新，从汉语视角反观语法化理论的步伐应该加快，而这需要更多同行的投入，这本小书所能做的不过是抛砖引玉。我自己感觉很多地方仍然没有想明白，也没有说透，所以有机会的话，以后还会再写一本相同类型的书，作为这本小书的姊妹篇。

目前汉语语法化研究的主流是运用既有理论来解释汉语现象，专门谈理论的著述价值几何，想必见仁见智。蒙北京大学出版社不弃，这么一本从汉语视角来探讨理论的书才有了面世的机会。北京大学出版社海纳百川的大家气象，令我油然而生敬佩之意。我要特别感谢宋思佳先生为本书的编辑付出的辛勤劳动，没有他的拔草除莠和正缪补漏，这本书不可能顺利出版。

这些年阳光也好、风雨也罢，身边都有妻子卫东和儿子明轩的相濡以沫和温馨陪伴，他们的理解和支持是我前行的最大动力。胞姊彭焱独自担负起了照顾年迈父亲的重任，使我得以专心于教学科研；我愧疚和感谢之情无法言表。唯愿继续努力，做出更好的成绩来回报亲人。

彭睿

2019 年 10 月

于新加坡国立大学